現代法哲学講義

[第2版]

Legal Philosophy Addressing
Contemporary Issues

井上達夫 編
Tatsuo Inoue

信山社
SHINZANSHA

まえがき

——なぜ法哲学を学ぶのか——

井 上 達 夫

(1) 本書の狙い

「法哲学って，何だか高尚でむずかしそうな学問ですね。でも，法哲学を勉強して，実際上何か役に立つんですか？」これは，法学とあまり縁の無い普通の人々が普通に抱く疑問である。しかし，残念なことに，法曹を志望して法学を勉強している人たち，すなわち，法科大学院生や，法科大学院進学をめざす法学部生・他学部生・社会人，法科大学院には行かず予備試験を経て司法試験に挑戦しようとがんばっている人たちの中にも，この疑問を抱く人が少なくない。むしろ，実定法の勉強に日々追われ，司法試験の受験勉強の重圧にさらされている彼らのほうが，この疑問をより強く感じているかもしれない。「受験勉強に役立たないどころか，邪魔になる法哲学など，なぜ学ぶ必要があるのか」と。もちろん，法哲学ないし関連科目を選択科目として履修する法科大学院生・学部生の中には，法哲学を重要だと思ってその科目を選択する人が多いだろう。しかし，「実定法の勉強で疲れた頭を癒してくれるオアシスになりそうだから」という理由で選択する人も，中にはいるだろう。

　本書はこのような法曹志望者に，次のようなメッセージを送ることを主目的としている。法哲学は「邪魔物」でも「オアシス」でもなく，将来，法曹になったときさまざまな立場で自ら直面するだろう具体的・現実的な諸問題に取り組む上で，最終的に避けて通れない原理的な問題を考察する理論的にして実践的な営為である。それは，「無くても困らないが，あれば格好がつく法曹の一般教養」といったものではなく，法曹に期待される社会的役割をしっかりと果たすための資質と能力を高め，かつ深めるために必要不可欠な discipline（学問分野と知的修練という二重の意味における discipline）である。本書は現代社会・現代世界が直面している重要な問題群に直結する 14 の法哲学的テーマをとりあ

げ，それらに即して，いかなる具体的・現実的諸問題がいかなる法哲学的考察を要請しているかを実際に明らかにすることにより，このメッセージを実証する試みである。

　法哲学が法曹に不可欠な discipline であるという主張は，法科大学院では法哲学を必修科目にすべきだというような「生臭い」主張に還元して理解されるべきものではない。前者を承認する人々の間でも，後者については賛否両論が別れる。両者は別問題である。ここで重要なのは，むしろ次の点である。実定法学自体が，法哲学的問題をその領域の内部に含み込んでいる。法哲学を履修するか否かに関わりなく，学生は実定法学を学ぶことを通じて，多かれ少なかれ法哲学的考察に引き込まれざるをえない。知的営為としての法哲学は，科目としての法哲学を越えた広がりと基盤的重要性を持つのである。

　憲法学・民法学・刑事法学のような実定法学の基本分野が伝統的に法哲学と深い関わりを持つことはいうまでもないだろう。「いうまでもない」といわれて，「え？」と思う人のためにあえていうが，憲法学は，立憲民主主義体制の根幹をなす人権や法の支配の原理と民主主義という価値理念をいかに理解し，違憲審査制が孕むかかる価値理念相互の緊張関係をいかに調停するかという法哲学的問題と直結している。民法学は，近代市民社会の基本原則である私的自治とそれを規制し制約する信義則・公序良俗などの一般原理との関係や，市場的関係とはまた別の婚姻や家族という人間の基本的な社会的結合様式の保護のあり方の考察において，個の自律と共同性，私事と公共性，競争原理・自己責任原理と信頼保護・弱者保護といった基本的価値対立に関わる法哲学的問題に直面している。刑事法学は，刑事責任の根拠をめぐる自由意志論と決定論の対立，刑罰目的をめぐる応報思想・功利主義・社会防衛論等の対立，罪刑法定主義や被疑者・被告人の権利の手続的保障の基礎にある法の支配の理念と，実質的倫理実現や実体的真実究明への要求との相剋など，法哲学内部の世界観対立や価値対立を直接反映する問題をその基底に置いている。

　以上のような基本分野だけでなく，一見技術的に思われる法分野や先端的法分野の研究教育も，法哲学的考察と没交渉に進めることはできない。例えば，税法は分配的正義の問題と直結しているし，知的財産法は所有権の正当化根拠と限界についての原理的な問い直しを要請している。商法・独禁法・労働法・

社会保障法等々の分野も，市場経済システムと福祉国家との関係をめぐるリバタリアニズムと平等志向的正義構想との法哲学的論争に中立的ではありえない。また，ジェンダー法学や環境法など，新たに昂揚してきた社会的価値関心に応答して既存法分野の基本原理と境界の再編を試みる法学の新領域は，平等理念と公私区分の根本的な問い直しや，世代内正義と世代間正義の緊張関係の考察など，法哲学の先端的問題をその中核に含んでいる。

さらにいえば，法解釈学としての自己認識を基本にする実定法学全般が，解釈論と立法論との区別を大前提にしているが，この区別は法哲学における法概念論争の根本主題に関わっている。「それは立法論としてはともかく，解釈論としては無理ですね」という言い方は実定法学的論議において常時耳にするが，どこまでが解釈論として可能で，どこからが立法論になるのかは決して自明ではなく，実定法学者の間でも先鋭な論争の的になっている。解釈論争とは，互いに相手の議論を「一つの解釈論として可能だが自説より劣っている」と批判しあう論争であるにとどまらず，「解釈論の枠を越えている」と批判しあう論争でもある。しかし，解釈論とは「いま存在する法の含意を正しく同定する議論」であると主張する言説であり，立法論とは「新たに創造さるべき法を唱道する議論」である以上，両者の区別の意義と射程を明らかにするには，「在る法（law as it is）」と「あるべき法（law as it ought to be）」との区別と関係という法哲学の根本問題に関して，何らかの論争的な法概念論的立場にコミットせざるを得ないのである。

このように法哲学的問題は実定法学全体の基盤に浸透している。まさにそれゆえに，どの実定法分野であれ，本当に優れた研究者・教育者はみな，深い法哲学的見識を備えており，実際に優れた法哲学的業績を残す人も少なくない。優れた実務法曹についても然りである。学生もまた，どの実定法分野を学ぶにせよ，法哲学的問題に関する知的感受性と思考力を磨くことなしには，その分野の基本原理を深く理解することはできない。法曹志望者の「なぜ法哲学を学ぶのか」という問いに対する応答は，以上から明らかであろう。むしろ「なぜ法哲学を学ばないのか」が問われるべきである。

以上のような観点から，法曹志望者の法哲学的問題関心を触発し法哲学的思考力を陶冶することを目的とする本書は，科目としての法哲学を履修している

学生だけでなく，法学部・法科大学院等で法学を学ぶすべての人にとって有益なものになることを企図して書かれている。とはいえ，本書は法曹志望者のためにのみ書かれているわけではない。法曹とは，具体的な紛争の解決や予防のために，また現実に苦境にあえぐ人々の具体的な救済要求に応えるために，法的な知識・技能を使う専門家である。かかる専門家になる抱負を持つ人々を本書が法哲学的探究に誘う理由は，かかる紛争の解決・予防や救済要求の充足をめざす実践が，法哲学的問題と向き合うことを不可避的に要請していることにある。したがって，本書は法曹志望者にとどまらず，すでに法曹ないし専門的法学研究者としてかかる実践に関与している人々の知的需要にも相当程度応えうるだろう。それだけでなく，紛争に巻き込まれたり，救済を必要とする苦境に陥ったり，さらにかかる苦境にある他者への責任を負ったりする可能性のある人々，すなわち法曹の実践が解決をめざす社会的問題の当事者になりうるすべての人々が，法曹の実践の社会的意義を理解し，評価し，批判する思考力を磨くための一助にもなりうるはずである。

(2) 本書の特色

以上の狙いを持つ本書は，論題設定と論述の方法・スタイルにおいて，従来型の法哲学の教科書・概説書とは趣を異にする次のような特色を持つ。

①問題志向的アプローチ——具体論と原理論の統合

本書は 14 のテーマについての論考からなるが，どの論考もまず冒頭に，そのテーマに関わる具体的な紛争や社会問題に関する事例・事実を挙げ，具体的問題が孕む法哲学的問題を解明するという「問題志向的」なアプローチをとっている。具体的事例は現実の事例と，現実の事例を基にして論者が加工したものとを含んでおり，現実の事例の大部分は，最高裁判所の判例や下級審の裁判例を素材としている。具体的・現実的な問題の考察と法哲学的な原理的考察との間のフィードバックを図り，法哲学的考察が具体的・現実的問題に無関心な「思弁のための思弁」に堕することを避けるとともに，具体的・現実的問題に関する判断が「無批判的直観」ではなく，法哲学的反省を踏まえた原理的な

議論に基づいてなされるようにするという方法論的姿勢が，この論述スタイルの基礎をなす。そのため，総論と各論とを単純に二分する構成はとっていない。各論考のテーマには総論的色彩の濃いものと各論的色彩の濃いものとがあるが，総論的テーマも各論的含意を意識して論じられ，各論的テーマも総論的問題提起に繋がる仕方で論じられている。

②古典的主題と先端的主題の統合

　本書は法の支配，法的推論，法における人格概念，法と道徳，遵法義務と市民的不服従，分配的正義，市場と国家など，法哲学の伝統的な総論的・各論的主題を，その現代的意義を見据えつつ論じるとともに，環境問題，景観規制，社会保障制度と不法行為法の接合，租税の正義論，ジェンダーと家族，移民問題，教育権論争，受刑者の権利と被害者の権利，臓器移植・臓器売買など，法哲学の先端的な主題や，他領域への法哲学の「新規参入」の可能性を開く主題にも意欲的に取り組んでいる。また，これらの主題を扱う際に，グローバルな分配的正義，地球環境問題，人権保障の国際化，市場経済のグローバル化，人の移動のボーダーレス化など，現代世界で進行しているグローバル化が孕む諸問題をも射程に置いている。編者自身も世界正義論を主題にして寄稿している。古典的主題と先端的・新領域開拓的主題をこのように広く網羅して統合する法哲学のテクストは我が国ではまだあまり例がなく，類書と比べても本書のこの特色は際立っていると自負している。これは，現代社会・現代世界が直面する諸問題を原理的に考察する知的資源としての法哲学の重要性を証示するという本書の狙いと直結した特色である。

③実定法学との接合

　本書では実定法学と法哲学との架橋がさまざまな形で試みられている。どの論考も実定法学にとって一定の理論的含意を持つが，14のテーマを一覧すれば分かるように，実定法学的問題を直接，主題に取り上げ，その法哲学的考察を試みている論考も多い。それらが関わる実定法分野も，契約法・不法行為法・家族法など民事法関連分野，刑法・刑事訴訟法・行刑法など刑事法関連分野，社会保障法・租税法・建築基準法など広義の行政法の諸分野，地方自治法

と自治体条例，教育関連法，医事法，そして国際法など多岐にわたる。実定法学的問題と法哲学的思考との接合のこのような密接性・広範性も本書の大きな特色である。

④現代法哲学の多様な諸潮流の展望台

　本書は新進気鋭・中堅実力派の研究者と編者の私を含む 14 名の法哲学者の協働の産物であり，①で述べた論述方法を共有することを除けば，各論者が立脚する法哲学的な立場・視角は多様である。編者が立脚する普遍主義的リベラリズムの立場だけでなく，リバタリアニズム，法と経済学，平等基底的リベラリズム，多文化主義，フェミニズム，ミシェル・フーコーに定位するポストモダン法理論，法論理学的アプローチ，法思想史的アプローチ，哲学的人間学など，さまざまな立場・分析方法に基づいた議論が展開されている。また，どの論者も自己の立場を他の異なった立場と突き合わせつつ展開している。この「突合せ」は対立する立場の批判的検討という形をとる場合もあれば，それとのバランスの模索や相補的結合の試みという形をとる場合もある。この視角と方法の多様性は，法哲学のテクストとしての本書の弱さではなく，むしろ強さである。これにより，読者は特定の立場の見方を押し付けられることなく，現代法哲学の多様な諸潮流の哲学的視角や分析方法を広く学ぶことができるとともに，具体的・現実的問題に対する解明力に即して，それらを比較検討し，自分自身の法哲学的思考を主体的に発展させることができるだろう。

　以上の特色を本書が持つことから，「現代法哲学講義」という本書の書名の意味がおのずと理解されるだろう。それは現代社会・現代世界のアクチュアルな問題に積極的に取り組むという意味と，現代法哲学の多様な知的資源を駆使するという意味を併せ持つ。課題の現代性と方法の現代性という二重の意味が込められている。

(3)　本書の構成

　以下，本書の構成を簡単に紹介しよう。この紹介はあくまで読者が本書の

「思索の森」に踏み入る前に，おおまかな「地図」を提供するためのものである。各論考の内容は，いずれも以下のごく簡単な要約では「不当な単純化」との謗りを免れないほど複雑で豊かである。読者には，この森を自分の足で歩き，自分の目でその植生の妙を確かめることをお願いしたい。本書は以下のような三部構成をとる。

第Ⅰ部「法思考と秩序の原理」

第Ⅰ部は，法思考の論理構造と基礎概念や法秩序の規範性・正統性・指導的価値理念をめぐる法哲学の根本問題を再検討する論考から成る。

まず，高橋論文（テーマ1）は，法的推論の恣意的操作可能性を根拠に法の支配の虚妄性を説くリアリズム法学以来の懐疑論を批判した上で，法的思考は法の支配の下で，対話的な非単調論理という法論理に拘束されつつも，証明責任の分配におけるように，つねに正義の問いに向かって開かれていることを指摘する。桜井論文（テーマ2）は，法思考の基本範疇たる人格概念（権利義務の帰属点としての自然人および法人の概念）のケルゼンによる脱実体化・規約主義化の思想史的系譜をホッブズとロックにまで遡って解明するとともに，規約主義的法人格概念の現代的意義を最近の民法学の団体人格論議に即して検討する。横濱論文（テーマ3）は，法と道徳の相剋と内的連関の問題を，悪法をもなお法として尊重することを要請する遵法義務の根拠と限界の問題として捉え，市民的不服従が遵法義務を否定するのではなくむしろ前提することを指摘した上で，遵法義務問題に関する現代の代表的理論を比較検討する。

主として国内法秩序に関わる以上の基本問題の考察の後，グローバルな秩序形成原理の問題に視点が移される。郭論文（テーマ4）は，国際法秩序再編の指針として，地球環境保護と人権保障との緊張関係を分析した上で，両者の二者択一化を回避する条件を確保する必要を提唱する。さらに，井上論文（テーマ5）は国境を越えて正義の要請を貫徹する「世界正義（global justice）」の理念の欺瞞的濫用の是正と，ロールズの分配正義グローバル化否定論に対する批判および世界分配正義の代替指針の素描を試みる。

第Ⅱ部「市場・規制・分配的正義」

第Ⅱ部は，市場経済システムの構成原理・内在的制約原理としての法，および市場メカニズムによる資源配分と所得分配に対する補正原理としての法の機

能・正当化根拠・限界の問題を再検討する論考から成る。

　まず，山田論文（テーマ6）は，リバタリアニズムを基本に据える観点から，公正な取引と競争の秩序としての市場経済秩序を維持発展させる上で国家的規制および司法が果たしうる役割とその限界を検討する。これに対し，浅野論文（テーマ7）は，財産権に対して人格権の独自の意義を主張する観点から，社会保障法と不法行為法の原理の統合的再構成を提唱し，このような人格権の新しい思想が，ロールズの正義論に見出されることを指摘して，実定法を支える法哲学的構想の例を示す。

　私法と公法を横断する問題に関わる以上の論考の後，公法的色彩がさらに濃い問題に関わる論考が続く。鳥澤論文（テーマ8）は，景観に関わる空間利用の決定権が誰に帰属するかという景観紛争の真の問題は，景観の公共性を主張するだけでは解決できないという問題意識から出発し，景観規制の正当化可能性を批判的に吟味するための規範的原理を，法と経済学の分析方法を用いつつ模索し，景観紛争解決の適正な決定プロセスを検討する。藤岡論文（テーマ9）は，仮想的保険市場モデルに公正な所得再分配の指針を求めるドゥオーキンの「資源の平等」論が，税制を評価する分配的正義の原理として適切であるとする立場から，金融所得分離課税の公正性を批判的に検討する。

第Ⅲ部「人権論の新地平」

　第Ⅲ部は，これまで周辺化・不可視化されてきた人権問題の掘り起こしと解明や，人権の主体・意味・根拠の問い直しを試みる論考から成る。

　まず，石山論文（テーマ10）は，移住希望者の人権を既存国民の人権に劣後させる従来の移民規制を擁護する国益追求論と文化的ナショナリズムを批判的に検討した上で，普遍的権利の実効化を目指す割当責任国家論を主軸とし，漸進的文化変容論の視点も副次的に加味した立場をあるべき移民規制の指針として提示する。次いで，池田論文（テーマ11）は，構造化された性差別から女性の人権を救済するために，性別役割分業を固定化する従来の家父長制的家族観だけでなく，シングル・マザー家族を欠損形態とみなす「性的家族」観を批判し，新たな家族法の原理として「ホームへの権利」を提唱する。一方，那須論文（テーマ12）は教育を受ける子どもの人権の実効的保障の観点から，「教育者の国家からの自由」論と「学習者の選択の自由」論をともに批判し，教育資源分配の

平等化と人格構成的プロセスへの自由を基底においた学習権概念の再編を提唱する。

　差別・排除・無視されてきた人々の権利の社会的認知に関わる以上の論考に続き，社会的認知を求めて競合・相剋する異なった権利要求の調整の問題が考察される。関論文（テーマ13）は，ともに従来軽視されながら，相互の間に微妙な緊張関係がある受刑者の人権と被害者の人権について，フーコーの権力論を踏まえつつ，代弁不可能な「他者の声」を聞く必要性という同じ観点から，受刑者の不服申立権の保障と被害者参加制度の正当化を試みる。最後の奥田論文（テーマ14）は，臓器移植を受ける側の生命権主張の陰に隠されてきた提供者側の人権を擁護する観点から，死体が「作られる」という罠のある死体移植原則論を批判し，患者の死を前提しない生体移植原則論を患者の同意を条件に擁護するとともに，臓器売買を認めるリバタリアニズムの立場を，ジャンケレヴィッチの人称的人間存在論に依拠して，二人称的関係に内在する「存在への畏敬」を欠いているとして批判する。

(4)　本書の生産工程
——「消費者テスト」の実験

　以上，本書の狙い・特色・構成について説明した。最後に本書の「生産工程」についても一言触れておきたい。本書の狙いと特色として挙げた点がすべての執筆者の論考に浸透するよう，企画当初に執筆陣の打ち合わせ会合を開催しただけでなく，草稿がかなり寄せられた段階で研究合宿を開いて集中的討議による叩きあいをした。ここまでは「当たり前のこと」で，特筆に値しないといわれるかもしれないが，昨今「当り前のこと」が「手抜き」されることも少なくない以上，触れておきたい。しかし，それだけでなく，「当たり前のこと」を超えた，以下のような新しい生産工程改善の実験を本書では試みたことをここで強調しておきたい。これは特筆に値する点である。

　「本書の狙い」で述べたように，法哲学的思考の必要性という本書のメッセージの主たる名宛人は法曹志望者である。法曹志望者が本書の想定する読者市場の主たる「消費者」でもある以上，「生産者中心主義」の独善に陥らないためには，「消費者の声」を生産工程にも反映すべきではないのか。執筆陣の討議の過程で，

このような意見が出され，ただちに同意されたが，問題は方法である。これについては，開発中の商品の試作品を潜在的消費者に試用してもらって意見を聞く「消費者テスト」というのがあるが，これに準じた次のような方法を採用することになった。

　法科大学院の在学生または修了生からボランティア（以下，協力学生と呼ぶ）を募り，各執筆者の草稿につき，原則として，学部時代も含めて法哲学関連科目を履修したことのある協力学生1名と履修したことのない協力学生1名の計2名を「試食者」として割り当てる。2名の協力学生には，当該草稿を読んでもらい，冒頭事例の興味深さ・分かりやすさ・本文内容との関連付けの良否など，問題志向アプローチがうまく機能しているか否かに関わる質問や，論述の明晰性・平易性，結論の明確性など議論展開の分かりやすさに関する質問，そして，その他の感想を自由に記述してもらう質問から成るアンケートに回答してもらう。各執筆者はこのアンケート回答を読んで，草稿改訂作業においてはそれを参考にする。以上が本書の生産工程に消費者の声を反映させるために採用した手順である。

　この消費者テストは，中央大学，近畿大学，立教大学，一橋大学，東京大学の各法科大学院計5校の在学生・修了生12名に協力学生として参加してもらい実施した。協力学生一人当たり大体2，3本の草稿を読んでアンケートに回答していただいた。これは実験であり冒険であったが，やってみてよかったと思う。アンケート回答は執筆者にとって励みになるうれしい意見も，辛口の意見も含んでいたが，ありうべき読者の反応を事前に知ることができ，自分の意図が理解されているか否かが事前にチェックできたことは，草稿改訂作業を遂行する上で，どの執筆者にとっても有益であった。「双方向的授業」は法科大学院教育の謳い文句の一つである。その精神は授業の進め方だけでなく，教科書づくりにも生かしていくべきものであるとすれば，この消費者テストはそのための一つの方法になるだろう。編者・執筆者はこの実験が成功したと信じるが，成功したか否かの判断は，もちろん，完成品としての本書の読者に委ねられている。もし瑕疵があったとしたら，それに対する責任はもっぱら編者と執筆者にあることもいうまでもない。

　名を個別に挙げることは控えさせていただくが，消費者テストに参加してい

ただいた協力学生の方々には，この場を借りて執筆者一同とともに深くお礼を申し上げる。生産工程に生産者サイドから協力してくださった方々にも，編者としての謝辞をこの場で述べさせていただきたい。特に，執筆者の一人である山田八千子氏は，法哲学者であると同時に弁護士実務経験をもつ民法学者であるというその重層的キャリアに根ざす知見を生かして，本書の企画立案の詰めなど編集作業にも貴重な助言と協力を提供してくださった。消費者テストの立案や実施についても彼女に負うところが大きい。執筆陣のうち，高橋文彦氏，浅野有紀氏，鳥澤円氏も，協力学生の募集に尽力してくださり，高橋氏からは刊行に向けての最終調整作業で編集上の助言も頂戴している。藤岡大助氏には索引作りにおける項目の整理統合作業に協力していただいた。最後に，本書刊行の機会を提供し，その実現の遅れを忍耐強く待ってくださった信山社の渡辺左近氏に謝意を表し，類書の場合の二倍以上の手間ひまを恐らくかけさせられたであろう本書の編集作業に，労を厭わず尽力してくださった同社の柴田尚到氏と木村太紀氏には，お礼とあわせて慰労の言葉を贈らせていただきたい。

〈第2版のための補記〉

　本書第2版刊行にあたっては，初版刊行後の情勢変化・研究進展をふまえて，各章執筆者が論述の加筆修正と文献情報・読書案内の補正をした。ただ，初版との同一性を保つため，改訂は必要最小限のものにとどめている。また一部の章については，改訂は加えられていない。内容・構成・生産工程において従来の法哲学教科書の型を破った実験的試みである本書の存在理由は，初版が刊行された2009年と同様，現在もなお大きいと考える。問題志向的で，具体的事例から出発して原理的問題を考察する本書は，「法哲学ケースブックですね」と好意的に評されたが，同様なスタイルの法哲学教科書が本書刊行後若干現れてきている。これは本書の先駆性の証明であると編者・執筆者一同自負している。

現代法哲学講義〔第2版〕

目　次

まえがき ………………………………………………………井 上 達 夫………i
　　　──なぜ法哲学を学ぶのか

第Ⅰ部　法思考と秩序の原理

テーマ1　法の支配と法的思考 ……………………………高 橋 文 彦………3
　　　──「法の論理」は裁判官の法的思考をどこまで拘束しうるか

は じ め に（3）

1　問題の所在：「法の支配」と「法的思考」（4）

2　リアリズム法学による説明可能性（7）

　　(1)　フランクの説明図式（7）

　　(2)　長良川水害訴訟における S × P ＝ D（8）

3　リアリズム法学の問題点（11）

　　(1)　発見の文脈と正当化の文脈（11）

　　(2)　外的視点と内的視点（12）

4　法的三段論法における小前提の再検討（14）

　　(1)　事実 F の不確定性（14）

　　(2)　安八訴訟および墨俣訴訟における事実認定（15）

　　(3)　「正しい準則の支配」としての「法の支配」（17）

　　(4)　証明責任における分配的正義（18）

5　法的三段論法における大前提の再検討（19）

　　(1)　法的ルール R の不確定性（19）

　　(2)　法的思考の非単調性と対話性（21）

結　語（24）

テーマ**2**　人格概念の法思想史的淵源とその変容 ·····桜 井　徹·······29

　は じ め に（29）

　　　(1)　八幡製鉄政治献金事件（30）

　　　(2)　人間と人格（31）

　1　法人本質論（33）

　　　(1)　法人擬制説（33）

　　　(2)　法人否認説（34）

　　　(3)　法人実在説（35）

　　　(4)　法人本質論の意味（36）

　2　人格とは誰のことか？（37）

　　　　　——ホッブズの二つの人格概念

　　　(1)　人格・本人・代理人（37）

　　　(2)　人為的人格としての国家（40）

　3　人格はどこにいるのか？（42）

　　　　　——ケルゼンにおける人格と規範

　　　(1)　二元論の解体と人格（42）

　　　(2)　アニミズム的思考と人格（43）

　4　何が人格を担うのか？（45）

　　　　　——ロックの人格論

　　　(1)　ロックにおける「人格の同一性」（45）

　　　(2)　ロックの人格論の歴史的意義（47）

　5　規約主義から「契約の連鎖」へ（48）

　　　(1)　民法学説における規約主義的法人論（48）

　　　(2)　「契約の連鎖」としての団体（50）

　結　語（51）

テーマ**3**　法と道徳 ···横 濱 竜 也·······55

　　　　　——遵法責務問題を手掛かりにして

はじめに（55）

　　──壁の射手訴訟と遵法責務問題

1　遵法責務否定論（62）

　（1）　いかなる悪法も法であるが遵法責務は存在しない（62）

　　　　──クレイマーの法実証主義

　（2）　法は道徳的に正しいからこそ服従されるべきである（66）

　　　　──ハードの自然法論

　（3）　遵法責務とは何か（71）

　　　　──ソクラテスは何故悪法に服従したのか

2　悪法に対する責任としての遵法責務（73）

　（1）　「原理の共同体」の理想を追求する遵法責務（73）

　　　　──ドゥオーキンの純一性論

　（2）　悪法に対する責任としての遵法責務の正当化根拠（76）

結　語（78）

　　──遵法責務とは何であるのか

テーマ4　国際法秩序の再編 ……………………………郭　　舜……84

　　　　──地球環境問題と人権を中心として

はじめに（84）

1　環境と人権：二つの価値（86）

　（1）　二つの価値（86）

　（2）　実定法上の位置付け（88）

　（3）　複雑な関係性（89）

2　環境問題はどこまで人権問題か（91）

　（1）　不明確さ（91）

　（2）　人間中心主義（93）

　（3）　世代間倫理（97）

3　環境・人権・地球的統治（103）

結　語（107）

テーマ5　正義は国境を越えうるか ······················井 上 達 夫·····110
　　　　　　——世界正義の法哲学的基礎

は じ め に（110）
　　——グローバル化の危険性と世界正義
　　⑴　世界経済危機と世界正義（111）
　　⑵　世界法の理論から世界正義の理論へ（113）
1　世界正義の欺瞞的操作⑴（115）
　　　　——世界匡正正義と世界分配正義の〈間〉の二重基準
　　⑴　世界匡正正義と世界分配正義（115）
　　⑵　侵略の浪費と救済の吝嗇（116）
2　世界正義の欺瞞的操作⑵（118）
　　　　——世界分配正義と世界匡正正義の〈内部〉の二重基準
　　⑴　世界分配正義の使い分け（118）
　　⑵　世界匡正正義の使い分け（119）
3　「正義の欺瞞」を正す正義（120）
　　⑴　世界正義の欺瞞的操作が生む懐疑（120）
　　⑵　正義の争いを規律する正義（121）
4　ロールズの分配的正義グローバル化否定論（123）
　　⑴　政治的リベラリズムと「諸人民の法」（123）
　　⑵　世界分配正義と第八原則との距離（126）
5　「諸人民の法」の理論的破綻と思想的頽落（128）
　　⑴　実質的正当化論拠の脆弱性（128）
　　⑵　不正黙認を交換する取引（132）
結　語（133）
　　——世界分配正義の指針

第Ⅱ部 市場・規制・分配的正義

テーマ6 市場社会と法 ………………………………山田八千子……143
——法は市場の公正な競争のために必要か

はじめに（143）

1 市場秩序の特徴（147）

(1) 市場秩序は設計できるか（147）

(2) 市場に固有の倫理はあるのか（150）

2 市場経済と国家（153）

(1) 国家は市場経済に必要か（153）

(2) 国家はデフォルト・ルールに関心を有するべきか（156）

(3) 市場社会の当事者たちは誰か（157）

3 市場社会と司法（161）

(1) 司法による市場の紛争解決の意義は何か（161）

(2) 単一型秩序は市場社会にふさわしいか（163）

結語（166）

テーマ7 社会保障法制度の再構築 ………………………浅野有紀……169
——不法行為法との比較の観点から

はじめに（169）

1 二つのケースから考察される社会保障法制度と不法行為法の関係（170）
——三つの視点

(1) ケース7－A①の争点から（170）
——不法行為法と社会保障法制度の理念的相違

(2) ケース7－A②の争点から（172）
——生命・身体侵害における不法行為法と社会保障の接近の可能性

(3) ケース7－Bの争点から（173）
——不法行為法と社会保障法制度の同一性

(4) 三つの視点と以下の論述の流れ（175）

目　次　　　xvii

2 匡正的正義と分配的正義 (176)

(1) 不法行為法と社会保障法制度の区別の必要性 (176)

(2) 不法行為法と社会保障法制度の区別に対する批判 (178)

3 総合的社会保障法制度 (179)

(1) 過失責任と無過失責任の混在 (179)

(2) 不法行為法と社会保障法制度の統一化 (180)

(3) 統一化に対する批判 (182)

4 財産権と人格権 (183)

(1) 財産権から人格権へ (183)

(2) 人格権の観点からのこれまでの議論の評価 (185)

(3) 人格権からの制度再構築 (186)

5 ロールズの正義論と社会保障法の再構築 (188)

結　語 (191)

テーマ**8**　景観紛争における公共性 ……………………鳥 澤　　円……194
――法と経済学の射程

は じ め に (194)

1 景観の公共性 (195)

(1) 不動産の公共性と財産権 (195)

(2) 公共財の理論 (197)

(3) 都市景観の特性 (199)

(4) 景観を保全・創出する方法 (200)

2 景観は誰のものか (202)

(1) 空間使途決定権を分配するルールの類型 (202)

(2) 原告の請求を認容すべきという主張とその論拠 (204)

(3) 原告の請求を認容すべきでないという主張とその論拠 (208)

(4) 景観の公有化 (213)

結　語 (216)

テーマ9　租税の正義 ……………………………………………藤岡大助……219
　　　　　　──金融所得分離課税の法哲学的検討

はじめに（219）

1　租　税　法　学（222）

　　(1)　租税法の基本原則（222）

　　(2)　金融所得分離課税の理論的位置づけ（225）

　　(3)　金融所得軽課の実際的論拠（227）

　　(4)　金融所得軽課論の規範的論拠（229）

2　法　哲　学（231）

　　(1)　租税法に対する法哲学のスタンス（231）

　　(2)　資源の平等理論（233）

　　(3)　「資源の平等」と資産性所得軽課論（237）

3　現行日本法に対する規範的含意（239）

結　語（240）

第III部　人権論の新地平

テーマ10　移民政策を規律する理念は存在するか …石山文彦……247
　　　　　　──国益，文化の継承，そしてグローバルな正義

はじめに（247）

　　(1)　移民規制と正義（248）

　　(2)　経済格差とグローバルな正義（249）

　　(3)　本章の概要（250）

1　予備的考察（251）

　　　　──利害関係の諸相

2　国益追求論／文化的ナショナリズムとその難点（253）

　　(1)　国益追求論と移民規制（253）

　　(2)　文化的ナショナリズムと移民規制（255）

　　(3)　居住者追放の問題（256）

(4) 自国民の追放（257）

3 割当責任国家論とその含意（260）

(1) 普遍主義的前提（260）

(2) 割当責任国家論（261）

(3) 国益追求／ナショナルな文化の継承への制約（262）

(4) 割当責任国家論と移民規制（265）

結　語（267）

テーマ11　家族の法からホームの権利へ ……………………池 田 弘 乃……271
──ジェンダー・親密圏・ケア

は じ め に（271）

1 家族とジェンダー（275）

(1) 「家族」とは何か（275）

(2) ジェンダーとセックス（276）

(3) 性別役割分業（280）

2 家から家族へ（281）

(1) 近代家族（281）
──家長個人主義

(2) 家族における法と感情（282）

(3) 性的家族か養育家族か（283）

3 ホームの価値（286）

(1) 家族からホームへ（286）

(2) ホームへの権利（288）

(3) 新たな親密性へ（289）

結　語（293）

テーマ12　教育をめぐる自由と平等 ……………………………那 須 耕 介……297
──日本戦後教育史からの問い

は じ め に（297）
──旭川学テ訴訟と教育バウチャー検討委員会

xx 目 次

(1) ケース 12 − A：旭川学テ訴訟とその後（297）

(2) ケース 12 − B：教育バウチャー検討委員会における議論（299）

(3) 本章の視点（300）

1 ふたつの論争が残したもの（301）

(1) 国民教育権論の達成・限界・遺産（301）

(2) 教育バウチャー制度論争の争点と盲点（305）

2 公教育をめぐるいくつかの難問（308）

(1) 「教育」とはどういう活動なのか（308）

(2) 教育における（機会の）平等とは何か（312）

(3) 教育を受ける者の自由と選択，そして「不当な介入」（314）

結　語（317）

テーマ 13　犯罪と刑罰 …………………………………関　　良　徳‥‥321
——受刑者の処遇と犯罪被害者の権利

は じ め に（321）

1 問題の所在（322）

(1) 受刑者の処遇（322）

(2) 犯罪被害者の権利（323）

2 規律訓練・監視・不服申立（325）

(1) 規律訓練権力としての行刑権力（325）

(2) 監視の不可能性（327）

(3) 不服申立制度の充実，あるいは，受刑者の声を聴くということ（329）

3 他者・参加・正義（331）

(1) 犯罪被害者という「他者」（332）

(2) 被害者参加制度の問題（333）

(3) 他者の正義，あるいは，犯罪被害者が語るということ（336）

結　語　刑事司法の未来（339）
——市民参加の果てに

テーマ 14　生命倫理と法 ……………………………奥田純一郎……343
　　　　　　　　──臓器売買問題を中心として

　はじめに（343）

　1　何が問題か？（344）

　2　移植「医療」の性格（349）

　3　そもそも，「医療」と「法」の関係は？（354）
　　　　　──移植をめぐる登場人物からの考察

　結　語（363）

判 例 索 引

人 名 索 引

事 項 索 引

執筆者紹介

掲 載 順

高 橋 文 彦（たかはし・ふみひこ）

1956 年生まれ
1987 年　一橋大学大学院法学研究科博士後期課程単位取得退学
現　　在　明治学院大学法学部教授
〈主要著作〉
「生命倫理における直観と論理——ヘアによる人工妊娠中絶問題への「黄金律論法」の適用とその問題点——」山崎喜代子編著『生命の倫理——その規範を動かすもの』（九州大学出版会, 2004 年）
「自己・所有・身体——私の体は私のものか——」森田成満編『法と身体』（国際書院, 2005 年）
『法的思考と論理』（成文堂, 2013 年）
「法律家の「論理」——法的な "argument" およびその "defeasibility" について——」亀本洋編『岩波講座　現代法の動態 6　法と科学の交錯』（岩波書店, 2014 年）
「法実証主義への挑戦——フラーの「法の内面道徳」とドゥオーキンの「純一性としての法」」森村進編『法思想の水脈』（法律文化社, 2016 年）

桜 井　　徹（さくらい・てつ）

1960 年生まれ
1990 年　一橋大学大学院法学研究科博士後期課程単位取得退学
現　　在　神戸大学大学院国際文化学研究科教授
〈主要著作〉
『リベラル優生主義と正義』（ナカニシヤ出版, 2007 年）
"Is a Human Right to Democracy Justifiable?", *Philosophy Study* 3, 2013.
"Should Society Guarantee Individuals the Right to Maintain "Normal Functioning"? A Genetic Minimalist Approach in a Globalized World", in M. Albers, T. Hoffmann and J. Reinhardt eds., *Human Rights and Human Nature*, Springer, 2014.
Human Rights and Global Justice, co-edited with Makoto Usami, Franz Steiner, 2014.

横 濱 竜 也（よこはま・たつや）

1970 年生まれ
2008 年　東京大学大学院法学政治学研究科基礎法学専攻博士課程修了
現　　在　静岡大学学術院人文社会科学領域法学系列教授
〈主要著作〉
『遵法責務論』（弘文堂, 2016 年）
ジョセフ・カレンズ（横濱竜也訳・解説）『不法移民はいつ〈不法〉でなくなるのか——滞在時間から滞在権へ』（白水社, 2017 年）
「規範的法実証主義の立法理論」井上達夫編『立法学のフロンティア 1　立法学の哲学的再編』（ナカニシヤ出版, 2014 年）

執筆者紹介 xxiii

郭　　舜（かく・しゅん）

　　1978 年生まれ
　　2006 年　東京大学大学院法学政治学研究科博士課程中退
　　現　　在　早稲田大学法学学術院准教授
　　〈主要著作〉
　　「グローバル化の中の立法システム──国内法過程から見た国際法定立過程」西原博史編『立法学
　　　のフロンティア 2　立法システムの再構築』（ナカニシヤ出版，2014 年）
　　「国際法の課題としての世界正義」世界法年報 34 号（2015 年）
　　「憲法第 9 条削除論──世界正義論の観点から」瀧川裕英・大屋雄裕・谷口功一編『逞しきリベラ
　　　リストとその批判者たち──井上達夫の法哲学』（ナカニシヤ出版，2015 年）
　　「国際社会に法は存在するか？」瀧川裕英編『問いかける法哲学』（法律文化社，2016 年）

井 上 達 夫（いのうえ・たつお）

　　奥付・編者紹介を参照

山田八千子（やまだ・やちこ）

　　1990 年　中央大学大学院法学研究科博士課程前期課程修了
　　現　　在　中央大学大学院法務研究科教授・弁護士（東京弁護士会）
　　〈主要著作〉
　　『自由の契約法理論』（弘文堂，2008 年）
　　『プロセス講義民法 V 債権 2』（共著，信山社，2016 年）
　　「契約制度を支えるもの」論究ジュリスト 22 号（2017 年）
　　「法的擬制と根元的規約主義──根元的規約主義からの法的推論における擬制の検討」法と哲学 3
　　　号（2017 年）
　　「法哲学から見る人口減少社会と法」楜澤能生編『持続可能社会への転換と法・法律学』（成文堂，
　　　2016 年）
　　「立法の法哲学──立法学の再定位」法哲学年報 2014（2015 年）

浅 野 有 紀（あさの・ゆき）

　　1969 年生まれ
　　1995 年　京都大学大学院法学研究科博士後期課程中退
　　現　　在　同志社大学大学院司法研究科教授
　　〈主要著作〉
　　『法と社会的権力』（岩波書店，2002 年）
　　「政策としての結社の自由」足立幸男編著『政策学的思考とは何か』（勁草書房，2005 年）
　　「権利と法秩序──自己決定権論の一側面」民商法雑誌 134 巻 3 号（2006 年）
　　「自然法論と法実証主義」中川淳編『現代法学を学ぶ人のために』（世界思想社，第 2 版，2008 年）
　　「法理論におけるグローバル法多元主義の位置付け」「私法理論から法多元主義へ──法のグローバ
　　　ル化における公法・私法の区分の再編成」浅野有紀・原田大樹・藤谷武史・横溝大編著『グロー
　　　バル化と公法・私法関係の再編』（弘文堂，2015 年）

鳥 澤　　円（とりさわ・まどか）

1972 年生まれ

2002 年　一橋大学大学院法学研究科博士後期課程修了

現　　在　関東学院大学法学部准教授

〈主要著作〉

「法に従う「いい人」──法と社会規範の葛藤と相補性」井上達夫編著『岩波講座哲学 10　社会／公共性の哲学』（岩波書店，2009 年）

「公共選択論と立法」井上達夫編『立法学のフロンティア 1　立法学の哲学的再編』（ナカニシヤ出版，2014 年）

「文化と経済──市場は芸術の開花を阻害するか」橋本努編『現代の経済思想』（勁草書房, 2014 年）

「「公共の福祉」の再検討」竹下賢他編『法の理論 33』（成文堂，2015 年）

藤 岡 大 助（ふじおか・だいすけ）

1973 年生まれ

2009 年　東京大学大学院法学政治学研究科博士課程単位取得退学

現　　在　亜細亜大学法学部准教授

〈主要著作〉

「分配的正義における平等論の検討──資源アプローチの擁護」国家学会雑誌 115 巻 11・12 号（2002 年）

「リベラルな分配的正義構想に対する G・A・コーエンの問題提起について」法哲学年報 2007（2008 年）

「エガリタリアニズムは存在するか?」亜細亜法学 48 巻 1 号（2013 年）

「ドゥオーキンの資源主義擁護論」亜細亜法学 49 巻 1 号（2014 年）

「分配的正義」瀧川裕英・大屋雄裕・谷口功一編『逞しきリベラリストとその批判者たち──井上達夫の法哲学』（ナカニシヤ出版，2015 年）

石 山 文 彦（いしやま・ふみひこ）

1961 年生まれ

1991 年　東京大学大学院法学政治学研究科博士課程修了

現　　在　中央大学法学部教授

〈主要著作〉

「『逆差別論争』と平等の概念」森際康友＝桂木隆夫編著『人間的秩序──法における個と普遍』（木鐸社，1987 年）

「多文化主義の規範的理論」法哲学年報 1996（1997 年）

「言語政策と国家の中立性」井上達夫・嶋津格・松浦好治編『法の臨界Ⅲ　法実践への提言』（東京大学出版会，1999 年）

「多文化主義理論の法哲学的意義に関する一考察──ウィル・キムリッカを中心として（一）～（六・完）」国家学会雑誌 113 巻 1・2 号，7・8 号，11・12 号，114 巻 3・4 号，9・10 号，115 巻 9・10 号（2000─2002 年）

「善良なるアメリカのディレンマ」法律時報 74 巻 6 号（2002 年）

執筆者紹介　　　　xxv

池田弘乃（いけだ・ひろの）

1977 年生まれ

2011 年　東京大学大学院法学政治学研究科総合法政専攻博士課程単位取得退学

現　　在　山形大学人文社会科学部准教授

〈主要著作〉

「フェミニズム法理論における立法の復権」井上達夫編『立法学のフロンティア1』（ナカニシヤ出版，2014 年）

「マイノリティの権利」論究ジュリスト 22 号（2017 年）

「クィア──クィアな視点は法学に何をもたらすか?」谷口洋幸・綾部六郎・池田弘乃編『セクシュアリティと法──身体・社会・言説との交錯』（法律文化社，2017 年）

「ケアへの敬意──倫理から制度へ」法哲学年報 2016（2017 年）

那須耕介（なす・こうすけ）

1967 年生まれ

1996 年　京都大学大学院法学研究科博士課程指導認定退学

現　　在　京都大学大学院人間・環境学研究科准教授

〈主要著作〉

「法の支配を支えるもの」摂南法学 25 号（2001 年）

「政治的思考という祖型」足立幸男編著『政策学的思考とは何か』（勁草書房，2005 年）

「市民社会の非政治的基盤について」法哲学年報 2010（2011 年）

「リバタリアン・パターナリズムとその 10 年」社会システム研究 19 号（2016 年）

関　良徳（せき・よしのり）

1971 年生まれ

1999 年　一橋大学大学院法学研究科博士課程修了

現　　在　信州大学学術研究院教授

〈主要著作〉

『フーコーの権力論と自由論──その政治哲学的構成』（勁草書房，2001 年）

「「フーコーと法」の現在」仲正昌樹編『近代法とその限界』（御茶の水書房，2010 年）

「ポストモダン法学の思想」森村進編『法思想の水脈』（法律文化社，2016 年）

「裁判員制度は廃止すべきか?」瀧川裕英編『問いかける法哲学』（法律文化社，2016 年）

「性刑法──誰をどのように守るものであるべきか?」谷口洋幸・綾部六郎・池田弘乃編『セクシュアリティと法──身体・社会・言説との交錯』（法律文化社，2017 年）

奥田純一郎（おくだ・じゅんいちろう）

1968 年生まれ

1999 年　東京大学大学院法学政治学研究科博士課程単位取得退学

現　　在　上智大学法学部教授

〈主要著作〉

「死における自己決定──自由論の再検討のために」国家学会雑誌 113 巻 9・10 号（2000 年）

「二つの弱さと自己決定権──死の問題から考える射程と限界」法哲学年報 2002（2003 年）

「ヒト胚・生命倫理・リベラリズム——自己決定権は生命科学技術研究に何を・どこまで言えるか?」
　思想 2004 年 9 月（第 965）号（2004 年）
「医療に対して法はどう向き合うか?」『町野朔先生古稀記念　刑事法・医事法の新たな展開　下巻』
　（信山社，2014 年）
「グローバルな生命倫理「立法」は可能か?　——ユネスコ「生命倫理と人権に関する世界宣言」の
　有する意味」上智法学論集 57 巻 4 号（2014 年）

第Ⅰ部

法思考と秩序の原理

テーマ1

法の支配と法的思考

—— 「法の論理」は裁判官の法的思考を
どこまで拘束しうるか

高橋文彦

は じ め に

ケース1

1976（昭和51）年9月10日から同月12日まで，台風17号が九州南西海上に停滞し，本州を縦断していた寒冷前線は，その影響を受けて全国的に強い雨を降らせた。長良川流域では，同月8日午後から同月13日にかけて総雨量961ミリの断続的豪雨に見舞われ，その結果，12日午前10時28分，岐阜県安八郡安八町大字大森地先の長良川右岸33.8キロメートル付近において長良川の堤防が決壊した。この決壊による濁流のため，水防関係者1名が死亡するとともに，安八町のほぼ全域および墨俣町の一部が濁流に冠水し，安八町では家屋半壊84戸，床上浸水1744戸，床下浸水366戸，墨俣町では床上浸水1190戸，床下浸水152戸，農作物壊滅等の被害が生じた。この単一の水害に関して，冠水地域となった安八町と墨俣町の住民がそれぞれ別の原告団を形成し，国に対して損害賠償を求める訴訟を起こした。それが，「安八訴訟」（昭和52年（ワ）第317号，昭和54年（ワ）第453号損害賠償請求事件）および「墨俣訴訟」（昭和52年（ワ）第293号，昭和52年（ワ）第608号損害賠償請求事件）と呼ばれる2つの訴訟事件である。

この2つの事件はいずれも岐阜地裁民事第2部に係属した。このうち安八訴訟については，1982（昭和57）年12月10日に岐阜地裁民事第2部が原告（住民）側ほぼ全面勝訴（一部認容，一部棄却）の判決を言い渡した。これに対して，墨俣訴訟については，1984（昭和59）年5月29日に同じ岐阜地裁民事第2部が原告（住民）側全面敗訴の判決を下した。つまり，同一の水害について提起された2つの訴訟が，同一の裁判所の同一の部において審理されたにもかかわらず，一方は原告勝訴，他方は原告敗訴という正反対の裁判結果がもたらされることとなったのである。

4 　　　第 I 部　法思考と秩序の原理

　この２つの裁判結果について素朴に考えるならば，当然，次のような疑問が生じるであろう。同じ岐阜地裁民事第２部が，1976（昭和51）年９月12日に発生した同一の水害に対して，「道路，河川その他の公の営造物の設置又は管理に瑕疵があったために他人に損害を生じたときは，国又は公共団体は，これを賠償する責に任ずる。」（国家賠償法２条１項）という同一の条文を適用すれば，法的三段論法に従って，同一の結論が導かれるはずではないか。この場合，法的三段論法の大前提は同一の条文（国家賠償法２条１項）であり，小前提となる事実は同一の水害であるから，結論として同一の判決主文が論理的に演繹されるはずであり，もし２つの判決主文が互いに矛盾しているとすれば，それは，「法の支配」が十分確立されておらず，実は「司法裁量」という名の「人の支配」が裁判結果を実質的に左右していることの証左ではないか。本章では，この具体的な疑問を〈「法の論理」は裁判官の法的思考をどこまで拘束しうるか〉という一般的な問いと関連づけながら，法哲学的な観点から考察することにしたい。

1　問題の所在：「法の支配」と「法的思考」

　まず最初に，「法の支配（rule of law）」という理念について簡単に確認しておこう。通常，「法の支配」は「人の支配」に対置され，人間的恣意を排除する理念として説明される。この意味における「法の支配」は「法による支配（rule by law）」から明確に区別されなければならない。例えば，古代中国の韓非子が唱えた法治主義は「法による支配」を標榜するが，支配者の恣意的・専断的な権力行使を排除しない［大木 1983：130，長尾 1999：141ff.］。それはあくまでも孔子の説いた徳治主義の対立概念であって，「人の支配」の対立概念ではないからである。しかし，このような「法による支配」から区別された「法の支配」も，文字通りに理解する限り，どこかいかがわしい響きをもつ。「法の支配」という表現は「法」の擬人化であり隠喩であって，実際に人を支配するのは，あくまでも人だからである。

　それでは，「法の支配」を確立することの実質的な意義は，どこにあるのだろうか。それは，統治者の恣意的な権力行使に対して法による制約を課すこと

にあると考えてよかろう。近代憲法の基本原理の1つである権力分立を前提にして図式的に敷衍するならば，「法の支配」のもとでは，立法権を担う議会が憲法に基づいて法律を制定し，この法律に従って行政権が行使されることによって，国家の統治権力から人間的恣意が排除される。そして，それを司法の側から制度的に担保するのが，裁判所のもつ法令審査権である。しかしながら，司法権も統治権力の一翼を担っている以上，当然，「法の支配」に服さなければならないはずである。それは果たして可能であろうか。まさにこの文脈において，〈「法の支配」の立憲主義的保障は「裁判官の支配」を超えうるか〉という問いが必然的に生じてくる［渡辺2007, pp.53ff.］。

「法の支配」のもとで裁判所自身が憲法および法律に基づく公平な裁判を行わなければならないとすれば，それはいかにして実現されるか。この問いに対する1つの素朴な答えは，法によって司法権を厳格に制御するために，判決を導く裁判過程から裁判官の裁量を一切排除するという考え方である。実際，権力分立を唱えたモンテスキュー（Charles-Louis de Montesquieu）は，「判決は，法律の正確な文面以外のものでは決してないというほどまで，固定されていなければならない。判決が裁判役の個人的意見であるとしたら，人は社会において結んだ約束を正確に知らずに社会生活をすることになろう。」と論じ，裁判官の役割を「法律の言葉を発する口」に限定した［モンテスキュー1989：302f.］。しかしながら，裁判官といえども，一般的な法規範である制定法の文面から，個別的な事案の解決である判決を，何の媒介もなしに直接導くことはできないはずである。すなわち，両者の間には何らかの論理的な媒介が存在せざるえない。

絶対主義的刑事司法を厳しく批判したベッカリーア（Cesare Bonesana Beccaria）は，この点について次のように述べている。「どのような犯罪に対してであれ，裁判官は，ひとつの完全な三段論法を適用しなければならない。大前提は〔裁判官が参照する〕一般的法規でなくてはならない。小前提はその行為が法律に合致しているか否かでなくてはならない。結論は無罪放免か刑罰でなくてはならない」［ベッカリーア2011：18f.］。この一節は刑事裁判について述べたものであるが，同様の考え方は19世紀ヨーロッパの私法学者の間にも広く浸透していった。例えば，フランスの「註釈学派（école de l'exégèse）」やドイツの「概念法学（Begriffsjurisprudenz）」は法の適用プロセスを，大前提であ

る制定法と小前提である事実から法的結論を演繹する純粋に形式論理的な操作として構成しようとした［碧海・伊藤・村上1976］。つまり，裁判官の恣意的裁量を排除しつつ，立法府が制定した法律と裁判官が下す判決とを論理的に媒介するものとして，法的三段論法が考えられたのである。

このような法適用過程における演繹論理の統制的な役割を過度に重視する考え方は，その後，「自由法運動（Freirechtsbewegung）」「リアリズム法学（Legal Realism）」「批判法学（Critical Legal Studies）」等の立場から強く批判されることになる。しかし，こうした批判にもかかわらず，「法的三段論法」が「法的思考」を支配する最も中核的な「論理」であるとする考え方は，今日においても依然として法律学の入門書における通説的見解であろう［例えば，伊藤・加藤2005：66，金井2011：85，中野2012：16，末川2014：73］。そこで本章においては，①裁判における「法的思考」の核心は法的三段論法に基づく演繹的正当化にあり，②その論理の適用者は裁判官であると（とりあえず！）想定した上で，「法の支配と法的思考」という問題を，〈法的三段論法は果たして，またいかにして法の適用過程から裁判官の恣意的裁量を排除しうるか〉という問いとして定式化したい。そして，この問いの考察を通じて，①の想定が，従来の批判とは異なった意味において，「法的思考」の現実を適切に説明しえないことを明らかにするとともに，①に代わる新たな法的推論モデルを提案する。

以下においては，まず最初に，法的三段論法に基づく法的結論の演繹という説明図式自体がそもそも虚構であると考えるリアリズム法学の立場から，2つの長良川水害訴訟判決における結論の差異がどのように説明されるかを見てみる。次に，リアリズム法学の説明図式がはらむ致命的な欠点を指摘し，「法的思考」において正当化の論理が果たす役割を再確認した後，法的三段論法における小前提および大前提の不確定性について順次検討する。そして最後に，そもそも「法的思考」の論理は法的三段論法として適切に捉えられるのかという根元的な問題を取り上げて，裁判における「法的思考」の核心は，三段論法ではなく，対話的な非単調論理に基づく法的結論の正当化にあるという見解を提示する。

2 リアリズム法学による説明可能性

(1) フランクの説明図式

リアリストの中で最も過激な主張を展開したフランク（Jerome Frank）は，法的三段論法によって法的結論を得ようとする伝統的な見解を，まず次のように図式化する。「便宜上，法的ルール（legal rule）をRという文字で，事件の事実（facts of a case）をFという文字で，その事件に対する裁判所の判決（court's decision）をDという文字で表すことにしよう。このとき，我々は裁判所の活動を大雑把に次のように図式化することができる。

$$R \times F = D$$

換言すれば，旧来の説によると，判決はRとFとの所産である」［フランク 1960：22］。しかしながら，フランクによれば，現実の裁判において法的ルールの解釈は一義的には決まらず，認定される事実も客観的なものとは程遠い。すなわち，実際にはRもFも不確定なのである。したがって，「伝統的な公式（R $\times$ F＝D）は，とりわけ事実審裁判所に関して適切でないから，数学的外観を具えた公式を好む人々の便宜のために，その代替物としてS $\times$ P＝Dという公式を提示してみるのもよかろう。このとき，Pは，事実審裁判官の「パーソナリティー（personality）」を表し，Sは，彼に影響を与える諸刺激（stimuli）（事実に関する彼の確信に影響する刺激およびその他一切の刺激）を表す。だが，かような公式は判決の予測または批評といった目的にとっては，さしたる価値を有しない」［フランク 1960：287］。

フランクの主張の要点は2つにまとめられる。まず第1に，仮に法的三段論法に基づく裁判という旧来の図式を認めるとしても，その大前提の法的ルールのみならず小前提の事実もまた客観的には確定できない。したがって，長良川水害訴訟について言えば，安八訴訟と墨俣訴訟において，同一の水害について異なった事実認定がなされることは十分にありうる。この点は法律学的に重要な問題をはらんでいるので，後に改めて論じることにしたい。第2に，そもそも現実の裁判において重要な役割を果たすのは，法的三段論法ではなく，裁判官の人柄（パーソナリティー）と刺激である。したがって，長良川水害訴訟に

ついて言えば，安八訴訟と墨俣訴訟において，合議体を構成する裁判官が一人でも異なれば，異なった結論が導かれる可能性は十分ある。また，前者の審理に際して存在しなかった刺激が，後者の審理を担当する裁判官に加えられたとすれば，やはり異なった判決が下されるであろう。このようなフランクの公式がどこまで長良川水害訴訟に当てはまるか，具体的に見てみよう。

(2)　長良川水害訴訟におけるＳ×Ｐ＝Ｄ

　まず，フランクのＳ×Ｐ＝Ｄという公式におけるＰについて検討しよう。安八訴訟（岐阜地判昭 57・12・10 判時 1063 号 30 頁）と墨俣訴訟（岐阜地判昭 59・5・29 判時 1117 号 13 頁）はいずれも岐阜地裁民事第 2 部に係属し，合議体で審理された。前者を担当したのは，秋元隆男氏，松永真明氏，袋津順子氏という 3 名の裁判官であり，後者を担当したのは，渡辺剛男氏，松永真明氏，袋津順子氏という 3 名の裁判官であった。つまり，各合議体を構成する裁判官のうち，左右の陪席裁判官は全く同じで，裁判長だけが異なっていたのである。しかしながら，フランクの公式を両事件に当てはめれば，Ｐが異なるのであるから，Ｄも異なるのが当然である。それでは，墨俣訴訟を担当した渡辺剛男判事はどのような人柄（パーソナリティー）の持ち主だったのであろうか。この点については，ここで引用しうるような客観的なデータは存在しない。しかし，渡辺判事の経歴については，注目すべき事実が明らかになっている［大出 1987 : 39f.］。1984（昭和 59）年 7 月 26 日に開かれた第 101 回国会災害対策特別委員会において，渡辺嘉藏委員が法務大臣官房長の根岸重治氏に質問し確認しているように，渡辺判事は 1975（昭和 50）年の 4 月から 1980（昭和 55）年の 4 月まで訟務検事を務めていたのである。法務省訟務局に所属する訟務検事とは，国家賠償請求訴訟のような国を当事者とする訴訟において国側を弁護する代理人である［新藤 2009 : 94］。渡辺嘉藏委員はこの委員会において「今まで国の代理人で住民訴訟を受ける立場で 5 年間頑張ってきたその方が，今度がらっと裁判所へ行って住民訴訟を裁く立場になった。だれが考えたってそんなものは行政庁側に有利になる先入観が体のどこかにある，こういうふうに受け取るのは当たり前だろうと思うのです。」と発言しているが，リアリズム法学の観点から見る限り，この指摘は強い説得力をもっていると言えよう。

続いて，S×P＝Dという公式におけるSについて検討したい。具体的に言えば，住民勝訴となった 1982（昭和 57）年 12 月 10 日の安八訴訟第一審判決と，住民敗訴となった 1984（昭和 59）年 5 月 29 日の墨俣訴訟第一審判決との間で，一体何が起こったかという問題である。この間に起きた出来事のうちで，水害訴訟を担当する裁判官に対する「刺激」として最も大きな影響を及ぼしたのは，1984（昭和 59）年 1 月 26 日の最高裁小法廷判決，すなわち大東水害訴訟上告審判決であろう。このことは，墨俣訴訟第一審判決が大東水害訴訟上告審判決の参照を指示していることからも明らかである。「大東水害訴訟」（昭和 53 年（オ）第 492 号・第 493 号・第 494 号損害賠償請求事件）とは，1972（昭和 47）年 7 月の集中豪雨により，床上浸水の被害を受けた大阪府大東市の低湿地帯の住民が，国・大阪府・大東市に対して国家賠償を求めた事件で，第一審および第二審はいずれも国・大阪府・大東市の河川管理責任を認めたが，上告がなされ，最高裁は原判決を破棄し差戻した（最一小判昭 59・1・26 民集 38 巻 2 号 53 頁）。最高裁はこの判決において道路管理と河川管理の違いを強調し，未改修河川に関する固有の瑕疵判断基準を示して，国・大阪府・大東市の河川管理責任を否定したのである。この最高裁判決を転機として，河川管理責任を否定する下級審判決が相次ぎ，水害訴訟は「冬の時代」を迎えることになる。

　しかも，墨俣訴訟第一審判決を担当した裁判官に影響を与えたと思われる刺激Sは，この最高裁判決だけに留まらない。大東水害訴訟上告審判決に先立って，1983（昭和 58）年 12 月 2 日に最高裁事務総局は最高裁の会議室に全国の裁判官を集めて，水害訴訟に関する「協議会」（会同）を開き，民事局見解を伝えていたのである［新藤 2009：165ff.］。朝日新聞 1987 年 11 月 8 日朝刊は「最高裁，大東水害判決前に民事局見解　下級審判事集め「協議会」」という見出しのもとに次のように報じた。「水害裁判をめぐる最高裁の初判決となった［昭和］59 年 1 月の「大東水害判決」で，国などの河川管理責任の範囲を狭くとらえる判断が示されて以来，ことし 8 月の多摩川水害訴訟逆転判決に至るまで被災者側が敗訴する厳しい司法判断が相次いでいるが，この「大東水害判決」の 1 カ月余り前の［昭和］58 年 12 月，最高裁事務総局が全国の地裁，高裁の水害訴訟担当裁判官を集めて「協議会」を開き，国の河川管理の瑕疵の判断基準などについて詳細な「民事局見解」を示していたことが，7 日までに朝日新聞社が

入手した裁判所部内資料によって明らかになった。」このように報じた朝日新聞のスクープは国会でも波紋を巻き起こした。

1987（昭和62）年12月8日に開かれた第111回国会法務委員会においては，この新聞報道を受けて，水害訴訟に関する民事局見解の問題が取り上げられた。まず坂上富男委員は「いわゆる最高裁民事局見解なるものについて，これは裁判官の独立を侵す裁判統制ではないのかという疑義が出されておるわけであります。そして，その顕著なものがいわゆる河川裁判であります。」と発言し，最高裁の説明を求めた。また，安藤巖委員も墨俣訴訟第一審判決および渡辺剛男判事に明示的に言及しつつ，「この協議，民事局の意見というものが現実に裁判官の審理の内容，そしてその結論である判決に影響を与えているのではないかという疑いを持たざるを得ぬと思うのですが，この点どういうふうにお考えですか。」と述べて，最高裁の考えを問い糺した。これに対して，最高裁長官の代理として答弁を行った最高裁事務総局民事局長兼行政局長の上谷清氏は，民事局見解は「1つの参考意見」に過ぎず，それぞれの裁判官はそれぞれ正しいと考えるところに従って判断しているという答弁を繰り返している。

以上のように，フランクのS×P＝Dという公式に基づいて，墨俣訴訟第一審判決を言い渡した裁判官の経歴や最高裁の動きを見てみると，安八訴訟における住民勝訴と墨俣訴訟における住民敗訴という正反対の判決をもたらしたものは，まさに裁判官の人柄Pと裁判官が受けた刺激Sの違いであって，法的三段論法は裁判官の法的思考を制御することはできないという悲観的な結論が導かれそうである。そうなると，ホームズ（Oliver Wendell Holmes）判事が主張したように，「法の生命は論理ではなく，経験であった。人々を統治すべきルールを決定するに際しては，その時代が必要とするものについての感覚，一般に信じられている道徳・政治理論，公序に関する直観，さらには自認するにせよ，意識しないにせよ，裁判官が同胞達と共有する偏見さえもが，三段論法よりもはるかに大きな役割を果たしてきた」［Holmes 1991: 1］という結論を受け容れざるをえないのであろうか。「法の論理」は，人間的恣意を排除するためには，あまりに無力なのであろうか。

3 リアリズム法学の問題点

⑴ 発見の文脈と正当化の文脈

　ここで立ち止まって，これまでの考察結果を整理してみよう。本章では，〈法的三段論法は果たして，またいかにして法の適用過程から裁判官の恣意的裁量を排除しうるか〉という一般的な問いを安八訴訟および墨俣訴訟の第一審判決と関連づけながら，具体的に考察してきた。そして，同一の水害に関する2つの判決主文が互いに矛盾するという一見不可解な現実を説明する手掛かりを求めて，伝統的な見解に対するフランクの批判に耳を傾け，リアリズム法学による説明可能性を検討した。その結果，フランクが提示した$S \times P = D$という公式を当てはめるならば，安八訴訟と墨俣訴訟の相反する裁判結果が「うまく」説明できることが分かった。しかしながら，果たしてこれですべてが説明されたのであろうか。フランクの公式は重大な論点を見落としていないだろうか。

　科学哲学者のライヘンバッハ（Hans Reichenbach）および法学者のワッサーストローム（Richard A.Wasserstrom）がつとに指摘したように，何らかの結論の妥当性について論じる際には，「発見の文脈」と「正当化の文脈」を混同しないように注意する必要がある［ライヘンバッハ 1954 : 227, Wasserstrom 1961: 26f.］。確かに，フランクの公式$S \times P = D$は，裁判官が法的結論を発見するまでの心理的なプロセスをかなり的確に説明している。しかしながら，法の支配のもとで裁判官が下した判決が法的結論として妥当か否かを考える際に問題となるのは，法的結論に到達するまでの〈法的思考の心理〉ではなく，法的結論を正当化するための〈法的思考の論理〉である。法学者のエンギッシュ（Karl Engisch）が述べている通り，「ここでは，事実問題（quaestio facti）と権利問題（quaestio juris）とを，すなわち〈裁判官は実際にいかにして法発見を行っているのか〉という心理学的・社会学的問題と，〈いかなる形式的および実質的前提のもとで，法発見は真あるいは正しいものとなるか〉という論理的・認識論的問題とを，時折……なされている以上に厳密に区別すべきである」［Engisch 2005: 55］。墨俣訴訟について言えば，岐阜地方裁判所に訴えが提起され，第一審判決が言い渡されるまでの過程において，裁判長の経歴や最高裁事務総局の

動きが判決にどのような影響を及ぼしたかという「事実問題」は，心理学的・社会学的な観点から「発見の文脈」を探究することによって答えられる。しかし，そうした因果的説明は，第一審判決の結論（判決主文）が果たしてその大前提とされた法規範と裁判所の認定した小前提の事実のもとで論理的に正当化されうるかという「権利問題」に対する答えとはならない。後者の問いに法律学の観点から答えるためには，裁判官の人柄Pや外部からの刺激Sではなく，判決文の内容そのものを「正当化の文脈」において検討しなければならないのである［平井 1989 : 20ff., 平井 2010 : 71ff.］。

(2) 外的視点と内的視点

法哲学者のハート（Herbert Lionel Adolphus Hart）もまたリアリズム法学の主張するルール懐疑主義を批判しているが，その論拠となっている「内的視点」と「外的視点」の区別は，あくまでも視点に関する区別であるという点で，ライヘンバッハが指摘した文脈の区別とは微妙に異なっている。ハートによれば，「内的視点」とは「ルールを受け容れて，それを行動の指針として使用している集団のメンバー」の視点であり，「外的視点」とは，「自分自身はルールを受け容れていないような単なる観察者」の視点である［ハート 1976 : 98, ハート 2014:152］。ハートは，ルール懐疑主義が誤りであると考えられる理由として，「少なくとも現代の国家における行動のいくつかの分野に関しては，われわれが内的視点と呼んでいる行動と態度のすべてを個人が示していることは疑いえない」［ハート 1976 : 149, ハート 2014 : 221］という事実を挙げる。ハート自身はフランクの公式S×P＝Dを直接取り上げていないが，ハートの内的視点と外的視点の区別を前提にすれば，この公式に対しても次のような批判が可能であろう。すなわち，この公式は外的視点から観察可能な規則性を記述しているだけではないか。フランクは内的視点を無視し，外的視点のみから裁判を理解しようとしているのではないか。

ハートが重視したのは，法的ルールがそれを受け容れる人々に対して行動の指針として機能し，要求や批判の根拠を与えるという事実である。「法は個人の生活において単に習慣として，または裁判所の判決ないし他の公的機関の行為を予測する根拠としてだけでなく，行動に関する受け容れられた法的基準と

して機能している。すなわち，個人は法が要求しているところをかなり規則正しく行っているだけでなく，法を行動の法的基準とみなすのであって，他人を批判し，要求を正当化する際に，また他人からの批判と要求を認める際に法を参照する」［ハート 1976 : 149-150, ハート 2014 : 221-222］。確かに，フランクも，墨俣訴訟において国家賠償法の条文が最高裁民事局見解や大東水害訴訟上告審判決とともに裁判官に対する刺激として外部から影響を与えたことは認めるであろう。しかし，フランクの立場から見れば，法律の条文も最高裁の見解や判決もあくまでも S×P＝D における S の一要素にすぎず，それ以上でもそれ以下でもない。これに対して，ハートならば，国家賠償法の条文や最高裁判例は裁判官および当事者にとって法的判断の基準として機能している点を強調するはずである。

　以上から明らかなように，フランクの説明図式 S×P＝D は，「外的視点」から見た「発見の文脈」における因果的説明であって，「内的視点」から見た「正当化の文脈」における論理的説明ではない。しかし，フランクの議論全体を眺めるならば，この説明図式はその中心に位置していないことも事実である。実際，フランクは「裁判官の勘が時間的に先行することは，事後における論理的分析が価値のないものだということを意味しない」と明言しているだけでなく，注においてライヘンバッハの「発見の文脈」と「正当化の文脈」の区別に明示的に言及している［フランク 1960:290ff.］。むしろ，フランクの批判の核心は，「正当化の文脈」において用いられる法的三段論法が裁判官の判断を論理的に拘束しえない点にある。R×F＝D という公式は，法的三段論法における 2 つの前提に対応する 2 つの変数 R および F がいずれも不確定であれば，判決 D も不確定とならざるをえないことを直観的に示すための比喩なのである。したがって，フランクの問題提起を「法の支配と法的思考」という本章のテーマに積極的に関連づけるならば，「正当化の文脈」における法的ルール R の不確定性および事実 F の不確定性という問題を避けて通るわけにはいかない。以下においては，まずフランクの強調した事実 F の不確定性の問題に焦点を当てることにし，法的ルール R がはらむ問題はその後で論じることにしたい。

4 法的三段論法における小前提の再検討

(1) 事実Fの不確定性

フランクはR×F＝DにおけるFについて次のように述べている。「Fとは何か。それは……実際に起こったことなのであろうか。断じて否である。せいぜいのところ，それは事実審裁判所……が起こったと考えるところのことに過ぎない。事実審裁判所が起こったと考えることは，しかしながら，甚だしく事実に相違するものであるかもしれない」[フランク 1960 : 24]。それでは，なぜ裁判所で認定される事実は，実際に起こった事実と異なるのであろうか。フランクによれば，「実際に起こった事実は，……二度屈折される。──まず証人によって，そして次には事実を認定する責務のある人々によって。証言に対する事実審裁判官……の反応は主観性をもって貫かれている」[フランク 1960 : 33-34]。フランクの用いる「主観性」という表現は批判的・否定的な響きをもつが，その情緒的な響きを差し引くならば，事実認定に関する一面の真理を表していると言えよう。とりわけ，現行の民事訴訟法において弁論主義や自由心証主義が一般原則として採用されていることを考えるならば，フランクの指摘は無視しえない説得力をもっていると思われる。

　一般に裁判における事実認定に関しては，「実体的真実主義」と「形式的真実主義」が対置される。実体的真実主義とは，事実認定に際しては可能な限り客観的な真実を追求すべきであり，裁判所が職権で証拠を収集してでも，真実を究明すべきであるという考え方である。これに対して，形式的真実主義は，当事者間に争いのない事実については，たとえ客観的な真実に反していても，そのまま事実として扱い，争いのある事実に関しても，当事者の立証の優劣によって判断すればよいと考える。刑事訴訟においては，実体的真実主義が強調される傾向にあるが，民事訴訟においては，形式的真実主義に基づいて，「弁論主義」が一般原則として採用されている（民訴159条，179条等）。弁論主義とは，「訴訟物たる権利関係の基礎をなす事実の確定に必要な裁判資料の収集，すなわち事実と証拠の収集を当事者の権能と責任に委ねる原則」であり，具体的には，①権利関係を直接に基礎づける事実（「要件事実」あるいは「主要事実」

と呼ばれる）については，当事者による主張がなされない限り，裁判所はこれを判決の基礎とすることはできない，②当事者間で争いのない事実はそのまま判決の基礎にしなければならない，③当事者間で争いのある事実の認定は，当事者が申し出た証拠によらなければならない，という 3 つの原則から成り立っている［伊藤 2016 : 302f.］。

　一体何が安八訴訟における住民勝訴と墨俣訴訟における住民敗訴という正反対の判決をもたらしたかという問題を考える際に，この弁論主義は重要な意味をもつ。長良川水害訴訟のような国家賠償請求訴訟は，対等な関係にある当事者間の紛争として民事訴訟に属するものとされるから，弁論主義に従って，事実認定の基礎となる証拠は，当事者が申し出たものに限定される。このため，2 つの訴訟において提出された証拠が異なれば，このことが事実認定の相違をもたらし，最終的に正反対の裁判結果をもたらすことは，十分考えられる。フランクは，裁判所が認定する事実は「実際に起こったこと」と甚だしく異なりうると批判するが，裁判所は，当事者が申し出た証拠に基づいて「法的な意味における実際に起こったこと」を認定せざるをえないのである。

(2)　安八訴訟および墨俣訴訟における事実認定

　実際，法務省および最高裁は，安八訴訟と墨俣訴訟における裁判結果の違いは事実認定の相違によって説明可能だと考えていた。1984（昭和 59）年 7 月 26 日に開かれた前述の第 101 回国会災害対策特別委員会において，渡辺嘉藏委員が，安八訴訟と墨俣訴訟で相反する結果が出たことについて法務省の見解を尋ねたのに対して，法務大臣官房長の根岸重治氏は「一般的に申し上げまして，訴訟は，それぞれの訴訟で出される証拠関係も違ってまいりますし，事実関係が違ってまいることも間々あると存じます。したがいまして，同種の事件につきまして同じような裁判官が裁判したとしても，必ずしも同一の結論になるとは限らないというふうに考えておるわけでございます。」という一般論を述べている。また，1989（平成元）年 11 月 29 日に開かれた第 116 回国会法務委員会においては，稲葉誠一委員が「まず，最初の［安八訴訟］事件で国が負けた，その間に［最高裁で］会同があって，どういう話があったか，その次に国が勝った，この事実はどうかということと，右陪席と左陪席は同じ人だった，前と後

は同じだった，裁判長だけが違ったのだということは事実ですか。どうですか。」と質問したのに対して，最高裁事務総局民事局長の泉徳治氏は「最初の［安八訴訟］判決でございますと，明治29年に大きな洪水が起こっておりますが，［今回の洪水は］それ以下であったというのが最初の判決でございますが，墨俣判決では明治29年の洪水を非常に上回ったものであるということを言っておりまして，その原因関係に関する事実認定が違ってございますので，この会同とは全く関係ないわけでございます。」と答えている。

　法律学的に見れば，このような法務省および最高裁の説明は或る意味では「正論」であって，墨俣訴訟第一審判決について，当時大阪高裁判事だった露木靖郎氏も「具体的瑕疵の有無の認定に関しては，本判決は，安八判決と真向から対立する。このような事実認定の相違は，もとより双方の訴訟に提出された証拠の違いとそれに対する評価の違いによるものと考えられ，その詳細な検討なしに安易な憶測は許されない……」［露木1985：199］と注意を促している。それでは，この2つの訴訟において提出された証拠の違いとは何であろうか。ここでは両判決の内容を詳細に検討することはできないが，安八訴訟第一審判決が出た後，墨俣訴訟においては，いわゆる「三木意見書」が提出され証拠採用されたという事実は指摘しておかなければならない。この三木意見書とは，工学博士の三木五三郎氏による長良川破堤原因に関する鑑定意見書であり，墨俣訴訟判決はこの意見書にたびたび言及している。三木氏は，東京大学生産技術研究所教授，横浜国立大学工学部教授等を歴任した地盤工学の専門家であり，その意見書は，安八判決において証拠価値を否定された建設省報告書について，そこで用いられた浸透流解析や安定計算は破堤原因を究明するための妥当な方法であり，その解析結果および安定計算結果も判断資料として用いることができると述べている。しかも，原告住民側が，本件堤防に接して存在した丸池が破堤の原因であって，それに加えて新堤の杜撰な築堤およびパイピング（漏水）が本件破堤を助長したと主張したのに対して，三木意見書は，丸池の存在によって直ちに堤防が危険になるものではないという否定的な意見を述べたのである。結局，裁判所は三木意見書を引用しつつ，原告が，本件破堤の主な原因は丸池の存在にあるとする根拠は，いずれも採用できないという結論を下したのであった。

⑶　「正しい準則の支配」としての「法の支配」

　本節では，事実認定の不確定性について具体的な考察の手掛かりを得るために，「内的視点」から安八訴訟と墨俣訴訟における「正当化の文脈」を比較検討してきた。その結果，この2つの訴訟における裁判結果の違いは，裁判所に提出された証拠の違いとそれに対する評価の違いによって説明されうることが判明した。すなわち，現行法制度において，弁論主義は裁判資料の収集に関して当事者に主導性を与えており，また自由心証主義は証拠方法の選択および証拠の証明力の評価について裁判官の自由な判断に委ねているので，たとえ同様の事件であっても，当事者が申し出た証拠や裁判官による証拠の評価が異なれば，事実認定も異なり，したがって正反対の判決が言い渡されることも十分ありうるのである。しかしながら，裁判における事実認定に関する限り，これが最終的な結論であろうか。ここが「法的思考」の終着点なのであろうか。

　なるほど，「法の支配」が統治者の恣意的な権力行使に対して法による制約を課すことであるとすれば，たとえ同一の水害に関する2つの訴訟において相反する判決が言い渡されたとしても，裁判所が「正当化の文脈」において現行法の手続を遵守している限り，「法の支配」は貫徹されていると思われるかもしれない。しかし，「法の支配」における「法」とは，現行法秩序の単なる追認を超えて，「正義」を志向する概念であることを忘れてはならない。法哲学者のラートブルフ（Gustav Radbruch）によれば，価値関係的概念としての「法」の概念とは「法価値・法理念に奉仕するという意味をもつ現実」であり，「机」の概念が「その上に何かを置く」という目的を無視しては捉えられないように，正義・合目的性・法的安定性といった法理念と関係づけずに「法」を定義することはできない［ラートブルフ 1961：147ff.］。また，井上達夫教授によれば，法は「人間行動を準則の支配に服せしめる企て」には解消されず，むしろ「人間行動を正しい準則の支配に服せしめる企て」，すなわち「正義への企て」として理解されなければならない［井上 2003：56］。もしこのように正義への志向性を法の本質として捉える立場が妥当であるとすれば（私は妥当であると考えるが），墨俣訴訟判決についても正義の観点から改めて見直す必要が生じてくるであろう。その意味では，「法的思考」もまた正義へと向かう企てなのである。

それでは，法的思考が志向する「正義」とは一体何だろうか。これは法哲学における大問題の１つであり，簡単には答えられないが，ここでは「分配的正義」および「匡正的正義」に関するアリストテレスの説明を参照すれば十分である。アリストテレスによれば，前者は「幾何学的比例」に基づいた「均等」であるのに対して，後者は「算術的比例」に基づいた「均等」である。すなわち，分配的正義は当事者の「価値」に応じた比例的分配によって実現されるのに対して，匡正的正義は当事者を「均等な人々」として扱う。例えば，名誉や財貨を公民の間に分配する場合には，各人の価値に応じた分配的正義が要請されるのに対して，随意的な人間交渉（売買，貸借，雇用等）あるいは非随意的な人間交渉（窃盗，姦通，殺人等）において匡正を役割を果たすのは匡正的正義であり，この正義を実現するために「裁判官は，一方から利得を奪うことによって，罰という損失でもってその均等化を試みるのである」[アリストテレス 1971：182]。この分配的正義と匡正的正義との対比は，水害訴訟のような国家賠償請求訴訟を批判的に検討するための重要な視座を与えてくれよう。

⑷　証明責任における分配的正義

　国家賠償請求訴訟は，前述のように，対等な関係にある当事者間の紛争としての民事訴訟に属するものと考えられている。すなわち，アリストテレス流に表現すれば，原告の住民と被告の国は「均等な人々」として扱われ，住民が受けた損害を国が賠償することによって「算術的比例」に基づいた「均等化」を実現すべきか否かについて，裁判所が判断することになる。したがって，損害と賠償の均等化において問題となるのは，匡正的正義である。しかしながら，原告の住民と被告の国を「均等な人々」として扱うという場合，両当事者の均等性とは，賠償額が当事者の「価値」に比例しないという消極的な意味に留まり，両当事者がいかなる意味でも対等であることを含意しない。このことは，とりわけ「証明責任（立証責任）の分配」を考えるとき，決定的な重要性をもつ。民事訴訟法の教科書に書かれているように，証明責任とは，「法令適用の前提として必要な事実について，訴訟上真偽不明の状態が生じたときに，その法令適用にもとづく法律効果が発生しないとされる当事者の負担」[伊藤 2016：366]であり，証明責任の分配とは，「法律効果発生の基礎となる特定の法律要

件事実について，いずれの当事者が証明責任を負うかを定める」［伊藤 2016：369］ことである。したがって，「証明責任を負担する当事者は，当該事実について裁判官の確信が形成されないときには，その有利な法律効果が認められないという不利益を受ける。しかし，そのような結果が社会的正義の見地から肯認されないときには，いくつかの方法によって証明責任分配の修正が図られる」［伊藤 2016：371］。それでは，この文脈における「社会的正義」とは一体何であろうか。それは明らかに匡正的正義ではない。証明責任分配に関する「社会的正義」とは，文字通り，分配的正義にほかならないのである。

墨俣訴訟第一審判決についても，分配的正義の見地から，証明責任の分配が果たして妥当であったか否かが問われるべきであろう。公害訴訟や薬害訴訟においては，形式的には対等な関係にあるとされる当事者の間に，実質的な訴訟追行能力の不均衡が存在することが多い。例えば，かつて四日市公害訴訟においては，被告企業が排出した大気汚染物質と喘息発生との因果関係を原告患者が証明することの困難さが問題となった。また，薬害エイズ事件においては，国や製薬会社による情報の独占的管理が原告被害者による証拠収集を困難にした。水害訴訟においても同様に，被告の国側が経済的・時間的コストを気にせずに，有利な証拠を収集し，鑑定を含めた証拠の申出ができるのに対して，原告の住民側にはこれに対抗できるだけの力はなく，圧倒的に不利な立場に置かれている［福井 2002］。つまり，批判法学（Critical Legal Studies）的に表現するならば，対等な当事者間の訴訟というイデオロギーが，現実の力の不均衡を隠蔽しているのである。毎日新聞 1994 年 10 月 27 日夕刊に掲載された長良川水害訴訟上告棄却についての「解説」において，社会部の中井和久記者は「破堤原因についての高度な科学的立証が住民側に重い負担を課す」と指摘しているが，法的思考はまさに分配的正義の見地から証明責任分配の修正や後見的な訴訟指揮の強化を要求しなければならない［加藤 1996：144ff.］。

5　法的三段論法における大前提の再検討

(1)　法的ルール R の不確定性

前節ではフランクの説明図式 R × F ＝ D における事実 F の不確定性について

やや詳しく検討したが，ここで法的ルールＲの不確定性について簡単に触れて
おきたい。この問題は，法的三段論法という思考様式に即して言えば，大前提
の選択の不確定性およびその解釈の不確定性という２つの問題として現れる。

　まず，大前提の選択における不確定性について見てみよう。周知のように，
民事訴訟は原則的に当事者主義に基づいており，この原則は具体的には処分権
主義および弁論主義として制度化されている。原告が訴訟代理人（弁護士）を
選任した場合（本人訴訟ではない場合）を考えよう。訴訟代理人は，依頼人の
主張する未整理の事実の中から，〈要件⇒効果〉図式に基づいて，依頼人が求
める法律効果をもたらしうるような要件事実（主要事実）を抽出して，請求原
因を訴状に記載する。訴訟物はこの請求原因に基づいて特定されるが，処分
権主義のもとでは訴訟物の特定は原告の責任であるとされる［伊藤 2016：216］。
すなわち，訴訟物の特定は当事者の自己決定に依存しているため，法的三段論
法の大前提となる法規範に関しても不確定性が生じることになる。しかしなが
ら，この場合，当事者に主導性を与えているのは法自身であるから，「法の支配」
の問題を裁判官の恣意的裁量の排除という観点から考える限り，処分権主義に
起因する不確定性は直ちに大きな問題とはならない。

　むしろ「法の支配」との関係で問題となるのは，大前提としての法規範を解
釈する際に生じる不確定性であり，これが法的思考に関する最大の難問の１つ
であることは言うまでもない。実際，長良川水害訴訟においては，国家賠償法
２条１項における「瑕疵」の判断基準が大きな争点となった。このような条文
解釈の不確定性という問題は，実定法の領域においては「法解釈論争」のよう
な活発な議論を巻き起こしており，また法哲学の領域においても従来から盛ん
に論じられている。例えば，ケルゼン（Hans Kelsen）は複数の解釈を許容する「枠
（Rahmen）」として法規範を捉えることによって［ケルゼン 1935：148f.，ケルゼン
2014：339f.］，またハート（H.L.A.Hart）は法の「開かれた構造（open texture）」
を解明することによって［ハート 1976：133f.，ハート 2014：200f.］，一定の範囲内
における司法裁量を認めたのに対して，解釈的アプローチを採るドゥウォーキ
ン（Ronald Dworkin）は「難事案（hard cases）」についても「正解が存在する」
と主張し，新たな視角から問題を提起した［ドゥウォーキン 1995：123ff.，411ff.］。
また近年では，法律が制定された時点で将来の解釈を拘束する「枠」が生じる

こと自体を否定する「根元的規約主義（radical conventionalism）」と呼ばれる立場が登場して，注目を集めている。この立場は，条文を含む言明の意味は予め（法律の場合は制定の時点で）決められているのではなく，論証（法の解釈・適用）の時点で，あたかも過去から存在していたかのように「遡及的に構成される」と主張する［大屋 2006］。

このような法解釈の不確定性をめぐる論争は，まさに法規範の「正しい解釈」の存否という大問題に関わっており，「法の支配」を「正しい準則の支配」として捉えるとき，法哲学が避けて通ることのできない核心的な論点を提示している。しかしながら，この点については既に多くの優れた文献があるので［例えば，笹倉 2009］，ここでは問題の所在を指摘するに留め，最後にこれまでの考察の出発点となった想定自体に関わる根元的な問いを取り上げたい。

(2) 法的思考の非単調性と対話性

本章においては，法律学の常識に従って，裁判における法的思考の核心は法的三段論法に基づく演繹的正当化にあると想定してきた。しかしながら，この想定は果たして妥当なものであろうか。そもそも法規範は伝統的論理学の意味における三段論法の大前提として理解してよいのであろうか。この問題はさらに2つの問いに分けられる。

まず第1に，法的三段論法の大前提を構成する法規範を全称命題として捉えてよいかという問いである。確かに，アリストテレス以来の伝統的論理学によれば，定言三段論法を構成する3つの命題は，「全てのAはBである」という全称命題か，あるいは「或るAはBである」という特称命題かのいずれかであり，この二分法に従えば，大前提を構成する法規範は全称命題に分類されそうである。しかしながら，ほとんどの法規範が例外を許容することを考えるならば，そのような捉え方は不適切であることが分かる。実際，全称命題で表されるような法規範は非常に少ない。例えば，「X（売主）がY（買主）と売買契約を締結したならば，XはYに対して代金請求権をもつ」という法規範を考えてみよう。この法規範は全称命題であろうか。確かに，この法規範と「甲は乙と売買契約を締結した」という要件事実から「甲は乙に対して代金請求権をもつ」という結論を一応導くことはできる。しかし，新たに「甲と乙の契約において

は，弁済期に期限が付けられており，その期限はまだ到来していない」という例外的な事実が証明されれば，この結論は（とりあえず）撤回される。この場合，全称命題が反証されたわけではない。「一般的に，X（売主）がY（買主）と売買契約を締結したならば，XはYに対して代金請求権をもつ」という法規範は，その一般的な妥当性を否定されることなく，その適用が例外事例において阻止されたのである。同様に，「一般的に，人の身体を傷害した者は，15年以下の懲役または50万円以下の罰金に処する」という法規範は，違法性阻却事由あるいは責任阻却事由が存在する例外事例において，その一般的な妥当性を否定されることなく，その適用が阻止される。したがって，これらの法規範はもともと例外事例によって反証されるような全称命題ではないのである。

　それでは，法規範はどのような命題として性格づけられるであろうか。紙幅も尽きつつあるので，詳しい説明は専門書に譲ることにして，ここでは結論だけ述べよう。トゥールミン（Stephen E. Toulmin）の表現を用いれば，法規範は，例えば「甲は乙と売買契約を締結した」というデータから「甲は乙に対して代金請求権をもつ」という一応の結論を得るための「推論根拠（inference-warrant）」として捉えられる［Toulmin 2003: 101ff., 亀本 2006 : 268］。この「推論根拠」という表現は分かりにくいが，これを現代論理学の観点から捉え直すならば，「デフォルト論理（default logic）」の推論規則として性格づけることが可能である。現代論理学においては，命題Pが命題集合Aから推論されるにもかかわらず，Aを包含する上位集合A∪Bからは推論されないとき，かつそのときに限り，この推論関係は「非単調的（non-monotonic）」であると言われる。法的思考の論理はまさにこの意味において非単調論理なのであり，法規範は非単調論理の一種であるデフォルト論理の推論規則として理解することができる［高橋 2013 : 109ff.］。しかも，興味深いことに，経験則に従った事実認定もまた，例外を許容する非単調論理に依拠しており，経験則もまたデフォルト論理の推論規則として捉えられるのである［増田 2004 : 490，永島 2017 : 111］。

　しかし，そうなると，そもそも法的思考を伝統的論理学における三段論法の形式で捉えてよいのかという第2の根本的な問いに直面せざるをえない。法的思考の論理は，前述の「非単調性」と並んで，「対話性」という特徴をもっている。しかし，この特徴もまた三段論法によっては捉えられない。それはなぜか。

伝統的な形式論理学が扱ってきた論証は，三段論法も含めて，数学における定理の証明のようなモノローグ（独話）であったが，これに対して法的思考は多くのディアローグ（対話）から成り立っている。例えば，前述の弁論主義の三原則からも明らかなように，口頭弁論の過程においては「訴訟上の紛争当事者の攻撃防禦としての弁論の弁証法」が重要な機能を果たしている［兼子 1957：52f.］。このような当事者間の「弁論の弁証法」は「対話的な非単調論理」として特徴づけられるから，「独話的な単調論理」としての古典論理の三段論法はこれを的確に捉えることができないのである［高橋 2013：85ff.］。

　しかし，裁判における「法的思考」の核心は，三段論法ではなく，対話的な非単調論理に基づく判決主文の正当化にあるという本章の結論は，法律学の常識からかけ離れており，あまりに奇矯ではないか。対話的な非単調論理を「法の論理」として採用することは，従来の法的思考様式を全面的に否定することになるのではないか。当然，そのような疑問が生じるであろう。ところが，私法の領域においては，対話的な非単調論理に基づく法理論は既に構築されているのである。いわゆる「要件事実論」がそれである［伊藤 2005：179ff.］。要件事実論は，攻撃・防御方法の体系的位置づけ（請求原因，抗弁，再抗弁等の位置づけ）を行う際に，その基準として原則／例外の関係を重視するが，法的思考の非単調性はこの原則／例外の関係に起因しており，法的思考の対話性は当事者主義に基づく対審構造から帰結する。したがって，法論理学的に見れば，要件事実論は対話的な非単調論理という基礎の上で法的思考を理論化していると考えられる。

　それでは，「法の支配」を実現するために，対話的な非単調論理に基づく要件事実論はどのような機能を果たしうるであろうか。それは裁判官の恣意的裁量を排除しうるであろうか。周知のように，「要件事実教育」に対しては，様々な批判が提起されているが［伊藤・加藤・山本 2007：127ff.］，その１つとして「要件事実教育は，裁判官の裁量を極力抑えようとするものであり，優秀な裁判官にとっては，桎梏以外の何ものでもない」［加賀山 2007：252］という強い批判が存在する。しかし他方では，「要件事実論的裁判実務の基本構造自体は，司法的裁判の合理的で公正な運営のための仕組みとして十分な制度的正統性をもっており，必ずしも全面的に否定されるべきものではな［い］」［田中 1996：76］と

いう擁護論も従来から見られる。果たして要件事実論は，裁判官に硬直的な思考を押しつけるものとして，否定的に評価されるべきであろうか。あるいは，人間的恣意を排除することにより「法の支配」に貢献するものとして，むしろ肯定的に評価されるべきであろうか。この問いに答えるためには，「要件事実論」と呼ばれる法理論の内実をさらに詳しく検討した上で［永島 2017：229ff.］，主権者としての国民は，国家権力の一端を担う裁判官にどこまで自由な裁量を認めるべきかという法哲学・政治哲学上の大問題と取り組む必要がある。

結　語

　本章における考察の結果を簡単に整理しておこう。本章においてはまず最初に，法的三段論法に基づく法的結論の演繹という説明図式自体がそもそも一種の虚構ではないかという問いを立て，リアリズム法学を代表するフランクの説明図式に依拠しながら，2つの長良川水害訴判決において相反する結論が導かれるに至った事実的な背景を調べてみた。その結果，安八訴訟第一審判決において原告（住民）側がほぼ全面勝訴した後，墨俣訴訟第一審判決において原告（住民）側全面敗訴の判決が下されるまでの間に，裁判長の交代，最高裁における協議会の開催，大東水害訴訟上告審判決等の注目すべき事態が起きていたことが事実として確認された。

　確かに，これらの事実は政治学的・社会学的・心理学的に無視し得ない重要性をもっている。こうした現実を直視するならば，批判法学（CLS）の指摘する通り，法の中立性・客観性は幻想であり，法が政治性・イデオロギー性を帯びていることは否定しがたい。また，裁判官の心理に目を向けるならば，一人の人間としての裁判官が自らの良心の命ずるところと現実の政治力学的な要請との間で苦悩し，ときとして全人格を賭けた苦渋の決断を下していることは，恵庭事件や長沼事件のような極端な事例を引き合いに出すまでもなく，部外者にも容易に想像がつく。しかしながら，「法の支配」を確立することの意義を全面的に否定するつもりでない限り，裁判官の人柄（パーソナリティ）に外部から刺激が加わって判決が下されるというフランクの説明図式を安易に受け容れることはできない。法的結論が妥当か否かを考える際に問題となるのは，心

理的な「発見のプロセス」ではなく，論理的な「正当化のプロセス」である。裁判官をはじめとする法律家は，事件の推移を政治学的・社会学的・心理学的な「外的視点」から観察しているのではなく，あくまも「内的視点」から法的結論を求めているのである。

本章では，リアリズムに基づく裁判批判の問題点をこのように指摘した後，法的三段論法における小前提および大前提の不確定性について改めて考察を加えた。まず，小前提の形成過程については，法内在的な観点から検討する際，弁論主義や自由心証主義のような訴訟法上の原則を十分に考慮する必要があることを指摘した。そして，こうした点を考慮しつつ，2つの長良川水害訴訟を内的視点から検討することによって，両者において異なった事実認定がなされたのは，当事者が提出した証拠の違いおよびそれに関する裁判所の評価の違いによることを明らかにした。しかしながら，「法の支配」とは単なる「準則の支配」ではなく「正しい準則の支配」である。そのように理解する限り，ここで思考を停止することはできなかった。原告の住民と被告の国との間に実質的な訴訟追行能力の不均衡が存在する以上，分配的正義の具体的な要請として，証明責任分配の修正や後見的な訴訟指揮の強化がさらに求められた。これが事実認定に関する最終的な結論であった。

大前提の不確定性については，本章ではあまり詳しく論じなかった。法解釈の主観性については既に多くの文献が存在しているので，この問題を改めて取り上げて屋上屋を架するよりも，むしろ法的三段論法モデルに代わる新たな法的思考モデルを提示したいと考えたからである。私見によれば，三段論法の大前提を構成するとされる法規範は全称命題ではなく，したがって法の適用プロセスを伝統的論理学における三段論法として捉えることはできない。その論理形式は，独話的な三段論法としてではなく，対話的な非単調論理として捉えられるべきなのである。もっとも，本章における簡単な説明だけでは，この新たな法的思考モデルについて，特に法的思考の「非単調性」と「対話性」について，正確に理解していただくのは困難であろう。この点については，さらに詳しく論じている文献を下記の「発展的学習のための読書案内」に掲げたので，そちらを参照していただければ幸いである。

発展的学習のための読書案内

井上達夫『法という企て』東京大学出版会，2003 年：現代法哲学の最前線で知的格闘を繰り広げる著者の最重要文献の 1 つ。第 I 部では，「準則の支配」によって権力発動の予見可能性と法服従主体の行動の事前調整可能性を保障しようとする〈法の支配〉の「弱い構造的解釈」に対して，「正しい準則の支配」によって権力発動の普遍主義的正当化可能性と市民の側の「正当化を争う権利」を保障しようとする〈法の支配〉の「強い構造的解釈」が対置され，法を「正義への企て」として捉える立場から後者の解釈が力強く提唱される。

高橋文彦『法的思考と論理』成文堂，2013 年：「法的思考」について主に論理学的な観点から考察した論文集。その主張の核心部分を一言で述べれば，法的思考の論理形式は独話的な三段論法としてではなく，対話的な非単調論理として捉えられるべきだ，ということに尽きる。法的思考の「非単調性」と「対話性」については，本章の本文中では十分説明できなかったので，この文献の第 5 章以下を参照していただきたい。

日本法哲学会編『民事裁判における「暗黙知」——「法的三段論法」再考——法哲学年報 2013』有斐閣，2014 年：日本法哲学会 2013 年度学術大会の統一テーマ企画に報告者あるいは総括コメンテーターとして参加した裁判官・弁護士・民法学者・法哲学者が，具体的な裁判例をもとに，法実務の現場における「大前提」と「小前提」の相互作用的な確定・形成過程について，「暗黙知」という概念を手掛かりに興味深い考察を加えている。

永島賢也『争点整理と要件事実——法的三段論法の技術』青林書院，2017 年：法科大学院でも教鞭を執る実力派弁護士による「法的思考」に関する意欲的な研究書。著者は法的三段論法は論理ではなく，あくまでも論理「風」のものであると明言した上で，法的思考をまず「発見の過程」と「正当化の過程」に分け，さらに後者を「マクロ正当化」と「ミクロ正当化」に分けて，トゥールミンの議論図式やパースのアブダクションなどを援用しつつ，豊富な具体例を示しながら丁寧に分析している。第 11 章は要件事実論がはらむ問題点を鋭く指摘しており，法科大学院生および法実務家にもぜひ一読を勧めたい。

安藤馨・大屋雄裕『法哲学と法哲学の対話』有斐閣，2017 年：次世代を担うべき 2人の気鋭の法哲学者が，第三者まで巻き込んで繰り広げる最高レベルの知的格闘の記録。6 つのテーマをめぐる挑発的な応酬は，いずれも冷徹かつ精緻な法哲学的思考に裏付けられており，うっかりすると読者までノックアウトされかねない。特に第 6 テーマ「最高ですか？」では，安藤が法的推論の「非単調性」を武器に憲法の最高法規性という問題に斬り込んでおり，根元的規約主義に基づく大屋の応答とともに，心して熟読すべきである。

テーマ1　法の支配と法的思考　　27

引用文献

碧海純一・伊藤正己・村上淳一編 1976：『法学史』東京大学出版会.

アリストテレス 1971：高田三郎訳『ニコマコス倫理学（上）』岩波文庫.

伊藤滋夫 2005：『要件事実・事実認定入門——裁判官の判断の仕方を考える』（補訂版）有斐閣.

伊藤眞 2016：『民事訴訟法』（第5版）有斐閣.

伊藤眞・加藤新太郎・山本和彦 2007：『民事訴訟法の論争』有斐閣.

伊藤正己・加藤一郎編 2005：『現代法学入門〔第4版〕』有斐閣.

井上達夫 2003：『法という企て』東京大学出版会.

大木雅夫 1983：『日本人の法観念——西洋的法観念との比較』東京大学出版会.

大出良知 1987：「司法の担い手の現状と問題状況」『法の科学』15号，36-48頁.

大屋雄裕 2006：『法解釈の言語哲学——クリプキから根元的規約主義へ』勁草書房.

加賀山茂 2007：『現代民法学習法入門』信山社.

加藤新太郎 1996：『手続裁量論』弘文堂.

金井高志 2011：『民法でみる法律学習法——知識を整理するためのロジカルシンキング』日本評論社.

兼子一 1957：『実体法と手続法—民事訴訟の基礎理論—』有斐閣.

亀本洋 2006：『法的思考』有斐閣.

ケルゼン 1935：横田喜三郎訳『純粋法学』岩波書店.

ケルゼン 2014：長尾龍一訳『純粋法学　第2版』岩波書店.

笹倉秀夫 2009：『法解釈講義』東京大学出版会.

新藤宗幸 2009：『司法官僚——裁判所の権力者たち』岩波新書.

末川博編 2014：『法学入門』（第6版補訂版）有斐閣.

高橋文彦 2013：『法的思考と論理』成文堂.

田中成明 1996：『現代社会と裁判——民事訴訟の位置と役割』弘文堂.

露木靖郎 1985：「重要判例解説　民事20　長良川・墨俣水害訴訟第一審判決」『季刊実務民事訴訟』8号，196-199頁.

ドゥウォーキン 1995：小林公訳『法の帝国』未来社.

長尾龍一 1999：『古代中国思想ノート』信山社.

永島賢也 2017：『争点整理と要件事実——法的三段論法の技術』青林書院.

中野貞一郎 2012：『民事裁判入門』（第3版補訂版）有斐閣.

ハート 1976：矢崎光圀監訳『法の概念』みすず書房.

ハート 2014：長谷部恭男訳『法の概念〔第3版〕』ちくま学芸文庫.

平井宜雄 1989：『法律学基礎論覚書』有斐閣.

平井宜雄 2010：『法律学基礎論の研究——平井宜雄著作集Ⅰ』有斐閣.

福井秀夫 2002：「司法制度改革の一環としての行政事件訴訟改革〜政策研究大学院大学教授福井秀夫に聞く〜」『第一東京弁護士会会報』351号. （http://www.eforum.jp/shihou/fukui-hearing1.htm　2018年2月11日確認）.

フランク 1960：古賀正義訳『裁かれる裁判所（上）』弘文堂.

ベッカリーア 2011：小谷眞男訳『犯罪と刑罰』東京大学出版会.

増田豊 2004：『刑事手続における事実認定の推論構造と真実発見』勁草書房.

モンテスキュー 1989：野田良之他訳『法の精神（上）』岩波文庫.

ライヘンバッハ 1954：市井三郎訳『科学哲学の形成』みすず書房.

ラートブルフ 1961：田中耕太郎訳『法哲学』東京大学出版会.

渡辺康行 2007：「「法の支配」の立憲主義的保障は「裁判官の支配」を超えうるか──「法の支配」論争を読む──」井上達夫編『岩波講座　憲法 1　立憲主義の哲学的問題地平』岩波書店，53-88 頁.

Engisch, Karl 2005 : *Einführung in das juristische Denken* 10. Auflage, Kohlhammer.

Holmes, Oliver Wendell 1991 : *The Common Law*, Dover.

Toulmin, Stephen E. 2003 : *The Uses of Argument*　Updated Edition, Cambridge.

Wasserstrom, Richard A. 1961: *The Judicial Decision*, Stanford U.P..

29

テーマ2

人格概念の法思想史的淵源とその変容

桜 井　徹

は じ め に

> ### ケース2
>
> 　1960（昭和35）年3月，八幡製鉄（現在の新日鐵住金の前身）の代表取締役Y（被告・控訴人・被上告人）が，八幡製鉄の名において自由民主党に政治資金として350万円の寄附を行った。これに対して，同社の株主X（原告・被控訴人・上告人）が，この寄附行為は，会社の定款が定める事業目的「本会社は鉄鋼の製造及び販売並びにこれに附帯する事業を営むことを目的とする」（定款2条）の範囲外の行為，すなわち定款違反であると同時に，商法254条ノ3（現行会社法355条）の定める「取締役の忠実義務」にも反する行為，すなわち法令違反であるから，Yは「法令又ハ定款ニ違反スル行為」（商法266条1項5号）によって会社に損害を与えたとして，会社に代わって，商法267条（現行会社法847条）の株主代表訴訟を提起した。
>
> 　第一審の東京地裁は，取締役は，慈善のための寄附など社会的義務行為を例外として，会社の財産を営利目的に反する非取引行為によって使用することはできないから，特定の政党への献金は取締役の忠実義務に違反するとして，Xの主張を認めた（東京地判昭38・4・5判時330・29）。これに対し，控訴審は，会社は経済社会の構成単位であるばかりでなく，「独立の社会的存在として，個人と同様に，一般社会の構成単位をなす」以上，政治献金のような「社会に対する関係において有用な行為は，定款に記載された事業目的の如何及びその目的達成のために必要又は有益であると否とにかかわらず，当然にその目的の範囲に属する行為として，これをなす能力を有する」として，原判決を取り消し，Xの請求をしりぞけた（東京高判昭41・1・31判時433・9）。
>
> 　この控訴審判決に対して，Xは，憲法は自然人である国民に対してのみ参政権

を認めており，政党への政治献金もまた政治活動への参加というべきものだから自然人たる日本国民のみがこれをなしうると主張して，憲法問題としても審理されることを目的として上告した。

(1)　八幡製鉄政治献金事件

　この裁判は，八幡製鉄政治献金事件として，どの憲法の教科書にも必ずといっていいほど紹介されている（最大判昭45・6・24民集24・6・625）。この事件をとりあげたのは，「政治資金の寄附が会社の権利能力の範囲内に属するか」とか「憲法の保障する人権は法人にも適用されるか」という論点を議論するためではない。そうではなく，これから紹介する上告審判決のうちに，本章のテーマである「人格」概念に関して非常に興味深い見方がはしなくも表明されているからなのである。

　上告審判決は，「会社は定款に定められた目的の範囲内において権利能力を有する」とことわったうえで，次のように述べている。

　　　会社の活動の重点が定款所定の目的を遂行するうえに直接必要な行為に存することはいうまでもない［が］，……会社は，他面において，自然人とひとしく，国家，地方公共団体，地域社会その他（以下社会等という。）の構成単位たる社会的実在なのであるから，それとしての社会的作用を負担せざるを得ないのであって，ある行為が一見定款所定の目的とかかわりがないものであるとしても，会社に，社会通念上，期待ないし要請されるものであるかぎり，その期待ないし要請にこたえることは，会社の当然になしうるところである。（民集24巻6号628頁。傍点引用者）

　よく知られているように，判決文はこの論点に引き続いて，憲法上の参政権が自然人たる国民にのみ認められたものだとしても，会社が自然人とひとしく国税等の負担に任ずる以上，政治的な自由の行使は許されるべきだとして，次のようにいう。

　　　憲法第3章に定める国民の権利および義務の各条項は，性質上可能なかぎり，内国の法人にも適用されるものと解すべきであるから，会社は，自然人たる国

民と同様，国や政党の特定の政策を支持，推進しまたは反対するなどの政治的
行為をなす自由を有する。（民集 24 巻 6 号 630 頁）

　ここでは，「会社の権利能力」や「法人の人権」といった論点には立入らない［さ
しあたり樋口 2007；高橋 2004；芦部 1994；阪本 1988 を参照］。むしろ注目したいのは，
この判決が，法人の性質についての 1 つの典型的な捉え方を明らかにしている
ことである。判決は，会社の権利能力の範囲について述べる中で，会社は「自
然人とひとしく，国家，地域社会等の構成単位たる社会的実在」であるから，
「それとしての社会的作用を負担せざるを得ない」と明言する。判決文はここで，
会社という法人を「自然人と同等の社会的実在」と呼ぶことで，会社の「擬人
化」あるいは「実体化」を無造作に行っているのである。
　ここにみられるのは，以下に紹介する「法人実在説」の端的な表明である。
このような法人観には，当時の代表的な学説，特に民法学者我妻榮のそれと明
らかに共鳴し合っているところがある。我妻は『新訂　民法総則』において，
法人が擬制されたものだという見解を否定しつつ，その実在する本質を，個人
と同様に「一個独立の社会的作用を担当することによって，権利能力の主体た
るに適する社会的価値を有するもの」と捉えていた［我妻 1965：126］。両者の
法人観には，語彙の共有以上の類似性がある。最高裁判決にとって，このよ
うに会社を「自然人とひとしい社会的実在」だとはっきりと擬人化することが，
会社に「政治資金の寄附」を行う政治活動の自由を認めるための重要な理論的
前提になっている。もし仮に判決が反対に，以下で説明する法人擬制説のよう
に，法人を，単に「法律の力によって権利・義務の主体性を擬制されたもので
あって，その本質は実体のない観念的存在」［河上 2007:137］とみなしていたなら，
これほどスムースに法人の「政治活動の自由」を導き出すことができたかどう
か疑わしい。

⑵　人間と人格

　法律学の初学者がつまずきやすい考え方の一つに，人間と（法的）人格との
区別がある。日常会話では，「彼（女）の人格形成の過程に問題があった」と
かよくいうから，そのレベルでは人間と人格とがあいまいに同一視されている

といえる。しかし，法律学の世界では，この二つの観念ははっきりと区別されている。人間と人格との区別は，法律学だけではなく，実は哲学や倫理学の世界においても長い伝統を持っている。のちにもみるように，17世紀後半のイギリスの哲学者ジョン・ロックの『人間知性論』における人格論は，そのことをはっきりと示している。

　代表的な民法総則の教科書には，法的人格とは「法律関係（あるいは権利義務）の帰属点を指す法律上の構成概念」だと説明されている［川島 1965:60］。そして，ある人がこのように権利や義務の帰属点とされ，その担い手（主体）としての資格を承認されているという事態を指して，その人には「権利能力」があるという。言い換えれば，この権利能力の担い手が，「法的人格」と呼ばれるわけである。

　法的人格は，日常会話や生物学的意味における「人間」とはまったく一致しない。生きている人間以外のものが，法律関係の帰属点として権利能力を認められることはいまでは普通にみられることだし，他方，歴史的には，生物学上の人間すべてが権利能力を認められてきたわけではない。実際に，かつて奴隷制が認められていた社会においては，奴隷は，ごく不十分な形でしか権利能力を認められず，むしろ所有権の客体として扱われていた。しかし，近代法は，すべての人間個々人を法的人格として完全に承認し，その権利能力を認める方向に進展してきた。わが国の民法3条1項が「私権の享有は，出生に始まる」と規定しているのは，単に権利能力の始期を指示しているのではなく，いまやすべての人間が生まれながらにして法的人格として認められるという歴史的な成果を示しているのである。このように権利能力を認められる人間個人を，法律学では「自然人」と呼ぶ。一方，このような生物学的な人間以外のものが，権利・義務の帰属点として「法的人格」を認められるとき，それは「法人」と呼ばれる。

　本章では，この法人概念を軸に，人格がこれまでどのように理解されてきたか，また今日いかなるものとして理解されるべきかを考えていく。具体的には，まず，法人の本質に関する三つの代表的な学説を紹介したあとで (1)，近代法思想の立役者トマス・ホッブズが，法人擬制説的な国家観と代理という法的構成とをいかに巧みに――あるいは狡猾に――組み合わせて，絶対主義国家

を正当化しようとしたのかをみる（2）。続いて，20世紀の法哲学者ケルゼンが，人格を「法規範の集合体を擬人化・実体化したもの」に過ぎないと喝破した点に注意を喚起し（3），このようなアニミズム的人格概念批判の先駆けとして17世紀末のロックの人格論を位置づける（4）。そして最後に，——自然人であるか法人であるかを問わず——法的人格はすべて，規範・契約の集合体が思考の便宜のために実体化されたものとして捉えることが可能だし，実際にそのように捉えられつつあると主張する（5）。

1　法人本質論

　法人とはそもそも何かに関しては，19世紀以来，著名な法律家たちの間で学説の対立がみられた。民法の教科書ではたいてい，以下に論じるような三つの学説に類型化されて紹介されている。

(1)　法人擬制説

　法人を，明確な法的主体として基礎づけた最も初期の理論として，サヴィニーの擬制説が挙げられる。彼は，自由な意思主体たる人間個人のみが法的主体であるという意思理論から出発して，法人は，国家によって単に法律上の目的のために財産権の主体として擬制された人格であり，それ自身には意思も自覚もない純粋に法の世界の存在に過ぎないという。サヴィニーによれば，個々の人間の権利能力はその出生とともに尊重される。しかし，「単なる擬制によって認められた人為的主体」たる法人には，このような法的安定性は欠けている［Savigny1840：236（小橋訳208），川島1965：88］。サヴィニーはいう。

　　個々の人間の自然的な権利能力が擬制によって観念的主体に転用されるとき，そのような自然的公認はまったく欠けている。最高権力の意思だけが，人為的な権利主体を作ることによって，その代わりを果たすことができるのであって，その力を私的任意に委ねようとするならば，不誠実な意思によって生じうる重大な悪用を別にしても，法的状態の極めて高い不確実性が生ずることは避けがたいであろう。［Savigny1840：278（小橋訳243）］

このように擬制説は，近代国家が個人的意思の自律性——したがって契約の自由——を尊重する反面，国家の絶対的な権威を主張して，国家と個人との間の中間的団体の形成についてはこれをもっぱら国家の特許に依拠させた時代の所産であった。

(2) 法人否認説

　これに対して，法人否認説とは，法人の社会的実体が独自の主体的存在であることを否定し，法人とは，単に多数主体者の法律関係を単一化するための技術，または法律関係の形式的な帰属点であることを強調する学説をいう［川島 1965：89］。わが国でも戦後，法人概念の法技術的側面を強調する法人否認説的見解が有力になり，川島武宜はその代表例としてしばしば引用される［相本 1984：165］。川島は，戦後まもなく公刊された論文「企業の法人格」の中で次のようにいう。

　　法人というのは，社会関係を一定の仕方で処理するためのことば的技術或は記号的技術である。すなわち，法人は，人間個人でないところにあたかも人間個人があるかのごとくに権利義務を帰属させて法律関係を処理するための道具として使われることば（或は概念）である。……このような権利義務関係の単一的帰属関係に対応して，その権利義務関係はその団体の構成員等の利害関係者から分別されて処理される。これが，近代法において法人ということばでよばれるものの具体的内容である。［川島 1952：190］

川島によれば，法人という概念は，複数の個人に——各別にあるいは不可分に——帰属する複数の権利・義務を，単一の主体——法人——に帰属する単一の権利・義務として法的に構成するための法技術にほかならない［川島 1975：1335］。範型的な近代法においては共同体的関係は原理的に解消し，社会関係は個人相互間の関係として確立されるべきだと考えた川島の個人主義からすれば，法人は，一定の目的のために結合している諸個人の権利・義務を単一の人格へと集中的に帰属させるための記号的技術に過ぎない。その点で，川島が，

法人という法的構成を，団体への債権者に対する構成員の有限責任を確立するための「絶縁体」といういわば道具に喩えているのは示唆的である。彼によれば，権利・義務関係を単純化するための記号的技術つまり道具である法人概念を用いることによって，ある財産を他の財産からはっきり分別して管理することが可能になる［川島 1975 : 1335-1336］。

　法人という概念をこのようにいわば思考経済のための道具的記号と捉える以上，川島が，社団と区別され法人格付与が否定されていた「組合」に関しても，「法的構成の上で彼ら［組合の共同主体者］を単一主体者として記号化することが不可能であると解すべき理由は全く存在しない」と述べるのも［川島 1975 : 1338］，ごく自然であるようにみえる。

(3) 法人実在説

　法人実在説は，法人が単に国家権力によって創造され，擬制されるような存在ではなく，むしろそれに先立って，社会的に実在する独立の統一体であり，法人格を付与されるに適する主体性を具えているものだと主張する。その代表的論者であるオットー・ギールケは，1902 年の講演で次のようにいっている。

　　共同体（ゲマインシャフト）は積極的な効果を及ぼす存在である。われわれが
　　共同体に帰さざるをえない諸効果は，個人的な諸力の単なる集積としては説明
　　し尽くされないものである。これら諸効果は，個々の人間によって個別に生み
　　出されたものではない。つまり，その全体的な成果は，個別の成果と同種のも
　　ので，単に程度において勝っているだけだとみなすことはできない。むしろ，
　　この諸効果は，共同体に特有のものである。権力機構，法律，道徳，国民経済，
　　あるいは言語といった現象を考えてみれば，このことは直ちに理解できる。共
　　同体の諸効果についてこのように言えるのであれば，それらを生み出す共同体
　　もまた，共同体を構成する諸個人の総計とは異なるものであるはずだ。それは
　　むしろ，それじたい超個人的な生命統一体（Lebenseinheit）を具えた全体であ
　　るはずである。［Gierke 1954 : 23-24］

自然人が自然的有機体であり，個人意思を有するのと同じように，この生命統一体を具えた全体は，一つの社会的有機体を構成し，団体意思を有するという

のである。しかし，ギールケのいう社会的生命統一体が実際に存在すると，ど
のようにして証明できるのか。ギールケも，このような統一体が実在すること
を証明する直接的証拠は存在しないと認める。しかし，実はこのことは個人的
生命体についても同じなのである。われわれは，個人的な生命統一体が実在す
ることを直接に証明することはできない。単に間接的な証拠を積み上げること
ができるだけである［Gierke 1954 : 22］。その意味で，人間個人のほうが，団体
よりもその実在が確固と証明されているとはいえない。こうして団体も，個人
としての人間に劣らず，国家によって法人格を付与される以前に，現実の生命
統一体として実在すると主張するわけである。

(4) 法人本質論の意味

　もちろん，これら三つの法人理論には，川島が指摘するようにそれぞれの歴
史的条件と役割があった。サヴィニーの法人擬制説は，個人意思の支配と反団
体的思想が謳われた19世紀ドイツにあって，法人を「擬制された個人」と構
成し，個人と相並ぶ取引社会での法的主体として位置づけることによって，そ
の法技術的側面を明らかにした。つまり擬制説は，法人が，社会生活における
外部的関係においては，もはや団体としてではなく，「一個人」として現われ
ることを強調したことに特徴があった。

　法人否認説はさらに，法人の社会的実体である社団・財団を分析し，それら
の内容が究極的には，社団に参加しまたそれから受益する諸個人，財団から利
益を享受する諸個人へと還元されることを示して，法人の技術的側面を強調し
た。言い換えれば，それは，法律の施す技術的・記号的操作によって初めて，
一定の目的のもとに集合する諸個人から，法人という人格が誕生することを明
らかにしたのである。

　またギールケの法人実在説は，固有の魂と生命を具えた国民（Volk）という
実在の人格を主張するとともに，国家によって包摂されかつ内部秩序に関して
規制される諸団体の実在的人格が存在することを示した。こうしてギールケは，
主権的国家の権威を高めると同時に，社会において現実に活動する団体の主体
性をそのまま国家に承認させようとする市民の要求にも応えることができたの
である［川島 1965 : 92-95，末弘 1926 : 135-136，Barker 1934 : 83-84］。

実は，特に擬制説・否認説と実在説との対立は，中世哲学史において実在論と唯名論という二つの陣営の間で闘わされた普遍論争を彷彿とさせるところがある［大村 2007：323］。法人実在説からすれば，n 人の個人からなる法人Ａが存在するといわれるとき，n 人の個人のほか，彼ら全員のいわば背後に，彼らを包摂する（n＋1）番目の存在たる法人Ａが実在するということになる。擬制説・否認説的な思考法からすれば，この世界に存在するといえるのはあくまでも n 人の個人だけで，法人Ａとは，単に人間相互が社会生活上の便宜のために使用する「記号」すなわちシンボルでしかないということになる。

2　人格とは誰のことか？
――ホッブズの二つの人格概念

(1)　人格・本人・代理人

国家に包摂される多様な法人だけでなく，国家もまた，それを支える構成員と組織を備え，権利・義務を担う法的人格の一つである。近代の社会契約説は伝統的に，自然状態にある平等な諸個人が相互に「契約」を交わした帰結として初めて政治社会が誕生すると考えたから，国家はまさに法的技術による擬制的な構成物でしかないことになる。その意味で，社会契約説はまさに擬制説・否定説を国家それ自体にまで適用したものだといえる。このような契約説の近代的定式化を最初に行ったのが，17 世紀の哲学者トマス・ホッブズである。

とりわけ彼の主著『リヴァイアサン』（1651 年）において興味深いのは，自然状態の人々が国家を形成する行為が，主権者への「代理権授与」契約として描かれている点である。つまり，自然状態における各人は，相互に契約を結ぶことで国家という新たな人格へと生まれ変わると同時に，この人格の「代理人」たる主権者のあらゆる行為の責任を引き受ける「本人」になると主張されている。ホッブズの社会契約説のこのような二重の性格が，彼の国家論における国民を主権者への絶対的服従へと義務づける仕掛けを用意している。彼の人格概念を起点に，この仕組みを解明していこう。

定義に無類の才能を発揮するホッブズは，「人格」に関しても，『リヴァイアサン』第 16 章「人格，本人，人格化されるものについて」の冒頭で，慎重な定義を披露している。

人格（person）とは，その言葉や行為が，彼自身のものだとみなされるか，または，
　それらの言葉や行為が帰属せしめられるほかの人間もしくはほかの物の言葉や
　行為を，真にもしくは擬制によって代理する（represent）とみなされる人間の
　ことである。
　　　これらの言葉や行為が彼自身のものであるとみなされるとき，彼は自然的人
　格（natural person）と呼ばれる。それらが他者の言葉や行為を代理している
　とみなされるとき，彼は人工的または人為的人格（feigned or artificial person）と
　呼ばれる［Hobbes 1991 : 111（永井ほか訳 187）］

　人間が自らの言動を自分自身に帰属させることを意図して行為するようなケース——自然的人格——は，ここではあまり問題とされていない。ホッブズがその関心を集中するのは，人為的人格のほうである。留意すべきなのは，本人（author）に代わって，本人に帰属せしめられる言葉・行為を遂行する代理人（actor）——「行為者」ともいえる——こそが，人格と呼ばれていることである。この定義のように人格を代理人と同視する人格理解を，本章では便宜のために人格の「定義A」と呼ぶことにする。

　他方，ホッブズは『リヴァイアサン』でも，1658 年に出版された『人間論』でも，繰り返し演劇を引き合いに出しつつ「人格」概念を論じているが，興味深いことに，その際，もう一つ別の人格解釈が現われる。

　ホッブズもいうように，人格を意味する英語 person（パーソン）は，ラテン語の persona（ペルソナ）に由来する。このペルソナも，このラテン語に対応するギリシア語πρόσωπον（プロソーポン）も，舞台上での俳優の扮装，とりわけ俳優が被る「仮面」を意味した。古代ギリシアの演劇では，一つの悲劇を原則として 3 人以下の俳優で演じることが求められたから，登場人物が増えれば，演じる役割ごとに異なる仮面を身につけることが必要だった。ホッブズによれば，このパーソンという語が，演劇から転じて法律用語においても，他者の言葉や行為を代理する者を意味するようになったのである。したがってホッブズは，「人格は，舞台上でも，日常会話においても，アクター（行為者，俳優）と同じ存在である」という［Hobbes 1991 : 112（永井ほか訳 187）］。しかし，これに続いて，彼は上の定義Aとは，矛盾するような人格理解を提示するのである。

人格化する（personate）とは，自分自身または他人を演じる（act）または代理する（represent）ことである。そして，他者を演じる者が，他者の人格を担う（bear），または他者の名において行為すると言われる。（ibid.）

「人格化する」つまりいわば「人格を体する」とは，自らの言葉や行為を自分自身のものとして責任を引き受けること，あるいは，他者に代わってその言葉や行為を演じることである。ここでは，「他者を演じる者」は，この「他者」の「人格」を担う存在として現われている。したがって，ここでは定義Aと異なって，代理人は「人格そのもの」ではない。代理人はむしろ，他者のペルソナ（仮面）を被り，その人格を「演じる」存在だと理解されている。舞台の上で俳優がその役柄の「仮面」を着けて，その登場人物の人格を再現する（represent）のと同様に，他者である「本人」のためにすることを示しつつ行為する代理人は，この本人の人格（仮面）を体して，自らの言葉や行為の帰結をこの本人に帰属せしめるのである。代理人は「他者のペルソナを被っている」存在にほかならないというこの理解こそが，のちに公刊される『人間論』での人格の新たな定義にも合致している。

人格とは，彼自身または他人の言葉や行為が帰属せしめられるもののことである。もし彼自身の言葉や行為なら，それは自然的人格である。もし他人の言葉や行為なら，それは擬制的人格である。［Hobbes 1839：130］

この定義では明らかに，人格は，「代理人」ではなく，行為者（actor）の言葉や行為の責任が帰属せしめられる言わば「帰属点」を意味している。このような第二の人格解釈を，本章では「定義B」と名づけておこう。人格を「法律関係（あるいは権利義務）の帰属点」［川島 1965：60］と解する現代的な「人格」理解が，この定義Bに沿ったものであることは明らかである。

　ホッブズの議論においては，なぜこのように相矛盾する二つの人格解釈が現われているのだろうか。実はこのことが，彼の絶対主義国家の正当化と密接なかかわりを持っているのである。

(2) 人為的人格としての国家

ホッブズの国家は，彼のいう人為的人格の一つである。人格の定義Aにあるように，人為的人格には，本人が代理人によって「真に」代理される場合と，「擬制によって」代理される場合があるが，ホッブズは，国家が前者，すなわち，本人が代理人と代理権授与契約を結ぶときに成立する人格だと考えていた。本人は，代理人に代理権を授与するのと引き換えに，代理人がその権限内で果たした行為の責任を引き受け，かつ——ホッブズに特徴的な点だが——代理人の行為に干渉しないという義務を負うのである［Skinner 1999 : 9］。

『リヴァイアサン』において，自然状態の人々は，ただ一つの契約によって，すなわち一個人または一合議体にすべての権限を譲渡する代理権授与契約を相互に結び，共通の権力（common power）を設立することによって，その悲惨な戦争状態を脱出すると描かれている。

> ……［人々にとって］この共通の権力を確立するための唯一の方法は，彼らのすべての意思を多数決によって一つの意思に還元できるように一個人または一合議体に彼らのすべての力と強さを譲渡することである。それはすなわち，各人が，彼らの人格を担う一個人または合議体を指名し，彼らの人格を担う者が共通の安全と平和に関する事柄について行ったり行わせたりするすべてのことを引き受け（own），その本人であることを自ら認めるということである。……これは合意，つまり意見の一致以上のものである。それは，すべての人間がすべての人間と契約を結ぶことによって，彼ら全員が一つの人格へと真に統合されることである。［Hobbes 1991 : 120（永井ほか訳 196）］

このように一つの人格へと結合した群集こそが，国家（commonwealth）と呼ばれる。ホッブズは，国家の人格を担うこの「個人」または「合議体」を，主権者（sovereign）と呼び，それ以外の各人を，この主権者の国民（subject）と呼んでいる［Hobbes 1991 : 121（永井ほか訳 197）］。つまり，主権者は国家という人格の「代理人」とされている。

この一つの契約にみえるもののうちには，厳密には，群集による主権者への代理権の授与と，一人格への群集の統合という二つの独立した成分が含まれて

いる。重要なのは，ホッブズが，これらの二つの要素がまさしく同時に生ずると強調する点である。「民衆の共同体」という一つの人格が形成されたのちに，この人格から主権者に代理権が授与されるとは，ホッブズは考えなかった。あくまでも，群集（the multitude）という多数の人々が，彼ら相互の代理権授与契約にもとづき一人の人間または一つの合議体——主権者——によって代理されるとき初めて，一つの人格へと変貌するのである。言い換えれば，一個人または一合議体にあらゆる権限を譲渡するこの契約の効果として，多数の人々が，国家という一人格へと生まれ変わるのである［Skinner 2007 : 162-163, Zarka 1999 : 345-346］。

このことをよく表わしているのが，「人格を単一にするのは，代理人の単一性であって，代理されるものの単一性ではない」というホッブズの言葉である［Hobbes 1991 : 114（永井ほか訳 190）］。この言明には，二つの大きな特徴がある。第一に，この言明は，国家という単一の人格が生まれるのは，群集の「代理人」を務める主権者が登場する時点だと強調することにおいて，国家という人格の擬制的性格を際立たせている点である。国家の成立にとっては，「群集の存在」よりむしろ，代理権を獲得した「主権者の誕生」こそが最も重要な契機だとみなされているのである。第二に，この言明はまた，代理人の単一性こそが国家の単一性を体現するということを強調することによって，人格の定義Ｂのみならず，人格と代理人とを重ね合わせる定義Ａの内容とも符合すると思われる点である。ここでは，人格の本質的特徴は「代理されるもの」ではなく，むしろ「代理人」自身に置かれている。『リヴァイアサン』において，人格と代理人を同視する定義Ａが，それと矛盾する現代的な人格理解と同居しているのも，主権者が，国家の人格を身に着ける（bear）だけでなく，国家の人格そのものをわが身に体現する存在と位置づけられているからである。こうしてホッブズの主権者はその絶対的権威を保持できるのである。

このように，国家を誕生させる代理権授与契約を交わすのは，あくまでも「群集の個々人」であって，単一の人格たる「民衆の共同体」ではない。だから，国家の代理人である主権者が「共通の平和と安全」のために行うすべての行為を，その「本人」として引き受け，わがものとしなければならないのは，個々の国民自身である。したがって，この本人は，主権者のいかなる行為をも非難

することはできない。

> 各国民は，主権者を設立したことによって，この主権者のすべての行為と判断の本人であるから，彼のいかなる行為も，国民の誰かへの危害にはなりえないし，どの国民によっても不正だと糾弾されるべきではない。……主権者から危害を加えられたと不平を述べる者は，自分自身が本人である事柄について不平を言っているのである。だから，自分自身以外の誰をも非難するべきではない。[Hobbes 1991：124（永井ほか訳201）]

ホッブズにおける国家という人為的人格は，主権者の行為の効果が帰属する「本人」という地位を与えられていない。むしろ，自然状態における人々による主権者への代理権の授与が，国民各々の服従義務を基礎づけるために決定的な役割を負わされている。

さらにホッブズはその独特の脅迫的言辞によって，ひとたび自らの権限を「譲渡」してしまった者は「その権利を譲渡した相手がそれから利益を得ることを妨害しないよう」，すなわち主権者がこの代理権を自由に行使するのを妨害しないよう，義務づけられていると述べる[Hobbes 1991：92（永井ほか訳162）]。こうしてホッブズは，代理という法的構成を最大限に操作して，主権者への絶対的な服従を国民に義務づけるという目的に利用するのである。

3 人格はどこにいるのか？
——ケルゼンにおける人格と規範

(1) 二元論の解体と人格

ホッブズは，自然的人格と人為的人格をはっきり区別したうえで，後者の一例である国家を，個々人の代理権授与契約によって創造された「人工人間」（artificial man）になぞらえたが[Hobbes 1991：9（永井ほか訳53）]，これに対して，自然人と法人とを徹底的に同列に論じたのが，20世紀の最も偉大な法哲学者の一人，ハンス・ケルゼンである。

ケルゼンは，あらゆる法政策や政治的イデオロギーから解放され，「実定法の認識」へと専心する客観的な精神科学としての法理論，すなわち「純粋法学」

を構築しようとした。純粋法学の特徴の一つは，19世紀の法律学にみられた客観的法——法——と主観的法——権利——という二元論を解消しようとする点にある。ケルゼンによると，このような二元論は，「権利が論理的にも時間的にも法に先行する」という思想を表現している。これは，近代自然法論における自然状態論にも顕著であった。自然状態における各個人の「労働に基づく先占」を根拠として，まず権利，とりわけ"権利の原型"たる所有権が成立する。その後になって，この権利を保障するために国家的秩序としての客観的法が，権利に付け加えられる，と。しかし，ケルゼンに従えば，「権利」が「法律」から論理的に独立して存在することを強調するこの二元論は，法秩序による制約から私的所有権を擁護しようというイデオロギー的機能を担っているのである〔Kelsen 1934 : 40-41（横田訳 70-71）〕。

　これに対しケルゼンは，「権利」は他者の「義務」の相関物に過ぎないという立場を採りつつ，この二元論を廃棄して，主観的法と客観的法とを同一視する。客観的法が，自ら定める「不正の効果」を提示しつつ具体的な法主体に立ち向かうとき，それは「義務」と同一のものであり，客観的法が，具体的法主体に自由な処分の余地を与えるとき，それは「権利」と同一のものになる〔Kelsen 1934 : 49（横田訳 82）〕。

　ケルゼンにとって，「人格」すなわち権利主体とは，決してそれがもつ権利・義務と別個の存在ではなく，「義務・権利が人格化された統一体，あるいは——義務と権利は法規範と同一のものだから——一連の法規範が人格化された統一体」にほかならない。言い換えれば，人格Aとは，Aの行為を義務とか権利と性格づける法規範すべてを包括したものの別名である〔Kelsen 1949:93-95（尾吹訳 170-172）〕。しかし，われわれは，ある個人の一定の行為や不作為が，一定の法規範の内容を構成すると考えるだけでは満足せず，その背後に権利や義務の「担い手」すなわち帰属点を想像せずにはいられない。その意味で，まさに「人格」は法律学上の創造物にほかならない。

(2)　アニミズム的思考と人格

　われわれは日常生活において，自らが経験するさまざまな属性は，ある客体——実体——がもつ諸属性だと解釈する。しかし，この実体とは，これらの属

性とは別個の存在では決してない。「木の葉は，——緑色，なめらか，丸いなどの——すべての属性とは別個の新たな存在ではなく，これらの属性の包括的な統一体にすぎない」[Kelsen 1949 : 93（尾吹訳 169）]。しかし，われわれは，文法上の主語がその述語をもつように，また，実体がその諸属性をもつように，法的人格が権利や義務をもつと考えるのである。

したがって，「法人」とは，「数人の行動を規制する法秩序を人格化したものにほかならないし，この秩序によって規定される人間行為すべての共通の帰属点にほかならない」。同様に，「自然人も，一個人の行為を規制する法規範の複合体を人格化したものである」。法人も，自然人も，規範の集合体を人格化したものだという点で，その基盤は原理的に同一であり，両者を区別する理由はない[Kelsen 1949 : 99（尾吹訳 178）]。法人を超個人的な社会的有機体だと考えることは，この法律学的創造物を素朴に具象化したもの（Hypostasierung）に過ぎない。

国家とは，法人の包括的な形態にほかならない。法人は，——社団の定款のような——部分的法秩序を人格化したものであるか，すべての部分的団体を包摂し，国家人格（Staatsperson）と表現される全体的法秩序の人格化であるか，のいずれかだからである[Kelsen 1934 : 52-55（横田訳 87-90）]。

われわれはいったいどのような場合に，諸々の法規範が一つの統一体を構成すると考え，それらの法規範を「法人」として人格化するのか。この問いに対してケルゼンは，数人の人間の行動を規律するいかなる法秩序も，「人格」とみなすことが可能だと答える。つまり，法人概念を特定の団体類型に適用するかどうかは，ひとえに法政策的な選択に委ねられている。ただしケルゼンは，具体的には，法人は「一人格とみなされる共同体の機関がその団体を法的に代表でき，かつ，共同体の責任が特定の仕方で限定されるときに，その存在を想定される」と述べている[Kelsen 1949 : 100（尾吹訳 180）]。つまり彼は，その団体の権利・義務を行使する団体の機関が存在すること，そして団体構成員が団体債権者に対して有限責任を負うに過ぎないことを，その団体が法人とみなされるための二つのメルクマールと解釈しているようである。

ケルゼンの法的人格理論は，われわれに染みついているアニミズム的思考を顕わにしてくれるという意味で大きな効用を持っている。アニミズム的自然観

においては，現実世界のあらゆる対象には，その対象の主である不可視の精霊がひそんでいる。ケルゼンによれば，われわれは未だに，自らの経験的知識の対象を，諸々の可感的な「属性」と，それらを所有する不可視の「実体」へと二重化するという性向から脱出できないのである〔Kelsen 1949：93（尾吹訳 169-170）〕。「権利・義務をもつ法的人格」というわれわれの日常的な思考法は，まさにこの「属性を所有する実体」というアニミズム的な関係理解の法律学上の応用例にほかならない。

4　何が人格を担うのか？
——ロックの人格論

(1)　ロックにおける「人格の同一性」

『人間知性論』（初版 1689 年）において展開されて以来，今日まで強い影響力を保持しつづけているロックの人格論の重要な意義の一つは，まさに，キリスト教文化に浸潤されていた人格概念から，このアニミズム的思考法を一掃しようとした点にあった。

ロックもまた，人間（man）と人格（person）とをはっきり区別する。彼にとって人間とは，今日の用語を用いれば，生物学的観念である。それは，「一定の形態をもつ動物」の観念にほかならない。したがって，人間の観念に到達するには，「思考する，すなわち理性的な存在」という観念だけでは足りず，それと結合する「身体」の観念を必要とする。

> 誰でも，一生，ネコやオウムほどの理性しか持たない，自分と同じ形態と構造の動物を見れば，彼を人間と呼ぶだろう。話し，推論し，哲学するネコやオウムがいれば，誰でも，それをネコやオウムにほかならないと思うだろう。〔Locke 1975：333（大槻訳：(2) 308）〕

ロックにとっての「人間の同一性」は，「同一の組織化された身体に継続的かつ生命的に結合された常に変化する物質粒子による，同一の持続的生命の共有」のうちに存する〔Locke 1975：331（大槻訳：(2) 306）〕。これも，あくまでも生物学的な観念であることに注意したい。「人間」の観念の同一性は，他の動物と同様，

「組織化された身体の時間的継続」を中核としているのである。

　この「人間」に対し，ロックにとっての人格とは，「理性と熟考をもち，自己を自己として考えることのできる，思考する知的存在」を意味した［Locke 1975 : 335（大槻訳 : ⑵312）］。この定義は，一見，心理学的かつ哲学的な人格概念である。しかし，ロックの人格論にとって重要なのは，このような思考をどのような「実体」が産出しているかではなく，この思考を可能にするもの，すなわち「意識」であった。なぜなら，思考と不可分の「意識」こそが，「人格の同一性」を構成する中心的要素だからである。彼はいう。

　　どんな昔にでも拡張されるかぎりの意識が，時間的に非常に隔たった存在や行為を，ちょっと前の存在や行為と同じように，同一の人格へと統一する。したがって，現在と過去の行為の意識をもつものは何であれ，同一の人格であり，これにこれらの行為が帰属する。［Locke 1975 : 340（大槻訳 : ⑵322）］

　ロックにとって重要なのは，「何が人格を構成するのか」よりむしろ，「何が人格の同一性を保証するのか」だった。一見すると心理学的な自らの人格概念を，彼が，「行為とその功罪を所有する法律用語（forensic term）」だと明言するのも，このことと関連している［Locke 1975 : 346（大槻訳 : ⑵332）］。しかも，彼の人格論の焦点は，現世の裁判所ではなく，むしろ神による「最後の審判」に合わされていた［Jolley 1999:122］。ロックの主たる意図は，キリストの復活後，「最後の審判」の日に神によって裁かれる「死者たち」は，現世のわれわれといったいどのように結びついているのかを，明らかにする点にあったのである。

　当時の正統的なキリスト教の教義からすれば，「最後の審判」において，現世のわれわれと同一の死者たちが裁かれることを保証するものは，各人が，魂，すなわち「不死の非物質的な実体」を有することであった。しかし，ロックにとって，人格の同一性を保証するのは，意識が現在と過去の行為とを結びつけているかどうかであり，われわれの認識が届かない「魂」が果たして実在するかどうかではなかった。ロックによれば，「問題は，何が同一の人格を構成するかであって，同一の人格の中で恒常的に思考するものが同一の実体なのかどうか，ではない」［Locke 1975 : 336（大槻訳 : ⑵313）］。神の法廷において現世の人格と

同一の人格が裁かれるために，不可死の魂のような非物質的実体が存在することは，決して不可欠の条件ではない［Jolley 1999：108］。つまり，彼は，「行為の責任をいったい何が担うのか」という問題を，意識という人間の「属性」へと還元したのであり，その際，「この意識をどのような「実体」が生み出しているのか」という問題とは切り離したのである。

(2)　ロックの人格論の歴史的意義

　もちろん，人格の同一性を，実体の同一性ではなく，意識の同一性へと還元するロックの人格論には，発表以来，さまざまな批判が寄せられてきた［Ashcraft 1991：511-585, Jolley 1999：ch.6］。ここで，それらの批判を逐一検討する余裕はないが，本章の議論との関連では，彼の人格論の次の二つの意義を指摘しておくのが適切であろう。

　第一に，上に述べてきたように，彼は，人間の精神的能力という「属性」の背後に，それらの属性を統括する「実体」としての「魂」を措定してしまうわれわれのアニミズム的性向を告発していると評価できる点である。

　第二に，すでにデカルトが，外的事物からのみならず，身体・経験を含めた自己の諸能力からも二元論的に距離を置く「近代的な自我」を哲学的探求の対象としていたが，ロックは，この自己（self）の内実を「意識」へと還元する一方で，この「意識の同一性」を「褒賞と刑罰のすべての正義」［Locke 1975：341（大槻訳：(2)323）］の基盤として性格づけた点である。ロックの人格概念は，いわば「責任の帰属点」として位置づけられている。なぜなら，ここで「意識」と同視されている人格的同一性は，実体のあらゆる装飾を剝ぎ取られて，いわば「点」にまで縮減されていることが明らかだからである。

　このようにギリギリにまでその内実を削ぎ落とされる一方で，自らの身体や能力に対してさえ一定の距離を置くことのできる自己という主体を，現代カナダの哲学者チャールズ・テイラーは点的自我（punctual self）と呼んでいる［Taylor 1989：171］。

　ロックは，その政治学の主著『統治二論』第2篇において，神によって創造された共有の世界の中で，人間は自らの生命，身体，自由，そして労働に対しては排他的な所有権を有しており，この労働を共有地に混入することによって，

自由に所有物を蓄積できるという所有権擁護論を展開している［Locke 1967：ch.5-7，桜井 1990］。身体や労働を生来的に自らの所有物（property）として有する自由な「主体」が，これを外界へと拡張していくことによって近代的所有権を正当に獲得していくというこの所有権正当化モデルにとっては，この点的自我という概念は不可欠の前提だった。人間各人が自らの排他的所有物として「生命，自由，財産（lives, liberties and estates）」を享受する権利を持つという考え方は［Locke 1967：341（宮川訳 245）］，点的な自我が自らの能力・行為に対して距離を置いた姿勢をとれるというロック自身の自我論を前提とせずには理解できないものだからである［桜井 2008］。

5　規約主義から「契約の連鎖」へ

⑴　民法学説における規約主義的法人論

　以上みてきたように，特に 17 世紀以来，人格概念は近代の法思想のみならず政治思想においても，常に理論上の要の位置を占めてきた。それでは，わが国の最近の実定法学は，人格とりわけ法人概念をどのように理解してきたのだろうか。本章が注目したいのは，「権利能力なき社団」の取扱いをめぐる 1960年代から 70 年代にかけてのわが国の議論の中で，――ケルゼンのように――法人概念を特定の事例に適用するかどうかを法律家の「選択」に委ねようとするいわば規約主義的な法人論が，大きな影響力を持ったことである。

　星野英一はそのエポック・メーキングな論文「いわゆる「権利能力なき社団」について」（初出 1967 年）において，社会における団体を社団的団体と組合的団体へと安易に類型化することを戒めつつ，むしろ，現実の団体は社団的団体から組合的団体に至るまで無限のグラデーションをもって連続しているから，社団法人に関する諸規定の適用いかんは個々の団体について個別具体的に判断するのが妥当だと主張した。星野は，法人を，第一に，その名において権利を取得し，義務を負い，訴訟の当事者となる法主体としての団体を作り出し，第二に，団体の債権者のみに責任を負い，構成員の債権者からの追及を免れる団体特有の財産を作り出す法技術であると性格づけた。したがって，法人であることはいくつかの法的効果の束を享受することに過ぎないから，「権利能力

なき社団」に法人と同様の効果を承認しても差し支えないと論じた［星野 1970］。

　これに引き続いて上柳克郎は論文「法人論研究序説」において，上の二つの要素に，構成員の財産が団体の債権者からの追及を免れるという「社員の有限責任」を，第三の要素として付加して，これら三要素を「法人の理想型」として提示した。注目すべきなのは，上柳の「法人の理想型」が，上述したケルゼンによる法人の性格づけとも類似していることである。上柳は，「理想型としての法人」の属性を示すことはできても，法人格の「最小限度の属性」を確定することは不可能だと考えた。したがって，「法人格の有無は程度問題であって，法人と非法人とを峻別することはできない」ことになる［上柳 1972：21-26］。

　ここでも，「法人」とはいくつかの法的効果――属性――の集合，言い換えれば，これらの「法的効果の束」の記号的表現に過ぎないことが明らかである。上柳によれば，法人格というものが，団体の財産の独立性確保を目的とし，かつ，その独立性には種々の程度・態様がありうる以上，「どのような程度・態様の独立性が認められるものまでを法人と解するかは，結局は「言葉の問題」に帰着せざるをえない」［上柳 1972：26］。つまり，どこまでを非法人と呼び，どこからを法人と呼ぶかは，法律家の選択にかかっているというのである。

　このようにいわば「法人性の程度」を認める態度は，星野と上柳に共通している［星野 1971：144，竹内 1986：34-39］。「法人性」という表現は特徴的である。この表現は，「法人」というものが――実在するどころか――いくつかの法的効果を擬人化した記号（シンボル）に過ぎないことを強調するだけでなく，どれだけの法的効果の束を「法人」と称するかは挙げて記号使用者たち――法律家――の「規約」にかかっていることを示唆するからである。

　その意味で，星野や上柳の法人論は，法人否認説と呼ぶよりも，むしろ――広い意味での――規約主義的な法人概念と特徴づけるほうがより適切であると思われる。もともと規約主義（コンヴェンショナリズム）とは，科学の基本的法則や数学的真理等が人間の作った取決めに過ぎないと主張する見解を指している。しかし，ここでは，具体的な団体・組織の類型に，法人格を付与するべきかどうかが，法律家の「選択」すなわち「規約」に依存すると論ずる立場を，規約主義的法人論と呼ぶことができる――あるいは，むしろ根元的規約主義と表現すべきなのかもしれないが［山田 2002］。

⑵ 「契約の連鎖」としての団体

さらに最近の団体論・企業論では，団体すべての組織原理を契約法の観点から包括的に捉えなおすことによって，この規約主義的法人概念をある意味で徹底させる傾向もみられる。

河上正二は「定款・規約・約款——契約法から見た組織」（1995 年）において，主に社団法人についての根本規則である「定款」，民法上の組合や建物区分所有者団体などの「規約」，そして商品・サービス提供者が多数の顧客との取引に際して利用する定型的な契約条件たる「約款」の三者を連続的に捉えつつ，それぞれにおいて，「集団内部での運営・利益分配・調整問題」の側面と，「経営主体とメンバー個人との利害調整」の側面の両者を見出すことができると指摘した［河上 1995：34-39］。ここで提案されているのは，団体の組織原理を，組織規範という「縦の制御システム」から，契約関係にもとづく「横のネットワーク・システム」へと組み替えようという視点の大胆な転換である。

河上によれば，「個々の契約関係を組み合わせたり束ねたりしていくことによって契約当事者の関係を組織化してある種の団体を形成していく例や，本来は一つの契約関係であったものを，機能分担を進めることによって多数当事者間の複合的契約システムに成長させる例は少なくない」［河上 1995：44］。河上は，会社などの組織と市場取引との関係を「代替可能な契約形態」と考えて，会社を，「一連の個々の生産要素間の契約関係処理に資するための契約の連鎖」あるいは「法的フィクション」として捉えるという企業観，すなわち，「組織的なもの」を契約関係として捉えなおす視点が重要であることを強調する。そのうえで彼は会員制ゴルフクラブを例にとり，クラブが社団法人の形態をとってクラブと会員の関係が定款によって規定されようと，それが株式会社の形態をとって両者の関係がいわゆる約款によって規定されようと，その会則の「機能」そのものには違いがないと述べる［河上 1995：44-49］。

河上にあっても，契約と会社という組織との相違は，組織形態いかんの問題というよりは，「法人としての単一の権利主体性が承認されるべきかどうかという政策的判断……をめぐる形式的指標の存否にかかっている」［河上 2007：143］。つまり，市場における個人相互間の契約関係の積み重ねを，法人として

法律上構成するかどうかは，究極的には法政策的判断の所産とみなすべきであり，かつ形式的指標の有無の問題に還元されるということになる。このようにして河上は，会社のみならず団体一般を「契約の連鎖」として連続的に捉えることを通じて，市場における個別の契約関係と株式会社のような「法人の理想型」とを同一のスペクトル上に載せる可能性を追求しているわけである。そのうちどの「団体」に法人という「形式的指標」が付与されるかは，挙げて政策的判断すなわち法政策上の「規約」の結果とみなされることになる。

このような団体観は，団体の内実を，究極的には契約当事者の意思や期待にまで還元して分析できると考えるわけだから，すぐれて個人主義的な方法に拠っているといえる。これは，川島が法人概念の「法技術」としての側面を強調した際の意図にも沿うものである。

こうして，わが国の民法学界において，法人概念を思考経済のための記号的技術として捉えた川島武宜の法人否認説的見解は，団体・組織を包括的に「契約の連鎖・集合体」として把握しつつ，法人をいわば「規約に基づく形式的指標」に還元する見解へと辿りついている。ここでわれわれは再び，法人を「数人の行動を規制する法秩序を人格化したもの」と解するケルゼンの法人論を目撃しているかのようである。契約とは，その当事者間に適用される部分的法秩序にほかならないからである。どのような類型の団体に法人概念を適用するかは究極的には政策的判断にゆだねられているとする規約主義的な法人観も，すでにケルゼンによって先取りされていた。そう考えれば，わが国の学説は結局，かつてケルゼンが指し示した方向へと徐々に推移してきたようにさえみえる。

　　結　語

人格という観念は，演劇から，会社，国家に至るまでとてつもなく広い射程を持っている。2でもみたように，ホッブズは二つの人格概念の間で揺れ動いていたが，しかしこのことは，代理という法的構成を利用した彼の絶対主義国家観の正当化と密接に関係していた。他方，ケルゼンは，人格概念には——実体と属性の——二重化思考というわれわれの止まざる傾向がひそんでいることを暴くとともに，法人概念を，政策的な選択にもとづき一定の法秩序をこの二

重化思考によって人格化・擬人化したものとして捉えた。さらに4では，「人格の同一性」を意識へと還元するロックの人格論を，ケルゼンのアニミズム的人格概念批判の先駆者として性格づけるとともに，意識へと収斂するこの点的自我こそが自由，労働そして近代的所有権の主体として，近代政治哲学の準拠枠たる地位を占めることを示した。

　以上を受け前節では，規約主義的な法人論をさらに突き詰め，個々の私的契約から「法人の理想型」に至る人間の種々の結合形態を連続的に把握し，団体・組織一般を，個々の要素間の契約関係処理を効率的に達成するための「規範の連鎖」として捉える見解をとりあげた。法的人格とはこのように，"規範・契約の集合体を思考経済と政策的要請のために敢えて実体化したもの"と理解することができる。実際，契約等を介した人間相互の結合形態が多様化かつ広汎化しつつある現代社会においては，このような契約的な団体観が単に理論的に可能であるというだけでなく，ますますリアリティと幅広い適用可能性を獲得しつつある。

　企業を契約の連鎖とみなす契約的企業観が解釈論・立法論に対して明確な規範的含意をもつのか否かという点については，意見は一致していないようである［藤田 2002：1856-45］。しかし，この企業観が，契約当事者の「意思」を尊重するという見地から，例えば会社法上の組織規範が強行法規の性格をもつ場合そのような強行的制約がいかなる正当化根拠をもつのか明示するよう要求する立場と結びつきやすいことは確かであろう［河上 1995：45-46］。また，この企業観に立てば，冒頭でとりあげた最高裁判決のように機械的に法人を人権の享有主体として承認することは許されなくなるはずである。なぜなら，まさにその場合，人格を構成する規範の「内容」それ自体が論争点になるからである。

　本章がその一端を紹介したように，法的人格や法人の概念の意義や本質をめぐる議論は，決して単なる歴史的遺物にとどまることなく，実は形を変えつつ今日も繰り返し行われている。それはおそらく，個々の人間や彼らを規律する規範の集合体の背後に，もう一つ別個の存在——実体——を想像して置いてしまうわれわれ人間の習性が変わらないかぎり，そして，このような実体を措定することが思考経済の観点から効率的であるかぎり，今後も繰り返されるにちがいない。

テーマ 2 人格概念の法思想史的淵源とその変容 53

発展的学習のための読書案内

相本宏「法人論」星野英一編集代表『民法講座 第 1 巻』有斐閣，1984 年：明治期
から戦後にかけてのわが国における法人理論の展開の俯瞰図を得るためには好
適なレヴュー論文。

河上正二「定款・規約・約款——契約法から見た組織」竹内昭夫編『特別講義商法 2』
有斐閣，1995 年：短い論文ではあるが，本章 5 でも言及したように，組織と規
範との関係を考えなおす格好の機会を与えてくれる。

エルンスト・H・カントーロヴィチ（小林公訳）『王の二つの身体——中世政治神学研究』
平凡社，1992 年：本章ではホッブズ以前を取り扱えなかったが，本書は，世俗
国家を，君主を頭として戴く一つの身体——政治的身体——にたとえてきた中
世ヨーロッパの伝統を活き活きと描き出す名著。

ハンス・ケルゼン（横田喜三郎訳）『純粋法学』岩波書店，1935 年：短い著作だが，
ケルゼンの法理論のエッセンスが詰まっている。その透徹した論理には一度触
れておきたい。

トマス・ホッブズ『リヴァイアサン』（永井道雄責任編集『中公バックス 世界の名
著 ホッブズ』）中央公論社，1979 年：国家とは契約の所産にすぎないという社
会契約説のメッセージにこだわりながら読んでいくと，国家や社会が今までと
は違ったものに見えてくる。細かなニュアンスを味わうには，ぜひ原文にも挑
戦してほしい。

引用文献

相本宏 1984：「法人論」星野英一編集代表『民法講座 第 1 巻』有斐閣.

Ashcraft, Richard 1991: *John Locke : Critical Assessments*. 4 vols. Routledge.

芦部信喜 1994：『憲法総論 II 人権総論』有斐閣.

Barker, Earnest 1934: "Translator's Introduction." In Otto Gierke, *Natural Law and the Theory of Society 1500-1800*, vol. 1, pp. ix-xci. Cambridge U. P.

藤田友敬 2002：「契約・組織の経済学と法律学」北大法学論集 52 巻 5 号.

Gierke, Otto von 1954: *Das Wesen der Menschlichen Verbände*. Wissenschaftliche Buchgemeinschaft.

樋口陽一 2007：『憲法 第 3 版』創文社.

Hobbes, Thomas 1839: *Opera Philosophica Quae Latine Scripsit Omnia*. vol. 2. W. Molesworth (ed.), John Bohn.

Hobbes, Thomas 1991: *Leviathan*. R. Tuck (ed.), Cambridge U. P. （永井道雄責任編集（永井道雄ほか訳）『中公バックス 世界の名著 ホッブズ』中央公論社，1979 年.）

星野英一 1970：「いわゆる「権利能力なき社団」について」『民法論集 第 1 巻』有斐閣.

星野英一 1971:「法人論──権利能力なき社団・財団論を兼ねて」『民法論集　第4巻』有斐閣.

Jolley, Nicholas 1999 : *Locke : His philosophical Thought*. Oxford U. P.

河上正二 1995 :「定款・規約・約款──契約法から見た組織」竹内昭夫編『特別講義商法2』有斐閣.

河上正二 2007 :『民法総則講義』日本評論社.

川島武宜 1952 :「企業の法人格」我妻榮・鈴木竹雄編『田中先生還暦記念　商法の基本問題』有斐閣.

川島武宜 1965 :『民法総則（法律学全集17）』有斐閣.

川島武宜 1975 :「法的構成としての「法人」──民法および商法のための基礎作業として」竹内昭夫編『現代商法学の課題（下）　鈴木竹雄先生古稀記念』有斐閣.

Kelsen, Hans 1934: *Reine Rechtslehre*. 1. Aufl., Franz Deuticke.（横田喜三郎訳『純粋法学』岩波書店，1935年.）

Kelsen, Hans 1949: *General Theory of Law and State*. Harvard U. P.（尾吹善人訳『法と国家の一般理論』木鐸社，1991年.）

Locke, John 1967: *Two Treatises of Government*. P. Laslett（ed.），Cambridge U. P.（大槻春彦責任編集（宮川透訳）『中公バックス　世界の名著　ロック　ヒューム』中央公論社，1980年.）

Locke, John 1975: *An Essay concerning Human Understanding*. P. Nidditch（ed.），Oxford U. P.（大槻春彦訳『人間知性論』1〜4巻，岩波書店，1972-77年.）

大村敦志 2007 :『基本民法Ⅰ　総則・物権総論』（第3版）有斐閣.

阪本昌成 1988 :「法人（または社団）と人権」樋口陽一ほか『考える憲法』弘文堂.

桜井徹 1990 :「私的所有の道徳的根拠──労働所有論とコンヴェンショナリズム」一橋研究15巻2号.

桜井徹 2008 :「統一テーマ「法思想史学にとって近代とは何か」について」法哲学年報2007.

Savigny, Friedrich Carl von 1840: *System des heutigen Römischen Rechts*. Bd. 2. Veit.（小橋一郎訳『現代ローマ法体系　第2巻』成文堂，1996年.）

Skinner, Quentin 1999: "Hobbes and the Purely Artificial Person of the State." *The Journal of Political Philosophy* 7 : 1-29.

Skinner, Quentin 2007: "Hobbes on Persons, Authors and Representation." In Patricia Springborg（ed.），*The Cambridge Companion to Hobbes's Leviathan*, pp. 157-80. Cambridge U. P.

末弘厳太郎 1926 :『労働法研究』改造社.

竹内昭夫 1986 :『会社法講義（上）』有斐閣.

Taylor, Charles 1989: *Sources of the Self*. Harvard U. P.

高橋和之 2004 :「団体の人権主張適格」藤田宙靖・高橋和之編『憲法論集　樋口陽一先生古稀記念』創文社.

上柳克郎 1972 :「法人論研究序説」法学論叢90巻4・5・6号.

我妻榮 1965 :『新訂　民法総則』岩波書店.

山田八千子 2002 :「法命題の正当化と根元的規約主義」法哲学年報2001.

Zarka, Yves Charles 1999: *La décision métaphysique de Hobbes*. 2e édition. Vrin.

テーマ3

法と道徳

──遵法責務問題を手掛かりにして

横 濱 竜 也

は じ め に
──壁の射手訴訟と遵法責務問題

ケース3

　1961 年 8 月東西冷戦のさなか，ドイツ民主共和国（以下東独）はベルリンの壁を建設し，東独市民の東西ベルリン往来は原則禁止とされた。そして 1989 年 11 月 9 日，東独政府が，出国規制を取りやめ東独市民の出国の自由を認めることを発表するまで，ベルリンの壁を含み，東西ドイツ国境を越えて出国することは厳しく制限された。東独政府（国防評議会）は，市民の違法な越境を食い止めるために，地雷の埋設など越境阻止装置を整備する一方，国境警備兵による銃器使用を認め，警告にも拘らず逃亡しようとする市民に対しては，これを射殺することを許可・奨励する命令を，実質的に下していた。国境法 27 条 2 項（1982 年制定）は，「銃器の使用は，諸事情において重罪として現れている犯行の直接に急迫した遂行または継続を阻止するために正当化される」と定めていたが，違法な越境のうち重大なものを列挙する刑法 213 条 3 項は，当時すべての越境行為を重罪とする形で解釈・適用されており，したがって国境法 27 条 2 項と刑法 213 条 3 項の解釈実践により，国境警備兵による違法越境者の射殺行為は法的に正当化されていた。

　1989 年 2 月 5 日，A とその友人 B は西欧に逃亡することを企て，壁を越えようとした。当時兵役義務により国境警備兵に配属されていた X1 から X4 の 4 名がこれを発見し，「止まれ」と警告したが，A，B は警告を無視し金網に手をかけた。A，B に対し X1 は足を狙って 6 発連続発砲，X2 も威嚇射撃を行った。その間に X3 と X4 は A，B に近づき，警備班長だった X3 の「撃て」という命令に従って X4 は 3 発連続発砲，そのうち 2 発目が A の足に，3 発目が上半身に命中し，それにより A は死亡した。

ドイツ統一後検察は X1 から X4 より事情聴取し，4 名が旧東独刑法 113 条の故殺（Totschlag：動機の下劣さや残虐性において悪質な殺人である謀殺（Mord）に当てはまらない殺人）罪に当たるとして起訴した。

　本章では，いわゆる壁の射手訴訟を足掛かりにして，法と道徳の関係をめぐる諸問題のうち，遵法責務問題，すなわち「悪法もまた法であるか，また遵法責務——悪法を含む法一般に対する包括的服従責務——は存在するか，存在するとしてその根拠は何か」を考えたい。上に挙げた事例は，一連の壁の射手訴訟のうち，ベルリン地裁に最初に起訴されたものである。以下では，この事件に対する判決（ベルリン地裁 1992 年 1 月 20 日判決，および連邦通常裁判所 1993 年 3 月 25 日判決）と，1984 年の国境警備兵の射撃事件に対する判決（連邦通常裁判所 1992 年 11 月 3 日判決）に言及する（なお一連の壁の射手事件の事実および判決の内容については，［森 1995：123-136，川口 1994a，川口 1994b：3-7，上田 1998，足立 1998：201-220］などが詳しい）。

　ドイツ統一後，第二次大戦後に続く二度目の，「過去の克服」の一環として，旧東独で政府や市民により行われてきたさまざまな人権侵害や法の歪曲などについて，それに加担した者，とりわけそのような政策を指導した政府・党幹部の刑事責任が，司法の場で追及された（「過去の克服」の論点整理として［広渡 1996：135-151］を参照）。その中でも，国外に越境しようとする市民を狙撃した国境警備兵の刑事責任の追及は，警備兵にとどまらず，国境警備に管轄権を有する国防評議会メンバーであった，ホーネッカーなど旧東独の政治指導者にも及んだため，きわめて大きな反響を呼ぶこととなった。

　しかし壁の射手訴訟が，法学上関心を集めたのは，この裁判と判決が，遡及法禁止という最も基本的な法原理の一つと抵触する疑いの強いものであったからである。リヴァーズの整理［Rivers 1999：46-56］に依拠すれば，壁の射手訴訟の中心的論点は次である。狙撃事件が起こった当時，国境法 27 条と旧東独刑法 213 条の解釈実践とにより越境者を射殺することが認められていたのにも拘らず，統一ドイツの裁判所において越境者射殺の刑事責任を追及し処罰することは，遡及法禁止に抵触しないのか。

　このような疑念に対して，国境警備兵の処罰が遡及法禁止に抵触しないこと

を示すために，裁判所が提示することのできた法的根拠とは何か。主な候補は，以下の三つである。

①ドイツ連邦共和国（以下西独）基本法

西独基本法は，東西ドイツ分裂後も東独市民をドイツ市民として扱い，彼らをその適用の射程に含んでいた（116条）。これをそのまま受け入れるならば，狙撃事件当時すでに存在していた西独基本法の人権規定（生命権を定める2条，移動の自由を定める11条）により，国境警備兵の越境者射殺を違法なものとして処罰しても遡及適用には当たらないともいえよう。

しかし，このような議論には限界がある。東西ドイツ統一の際結ばれた統一条約付属書Ⅰおよび刑法典施行法315条（が適用することを定める連邦刑法2条）により，旧東独での犯罪行為を統一ドイツにおいて処罰する場合には，罪刑法定主義に基づき以下の要件が定められた。旧東独刑法にてらして可罰的でありかつ統一ドイツの刑法においても可罰的である限りで，統一ドイツの刑罰権力に服する。さらに両刑法で刑罰の軽重が異なる場合には，軽いほうの刑罰が適用されねばならない。この要件に基づくと，国境法27条と東独刑法213条の解釈実践とにより越境者の射殺が認められていた以上，西独基本法は国境警備兵の処罰の法的根拠を与ええない。

②市民的・政治的権利に関する国際規約（いわゆる自由権規約），および東独憲法

東独は1973年に自由権規約を批准している。自由権規約は6条1項で生命権について定め，12条2・3項で出国の自由について定めている。自由権規約により越境者射殺の刑事責任を裏づけることはできないか。

しかしその国内法的効力は，人民議会が自由権規約に沿った法律の変更を行う場合に限られており，東独議会は法律の変更を行っていなかった。したがって，自由権規約で越境者射殺の刑事責任の法的根拠は与えることはできないはずである。それにも拘らず，連邦通常裁判所1992年11月3日判決は自由権規約により，国境法27条，および東独刑法213条の解釈実践を無効にしようとした。また，仮に自由権規約による国境法および刑法の解釈変更が遡及法禁止に抵触しないと考えるとしても，自由権規約12条3項は，出国の自由に対して国の安全，公の秩序の維持のために必要な制限を与えることを認めている。

さらに裁判所は，東独憲法に基づいて，国境警備兵の越境者射殺の違法性を示そうとした。東独憲法 30 条は，市民の人格と自由とが不可侵であること，およびそれらの制限は，刑罰行為または治療行為の場合に限り，法律の定めによってのみ許されることを定める。同条からは，市民の生命，身体の不可侵性，またその制限が必要最小限を超える不利益を課す手段によることを禁ずる比例性原理を導出できる。それらに基づいた合憲解釈（憲法の「人権に好意的な menschenrechtsfreundlich 解釈」）にてらせば，越境行為に対して国境法 27 条が許容するのは威嚇射撃，またせいぜい足元を狙った射撃のみであり，故意の致命的射撃は正当化されない。

　しかしこれらの論証も疑わしい。東独憲法 30 条から引き出される比例性原理が越境者射殺を許容しないかどうかは，東独にとっての国境侵犯の重大性によっても左右されるはずである。社会主義体制維持のための国境不可侵のほうがより高い法益であるならば，越境者の射殺を認める国境法と東独刑法の解釈実践が比例性原理に反するとは必ずしもいえないだろう［足立 1998：201-209］。

　③ラートブルフ公式

　ベルリン地裁 1992 年 1 月 20 日判決は，いわゆるラートブルフ公式に基づき国境法 27 条を無効とした。ラートブルフ公式とは，G．ラートブルフがナチス体制後著した論文「制定法の不法と制定法を超える法」において提示した，二つの公式である［Radbruch 1946：89］。一つは，「正義の追求がまったくなされない場合，正義の核心をなす平等が意識的に否認された場合」には，法律は不正な法であるのではなく，そもそも法としての性質を有しない。これを「否認」公式と呼ぶ。もう一つは，「実定的な法律の正義に対する矛盾が，法律が「不正な法」として正義に屈服しなければならないほどに耐え難い程度に達している場合」について説く。このような場合，法が何を禁じ何を許容するかについて人々が安定的な期待を持つために必要な法的安定性を，正義よりも優先し，法律に服従する，ということは許されない，これが「耐え難さ」公式である。彼は，これらの公式によって，ナチス時代の不正な法が，そもそも法の性質を有しないこと，あるいは仮に法であるとしても，従われるべきではないことを説いたのである。

　ラートブルフの議論は，戦後西独での「過去の克服」において，ナチス体制

下の悪法に服従してなされた人権侵害に，法的責任を認める根拠として援用された。そして壁の射手訴訟でも，国境法の効力を否定し越境者狙撃の法的根拠を失わせるために持ち出された。つまり裁判所は，次のように判断したのである。越境者の殺害を認める国境法および東独刑法の解釈実践は，正義の一部をなす出国の自由や生命への権利を著しく侵害している。このような状況では後者の「耐え難さ」公式が適用されなくてはならず，法的安定性の考慮のみに基づいて，法律に服従する義務を認めることを控えるべきだ。遡及法禁止のみでは，国境警備兵の処罰を禁じる法的根拠として不十分である。

　これまでの行論から窺い知ることができようが，遡及法禁止に抵触せずに国境警備兵の処罰を行う法的根拠を示そうとするならば，国境法および東独刑法の解釈実践を覆す上位の実定法の存在に訴えてもうまくいかない。ラートブルフ公式からの議論のように，法が法である以上満たすべき一定の価値が存在するのであって，国境法および東独刑法の解釈実践の適用が認められないのはその価値に基づく，と論じるほうが有望である。

　ただしラートブルフ公式からの議論には，弱点が存在する。以下二点を指摘したい。第一に，「耐え難さ」公式による議論は，法的安定性の考慮よりも正義の要請が上回る可能性を指摘する。しかし，個々具体的な判断において，法的安定性と正義とどちらを優越させるべきかについて，十分な手がかりを与えていない。この点で本章筆者は，壁の射手事件で国境警備兵の処罰を認める法的根拠を確保するためには，「耐え難さ」公式では不十分であり，「否認」公式に基づく必要があると考える。

　第二の弱点がより重要である。ラートブルフ公式は，正義が法が法である以上追求すべきもので，ときに法的安定性より優先されるべきと説く。しかし，かかる正義とは何であるかは明確でなく，また論争的である。例えば上田健二は，何が正しいかをめぐっては争いが存在しても何が不正であるかについてはより争いの余地が小さいとした上で，基本権侵害こそがその不正であるとして，ラートブルフ公式の正義を実質的に理解する。そして，基本権を意識的に否認するところでは法令は法たる性質を有さず，また法的安定性の考慮は基本権と耐え難いほど矛盾しない範囲に限られる，と説く。このような見地からすれば，

国境法および東独刑法の解釈実践が基本権を侵害している以上,「国境警備兵の処罰は遡及法禁止に抵触しているのだから認められない」などと考えることはできない［上田 1998 : 390-392, 412-417］。しかしラートブルフ公式における不正とは何かについても, やはり論争的たらざるをえない。国防や国家解体の防止により, 東独また周辺諸国の人々にもたらされる利益を考えれば, 国境維持が十分に行われない状況こそ, 最も忌避すべき不正であるといえないだろうか。もし, そうであるならば, 上田の結論にも疑問の余地が残る。

　確認すべきは以下のことである。国境法 27 条 2 項と刑法 213 条 3 項の解釈実践とは効力を有し服従されるべきであったのかどうか。これを論じるときに考慮すべきは, 最低限守られるべき正義とは何か, その正義基準は誰もが争いの余地なく受容しうるものか, のみではない。これらの問いに答えてもなお, 法が法である以上その最低限の正義を満たすべきだとしてよいか, 議論の余地がある。最低限の正義を満たさない法も法であると認めつつ, しかし遵法責務の存在を否定する議論（以下の 1 (1)で紹介するM. クレイマーの議論がそれにあたる）が可能だからである。むしろ, 次の問いに答えなくてはならない。どのような悪法であってもそれが法であることによって, 遵法責務を正当化するに足る内在的価値を備えている（逆にこの価値に抵触する決定は, 法の性質や効力を否定されるべきである）とすれば, それはいったい何か。そもそもかかる法の内在的価値なるものが存在するのか。つまり, 壁の射手訴訟の評価において第一に問われるべきは, 遵法責務問題である。

　以下 1 で,（ラートブルフ公式を, 最低限守られるべき正義が何であるかのみに関心を向けて理解する議論がどのような限界をもつか示すためにも）如上の法内在的価値なるものは存在せず. 遵法責務は成り立たない, と説く議論を二つ取り上げ, 批判的に検討する。それらによれば, 法に服従すべきかどうかは, ひとえに個々の法の内容が道徳的に正しいかどうかに依存することになる。本章が二つの議論を批判する基本動機は, それらが遵法責務と市民的不服従の複雑な相関をまったく看過していることにある。2 においては, 遵法責務を「悪法に対する責任」として位置づける見地から, 法の内在的価値が何かを考えることにしたい。

　遵法責務に対する市民的不服従の位置づけについては, 予め一言しておく必

要がある。市民的不服従とは，悪法に対して，敢えて意図的に，また公然と，法に背きその制裁を甘受した上で，人々の関心を集めてその法がいかに正義（あるいは彼が正義であると信じる価値）に反するかを広く知らしめ，悪法の改善の気運を高めようとする行為である。市民的不服従は，違法行為を伴う以上，遵法責務に抵触すると考えるのが一般的であろう。しかし，市民的不服従と遵法責務とを対立するものとして理解するのは，市民的不服従が，単に自らの道徳的信念に反する法（例えば兵役義務を課す法）への服従を拒否する良心的拒否とも，また既存の法秩序全体を転覆することを企図する革命的行動とも異なった，特有の性格を有することを見逃している。以下で説明しよう。

　第一に，市民的不服従と良心的拒否は，次の点で異なる。良心的拒否の眼目はあくまで自らの信念に沿って法に背くことである。他の人々の奉じる信念と法が衝突しているかどうかに関心を払わずともよい。それゆえ，良心的拒否の眼目からすれば，仮に，法的制裁を被らないように隠れて違法行為をなしたとしても，問題とはならない。しかし市民的不服従ではそうはいかない。市民的不服従は，良心的拒否とは異なり，特定の法が，不服従者本人のみでなくその法を奉じる人民一般が批判すべき不正な内容を有しており，悪法の改善は国民一般にとって必要であるという認識に基づいている。その背景には，法が実現すべき価値へのコミットメントがある。そうであるからこそ，法の制裁を被るであろうことを十二分にわかっていながら敢えておおっぴらに法に背き，積極的に悪法に対して異議申し立てを行うのである。第二に，市民的不服従は革命的行動とも異なる。市民的不服従は，意図的に，また多くの場合組織だって，違法行為を行うものではあるが，自らが属する国家の法秩序を破綻させることは企図しない。法の制裁は甘受するし，また不服従をきっかけにして，通常の立法過程や司法過程で法の改善がなされることに，期待する。

　上述のことを踏まえて，本章筆者は，市民的不服従と遵法責務の遂行とは，道徳的性格を共有するものと考えている。市民的不服従は違法行為を伴うものでありながら，一方で良心的拒否が眼目としない，人民一般に訴えかける異議申し立てを伴う。他方で既存の法をまったく無視した革命的行動には訴えない。そのような行動は，違法行為による異議申し立てとその制裁の甘受に値するだけの価値を，法に認めるからこそ成り立つものだ。法がこのような意味での尊

重に足る価値をもつことへの信頼，これは，法が法である以上有する内在的価値に基づいて遵法責務を遂行する態度と，共通する。そうであるとすれば，遵法責務の正当化は，如上の市民的不服従の理解と相即的であることが求められるだろう（J. ラズも政治的動機に基づいて特定の法の改変を期して行われる違法行為である市民的不服従と，同じく政治的動機に基づき体制全体の転換を期して行われる違法行為である革命的行動，信仰など個々人の有する理由により違法行為を行う良心的拒否とを区別している［Raz 1979 : 262-265］が，市民的不服従と遵法責務の道徳的性格の共有には目を向けていない）。

1　遵法責務否定論

　一般に遵法責務問題に応答する際には，「私達が法に規範的拘束力を認めるべきなのは何故か」という問いに答えることが必要だとされる。「法に規範的拘束力を認める」とはどういうことか。ハートの「内的視点」の議論に基づいて説明しよう。法に規範的拘束力を認めるためには，強盗に銃を突きつけられ脅されて金を差し出す場合と同様に，法に違背した場合に受ける制裁を忌避して悪法を遵守する，という態度では足りない。悪法に対しても，それが法であることそのものを理由にして従い，また法に従わない他人を批判する，という態度が求められる［Hart 1994 : 88-91］。遵法責務論は，このような態度をとるべき理由は何かを明らかにしなくてはならないのである。

　しかし，このように悪法の規範的拘束力の根拠を問うことに対しては，「そもそも法が規範的拘束力を持つのは，あくまでその法の内容が道徳的理由に適っているからであって，法が法であることそのものにより規範的拘束力を認めるべき根拠などない」という反論が成り立ちうる。以下そのような反論の代表的なものを二つ取り上げ，それらを斥けることを通じて，遵法責務問題が真正の問題であることを明らかにする。同時に，遵法責務とは法に対してどのような態度をとることを要請しているのかについても述べることとしたい。

⑴　いかなる悪法も法であるが遵法責務は存在しない──クレイマーの法実証主義

　壁の射手事件は，悪法に服従することによりなした不正に対して，刑事責任

を問いうるかを問題にするものであった。しかし、いうまでもなく悪政が法の名の下に行われることはまったく稀ではない。欧米諸国の為政者のみでなく、ロシアのプーチン大統領もフィリピンのドゥテルテ大統領も、「法の支配」を尊重すべき価値であるとするが、彼らの奉じている「法の支配」は、司法による基本権保護の要請などより実質的制約を含むものから、法の名の下にどのような抑圧的統治も許容する「法を道具にした支配 rule by law」まで幅広い[Tamanaha 2004 : 2-3]。この状況を虚心坦懐に眺めるならば、法がどのような悪政の実現にも資する道具であることを率直に認めるべきであり、遵法責務を正当化する法内在的価値なるものが存在するなどと考えてはならないのではないか。

　近年の英米の法概念論でこのような議論を展開しているのが、法実証主義者M．クレイマーである。J．オースティンの著名な定式化によれば、法実証主義とは次のような見解である。「法の存在と、法の善し悪しとは別のことである、法が存在するか否かの探究と、法がある基準に適合しているかどうかの探究とは、別のものである、法は実際に存在していれば法であり、そのことは、私達がその法をたまたま嫌っていようと、私達が是認するあるいは否認する典拠と合致していなかろうと、変わらないのである」[Austin 1995:157]。クレイマーは、オースティンに則り、法の存在如何を決める条件は、その法の内容の道徳的善し悪しと偶有的な相関しか有さず、また法が有する拘束力は、その法が道徳的理由に適っているかどうかに必ずしも依存しない、とする。そしてこの立場（「記述的包含的法実証主義」と呼ばれる）から、遵法責務の正当化の基底をなす法の内在的価値の存在を否定している。彼の主張を端的にまとめれば、以下のようになるだろう。

　ナチス体制下でユダヤ人から市民権を剥奪したニュルンベルク法も、白人と非白人とを差別的に隔離するアパルトヘイトも、どのような悪法も法である。しかし法が法であることそのものによって有するのは、為政者による、制裁と結びついた命令としての性質のみであって、それ自体は法に従って行為することが道徳的に正しいことを一切保証しないし、遵法責務を正当化しうる価値も一切提供しない。この点において法と強盗の脅迫との間に本質的

な相違は見出しえない。法に従うべきかどうかは，ひとえに個々の法が有する内容の道徳的善し悪しに依存する。

　彼の議論の概略をやや単純化してみてみることにしたい。法が法である以上必ず営むといえるのは，以下の二つの機能のみである。①安全保障や警察など最小限の秩序維持の機能。②例えば交通ルールのように，右側通行でも左側通行でもどちらでもかまわないが，社会全体がいずれか一方にそくして行動しないと困る場合に，いずれを選ぶかを決める（調整問題の解決の）機能。これらの法の機能を実現するためには，法がいつ強制力を発動するか予見可能であることが必要であり，この予見可能性を確保するために法は必ず一定の手続的制約に服さねばならない。その手続的制約は，Ｌ．フラーが『法の道徳』[Fuller 1969：ch.2] で挙げた法内在道徳の八条件による法の支配に沿ったものとなる。つまり法がケースバイケースでなく規則的に適用されうるように一般的に定められていること（法の一般性），法が秘密にされず公布されること，法を制定以前の事例に過去に遡って適用することの禁止（遡及法の禁止），法適用の要件と効果が明確であること（法の明確性），ある法に遵守することにより別の法に遵守できないようにならないこと（両立可能性），法遵守行為が現実に可能であること（遵守可能性），法が過度に頻繁に改廃されないこと（法の恒常性），公権力の行動と法との合致，である。

　しかし法内在道徳による手続的制約は，道徳的に中立であり，善き統治にも悪しき統治にも等しく奉仕する道具でしかない。ユダヤ人の市民権を否定する法や，白人と黒人を差別的に隔離する法であっても，そのような手続的制約を満たしうる。また法内在道徳に従った統治は，被治者が法による制裁の可能性を予期し，それを忌避して法のいうとおりの行動をとるように促しうる。その点で，統治者にとって都合の悪い被治者の行動にその都度制裁を加えるよりも，制裁の費用を縮減することができる。それゆえ道徳的に悪しき目的を追求する統治者も，法内在道徳に従うほうが便宜にかなうのである [Kramer 1999：ch.2, 3]。法が法内在道徳の手続的制約に服することは，法の内容を道徳的によりよくすることにまったく貢献しない。そうである以上，法内在道徳は，法の規範的拘束力，さらに法一般に対して服従する責務である遵法責務を，正当化する根拠

テーマ3　法と道徳　　　65

たりえない。

　あらためて言い直せば，クレイマーにとって，法それ自体は統治者の命令で
しかなく，統治者にとっては，（法内在道徳の手続的制約の下で，予見可能性が高
くなる）制裁を背景に，被治者の遵守をよりよく確保する，そのための道具で
しかない。また被治者にとって，法それ自体は，制裁の負担を含め自分の利害
を勘案した上で，遵守するか否か決める，そういう打算を促すものであるが，
他人の不服従を批判する理由を必ずしも与えない。法に対する不服従が批判さ
れるべきかどうかは，例えば殺人の禁止などのように，あくまで個々の法が道
徳に適っているかどうかに依存する。まとめると，いかに邪悪な政治体制にお
いても，その立法手続にのっとって制定されるならば，法となる。他方で，法
に服従すべきかどうかはあくまで，個々の法の道徳的内容，あるいはそれに影
響を与える政治体制の正当性如何に左右され，法一般に対する包括的服従責務
である遵法責務は存在しない［Kramer 1999 : ch.9］。

　しかし，このような立場を採ると，壁の射手事件において裁判官が直面した
道徳的葛藤は見逃されてしまう。国境法27条および東独刑法213条の解釈実
践は法ではあったが，出国の自由や生命権を侵害する不正な内容を有するゆえ
に，国境警備兵はこれらの法に服従する道徳的理由を有さなかった。裁判官は
そう判断して済むだろうか。もしそうであれば，裁判官が考慮すべきなのは，
彼らが行うべき道徳的に正しい行為とは何であったかのみであることになる。
しかし国境警備兵を処罰すべきか否かが真正の道徳的葛藤たりえたのは，国境
警備兵の越境者狙撃が遵法責務に見合う行為，悪法であってもそれが法である
ことを理由に服従する行為であったからではないのか［Cf.Fuller 1958 : 655-657］。

　ここで本章筆者が問題にしたいのは，クレイマーの議論では，法実践に携わ
る裁判官や法律家，人民は，そもそも悪法もまた法であるか，すなわち悪法問
題を問う動機を有しないことになるのではないか，ということだ。彼らは法の
内容が善かろうと悪かろうと，秩序維持や調整問題解決のための必要な法遵守
が確保されている限り，各々にとって道徳的に正しい行為をすればよいことに
なる。悪法が法であることで道徳的に正しい行為に対して制裁が与えられるこ
とになりうるから，悪法が法であることは依然として実践的に重要である，と
いう反論があるかもしれない。しかし，それは正しい法を破って自分の望む行

動をとろうとする者が，法が伴う制裁を勘案して損得を計算する場合（例えば脱税を企む資産家がそれが露見して罰を受ける危険を勘案する場合）とまったく変わらない。結局のところクレイマーにおいては，私達が悪法問題と考えているものは基本的に，個々の法の道徳的内容と別の道徳的理由との優劣の問題，つまりは道徳的理由相互の競合の問題でしかなくなってしまう。そしてこのように悪法問題の動機を消去してしまうと，本節冒頭に記したハートの企図と異なり，悪法と強盗が脅迫により不正を強いる場合との間に違いは基本的に存在しないこととなる。

　しかし，悪法と強盗との違いは依然として存在する。先に述べたように，私達は悪法に対して，それを無視して制裁を徹底的に掻い潜るという行動をとるというわけでは必ずしもない。時に敢えて市民的不服従に訴えても法の是正を促そうとする。例えば，酒税法は，自己消費目的で清酒を自家製造することを認めていない。前田俊彦は酒税法が個人の幸福追求を不当に制限するもので，悪法だと考えていた。彼は，法の制裁を避け隠れて楽しむのではなく，おおっぴらに法に背いて醸造を行い（また読者に自家醸造を勧める編著［前田 1981］を公刊して）起訴され，裁判において酒税法の不正を訴えた。法がこのような市民的不服従に値するのは何故であろうか。法が法である以上有すべき（それを有さないものは法として扱うべきではない）内在的価値が，悪法にも一定の敬意を払う責務を根拠づけること。悪法に背き制裁を受けてでもそれを改めようとする市民的不服従もまた，法の内在的価値に見合う，法に対する敬意の表れであること。これらを考慮しなくては，市民的不服従の成り立ちを理解することは困難だろう。

(2)　法は道徳的に正しいからこそ服従されるべきである──ハードの自然法論

　(1)では，いかなる悪法も（法内在道徳に沿っている限り）法であるとしつつ，遵法責務の存在を否定する法実証主義からの議論を検討した。他方 H．ハードは，以下のように主張する。法は法である以上それに服従すべきであるが，法に服従すべき理由は，法に従うことで私達が道徳的理由に従って行動できること以外には求めえない。したがって私達に道徳的に誤った行為を強いたり許容したりする悪法は，基本的に法たりえない。ハードによる遵法責務否定論をま

テーマ3　法と道徳

とめると，以下のようになる。

　法が規範的拘束力を有するのはなぜか。各自の信念に関わりなく客観的に定まっている道徳的理由を認識し，それに従って行為することに，法が貢献するからである。したがって，悪法は基本的に法たりえない。

　悪法は基本的に法たりえない，という主張は，（それが，私達が現実に何を法として扱っているかを記述しているのではなく，私達が何を法と見做すべきかを説いているのだとしても）一見馴染みにくい。近時でいえば，裁判員制度や労働者派遣法，平和安全法制など，法律が悪法と批判される機会がいかに多いかを考えると，なおのことそうだろう。各自が悪法と考える法律を法とは認めず，その制裁すら忌避して，自分が正しいと信じる行為を行うことが許されるのであれば，かなりの破壊的帰結がもたらされるのではないか。

　しかし，悪法に規範的拘束力を認めることは，道徳的に正しい行為を行ってそれに背いた者を処罰すること，つまり道徳的に不当な法的制裁を甘受せねばならないことを意味する［Hurd 1999：ch.2］。法の不正が著しいものであればあるほど，また違法行為に対する制裁が容赦ないものであればあるほど，悪法の存在を認めるべきでないとする議論に相応の説得力があることが了解されるであろう。

　悪法であっても服従せねばならないことを説く際，ホッブズ的法理解を端的に示すとされる言葉，「真理でなく権威が法を行う Auctoritas, non veritas facit legem」が往々にして持ち出される。つまり法が従われるべきか否かは，法が道徳的に正しいかどうかではなく，法が（例えば主権者たる国王や人民が制定することにより）権威を有するかどうかに依存する，ということである。そして法の強制性の中核は，法が道徳を犠牲にしても権威を貫徹しようとするところにこそ存在する。

　しかし権威は，道徳に反する法に対して服従する理由を本当に与えるのであろうか。J. ラズは，ホッブズに沿う形で悪法に対する服従責務を説明することを試みて，次のようにいう。法は権威であり，個々人が各々自分に適用される道徳的理由に従って行為することを禁じ，法自身が示す理由に従って行為す

ることを要求する［Raz 1986 : ch.2］。法が実際に，そのような権威として振舞うように見える場面が少なくないことは，確かである。裁判官にとって制定法や判例は権威だということはできよう。つまり違憲判断や判例変更を行わない限り，制定法や判例は，それが法であること自体を理由として従われるべき，権威としての地位を有するのであり，それらが内容的に正しいか否かは問題にならない。また，確定した終局判決がもつ既判力にも，同様の権威性を認めうるであろう。

　しかし問題は，そのような法の権威がいかにして正当化されるかである。ラズは法の権威が認められやすい局面として，⑴でも挙げた調整問題の解決，また公共財供給への協力の確保を挙げている。後者についていえば，道路や水道などのインフラ，あるいは国防のような公共財に関しては，それが有する正の外部性ゆえにただ乗りが可能である一方で，協力（例えば納税）の量が一定以下になると公共財供給が成り立たなくなる。このような状況では当事者の間に囚人のジレンマと同型的な困難が生じるが，法の権威がただ乗りを禁止し罰することで困難を克服しうる。ラズは，これらの場合を含み，個々人にとって正しい理由が他人のそれと衝突する状況など，各自が自らにとって望ましい行動をとろうとすると不都合が生じるところで，理由を調整した上で全員が従うべき新たな解決策を示すことこそが，法の中心的機能であると考える。そして解決策が正しいと否とを問わずに，それが法であること自体を理由に従う。そのほうが，それぞれ自分にとって正しい理由に従う場合よりも，理由をよりよく実現できる。そのことこそが，法の権威を認め悪法にも服従する責務の正当化根拠だとするのである［Raz 1986 : ch.3］。

　しかし，ラズ自身が述べるように，以上のような法の権威の正当化は成功していない。そしてこのことはラズの権威概念による遵法責務の説明自体に難があることを示していると思われる。法に従うほうが，個々人が各自正しい理由に従うよりもよりよく理由が実現できるのでなければ，法の権威は正当化されないというのがラズの言い分だ。しかし，実際にそうであるのかどうかを確認しようとすると，結局法がどれだけ正しい内容を有しているのかを問題とせざるを得ない。そうなると私達が法に服従すべきか否かは，法の内容が正しいか否かに依存することになり，遵法責務の正当化において権威概念は余計になっ

てしまうのである。ここでラズが示す法の権威の正当化条件が，彼の法の権威の説明と齟齬を起こしている［Hurd 1999 : ch.3］。さらにラズが法の権威が認められやすい場面として挙げている，法による調整問題や公共財に対するただ乗り問題の解決も，悪法に対する服従責務を決して正当化しない。調整問題の解決のために必要なのは，まずは未調整解より調整解のほうがましである，と私達が了解していること，その上で調整を要する選択肢のうちのどれかに，社会全体が従うべきものとする，「お墨付き」を与えられ，「お墨付き」が最適なものと人々が見做していること，この二つである。正しいと否とにかかわらず自らに服従することを求める権威は，必ずしも必要でない。また，ただ乗り問題の解決において法が果たすべきなのは，当事者の間に最適解をもたらすための情報源としての役割であり，法が理由如何を問わず服従される権威である必要はない［ibid. : 169-178］。

　権威概念による悪法への服従責務の正当化を，ハードは以上のように批判する。本章筆者のみるところ，批判は決定的である。ではハードのいうとおり悪法は法たりえないと考えるべきであろうか。ハードが悪法が法たりえないとする理論的根拠は大要以下である。何が道徳的理由であるかは，法が存在すると否とに左右されずに決まっており，私達はそれに従って行為すべきである。各人が道徳的理由であると信じるものは互いに衝突するかもしれない。しかし，個々の状況でどの理由が適用されるべきか，それを明らかにする道徳的理由の射程についても，やはり客観的に決まっている。したがって客観的道徳的理由は衝突しない。私達が日々直面する道徳的葛藤も，道徳的理由どうしが衝突することから生じているのではなく，個々の状況で適用されるべき道徳的理由が何であるかを私達が知らないことから生じるにすぎない。

　道徳的葛藤の例としては，以下のようなものがある。あなたは大事な仕事の約束に間に合うよう急行している。待ち合わせに間に合わなければ会社に甚大な損害が生じかねない。そういう状況で，目の前の川で溺れそうになっている人がいたとしよう。あなたが救助しなければ，彼は確実に溺れ死ぬ。そのような場合，約束を反故にしてもその人を救助すべきか，それともその人を見捨てても約束を守るべきか。あるいはメルヴィル『ビリー・バッド』［メルヴィル 1976］における艦長ヴィアの直面した葛藤を考えてみてほしい。軍艦「軍神

号」上で，いわれなき反乱教唆の嫌疑で自らを告発した上司クラッガートを，バッドは精神的動揺から（また吃語により抗弁できなかったことも相俟って）殴ってしまい，クラッガートは打ち所が悪く死んだ。即決裁判を行ったヴィアは，バッドを極刑に処することを求める軍法と，冤罪により告発されたバッドに同情し赦免することを是とする個人の良心，いずれに従うべきか悩む［Cf. Winch 1972 : ch.8］。このような事例で何が道徳的に正しいふるまいか，私達は少なからず迷うことになるだろう。人によって解答が異なることも大いにありうる。しかしハードによれば，これらの道徳的葛藤に直面している者にとって，従うべき道徳的理由が何であるかは客観的に決まっている。ただ彼がその理由が何であるかを知らないだけである［ibid. : ch.2］。

　ハードは道徳的葛藤について以上のように理解した上で，ラズの議論を斥ける。法による制裁と法への服従が正当化されるのは，道徳的理由に適う行為が何か，私達がよりよく知ることに，法が貢献する限りにおいてのみである。先に述べた，法による調整問題やただ乗り問題の解決は，まさにそのような貢献である。そうである以上，道徳的理由に背く悪法は，基本的に法たりえないし，道徳的理由に適った行為をして自らに違背した者を罰する根拠たりえない。ただし，一定の留保を置く必要がある。例えばガンジーの不服従をきっかけに民衆が政府に対する日頃の不満を爆発させ暴動を起こした，という場合，悪法への不服従なのだから正当化される，というわけではない。法に対する不服従が道徳的理由に適っているときでも，それを許容すると道徳的理由のない不服従まで過度に助長しかねない場合には，不服従は許されない。またこのような不服従を予防する目的で，法を一律に適用し前者の不服従をも処罰することは許されうる。しかし，市民的不服従が道徳に反する不服従を促進するか否かは，実際の社会的条件によって左右されるのであり，ハードの如上の議論は，結局悪法への服従を便宜的に正当化するものでしかない［ibid.:ch.7］。

　まとめると，悪法が法たりえないとするハードの議論の核心は，法が，予め私達の各々に従うべきものとして与えられている客観的な道徳的理由を，よりよく実現するためにのみ存在するという認識にある。まず法の規範的拘束力を遵法責務により説明し，さらに法への服従が道徳的理由に適うという意味で合理的であることこそ遵法責務の正当化の条件だと考えるのであれば，悪法を法

テーマ3　法と道徳　　　71

と見做すべき根拠などそもそも見出しえないであろう。しかし遵法責務は法服従の合理性によってしか正当化されえないのか。もしそうだとしたら私達がとりわけ裁判において，国家の権力の行使あるいは抑制の根拠付けを，道徳的推論とは異なる法的推論——既存の判断との整合性の考慮（例えば先例拘束性）や類推による正当化など，特殊な条件により規定されている——を通じて行おうとするのは，一体何故であろうか [Dworkin 1986 : 93, Simmonds 2007 : ch.4]。法的推論に認めうるのが道徳的理由を知る簡便法としての価値のみというのであれば，時に法的推論としての妥当性を度外視し，法を媒介にせず直截に道徳的理由に訴えて，権力行使の根拠付けが行われるべきことになろう。つまり簡単にいえば，ハードの自然法論では，私達が法的推論を用いその結果に服従することの意義，法的推論を根拠として国家権力の行使を正当化することの意義を汲み取れない。この点で彼女の議論は，やはり私達の法に対する道徳的態度を取り逃がしているといわざるを得ない。

⑶　遵法責務とは何か——ソクラテスは何故悪法に服従したのか

　以上述べたところをまとめよう。いかなる悪法も法であるとしつつ法に遵法責務を正当化するいかなる内在的価値も認めないクレイマーの法実証主義は，悪法に直面する人々の道徳的葛藤を取り逃がしており，また悪法であっても，それを是正するために時に市民的不服従に訴えても異議申し立てを行うに値するだけの価値を有するものと見做す態度は看過されている。他方で，法に従うべきなのは，法が道徳的に正しく私達が道徳的理由に従って行動することに貢献するからであるとし，悪法を法と認めないハードの自然法論は，遵法責務問題を度外視しているだけでなく，法的推論に何が道徳的に正しいかを知るための簡便法としての価値しか認めず，それが国家の権力行使の根拠付けとして用いられるのはなぜか，十分に明らかにしえない。

　クレイマーやハードの遵法責務問題の度外視は，プラトンの初期対話篇『クリトン』で，ソクラテスの置かれていた政治的状況を想起させるものである。周知のように『クリトン』においてソクラテスは，死刑に免れるために他のポリスに亡命することを勧めるクリトンに対し，遵法責務を正当化する道徳原理（一部の構成員の不服従自体は法秩序を動揺させるものでなくても，他の構成員が同

じようにふるまえば法秩序が破綻してしまうこと，構成員が相互に遵法責務の引き受けに同意したこと，構成員にとって必要不可欠な財を供給する国家に対する感謝）を示し提案を拒否した。ソクラテスの遵法責務の正当化の内容自体が哲学的に重要であることはいうまでもない。しかし他方で，（クリトンも述べているように）当時の政治状況においてソクラテスが法に従わず亡命することによって不都合が生じる者が皆無であったことが，彼の遵法行為の政治的意義を考える上できわめて重要である。当時アテナイでは死刑囚が刑を免れるために別のポリスに亡命することが日常的に行われていた。しかもソクラテスの告訴を実質的に主導した為政者アニュトスは，前政権に加わっていたクリティアスと師弟関係にあったソクラテスとその問答が自らの政権に批判的な分子を増やしかねないという判断から，ソクラテスに問答をやめさせる，あるいは亡命させてアテナイから追い出すことを狙っていたのであり，彼を実際に処刑するつもりはなかったのである［加来 2000：72-82］。このような状況で誰も望んでいないのにソクラテスが敢えて法に服従し死刑を甘受したことの意義は，単に道徳的に正当化される遵法責務を遂行したことにとどまらない。ソクラテスがアテナイに留まり脱法せずに処罰を引き受けたのは，まずはアテナイ市民が冤罪により自らを死刑に処す不当な判決を下したこと，そして自らも市民として彼らが不当な判決を下さないよう説得できなかったことの帰結を受け容れる態度の表明である。さらに，彼は遵法行為を通じて，悪法の存在で問題になるのは，その法の遵守あるいは不遵守により，個々人と社会全体にもたらされる帰結の善し悪しだけである，という考え方を斥けた。そして，市民には法の内容が道徳的に悪しきものとならないように積極的に配慮する責務が存在すること，それゆえアテナイ市民とソクラテスは悪法の形成を食い止めることができなかったことの責任を負うべきであることを，同胞に知らしめようとしたのである［Cf. Olsen 1992：76-79，加来 2004：195-200］。

　まとめればソクラテスが敢えて亡命せず法に服従し刑死したことは，遵法責務が悪法に対する以下のような態度を要請することを明らかにするものである。私達は法が不正である，あるいは自らの道徳的信念と衝突するからといって，法に背いて道徳的に正しいあるいは自らが正しいと信じる行為を行い，法を見放してしまってはならないし，法に伴う制裁を忌避して法の内容の善し悪

しと無関係に法のいうとおりにすべきでもない。かかる悪法が，私達が自らの属する国家の一員として引き受けるべき，法の内在的価値に規定された共同事業の産物であることを認めて服従すること，さらに時に市民的不服従に訴えても，悪法の改善のために協力すること，それが求められる。

2　悪法に対する責任としての遵法責務

(1)　「原理の共同体」の理想を追求する遵法責務——ドゥオーキンの純一性論

　前節(3)で述べたソクラテスの遵法責務論の動機を共有する現代の議論の一つとして，ドゥオーキンの遵法責務論を取り上げたい。ドゥオーキンの遵法責務理解の核心を簡単にまとめれば以下である［Dworkin 1986 : ch.6］。法はそれ自体として，特定の国家の構成員が既存の法実践をよりよく正当化する政治原理の探求を行うことを通じて，当該国家に「原理の共同体 community of principle」の理想を実現していくことを目標とするのであり，遵法責務とはこの目標を追求する構成員相互の共同事業への参与の責務である。

　一方で「既存の法実践をよりよく正当化する政治原理」であるかどうかは，既存の法実践全体と整合的な政治原理の探求すなわち適合性（fit）条件と，法実践に加わる人々が正義と信じる価値による吟味すなわち道徳性（morality）条件，この両者をよりよく満たしているかどうかによって判断される。このような，既存の法との整合性にも，また参与者の支持する正義に即しているか否かにも還元できない，法の正当化に特有の条件を，ドゥオーキンは「純一性 integrity」と呼んでいる。ドゥオーキンにとって純一性とは，一方で法が，単に正義を一足飛びに実現しようとするのではなく，既存の法との整合性を維持しつつ，よりよく正義を実現していくための条件であるとともに，何が正義であるかをめぐる政治的対立の下でなお法の最善の正当化が，その法の属する特定の国家の構成員全員が協力すべき，単一の共同事業であることを担保するものである。純一性のこの性質から，純一性に基づく法の正当化では，法の内容が正義に適合しているか否かのみでなく，当該国家の政治体制における立法府，行政府，司法府の権限分配つまり権力分立のあり方（ドゥオーキンはこれを「公平」と呼ぶ）を尊重するものであるかどうか，また手続的制約を満たしている

か，が考慮されねばならないこととなる。他方，原理の共同体とは，ドゥオーキンの説明によると「特殊で個別化〔構成員個人と個人の間に存在する責務関係であること〕されており，平等な配慮（equal concern）という概念の適切な解釈に合致するような広汎な相互的配慮を表現している」〔Dworkin 1986 : 199-201, 補足横濱〕ような，政治社会の構成員相互の紐帯のことであるとされている。肝心なのは，原理の共同体が人間社会一般ではなく，特定の国家に属する構成員の間に成り立つ特殊な（particular）紐帯であること，そして平等な配慮というドゥオーキンにとって最も基底的な正義原理に合致することである。以上のドゥオーキンの遵法責務理解をまとめると以下である。

　　法は法である限り，人々が自らの属する国家において，他の同胞との間で，正義原理（平等な配慮）に見合う相互的配慮を払う，「原理の共同体」を構築する理想を有している。遵法責務とは法のこの理想を実現する共同事業への参与の責務である。原理の共同体は，純一性の理念の下，既存の制定法や判例を最善の形で正当化することを目指す，法の企てを通じて育まれる。悪法もその最善の正当化への企ての産物である限り法である。そうである以上悪法を単に無視して，自らが正しいと信じる行為を行うことは許されない。

　ドゥオーキンの遵法責務論の特徴は，原理の共同体の理想が，法とその下で成り立つ構成員相互の関係が必ず充足すべき条件ではなく，純一性に条件付けられた法の正当化を通じて実現されていくべき目標として位置づけられていることである。したがって，法の内容が正義に適合するか疑わしいからといって，それだけで法として扱われず服従されずともよい，ということにはならない。例えば男の長子のみに親の財産の相続権が認める家父長主義的な相続制度は，性による差別や子の間の差別扱いを支持する点で正義に抵触するおそれがある。しかし，それが一定の正当化根拠（例えば財産の分散防止）を有しており，正義に見合う相続制度のあり方に関する他の構成員との間の議論に開かれているならば，法と見做されうる。このようにしてドゥオーキンは悪法もまた法であり，悪法を含んで法一般に対して服従する遵法責務が存在することを認めるのである。

他方ドゥオーキンの遵法責務は，あくまで法の理想である原理の共同体の実現に貢献する責務であり，悪法に理由如何を問わず随順することを求めるものではない。むしろ自らが不正であると信じる法に対して服従せず，何故服従すべきでないのかその理由を他の構成員に対して明らかにする不服従は，法のよりよき正当化に貢献する遵法責務の遂行と見做す余地がある [Cf. Dworkin 1977 : ch.8]。

このように，ドゥオーキンは，遵法責務を法が内在的に有する原理の共同体の理想を追求するものとする。それは，ソクラテスの遵法責務論の動機を次の点で継承している。悪法もまた，各自の属する特定の国家が原理の共同体の理想を目指す共同事業の過程で生み出されたものであるのだから，これを無視せず服従し，またその是正のために協力する責務を有する。

ドゥオーキンの議論に基づくと，壁の射手訴訟は以下のように解決されるべきことになろう [Rivers 1999 : 60-64]。国境警備兵の刑事責任を認めうるかどうかは，国境法 27 条によって正当化される「銃器の使用」に何が含まれると解釈するかに依存する。含まれているのは①あらゆる狙撃か，②故意の，逮捕後の殺人を除く狙撃か，③市民の生命，身体に対して必要最小限を超える不利益を課す手段によることを禁ずる，比例性原理に合致する狙撃か，④「人権に好意的な」狙撃か，それとも⑤あらゆる狙撃が許されないか。前述のように純一性に則した法の正当化では，正義だけでなく公正，つまり立法府，行政府，司法府をそれぞれ法解釈を行う主体として尊重することが必要である。それゆえ事件当時の国境法 27 条の最善の解釈が何であるかを判断する際にも，当時の東独政府の解釈が踏まえられねばならない。また壁の射手訴訟において，統一ドイツの裁判所は，旧東独の法実践の参与者ではなく観察者としての判断しか下せない以上，旧東独の国境法および東独刑法の解釈実践の正当化を行う主体として本来相応しくないことも考え合わされるべきである。これらの考慮に基づくと，①はあまりに不正であり法解釈として認められるべきでない。一方で，④⑤は当時の東独政府の解釈をあまりに度外視する点で公正に反する。適正な解釈は②と③の間に落ち着くことになろう。越境を阻止するためにまったく不必要な射撃を行ったのでない限り，国境警備兵の刑事責任は認められるべきではない。

(2) 悪法に対する責任としての遵法責務の正当化根拠

くりかえせば，ドゥオーキンにとって，法はそれ自体として，法実践が行われる特定の国家において原理の共同体の理想を実現することを目標とする企てであり，遵法責務は法のこの目標を追求する，構成員相互の共同事業に参与する責務であって，悪法もその企ての一産物である限りにおいて服従されるべきである。しかし，かかる遵法責務はいかにして正当化されるのか。本節の締めくくりに，この問題へのドゥオーキンの応答の限界を指摘し，本章筆者の支持するソウパーの対案を示しておくことにしたい。

ドゥオーキンが示す正当化理論は，連帯責務（associative obligation）論と呼ばれるものである。私達は，（同意や関係から生じる便益を受領したことなど）自発的なコミットメントによらず，ただ生まれ落ちた共同体でともにくらし協働することで，同胞関係（fraternity）を形成する。それは家族関係や友人関係と同様である。このような同胞関係の価値こそ遵法責務を正当化するのだ。

しかしシモンズもいうように，宗教や民族，人種，政党，階級による対立を抱えた構成員相互が，同じ国家に属する同胞としての意識を有することを前提にして，遵法責務を正当化することには基本的に無理がある［Simmons 2001：79］。そうであるにも拘らずドゥオーキンが連帯責務論を採ったのは，遵法責務の正当化に関して誤った前提に立ったからである。1(3)で述べたように，遵法責務は，悪法に対する責任である。悪法は，私達が自らの属する国家の一員として引き受けるべき，法の内在的価値に規定された共同事業の産物であって，そのことを認めこれに服従する責務が遵法責務だ。しかし，そうであるとしても，その責務の根拠を，構成員がどのような政治的立場に与していて相互にどのような政治的対立があろうとも，彼が特定の国家の一員である以上必ず一致して奉じるべき（それゆえ構成員個々人ではなく，共同体で一体となって追求されるのが相応しいものと見做される），正義とも手続的制約とも異なる，その国家に特殊な政治的理想に求めねばならないわけではない。つまり政治的立場の対立を超えて特定の国家の国民全体で一致して奉じるべきある政治的理想を示すことは，政治的論争を解決する集合的決定を国民全体が受容すべき理由を示すものではありうるが，かかる理想によってのみ遵法責務の正当化が行われうる

テーマ3 法と道徳　　77

わけではない。

　ドゥオーキンが遵法責務の正当化においてこのような議論前提を採用したの
は，彼の遵法責務の正当化が，純一性の根拠づけつまり政治的立場いかんを問
わず純一性を法解釈の指導理念として受容すべき理由の提示と，遵法責務の正
当化つまり政治的立場いかんを問わず自らの属する国家の下での集合的決定で
ある法一般に対して服従すべき理由の提示，二つの目標を同時に追求している
からである。そして前者において純一性が政治的立場の対立にも拘らず，あら
ゆる構成員が一致して（ドゥオーキンの言葉を借りれば，あたかも共同体全体が一
つの声で話しているかのような形で）支持すべき理念として根拠づけようとして，
後者の遵法責務の正当化において不必要に高い条件を設定せざるを得なくなっ
たのである［Cf. 井上 2006：319-322］。しかし悪法に対する責任としての遵法責務
は，構成員が一致して支持すべき政治的理想によらずとも，構成員相互の，あ
るいは統治者と被治者の間の関係そのものの道徳的価値（例えば構成員相互の
同意，あるいは国家が供給する公共財を否応なしに享受する，あるいは意図的に受
領する構成員が相互に公共財供給のために必要な負担を公平に負いあうべきことか
ら遵法責務を正当化する公平性原理など）によっても行われうる。

　私見では，悪法に対する責任としての遵法責務を正当化する最も有望な道筋
は，ソウパーによって示された以下の議論である。まず法を基本的に統治者の
決定として位置づけ，悪法を，統治者が被治者にとって道徳的に誤った信念に
より決定を行う過誤をおかす事態として理解する。そして，遵法責務とは，統
治者が自らの決定である法が正義であることを誠実に主張する限り，被治者が
統治者に敬意を払い，法が自らの道徳的信念に抵触するものであったとしても
これに服すること，さらに敢えて法に背いてその制裁を受け衆目を集めるこ
とを通じて，統治者に悪法の存在に気づかしめその是正を促す不服従を行う
ことをも厭わない態度である。このような態度を被治者の統治者に対する敬譲
（deference）と呼ぶ［Soper 2002：ch.7］。そして遵法責務の正当化根拠は，被治
者と統治者の反転可能性にこそ求められる。私達にとって必要不可欠な財を供
給する統治は，誰かが必ず担わなければならない仕事であり，その意味におい
て共同事業である。その仕事をたまたま私達の身代わりに行っている統治者が，
自らにとって正義であると誠実に信じる決定により法を形成した場合，被治者

たる私達と統治者の立場が入れ替わっていたとしてもおかしくなかったのだから，法が私達にとって道徳的に正しいと信じる内容を有さなかったからといってこれに服従しないことは道徳に反する［Soper 1984 : ch.4，横濱 2003 : 199-200］。まとめれば，悪法に対する責任とは，被治者と統治者の反転可能性に基づいて，統治者の過誤を被治者たる私達もおかしえたものと捉えて，一旦は受容し服従した上でその是正のために尽力する責任である。

ソウパーの遵法責務の正当化に依拠する場合，壁の射手事件はいかに解決されるべきか。考慮されるべきは以下の二点である。(1)国境法と東独刑法の解釈実践とにより認められていた越境者狙撃が，東西冷戦下での安全保障また社会秩序の破綻を招くような国家解体の回避など，東独国民にとって不可欠な財の確保のために（東独国民の生命権や移動の自由の保護との衡量において）実際にどの程度必要であったか。(2)当時の統治者は越境者狙撃が正義に適うとどれだけ誠実に信じていたか（例えば越境者射殺の事実がドイツ統一後まで一般市民には伏されていたことは，統治者の誠実性をどれだけ疑わしめるか）。国境管理への被治者からの可能な異議に反論する正当化根拠をどの程度有していて，それらのことを鑑みて国境管理に関する統治者の判断は，統治者と被治者の反転可能性要請に照らして被治者の敬意を得るに値するか。前項末尾でリヴァーズが示した国境法の可能な解釈の候補を参照して望ましい解決のあり方を示せば，(1)の事情を十二分に考慮する統治者の任務に基づき，比例性原理に見合わない狙撃であっても，それにより越境を阻止することを重視する統治者の判断は被治者の敬譲に値するのであり，したがって②に近い基準で刑事責任を認めるのが妥当であることになるだろう。

結　語
―― 遵法責務とは何であるのか

市民が一瞬たりとも，またほんの一部であっても，自らの良心を立法者に対して譲り渡さねばならないなどということがあるだろうか。もしそうであるならば，何故一人一人の人間は良心を持ち合わせているのだろうか。思うに我々はまず第一に人間であるべきであり，しかるのちに被治者であるべきである。法に対する敬意を，正しいことに対する敬意と同じ程度に涵養するのは望ましく

ない。私が引き受ける権利を有している唯一の責務とは，いつ何時でも私が正しいと考えることをする責務である［Thoreau 1996 : 2］。

　……イエスはお答えになった。「わたしの国は，この世には属していない。もし，わたしの国がこの世に属していれば，わたしがユダヤ人に引き渡されないように，部下が戦ったことだろう。しかし，実際，わたしの国はこの世には属していない。」そこでピラトが，「それでは，やはり王なのか」と言うと，イエスはお答えになった。「わたしが王だとは，あなたが言っていることです。わたしは真理について証しをするために生まれ，そのためにこの世に来た。真理に属する人は皆，わたしの声を聞く。」ピラトは言った。「真理とは何か。」（ヨハネによる福音書　第18節 33-38，新共同訳）

　これまでの議論とその基本動機の一端をまとめて本章を終えることにしたい。私達は悪法で対しても，それを見放して自分の信念に照らして正しい行為を行うのではなく，それに敬意を払って服従しさらにその改善に協力する「悪法に対する責任」としての遵法責務を負う。かかる遵法責務の正当化根拠は，法を通じて自らにとって正義であることを誠実に追求している統治者に対して，被治者が自らと統治者の反転可能性に基づいて示さねばならない敬譲にこそある。
　遵法責務を敬譲として捉える基本動機は主に二つある。第一に，「はじめに」の末尾，および1⑶で述べたように，市民的不服従が遵法責務と「悪法に対する責任」としての性格を共有することにある。ここから法と個人の良心との間にはより複雑な相関が見出されねばならないことになろう。周知のようにソローはメキシコ戦争と奴隷制に反対し人頭税の支払いを拒否して投獄され，その経験を踏まえて「市民的不服従」を記した。それはその後のガンジーやキングの市民的不服従の思想的淵源となったといわれている。しかし，法を犯し処罰されても自らが正しいと信じた行為を行うべきであると説いて納税を拒否し牢獄につながれたソローは，遵法責務と市民的不服従を担うに足るだけ，法に対する敬意を有していない。彼の議論はむしろ，悪法も法ではあるが遵法責務は存在せず，各人は道徳的に正しい行為を行えばよいとするクレイマーの立場に親和的である。
　しかしソウパーに依拠した場合，私達は「悪法に対する責任」の遂行として

市民的不服従を行うことに，自らが正しいと信じる行為を行うこと以上の価値を見出し得るのはどのようにしてか。市民的不服従は，個人の良心に従い，道徳的に正しいあるいはそのように不服従者が信じる理由に適うように，悪法を改善するために行う違法行為ではなく，「悪法に対する責任」を果たす行為である。そうだとして，不服従者が，法に服従するだけ，あるいは通常の法制定手続による法改正を試みるだけでは飽き足らず，市民的不服従に訴えても「悪法に対する責任」を果たすことにどのような道徳的価値があるのか。遵法責務が被治者が自らが不正であると信じる統治者の判断を尊重し従う責務であるとすると，敢えて法に違背し統治者の判断に異議申し立てする市民的不服従は法の何に対して敬意を払っていることになるのか。それは，統治者の判断としての法が批判開放的であることへの敬意だと思われる。不服従者が不正であると信じる統治者の判断も，それが法である以上，被治者の異議申し立てをききいれ改訂を行うことに開かれていなくてはならない。そのような開放性とそれを守る統治者への敬意が，市民的不服従の中核にある。［Waldron 2004 : 323-327，井上 2003 : 6-11］。

　法の批判開放性の下では，法が実現すべき道徳原理をめぐる構成員の間の論争が，一定の法的手続を経た決定によって終結させられそれ以上の異議を受け付けない，ということにはならない。時々において論争に一応の決着をつける決定は必要であるが，その決定はたえざる異議申し立てに対して開かれたものとして捉えられなくてはならない。そして遵法責務は論争に決着をつける統治者の決定を尊重し従う敬譲として，市民的不服従はその敬譲の上に立って新たな異議申し立てを行う行為として，位置づけられるべきである。

　遵法責務を敬譲と捉える基本動機のもう一つは，かかる政治的論争の暫定的決着としての法の善し悪しのみならず，その決定に対する異議申し立ての成否も，それが道徳的真理をよりよく反映するかどうかには依存しないことである。ヨハネによる福音書におけるイエスとピラトの噛み合わないやりとりが示唆するのは，統治者に対して被治者が異議申し立てを行う場合にも，正統性原理への配慮が必要であるということだ。その正統性原理によってこそ，道徳原理をめぐる論争を解決する政治社会全体としての決定としての地位が法に与えられるのである。

テーマ3　法と道徳　　　81

発展的学習のための読書案内

プラトン（久保勉訳）『弁明』『クリトン』岩波文庫，1964 年：政治的責務論そして
　遵法責務論においても古典中の古典。しかも行われている議論は現在の政治哲
　学でもその成否が真剣に検討されている。

ラートブルフ（小林直樹訳）「実定法の不法と実定法を超える法」ラートブルフ著作
　集4『実定法と自然法』東京大学出版会，1961 年：戦後自然法論復興を主導し，
　ナチス体制下の悪法の下でなされた遵法行為を処罰する根拠を与えた論文。実
　定法を超える法たる正義について，最低限社会の構成員の間が共有する内容な
　ど存在しうるのか，戦前の彼の法的安定性重視の立場と，この論文の議論とは
　整合的なのかそれとも両者の間で，「転向」がなされているのか，など多くの疑
　問を読者に呼び起こすものであるが，法哲学者が遵法責務問題に直面しそれに
　真正面から応答しようと試みた議論として有益である。

フラー（稲垣良典訳）『法と道徳』有斐閣，1968 年：いかなる悪法も自らに対する忠
　誠に値する最低限の価値を有さない限りそもそも法たりえない，とし，法の内
　面道徳による法の支配こそその価値であることを説く，ある種の手続的自然法
　論に与する議論を展開する。法の存在いかんを論じる法概念論と法の善し悪し
　を論じる法価値論とを分離する H. L. A. ハートに対して，法概念論における遵
　法責務問題の基底的地位を主張した点で，その後のドゥオーキンの法実証主義
　批判，さらにそれに答えて法と道徳の分離を規範的に擁護する規範的法実証主
　義の主導動機を提示するものである。

ドゥウォーキン（小林公訳）『法の帝国』未来社，1995 年：戦後法概念論がハート以
　降，遵法責務論を等閑視してきた中で，遵法責務を根拠付ける法の内在的価値
　の探求こそ法概念論の核心的問題であることを明確に示した著作。彼の連帯責
　務による遵法責務の正当化は魅力に欠けるが，法の経験的記述にばかり関心を
　向ける既存の法実証主義に対する批判は鋭い。

井上達夫『法という企て』東京大学出版会，2003 年：本書第1章，第2章では，フラー
　やドゥオーキン同様，遵法責務論こそ法概念論の根本問題であるとする認識の
　上に立ち，正義への企てとしての法の概念，さらにそれを踏まえた法の支配の
　理念の再構成など，遵法責務論として相当に堅牢でしかも訴求力がある議論が
　展開されている。遵法責務問題を考える者にとって必読である。

横濱竜也『遵法責務論』弘文堂，2016 年：本章で扱った遵法責務問題について，本
　章筆者の見解をまとめたものである。とりわけ市民的不服従と遵法責務との相
　関に関しては，第1章を参照していただきたい。

引用文献

足立英彦 1998：「ドイツにおける「壁の射手」訴訟とラートブルフ公式」東北法学 16 号，
193-247 頁.

Austin, John 1995: *The Province of Jurisprudence Determined*（Wilfrid E. Rumble ed.），
Cambridge U. P.

Dworkin, Ronald 1978: *Taking Rights Seriously: with new appendix, a response to critics*,
Harvard U. P.

Dworkin, Ronald 1986: *Law's Empire*, Cambridge, Belknap Press of Harvard U. P.

Fuller, Lon L. 1958: Positivism and Fidelity to Law: A Reply to Professor Hart, 71-4 Harvard
Law Review, pp.630-672.

Fuller, Lon L. 1969: *The Morality of Law*（Revised Edition），Yale U. P.

広渡清吾 1996：『統一ドイツの法変動——統一の一つの決算』有信堂高文社.

Hurd, Heidi M. 1999: *Moral Combat*, Cambridge U. P.

井上達夫 2003：『法という企て』東京大学出版会.

井上達夫 2007：「憲法の公共性はいかにして可能か」長谷部恭男他編（井上達夫責任編集）『岩
波講座憲法 1　立憲主義の哲学的問題地平』岩波書店，301-332 頁.

加来彰俊 2004：『ソクラテスはなぜ死んだのか』岩波書店.

川口浩一 1994a：「ドイツ統一後の旧東ドイツ犯罪の処罰問題——いわゆる「壁の射手」第一
判決とホーネッカーの裁判について」刑法雑誌 33 巻 3 号，601-611 頁.

川口浩一 1994b：「旧東独の「政府犯罪」の処罰と時効に関する最近の判例と立法——ドイツ
における第二の「過去の克服」問題と刑法」奈良法学会雑誌 7 巻 1 号，1-17 頁.

Kramer, Matthew H. 1999: *In Defence of Legal Positivism: Law Without Trimmings*, Oxford U.
P.

桑原草子 1993：『シュタージ（旧東独秘密警察）の犯罪』中央公論社.

前田俊彦編 1981：『ドブロクをつくろう』農山漁村文化協会.

メルヴィル，ハーマン 1976：『ビリー・バッド』（坂下昇訳），岩波文庫.

森千春 1995：『「壁」が崩壊して——統一ドイツは何を裁いたか』丸善ブックス.

Olsen, Francis 1992: Socrates and Legal Obligation: Legitimation Theory and Civil
Disobedience, R. George Wright ed. *Legal and Political Obligation: Classic and
Contemporary Texts and Commentary*, U. P. of America, pp.69-100.

Perry, Stephen 2006: Associative Obligation and the Obligation to Obey the Law, Scott
Hershvitz ed. *Exploring Law's Empire: The Jurisprudence of Ronald Dworkin*, Oxford U. P.

Radbruch, Gustav 1946: Gesetzliches Unrecht und übergesetzliches Recht, Gustav Radbruch
Gesamtausgabe, Bd. 3, S. 83-93.

Rawls, John 1999: *A Theory of Justice*（revised Edition），Belknap Press of Harvard U. P.

Raz, Joseph 1986: *The Morality of Freedom*, Clarendon Press.

Rivers, Julian 1999: Interpretation and Invalidity of Unjust Laws, David Dyzenhaus ed.
Recrafting the Rule of Law: The Limits of Legal Order, Hart Publishing, pp.40-65.

Simmonds, Nigel 2007: *Law as a Moral Idea*, Oxford U. P.

Soper, Philip 1984: *A Theory of Law*, Harvard U. P.

テーマ3　法と道徳

Soper, Philip 2002: *The Ethics of Deference*, Cambridge U. P.

Tamanaha, Brian Z. 2004: *On the Rule of Law: History, Politics, Theory*, Cambridge U. P.

Thoreau, Henry David 1996: Resistence to Civil Government（Civil Disobedience）, Nancy L. Rosenblum ed. *Political Writings*, Cambridge U. P., pp.1-21.

上田健二 1998：「ラートブルフ公式と法治国家性原理」西原春夫先生古稀祝賀論文集第4巻, 成文堂, 387-428頁.

Waldron, Jeremy 2004: The Rule of Law as the Theater of Debata, in Justine Burley ed. Dworkin and his critics: with Replys by Dworkin, Blackwell Publishing, pp. 319-336.

Winch, Peter 1972: *Ethics and Action*, Routledge and Kegan Paul Ltd.

84

テーマ 4

国際法秩序の再編

——地球環境問題と人権を中心として

郭　舜

は じ め に

ケース 4

　20XX 年，南太平洋のある国家が消滅した。どこか他国に併合されたというわけではない。地球温暖化に伴う海面の上昇によって物理的に領土がなくなってしまったのである。国家の三要件の一つである領土がなくなってしまえば，国家はもはや存在しえない。こうなることは数十年前から予測されていた。議会の決定により，国民は徐々に他国に移住していくこととされたが，一部の住民は最後まで先祖代々の土地にしがみついていた。しかし，島の淡水資源は枯渇し，土地は浸蝕され，高潮による被害が拡大した。今や彼らは家も土地も失い，近隣諸国に避難先を求めている。

　他方，近隣諸国にとって彼ら「環境難民」は歓迎されざる客である。これまでも何回かに分けて集団移住を受け入れてきたが，新参者と旧来の住民との間に軋轢が起こっている。それに近隣諸国自身も，地球温暖化の影響を免れているわけではない。まず，海面上昇の影響から領土減少の危機に晒されている。特に多くの人口を収容できるような開けた場所は，すでに海面ぎりぎりの所にあり，堤防を補強することでようやく守られているに過ぎない。また，農業への影響も深刻である。農業用地が圧迫されているだけでなく，異常気象の増加で不作になる年も増えた。年平均気温の上昇や季節ごとの降水量の変化も，大きな打撃となっている。

　地球温暖化の影響が深刻になるにつれて，近隣諸国の世論は硬化している。なぜ自分たちだけに負担が押し付けられるのか。民主主義をとる以上，政府もこのような民意を無視することはできず，最近，これ以上の移住は認めない方向へと方針を転換した。

テーマ4　国際法秩序の再編　　　85

　このような近未来の予想図は，決して空想に基づいたものではない。国家が消滅するという危機は，現に迫っている。2006年にはバヌアツからの集団移住が報じられた。海面上昇により高潮，塩害，海岸浸蝕などの被害が生じ，島を出て行かざるを得なくなったのである。

　環境破壊が人権問題を引き起こす可能性があることは，以前から指摘されてきた。自然環境が適切に保護されることが人間が生きていく上で不可欠の条件であることは，歴史上多くの文明が森林破壊をはじめとする自然破壊によって滅亡していることからも了解されるだろう。では，環境問題は人権問題に還元されるのだろうか。そうともいえない。確かに我々の耳目を集めるのは人権侵害に直結する問題の場合が多いが，環境問題はそれに止まらない広がりを持っている。それだけではない。環境保護は人権保護と対立するようにみえることも多い。自然を守るために居住や産業活動が制限されることは少なくない。では，環境問題はどこまで人権問題として語りうるであろうか。それを考えることを通じて，人権と環境という二つの概念をよりよく理解できるのではないか。

　他方，人権保護が主権国家体制と緊張関係にあることも，上の仮想事例から読み取れる。国家が国民のためにあるのだとすれば，他国民に対する十分な配慮は期待できない。さらに，環境保護も主権国家体制と緊張関係にあることもみえてくる。世界政府が環境保護を強力に推し進めていたならば，国家間の駆引きで地球温暖化対策が遅れて急激な海面上昇が生ずるというようなこともなかったかもしれない。人権や環境に関する問題は一国家の内部だけでは解決できないことが多い。地球を一つの単位とした統治のあり方を考えなければならない理由がここにある。とはいえ少なくとも現状においては，国家なくしては環境も人権も守られないのも現実である。結局のところ，環境保護や人権擁護のためのさまざまな資源を持ち，有効な規律を行うことができる主体は国家を措いて外にないのである。

　以上のように，地球環境問題を扱うに際しては，人権と環境という二つの価値の間の調和と対立，そして両者の追求と主権国家体制との間の容易ならざる関係についての考察が欠かせない。勿論，そのすべてを限られた紙幅の中で扱うことはできない。本章では，環境問題はどこまで人権問題として語りうるか，

また環境と人権という二つの領域の交錯によって主権国家体制というこれまでの国際社会のあり方はいかなる方向への変革を迫られるか，という二つの問いを立てる。

結論を先取りすれば，それぞれについて次のような答えが導かれる。第一に，実践的な観点から環境問題を人権問題として解決するという戦略をとることは，環境問題への取組みを前進させる上で有効である。環境問題を人権問題として構成することには理論的な困難がある。それは現在生きている我々人間が環境問題に取り組もうとすることそれ自体の根源的な矛盾に由来するものであり，一朝一夕に解決できるような問題ではない。しかし，たとえ人権問題として構成できる範囲で環境問題を扱ったとしても，地球の無限性と人類の進歩の信仰の上に成る我々の思考枠組みは大きな転換を迫られることになりうる。我々の活動が地球環境を不可逆的に変え，他の人々に不可避的に影響を与えるとするならば，閉じた系の中での共時的・通時的平等が人権問題として顕在化せざるを得ないのである。

第二に，地球規模の諸問題に直面する中で，国家は依然として統治の重要な領域的単位だが，国民のみから構成される排他的で一体的な利己的行為者であり続けることはできない。社会契約論に典型的にみられるように，従来，国家の正統性はその内部における国民との関係で論じられ，国際平面においては国家は一体的な行為者として利己的に振舞うものだ，あるいはそれでよいとする現実主義の思考が根強かった。しかし，国際人権保障や地球環境保護が課題となっている現在の世界では，現実主義は記述的にも規範的にも「現実的」でない［Onuma 2003］。価値をめぐる討議は国際平面においても避けられないことが意識され，国家主権という免罪符も万能ではなくなるだろう。

二つの答えがどうやって導かれるか，順次みていくことにしよう。

1　環境と人権：二つの価値

(1)　二つの価値

分析の前提として，まず「環境」と「人権」という言葉の意味をはっきりさせておこう。広く捉えれば，「環境」には大気，水，森林のような自然環境だ

けでなく，都市環境，住環境，職場環境といったものも含まれる。本章で扱うのは地球環境問題であり，そこでいう環境とは主に自然環境のことである。地球環境問題は，そうした自然環境に対して人間活動が地球規模での破壊的な影響を及ぼしうることが明らかとなり，それに対して地球規模での集団的な対処が必要であることが認識されたところから始まる。地球環境は一つの価値である。多様な生物を育む美しい自然が失われることはよくないことだと考えられている。また，環境破壊が進んで地球に人が住めなくなるならば，それもよくないことだと感じられるだろう。

　他方，人権は「種々の権利のうち，人が生まれながらに（つまり，人であることと等根源的に）持つとされる権利」であり，「不可侵であり，かつ他人に譲渡不能のものとされる」［大庭他編 2006：461L（笹澤豊）］。権利は，単なる選好や利益ではない。近所の骨董屋に絵が飾ってあり，あなたは毎日その絵を見ることに人生の喜びを感じているとしよう。あなたはその絵が好きであり，その絵を眺めることで大きな精神的利益を得ている。しかし，絵を所有しているのは骨董屋であり，その絵に対してあなたは何ら権利を有しているわけではない。このとき骨董屋は，自分の権利に基づいて，その絵をどこかにしまい込んで隠してしまうことも，誰かまったく別の人に売って手放すこともできる。あなたの選好や利益が考慮される謂れはない。このように，権利の有無は道徳的議論において重大な意味を持つ。権利の持つこのような性質は「切り札」として表現されることがある［ドゥウォーキン 2013：xiii］。そして，そうした権利の中でも人権は人が人であるがゆえに有する権利であり，すべての人が持つとされている。

　地球環境と同じく人権も価値だと見なされている。生命・健康に対する権利が侵害されているならば，それはよくないことだろう。表現の自由が失われるならば，それもよくないことだと考えられるだろう。しかし，人権という価値はそれ以上の強さを持っている。一つは，普遍的な正統性である。人権という概念自体は西洋近代に由来し，非西洋社会からは疑いの目で見られることも多かったが，今日では人権という概念そのものは正統なものとして広く国際社会に受け容れられているのである［大沼 1998：3］。もう一つは，法による制度的な保障である。すべての国家は人権を保障する義務を負い，個人通報制度をは

じめとして人権保障のための国際的な仕組みも用意されている。重大な人権侵害は「平和に対する脅威」として国連安全保障理事会の行動にさえつながりうる（例えば，南アフリカのアパルトヘイトの例）。

(2) 実定法上の位置付け

　我々は，地球環境を一つの価値だと考え，人権もまた一つの価値として受け止める。では，二つの価値の関係はどうなっているのだろうか。まず，国際法上，地球環境問題と人権保障との関係はどのようなものとして位置づけられているかみてみることにしよう。

　環境条約は数多いが，人権に明示的に言及するものは少ない。しかし，1972年ストックホルムで採択された人間環境宣言は，その第一原則で「人は，その生活において尊厳と福利を保つことができる環境で，自由，平等および十分な生活水準を享受する基本的権利を有する」と謳う。条約と異なり宣言は一般に法的拘束力を持たないとされるが，地球環境問題への対処に関して国際的な合意があることを示す点では無視できない重みを持つ。その意味では，環境保護という課題に取り組むにあたって人権という視点が要請されることは，一定の国際的な承認を得ているといえる。

　他方，人権条約の中にも，環境に対する権利を規定するものがある。「健全な環境に生きる権利」を明記した米州人権条約議定書（第11条），「発展に適した総体的な十分な環境への権利」を含むアフリカ人権憲章（第24条）などがそうである。これらの例からすれば，人権保障において環境保護の持つ重要性もやはり認識されているといえる。

　だが，これら条約や宣言は環境権としての人権を定式化したに過ぎない。狭い意味での環境権だけが環境と人権の関わりのすべてを表すものであると考えることはできない。1994年に特別報告者ファトマ・ゾーラ・クセンティニが国連経済社会理事会人権委員会に提出した報告書［UN 1994］の中では，環境破壊がさまざまな人権侵害をもたらすこと，また逆にさまざまなかたちでの人権侵害が環境破壊をもたらすことが明らかにされている。一見したところ環境問題とは無関係な，公平な裁判を受ける権利や情報への権利といった市民的政治的権利でさえ，重要な役割を演ずることにも注目しなければならない［Churchill

1996]。

　このように環境問題と人権保障とが関わりを持つことは明らかであるとして
も，両者の関わりがどのようなものかについて確定的な合意があるわけで
はない。人間環境宣言の 20 年後に採択された環境と開発に関するリオ宣言で
は，権利という文言は用いられず，「人は持続可能な発展を考える際の中心に
ある。人には自然と調和しつつ健康で生産的な生活を営む資格がある（entitled）」
と表現されている。これは，環境条約において人権の位置付けが依然として不
明確であり，議論が続いていることの証左である［バーニー／ボイル 2007：280］。
この点は，さらに 10 年後の持続可能な発展に関するヨハネスブルク宣言にお
いても変わっていない。

　以上のことをまとめれば，環境保護と人権保障とが関わりを有することには
国際的な合意があるが，同時に両者相互の関係は多岐にわたる複雑なものであ
り，どのような関係があるのかについては国際的な合意が成立していないとい
うのが現状である。

⑶　複雑な関係性

　では，あらためて環境保護と人権保障との関係をどのようにみることができ
るだろうか。一つの考え方として，一方が他方の手段となっているという目的
手段関係としての捉え方がありうる［Anderson 1996：3］。環境保護が人権保障の
ための手段となる場合がある。例えば，汚染されていない空気や水は，生命や
健康に対する基本的な人権が保護されるための前提条件である。河川上流域の
森林を保護することは，水害の防止になる。トキの絶滅を招くような環境破壊
は，人間の生活にも悪影響を及ぼすかもしれない。これに対して，人権保障が
環境保護の手段となる場合もある。貧困は野生動物の密猟が横行する原因の一
つである。人口圧力の増大は薪炭材の採取や焼畑を通じた森林破壊につながる。
勿論，武力紛争は環境破壊の最大の原因の一つである。これらの例では，社会
福祉や教育，平和の実現を通じて人々の人権が保障されることが環境保護に役
立つといえるだろう。

　しかし，環境と人権の関わりは，単純に目的手段関係に還元されるわけでも
なさそうである。アマミノクロウサギを保護したいときに，人権は手段として

は迂遠に感じられる。また，アマミノクロウサギの保護それ自体によって直接，人権が擁護されるというのも少し行きすぎだろうか。環境と人権との間にはっきりした目的手段関係が見出されるのは，一部の場合だけなのかもしれない。

環境保護と人権保障とが，一見したところ対立することさえある。加藤尚武は，生物種の保護と人命とが比較される次のような仮想的状況を例として挙げる。あるところに無人島がある。そこにはこの島にしかいない希少種のナカノシマ・ペリカンという鳥がわずかにいるに過ぎない。そこに流れ着いた遭難者がおり，唯一食料となるナカノシマ・ペリカンを食べて絶滅に追い込むか，さもなければ餓死してしまう［加藤 1991：20-22］。ここでは，生物種の保護と一人の人間の生命とが天秤に懸けられている。これほど極端ではないにしても，環境保護と人権保障との間には緊張関係があるのかもしれない。例えば，自然保護区の中で一定の野生動物の狩猟が禁止されるならば，野生動物を獲って暮らしていた人々は伝統的な暮らしを捨てるよう強いられることになる。場合によっては，移住さえ求められるかもしれない。

本章の冒頭に挙げた例では，環境問題は人権問題として捉えられた。しかし，このようにみてくると，環境保護と人権保障という二つの価値は，調和することもあれば対立することもあるということになりそうである。両者の関係は一筋縄では行かない。

だが，環境と人権とが対立しているようにみえる場合の多くは，人間社会内部での配分の不公正から生じている。例えば，砂漠化防止のために遊牧民を定住させようとする場合，決定がどのような手続を経てなされたか，生活を保障するためにどのような措置がとられたかが重要な意味を持つ。慣れない定住生活で困窮する人々が出てくるならば，それは環境という価値が人権という価値に優先した結果ではなく，環境保護「政策」が人権を犠牲にして行われたことの帰結である。ナカノシマ・ペリカンの例について，生物種の存続と人間個体の生存とが「あれか，これか」の関係にならないように配慮するのが人類の当面の課題だと加藤は述べている［加藤 1991：28］。これを拡げて解釈するならば，環境保護と人権保障とが二者択一の関係にならないようにすることがまずは課題とされているといえよう。

しかし，人権という概念を考えたとき，それは常に可能なことだろうか。問

題はここにある。環境という価値と人権という価値が別々のものである以上，そこにはやはり自ずから緊張関係が生まれる。人権の理念は国際的に確立したものであり，その意味で強みをもっている。しかし，環境問題の解決のためにどこまでそれに依拠することができるだろうか。このことがさらに問題となる。

2　環境問題はどこまで人権問題か

人権という切り口で環境問題を語る上で避けて通れない批判が三つある。人権の内容の不明確さ，人間中心主義，世代間正義に関する批判である。

(1)　不明確さ

第一の批判は，人権問題として環境問題を語る際に，そこでいう人権の内容が不明確だとするものである。環境に対する権利とは，誰の誰に対するどのような権利だろうか。誰に対する権利かを答えるのは容易である。それが人権であるならば，人権の第一義的な保障主体は国家，とりわけ領域国である。問題は，誰の権利か，そしてどのような権利かということである。

すでに触れたように，人間環境宣言はその第一原則で「人は，その生活において尊厳と福利を保つことができる環境で，自由，平等および十分な生活水準を享受する基本的権利を有する」ことを謳っている。そこで謳われる基本的権利は，個人に属するもののようである。ところが，環境に対する権利を明示した他の数少ない国際文書の一つであるアフリカ人権憲章第 24 条では，「全ての人民（peoples）は，その発展に適した全般的な十分な環境に対する権利を有する」とされており，権利は集団的なものとして性格づけられている。

集団的権利であることの一つの意味は，個人が個人の資格で行使できないということである［Buchanan 2004:410-411］。仮に環境権が集団的権利であるならば，例えば，個人が裁判の中で環境権を援用することはできず，民主主義的政治過程を通じて実現されるべきだということになるだろう。法的権利にどのような性格を与えるかは或る程度までは実定法制度の設計の問題である。しかし，多くの憲法が個人権としての環境権の規定を持つようになってきていること，また環境権が裁判で認められることが少なくないことに照らせば，それを集団的

にしか行使できない権利だと考えることはもはやできないように思われる。

　もう一つの問題は，環境に対する権利が求めるのは一体どのような環境かということである。人間環境宣言にいう「その生活において尊厳と福利を保つことができる環境」とは，具体的にどのような環境を指すのだろうか。これには，国際文書を並べてみてもはっきりした答えがない。

　とはいえ，個々の人権の射程を絞ることや実行を通じて内容を精緻化していくことにより，この批判を躱すことは可能である。そもそも人権の多くは「解釈の余地」（margin of appreciation）を残すものであり，その点では不明確さは共通している［バーニー／ボイル 2007：287］。さらに重要なことは，どのような環境を理想とすべきかについては確たる答えがないとしても，どのような環境が望ましくないかはかなりの程度明らかだという点である。例えば，森林破壊の進行に伴って土壌の流失や砂漠化が起きている状況で，良好な環境が保たれていると主張する人はいないだろう。問題はむしろ，経済発展をはじめとする競合する他の価値や権利との調整をどう図るかということにある。

　不明確だからといって環境保護を要求する人権が存在しないということはできない。歴史的文化的要因に応じた人権の多様性に鑑みれば，環境に対する人権に多様な表現があること自体は否定されるべきことではなく，その中核について国際的な合意を摸索しつつ，文脈に応じた柔軟な解釈適用の余地が認められるのではないかと考えられる。

　不明確さに関連した批判として，環境権は余計だという批判がありうる。環境に対する権利などという人権類型を観念せずとも，既存の人権の範囲内で同様の法益を保護しうるというのである。しかし，環境法分野で予防原則（precautionary principle）をはじめとする固有の道具立てが発展してきたという事情に照らせば，分野に固有の環境に対する人権という考え方を取ることには一定の意義がある。国内実定法学においても，現実の侵害が生ずる前に予防するという性格，あるいは単に個人的な利益に関わる私権ではなくより広い公共的利益に関わる公共的権利としての性格を捉えて，環境権の固有性が主張されることがある［中山 2002，交告他 2005：130-134］。このことも，環境に対する権利という概念が余計ではないことの証左となるだろう。

テーマ4　国際法秩序の再編　　　93

普遍的に受け入れられる明確な基準の設定が困難であるからといって，人権という概念が意義を失うわけではない。その一部である環境に対する人権も，その点では何ら変わりがない。環境権が不明確だという批判は，さらなる探究の動機にこそなれ，障害になることはない。

(2)　人間中心主義

第二の批判は，人権概念は人間中心主義に立脚しているというものである。人権は普遍的なものだとはいえあくまでも人としての固有の権利であり，ヒトという種のエゴイズムであることを免れない。動物や自然にも権利や地位が認められてしかるべきだというのである。このような倫理の射程の拡張はさまざまな論者によって論じられている［レオポルド 1997 ; ネス 1997］。

さて，ここでいう人間中心主義なるものが問題である。ここでは，人と自然を対置させ，自然には人間の役に立つ場合にのみ価値があると考える立場として理解しよう。一見したところこれはいかにも傲慢であるように思われるが，人権はそのような立場を帰結するのだろうか。

何かが他の目的に対する手段としての価値を有するならば，それは手段的価値（instrumental value）を有する。例えば，果物は食べることができ，人の生命を育むことに役立つから，手段的価値を有するといえる。これに対して，何かに目的そのものとしての価値があるならば，その場合の価値は内在的価値である。例えば，次のような例が考えられる［ドゥオーキン 1998 : 119］。レンブラントの自画像がすばらしいという場合に，すばらしいのは人々がその絵を見たいと思うからだろうか。よほどの天の邪鬼でないかぎり，そのように主張する人はいないだろう。レンブラントの絵がすばらしいものであるからこそ，人々はそれを見たいと思うのである。このとき，レンブラントの絵はそれ自体として価値あるものだと考えられている。

国際的に認められた人権の一つに文化的権利がある。経済的，社会的および文化的権利に関する国際規約（社会権規約）はその第 15 条第 a 項で「文化的な生活に参加する権利」の保障を規定する。この中に，レンブラントの絵に代表されるような芸術作品や文化財に触れる権利も含まれるとしても，そのことはレンブラントの絵に手段的価値しかないことを含意しない。絵に内在的価値が

あるからこそ，それに触れる権利を保障することに意味があるのであり，欲求を満たすという意味での手段的価値があることだけが権利の根拠となっていると捉える必要はない。

では，ミミズクの保護の場合はどうだろうか［ドゥオーキン 1998：124］。ミミズクを保護したいと考える人々は，実際にミミズクを見ることは一生ないかもしれない。しかし，それでもミミズクを保護したいと考えるのは，ミミズクという種にそれ自体価値があると感じているからではないだろうか。そうだとすれば，自然の一部であるミミズクには内在的価値があることになる。このとき，仮にミミズクの保護に対する権利があるとすれば，文化的権利と同じように，それはミミズクの内在的価値を根拠としていることになるだろう。そして，良好な自然環境・景観，生態系などに対する権利についても，同じことがいえるだろう。

勿論，ミミズクの保護に対する権利は仮想的な権利であり，そのようなものが認められるかどうかは疑わしい。また，そもそも文化的権利そのものが一般に必ずしも強いものとは理解されていない。それが社会権規約に定められていることに照らせば，自由権規約に規定された諸権利と異なり，国際法上，国家は漸進的達成の義務しか負わないものと見られがちである（ただし大沼［2005：338］を参照）。また，朝日訴訟（最大判昭42・5・24民集21・5・1043）が象徴するように，日本の裁判所は文化的権利を含む社会権一般について消極的な態度を取っている。しかし，こうした事情はあるにせよ，人権という概念自体が人間以外のものに手段的価値しか認めない構造を持っているのではないことは確認できるだろう。

しかし，人権という構成には別の弱い意味における人間中心主義からくる限界がある。それは，人権がヒトが特権的な地位を有することを前提としていることに基づく。トキの絶滅はよくないことであり，ヒト免疫不全ウイルス（HIV）の根絶は望ましいことだとされる。トキの絶滅は内在的価値を持った種が失われることを意味し，それゆえよくないことである。他方で，なぜウイルスに同等の価値が認められないのかといえば，それは人間に害をなすからである。人々に生命に対する権利を保障することは，ウイルスという種の保護に優先する。

人権概念を用いるかぎり，世の中の価値は人間を中心として認識され序列化

されることが避けられない。このような意味での人間中心主義は，必ずしも自然の価値を人間の役に立つかどうかという手段的価値に限定しないが，価値ないしその重みづけは認識者から独立に存在するものではなく，認識者に何らかの意味で依存するものと見なす。それは個々の人間の価値観に左右されると考えるものではないが，人類という種の立場から価値を把握することを意味する。例えば，山奥に道路が整備されることは人間にとって（手段的）価値があるかもしれないが，周辺に住む野生動物には害となる。たとえ或る環境が或る生物にとってよいものであるかそうでないかを客観的に同定することができるとしても，相対立する価値の調停は価値中立的には行いえない。

もう一つの問題は，ナカノシマ・ペリカンの例が暗に示すように，人権という道具立てを用いて解決を図るかぎり，人間は個体として扱われ，他の生物は種として集合的に扱われざるを得ないということである。ピーター・シンガー［1999：133-163］は，人間は人間であるがゆえに動物とは異なった取扱いを受けることが正当化されると考える「種差別」（speciesism）を糾弾する。その議論は二段階の構成を取る。

第一は「人格」（person）の議論である。シンガーは，チンパンジーをはじめとする或る種の動物は理性的で自己意識を有する人格（person）であり，生命に対する権利を有すると主張する。人間の生命には特別の価値があると考えられているが，「人間であること」が「ホモ・サピエンスという種に属すること」を意味するならば，これは種差別であり正当化しえない。他方，それが「人格であること」，つまり理性的で自己意識を有することを意味するのならば，ヒトという種を超えて，理性的で自己意識を有する他の存在にも，生命に特別の価値を認めなければならない。その範囲は，チンパンジーやゴリラ，オランウータンだけでなく，哺乳類一般を含むところまで拡張できるという。

第二は，快苦に基づく功利主義的考慮である。この観点からは，理性的で自己意識を有するとはいえず，したがって人格であるとはいえない動物でも快苦を感ずるものはあり，それらに対して快楽を奪ったり苦痛を与えたりすることは道徳的な誤りだと主張される。人格である動物と違って個体間の代替可能性が認められるから，制約はある程度緩められる。しかしそれでも，自己意識を持たないとはいえ，鶏を小屋に詰め込んで飼うことは苦痛を与え，野生の鴨を

殺すことは快適な生を奪うことになるから許されないことになる。

シンガーの主張は，人権概念の前提にある弱い意味における人間中心主義の矛盾を鋭く突くものである。シンガー自身は権利という構成をとらないし，その功利主義の立場には異論もあるだろう。しかし，人権という概念が種差別の問題を抱えていることは確かである。しかし，仮に個体としての動物に権利を与えてしまうと奇妙な事態が生ずる。例えば，チンパンジーがライオンのような肉食獣に襲われるような環境に置かれているのはチンパンジーの権利保障が十分でないことを意味するので，チンパンジーの周りから肉食獣を排除するか，あるいは（肉食獣の権利も同時に保障されなければならないとすれば）肉食獣を常に満腹にしておかなければならないということになりかねない。このような極端な結論を避けるために，人間が積極的に害を加える場合のみを問題とするならば，環境の緩やかな変化によってチンパンジーが絶滅することは構わないということになるだろう。しかし，その場合はヒトの社会において「自然に」生ずる貧困などについても解消する必要はないことになりうる。

このような結論は何れも直観に反する。人権概念が種差別を含んでいるとしても，種差別を克服することは容易にはできそうにない。種差別の問題は，人権概念に固有の問題というよりも，人間が環境保護を行おうとすることの根源的矛盾に由来するものだともいえる。種差別だからといって人権の理念を放棄することは，我々の道徳的責任の範囲を縮小するという，より重大な道徳的問題を引き起こすことになる。その意味で，人間中心主義の問題を意識しつつ人権を手段として用いることは，一つのありうる方向性を指し示すものだといえるだろう。

環境保護と人権保障は原理的に緊張関係に立つ。しかし，その対立がどこまで深刻であるかは人間が環境的価値と人間的価値とをどのように結びつけて理解するかに懸かっている。我々は病原体に内在的価値を認めることはできないかもしれない。しかし，例えば，野生動物が農作物を荒らしたり家畜を襲ったりすることが問題となるとき，被害によって生じた負担が社会内部でどのように分配されているかこそが多くの場合に決定的な問題であるということに目を向けなければならない。自然環境に価値が認められていないとか，あるいは環

テーマ4　国際法秩序の再編　　　　97

境的価値が人権に比べて軽視されがちだという大きな問題に行く前に，人間社会内部の負担分配の偏りを正すこともまた必要である。冒頭に挙げた地球温暖化問題も，環境保護と人権保障とが衝突している例というよりは，両者が一致している例として捉えることができるだろう。

(3) 世代間倫理

　第三の批判として，人権という考え方からは環境問題を考える上で必須の世代間倫理に対する配慮が抜け落ちてしまうというものがありうる。人権は現在世代の共時的な関係を規律するものであり，まだこの世に存在しない将来世代は権利を持ちえないため，その枠組みでは考慮されないというのである。ここでは，将来世代が存在することを前提とした上で，重要な論点を三つ挙げて検討する。第一は将来世代の権利資格の問題，第二は将来世代の同一性の問題，第三は現在世代の自律の問題である。

　第一の論点は，現在世代に将来世代の権利を尊重する義務があるというためには，両者が同じ道徳共同体に属することが必要であるが，そのような前提は成り立つのかという問題である。ここでは，クリスティン・シュレーダー＝フレチェット［1993：125-135］の議論をかいつまんで紹介しよう。

　まず，現在世代は将来世代に対して配慮できるが，将来世代は現在世代に対して配慮することはありえないという相互性の欠如についてどう考えるべきか。現在世代が将来世代に何かしてやったとしても，将来世代からお返しを期待することはできない。そこでシュレーダー＝フレチェット［1993：126］は，「恩」という日本語の概念を用いて，相互性の存在が主張できるとする。つまり，過去の世代から受けた恩を未来の世代に返すというかたちで，相互性は成り立っているというのである。

　そもそも相互性は道徳的配慮の必要条件ではないかもしれない。例えばジョン・ロールズの社会契約論の枠組みは，相互性に基づかない合理主義的な説明を提供しているようにみえる。社会契約の当事者たちは，無知のヴェールによって個別的な情報が排除された原初状態において社会の構成原理に合意する。どの世代に属するか分からないとすれば，すべての世代の構成員が平等に権利を与えられるよう合意するであろう［シュレーダー＝フレチェット 1993：128］。

他方，将来世代がどのような選好をもつか分からないという問題もある。確かに，将来世代もまた生活空間や豊かな土地，新鮮な空気といったものに利害関心を有するだろう［Feinberg 1974：91］。しかしそれ以上のことは分からないとすれば，我々はどのように将来世代を配慮すればよいのか，どのように行動すれば義務を果たしたことになるのか。シュレーダー＝フレチェットは，無知は将来世代の権利を否定する理由とはならないと主張する。我々は少なくとも一定のことを知っているからである。プルトニウムやDDTのような有害物質の危険性や，カントの定言命法をはじめとする各種の倫理規則がそうである。少なくとも何をなすべきでないかについてまったく知らないわけではないというのである［シュレーダー＝フレチェット 1993：132-133］。

　以上のような議論には批判もある。例えば谷本光男［2003：113-114］は大きく二つの疑問を挙げている。一つは，過去の世代が後の世代を配慮して自分たちの行動を制約したことはあったのか，むしろ環境に致命的な損害を与えるだけの科学技術を持っていなかっただけなのではないかということである。もう一つは，すべての世代の構成員に道徳的権利を与えることが何を意味するか，現在世代の自由を奪い高い倫理基準に従った「蒙昧な自己犠牲」を強いられることになるのではないかということである。

　前者については，日本の木曽谷やドイツの黒い森など，意図的な森林保護が行われた例を挙げて反論することができる。さらに，地球環境に不可逆な破壊的影響を与えるほどになった科学技術の発展が通時的な道徳共同体を成立させたという言い方も可能である。むしろ後者のほうが根本的な問題だが，これについては後で検討する。

　第二の論点は，将来世代に属する特定の個人が生まれるかどうかは，現在世代の行動によって影響されてしまうという問題である。深夜のコンビニで出会ったはずの二人は，二酸化炭素排出削減のために深夜営業が規制されたせいで出会えず，それぞれ別の人と結婚することになるかもしれない。将来世代のために環境保護を行おうとすると，環境保護を行わなかったら存在していたはずの将来世代の人々はどこかへ消えてしまうのである。したがって，環境を保護しないという選択をしたとしても，そのときの将来世代は我々が環境を保護

しなかったからこそ存在できるのだから，将来世代の権利を侵害したことには
ならないようにも思われる。この「非同一性問題」についてはデレク・パーフィッ
ト［1998］の詳細な検討が有名だが，ここでは扱うことができないし，すっき
りした結論が保障されているわけでもない。ここでは将来世代に属する個々人
の権利と将来世代が集団として持つ権利とを区別することで，この問題を考え
るための示唆を得ることにする。

　権利には個人的権利と集団的権利とがあることにはすでに触れた。個人的権
利と呼ばれる権利は，個人に属し，個人が自らのために主張できる権利である。
これに対し，集団的権利とは，特定の個人に属さない，あるいは特定の個人の
ために主張されるものではない権利である。集団的権利の典型とされるものに，
人民自決権がある。人民自決権とは，「団結した民族（national）集団（「人民」
（peoples））が政治的組織化の形態および他集団との関係を自ら選択する権利」
を指す［Brownlie 2003 : 553］。それは，特定の個人に属するものでも，特定の個
人のために主張されるものでもない。

　集団的権利としての自決権がどの集団に属するかは，予め定まっているわけ
ではない。自決権は集団が自らを政治的に組織化する権利を含んでいる以上，
自決権を行使すべき集団の範囲がどこまでか，誰がその集団に属するかは集団
自身が決めることである。つまり，自決権は集団の自己構成的な権利としての
性格を有している。そして，誰が構成員であり誰が構成員でないかが予め決まっ
ていないことは，自決権が集団に帰属し，集団のために主張されることの妨げ
とはならない。

　これが集団的権利一般に敷衍できるとすれば，或る権利を集団的権利として
語る場合に，その構成員が誰であるかが確定している必要はない。つまり，集
団的権利としての将来世代の権利は，将来世代に属する個々人の同一性が現在
世代の選択に応じて異なるとしても認められる余地が生ずる。

　勿論，両者には重要な違いもある。自らの属する集団の自決権を主張する個
人はいるが，自己の属する集団の権利として将来世代の権利を主張する個人は
いない。将来世代の権利は常に代弁者を必要としている。仮に将来世代の権利
が理論的に認められるとか，否定されないといえるとしても，実践的な強さを
欠くことになる。そうだとすれば，権利をむやみに増やすべきではないとい

う主張がなされるかもしれない。ここで我々は谷本の指摘に立ち返ることになる。将来世代に権利を認めることでどのような帰結が生ずるのか，そしてそれを我々はどのように評価すべきであろうか。

そこで第三の論点として，無限に続く世代の連鎖の中で将来世代に配慮しなければならないとすれば，我々現在世代の自律の範囲はきわめて狭いものとなり，現在世代に属する個々人は自らの生を享受できないのではないかということが問題となる。

例えば，次のようなことが考えられる。我々の生きる現代社会は石油資源の消費によって成り立っている。ところが，石油資源は有限であり，いつかは枯渇する。ここで将来世代に石油資源の配分を要求する権利があるとするならば，将来世代は無限に存在するであろうから，我々の主張しうる取り分は限りなく零に近づく。これは有限とされる資源すべてについていえるはずである。我々は再生不可能な資源である石炭・石油を消費したり，生態系や大気，水の状態に不可逆的な変更を加えたりすることは許されないのである。とすれば，我々は将来世代に対する侵害を直ちに止め，再生可能な資源だけを用いる生活様式にすぐさま転換しなければならないことになる。

しかし，これはやや極端な結論であるようにも思われる。科学技術の進歩は我々を豊かにした。この先も科学技術が進歩するのならば，将来世代はその恩恵に与ることになる。だから，少しぐらい再生不可能な資源を使ってもよいのではないだろうか。このような反論があってもおかしくはない。もっとも，もはや我々は文明の進歩をひたすら信ずることはできない。あくまでも限度の問題ということになるだろう。

世代間の無限の鎖につながれて自由を犠牲にする決断もできなければ，進歩史観という神話を信じることもできないとすれば，我々にはいかなる選択肢が残されているのだろうか。ここでは，社会が取りうる政策選択の幅における平等という観点から一つの提案を行ってみたい。というのも，個人の人権を保障するためには，個人が属する社会にそのような政策をとる余力が残されている必要があるし，また社会が選択肢をもつことは人権の一つである政治参加の権利を実効的に保障するためにも必要だからである。

テーマ4　国際法秩序の再編　　101

　一つの資源の利用価値は，社会の技術水準などによって異なる。例えば，石油が広く利用されるようになったのは大量生産が可能になった19世紀に入ってからである。逆に石綿は人体への影響から一般には用いられなくなっている。また，天然資源は地球上のあちこちに偏在しているが，資源国とそうでない国があること自体は深刻な不平等だとは考えられていない。こうしたことに照らせば，何が利用可能な資源かをあらかじめ知ることはできないし，資源の利用可能性に差があること自体は不正だとはいいがたいから，非再生可能資源を使ったからといって直ちに不正だというわけではないだろう。

　他方でこのことは，現在世代が非再生可能資源を蕩尽し，地球温暖化に伴う海面上昇と気候変動で農地が減少し，生物多様性が失われた地球を来るべき世代に引き渡してよいことを意味しない。現在世代からなる社会が，非再生可能資源を利用してある一定の幅で政策選択を行う自由を享受し，その活動によって環境に影響を与えることを正当と見なすならば，将来世代に同様の自由を認めないことは不正であろう。

　ここで直接の配慮の対象となるのは現在世代の次の世代である。すなわち次の世代に現在世代と同様の政策選択の幅を保障することを我々は義務としなければならない。そして，次の世代は次の次の世代に対して同様の義務を負う以上，現在世代が次の世代の社会の政策の幅を保障するためには次の次の世代の社会の政策の幅を可能な限り考慮に入れなければならない。例えば，次の世代は保つが，次の次の世代は破滅を迎えるような政策はとってはならないということになるだろう。

　このような考え方に従うとするならば，現在世代には代替的なエネルギー源などの開発を条件として非再生可能資源を消費することが許され，温暖化を防止しそれに対応するための技術を開発することを条件として温室効果ガスを一定程度排出することも許される。そして，我々は遠い将来を思い煩うのではなく，例えば50年後に社会を担っているであろう次の世代のことを気にかければよい。その場合，技術予測ははるかに容易である。勿論，半世紀後の社会を予測することが簡単だというわけではない。いまから50年前の未来予想図には空飛ぶ自動車や月面旅行が描かれていたかもしれないが，そうしたものは実用化されていない。だが，ここで問題なのはそうした最先端技術の予測ではない。

21世紀は情報技術の時代だといわれ，その発展は目覚しい。しかし，2016年の時点で発展途上国におけるインターネットの人口普及率は平均40.1%，後発開発途上国では15.2%である［ITU 2016］。これに対し，『情報通信白書』の平成28年版によると，日本のインターネット人口普及率は2015年末時点で83.0%に上る。日本のインターネット人口普及率はすでに1998年末時点で13.4%であった［総務省2002］。勿論，接続速度などについても大きな開きがある。これだけで断定することはできないが，発展・普及が著しい情報技術分野でも数十年のずれがあることは確かだろう。

最先端技術がいくら開発されても，それが全世界に普及するまでには長い時間がかかる。非再生可能資源を消費し，温暖化効果ガスを排出する代わりに新たなすばらしい技術が開発されたとしても，それだけで将来世代の政策選択の幅を保障したことにはならない。それが一部の者しか手に入れることのできない技術であるならば，技術が利用できない人々の境遇は悪化し，不平等が拡大するだろうからである。したがって，世代間正義の問題を考える上では発展途上国の社会を構図の外に追いやって未来予想図を描いてはならない。勿論，それは発展途上国が先進国の後を辿るという根拠のない主張を意味するのではない。しかし，50年後に一般的に利用可能な技術というものを過度に楽観的に見積もることは，平等の観点からみて許されないのである。

ところで，50年後というのはいかにも短く，人間活動に対する環境保護のための十分な制約とはならないのではないかという疑問が湧くかもしれない。しかし，地球環境問題は差し迫った問題である。気候変動に関する政府間小委員会の第五次評価報告書によれば，21世紀末の地球表面の温度は19世紀後半と比べて摂氏1.5から2.0度以上上昇し，海面上昇は最も楽観的なシナリオでも0.26メートル以上と予測されている［IPCC 2013］。資源についても今後数十年で石油や天然ガスなどのエネルギー資源，金をはじめとする金属資源は枯渇してしまうことが予測されている。50年後の社会が現在世代の無策によって縮小する陸地，枯渇する資源，進行する砂漠化，増加する異常気象といった危機的事態に直面し，対応に追われるとすれば，十分な政策選択の幅を与えられているとはいえない。

したがって，我々は何よりもまず50年後の社会の政策選択の幅を狭めない

テーマ4　国際法秩序の再編　　　103

ようにしなければならない。ところで，50年後の社会に生きる人々の少なからぬ割合がすでに生まれている。それらの人々は同じ道徳共同体に属するといえ，実際にも権利主張を行うであろう。そう考えると，以上の提案は半ば世代内倫理の問題として論じられていることになり，非同一性問題の持つ意味も薄れることになる。ただし，ここで示したのは実践的考慮に基づいた最低限の要求にすぎない。それを超えて現在世代に何が要求されているかを明らかにするためには，さらなる理論的な探究が必要とされる。

　以上，人権問題として環境問題を語ることはどこまで可能か検討してきた。内容の不明確さ，人間中心主義，将来世代への無関心という批判は，それぞれ重要な論点を提起している。しかし，人権という概念そのものには確かに内在的限界が存在するものの，用い方，語り方を変えていくことで克服できる面も少なくないことが明らかとなった。人権は強い主張を持った概念であり，社会を原理的に考察しなおす基礎となる。どのようにそれを具体化・精緻化し，どのようにそこに自然の価値を織り込み，どのように将来世代への配慮を組み込むかによっては，社会のあり方を変える実践的な道具となるはずである。
　そこでその一つの例として，地球環境問題と人権概念との結び付きが地球的統治のあり方を変えていくためにどのような役割を果たしうるかについて，残りの部分でみていくことにしよう。

3　環境・人権・地球的統治

　近代国際社会は，各々主権を保持する国家どうしの水平的な関係を基調としてきた。主権とは，対内的には政府の権力の至高性を，対外的には他国からの独立性を意味するものとされる。国際平面において国家はこのような主権に基づいて，一体的で，自らの意思にのみ拘束される自由な主体として振舞うものとして考えられたのである。主権国家から成る国際社会の構造を反映して，国際法秩序も契約的なものとして捉えられた。その重要な特徴は合意主義と相互主義である。国際法は合意に基づいて当事国間かぎりで相互に権利を与え義務を負うことを取り決めたものとして考えられたのである。

しかし，時代が下るにつれて国際関係の緊密化が進み新たな課題が生まれて
くると，こうした従来の国際法のあり方では有効な対処ができないことが明ら
かとなってきた。地球環境問題もそうした課題の一つである。まず，相手が義
務を遵守するならば自分も義務を守るという相互主義は，環境法上の義務につ
いては成り立たないことが一般的である。他国が国際法上の義務に違反して環
境中に汚染物質を排出しているからといって，自国も同じことをしてよいと考
えるのは正しくない。大抵の場合，汚染物質の対抗的な排出のもたらす影響
は義務に違反した特定の国家に限定されるわけではなく，しかも対抗的な排出
を行ったからといって違反国が国際義務を遵守するようになるとは考えにくい。
そもそも，汚染物質の排出を規制するのが元来の目的なのだとすれば，それを
台無しにするような措置をとることは法の目的を裏切ることになる。

さらに，地球環境問題は集合問題としての性格を持ち，集合的な解決を必要
としている。オゾン層の破壊，生物多様性の喪失，地球温暖化などの一連の問
題群は，一国家は勿論のこと，二，三の国家の協力によってさえ解決できるよ
うなものではない。効果的な対策を実行するためには，多くの国を巻き込んだ
かたちでの多数国間条約の枠組みが必要とされる。それだけではない。例えば
温室効果ガスの削減問題のように，ほとんどの主要排出国が条約枠組みに参加
し，義務を負うのでなければ規制に実効的な意味がないと考えられる場合，道
徳的にはもはや条約に参加するしないは国家の自由に委ねられてはいないとさ
えいえるかもしれない。アメリカ合衆国が京都議定書の署名を撤回した際に見
られた反応は，まさにこのような方向性を示唆している。

では，そのような主張にはどのような理由づけが可能だろうか。おそらく，
公正の理念に基づくただ乗り（free-ride）の禁止の要求に根拠を求めることが
できるだろう。それは次のような立論をとる。地球温暖化の防止はすべての国
家にとって利益をもたらす。ところが，条約枠組みに参加しない国家は条約上
の義務という負担を免れながら条約によってもたらされる利益を享受しようと
している。それゆえ，条約枠組みに参加しない国家は不正だというものである。
地球温暖化のもたらす影響が深刻なものであり，人類全体の死活的利益に関わ
るとすれば，議論の説得力は増すだろう。

しかし勿論，現実には国家はなかなか環境保護についての国際義務を受け容

テーマ4 国際法秩序の再編

れようとはしない。大きな理由の一つに，国家間の経済競争がある。環境保護のための規制を強化することで自国の国民経済に悪影響が出るのを恐れているのである。仮に環境規制の強化が経済成長を阻害するという主張が正しいとしても，すべての国家が同じ水準の規制を行うならば競争力の点で何ら問題はない。ところが，非集権的な主権国家体制の下では，常に抜け駆けの誘惑があり，国家間には囚人のディレンマ状況が発生する。

このような状況から脱するための一つの方策は，世界政府の樹立である。世界政府が環境保護のための統一的な規制を行い，規制の実効性が確保されるならば，環境問題に対する有効な対処ができる見込みは高い。ちょうど社会契約説において，自然状態にあった諸個人が社会契約を結んで政府を設立し平和を確保するのと同様の論理である。

しかし，世界政府の樹立は果たして実現可能だろうか。またそれは望ましいものだろうか。実現可能性については，多様な価値観を持った人々をすべてまとめあげた民主的意思決定システムが作れるかどうかが問題である。民主主義には集合的決定の外枠を決める制度に対する人々のコミットメントが必要だという議論も有力である。一般に，多様な価値観を許容するリベラルな国家であっても国民は国家に対して一定の帰属意識を持っている。しかし，地球規模で見れば世界にはさらに多様な価値観を持った人々が住んでおり，同様の共通の帰属意識を作り出すのは容易でない。また，世界政府はあまりに人々の日常から縁遠く，民主主義が成り立つかどうか疑わしいといった問題点を挙げることができる［郭 2007］。世界議会は何人の議員によって構成されるのだろうか。また議員一人一人は何人の有権者を代表するのだろうか。しかし，こうしたことは大した問題ではないという主張もある［Weinstock 2001］。

望ましさについては，個人の権利保障と多元性確保の観点から考慮しなければならない。世界政府についてよくなされる批判は，それが個人の自由に対する抑圧を招くというものである［カント 1985：69］。一元的な世界において世界政府に対抗する力を持つ者は存在しない。主権国家並存体制であれば難民として他国に救援を求めることもできるが，世界政府が成立すればその外部は存在しない。

世界政府という選択肢はもしかしたら実現可能かもしれないが，望ましいこ

とばかりではない。とはいえ，世界政府の圧制か主権国家の利己主義かの二つしか選択肢がないわけではない。そこで重要になるのが人権の理念である。人権という規範的理念が国際社会で確立し，個人が権利主体として析出された結果，主権国家はもはや一体のものとしては考えられなくなった。人権概念は国連憲章においてはじめて正面から国際的認知を得た。そして，世界人権宣言，国際人権両規約，さらには地域的・主題別の条約体制によって人権保障の射程は大きく広がっている。また，（日本は受け入れていないが）自由権規約上の個人通報制度や，ヨーロッパや両アメリカの地域的人権条約体制における個人への出訴権の付与によって，手続面でも個人の地位が強化されている。1993年の世界人権会議で出されたウィーン宣言および行動計画では，すべての人権の促進と保護が「国際共同体の正統な関心事項」として位置づけられており，これまでの国際的な実行が改めて確認されている。国内問題であることを理由として自国の人権問題が国際的な議論の対象となるのを拒否することはもはや許されない。

　このことはさらに，国家の正統性が人権という尺度で測られるということを意味する。国家と主権の結び付きは必然的なものではなくなり，人権を尊重する正統な国家のみに主権が認められることになる。環境保護が人権保障の観点から要求されるならば，適切な環境保護を行うことは国家が正統性をもつための条件とさえ見なされることになるだろう。

　もっとも，このように述べたからといって，正統性に問題を抱える国家に国際社会がどのように対応すべきか，一義的な答えが導かれるわけではなく，それについては別途検討しなければならない。ここで強調したいのは，人権という仕組みを使うことの意義は，個人，特に環境破壊に対して最も脆弱な立場にある人々の視点から，問題を国際的な場に提起していくことが可能になることにあるという点である。前述のクセンティニ報告書が示すように，環境問題は少数者など国内社会において不利な立場にある人々にとってこそ深刻な問題である。国内司法制度，人権委員会などの国際的な人権保障の法的な仕組み，さらには非政府組織などの活動や各種メディアの報道・発信を通じて，そうした人々の声が国際社会に聞き届けられるようにし，配慮が確保されるようにすることが必要なのである。

テーマ4　国際法秩序の再編　　107

結　語

　人権概念は環境問題を考える上で有用な道具立てとなる。勿論，人権概念を用いれば環境問題が解決するとか，環境問題は人権問題に原理的に還元されるというわけではない。しかし，環境問題の多くは人間社会内部の共時的な問題である。このことは，問題を地球規模で捉えたとき如実に表れてくる。武力紛争や貧困など，深刻な人権侵害こそが環境破壊の元凶となっているのである（「環境にやさしい戦争」などありえない。例えば加藤［2005：195-209］を参照）。だから，我々は，人権の理念に基づき人間社会における地球規模の不平等・不公正を正すことを通じて，より普遍的な環境的価値の擁護に近づくことができるはずである。ナカノシマ・ペリカンの例でいえば，それを食べなければ餓死するような状況に追い込まれた人に，環境保護の負担をすべて押し付けることの正当性こそが問われなければならない。人間的価値と環境的価値との二者択一が生じる可能性があることは，環境保護を躊躇する理由にはならない。二者択一が生じないようにすることが我々の務めであるとともに，二者択一に至る前にしなければならないことが山ほどあるからである。

発展的学習のための読書案内

加藤尚武『環境倫理学のすすめ』・『新・環境倫理学のすすめ』丸善ライブラリー，1991年，2005年：環境倫理についての手頃な入門書であり，必読書。環境倫理の突き付ける根源的な問いを的確に示す。

谷本光男『環境倫理のラディカリズム』世界思想社，2003年：環境倫理の主要な論点を取り上げ，倫理学の根本に迫る高度な内容を噛み砕いて説明する幅広い本。

クリスティン・シュレーダー＝フレチェット編（京都生命倫理研究会訳）『環境の倫理　上・下』晃洋書房，1993年：環境倫理について各所で引用される基本的な論文を集める。

パトリシア・バーニー／アラン・ボイル（池島大策他訳）『国際環境法』慶應義塾大学出版会，2007年：国際環境法分野の現状と展望をさまざまな実定法文書を手がかりにして網羅的に整理している。

大沼保昭『人権，国家，文明──普遍主義的人権観から文際的人権観へ』筑摩書房，1998年：国際社会の多元的性格を踏まえつつ，文際的視点から人権概念の孕む

問題性と可能性に鋭く切り込む現状批判の書。

引用文献

Anderson, Michael R. 1996 : "Human Rights Approaches to Environmental Protection : An Overview", Alan E. Boyle and Michael R. Anderson (eds.), *Human Rights Approaches to Environmental Protection*, Clarendon Press.

バーニー，パトリシア／ボイル，アラン 2007：『国際環境法』（池島大策・富岡仁・吉田脩訳）慶應義塾大学出版会（Birnie, Patricia W. and Boyle, Alan E., *International Law and the Environment*, 2nd ed., Oxford U.P., 2002）.

Brownlie, Ian 2003 : *Principles of Public International Law*, 6th ed., Oxford U.P.

Buchanan, Allen 2004 : *Justice, Legitimacy, and Self-Determination : Moral Foundations for International Law*, Oxford U.P.

Churchill, Robin 1996 : "Environmental Rights in Existing Human Rights Treaties", Alan E. Boyle and Michael R. Anderson (eds.), *Human Rights Approaches to Environmental Protection*, Clarendon Press.

ドゥウォーキン，ロナルド 2013『権利論〔増補版〕』（木下毅・小林公・野坂泰司訳）木鐸社（Dworkin, Ronald, *Taking Rights Seriously, with a New Appendix, a Response to Critics*, Harvard U.P., 1978）.

ドゥオーキン，ロナルド 1998：『ライフズ・ドミニオン——中絶と尊厳死そして個人の自由』（水谷英夫・小島妙子訳）信山社（Dworkin, Ronald, *Life's Dominion, An Argument about Abortion, Euthanasia, and Individual Freedom*, Random House, 1994）.

Feinberg, Joel 1974 : "The Rights of Animals and Unborn Generations", William T. Blackstone (ed.), *Philosophy and Environmental Crisis*, University of Georgia Press (reprinted in Robert E. Goodin (ed.), *The Politics of the Environment*, Edward Elgar, 1994).

IPCC (Intergovernmental Panel on Climate Change) 2013 : Climate Change 2013, The Physical Science Basis, Working Group I Contribution to the Fifth Assessment Report of the Intergovernmental Panel on Climate Change, *at* www.ipcc.ch/report/ar5/wgl/（2017年 7 月 26 日閲覧）.

ITU (International Telecommunication Union) 2016 : ICT Facts and Figures 2016, *at* www.itu.int/en/ITU-D/Statistics/Documents/facts/ICTFactsFigures2016.pdf（2017 年 7 月 25日閲覧）.

郭舜 2007：「地域主義における共同体の位置——マッキーヴァーの議論を通じて見えるもの」社会科学研究 58 巻 5・6 号.

カント，イマヌエル 1985：（宇都宮芳明訳）『永遠平和のために』岩波書店（Kant, Immanuel, "Zum ewigen Frieden, Ein philosophischer Entwurf", Wilhelm Weischedel (Hrsg.), *Schriften zur Anthropologie, Geschichtsphilosophie, Politik und Pädagogik 1*, Surkamp, 1964）.

加藤尚武 1991：『環境倫理学のすすめ』丸善ライブラリー.

―― 2005：『新・環境倫理学のすすめ』丸善ライブラリー.

交告尚史・臼杵知史・前田陽一・黒川哲志 2005：『環境法入門』有斐閣.

レオポルド，アルド 1997：『野生のうたが聞こえる』（新島義昭訳）講談社（Leopold, Aldo, *A Sand County Almanac*, Oxford U.P., 1949）.

中山充 2002：「環境権論の意義と今後の展開」大塚直・北村喜宣編『環境法学の挑戦（淡路剛久教授・阿部泰隆教授還暦記念）』日本評論社.

ネス，アルネ 1997：『ディープ・エコロジーとは何か――エコロジー・共同体・ライフスタイル』（斎藤直輔・開龍美訳）文化書房博文社（Naess, Arne, *Ecology, Community and Lifestyle, Outline of an Ecosophy*, translated and edited by David Rothenberg, Cambridge U.P., 1989）.

大庭健（編集代表）2006：『現代倫理学事典』弘文堂.

大沼保昭 1998：『人権，国家，文明――普遍主義的人権観から文際的人権観へ』筑摩書房.

Onuma Yasuaki 2003 : "International Law in and with International Politics : The Functions of International Law in International Society," *European Journal of International Law*, Vol. 14, No. 1.

大沼保昭 2005：『国際法　はじめて学ぶ人のための』東信堂.

パーフィット，デレク 1998：『理由と人格――非人格性の倫理へ』（森村進訳）勁草書房（Parfit, Derek, *Reasons and Persons*, Oxford U.P., 1984）.

シュレーダー・フレチェット，クリスティン 1993：「テクノロジー，環境，世代間の公平」京都生命倫理研究会編訳『環境の倫理　上』晃洋書房（Shrader-Frechette, K.S., *Environmental Ethics*, 2nd ed., Boxwood Press, 1991）.

シンガー，ピーター 1999：『実践の倫理（新版）』（山内友三郎・塚崎智監訳）昭和堂（Singer, Peter, *Practical Ethics*, 2nd ed., Cambridge U.P., 1993）.

総務省 2002：「平成13年『通信利用動向調査』の結果」（報道資料），http://www.soumu. go.jp/johotsusintokei/statistics/data/020521_1.pdf（2017年7月26日閲覧）.

谷本光男 2003：『環境倫理のラディカリズム』世界思想社.

UN（United Nations）1994 : *Human Rights and the Environment, Final Report Prepared by Mrs. Fatma Zohra Ksentini, Special Rapporteur*, UN Doc. E/CN.4/Sub.2/1994/9.

Weinstock, Daniel M. 2001 : "Prospects for Transnational Citizenship and Democracy", *Ethics and International Affairs*, vol.15, no.2.

テーマ **5**

正義は国境を越えうるか
——世界正義の法哲学的基礎

井上達夫

は じ め に
——グローバル化の危険性と世界正義

データ 5-A

　2004 年時点のデータによると，世銀が定める「1 日 2 ドル」の貧困線（厳密に
いえば，1993 年の米ドル購買力平価で年間＄785.76）以下で暮らす人々は 25 億
3300 万人，世界人口の 39.7% であり，9 億 5000 万人が「1 日 1 ドル」の極貧線
以下の生活をしている。この絶対的貧困が人々にいかなる生を強いているかは，
それがいかなる死を強いているかによって示される。「貧困死（poverty-related
death)」，すなわち，栄養不良，医療欠如など貧困を原因とする回避可能な死に
追いやられる人々の数は年間 1800 万人（死者総数の 3 分の 1）である。1 日あたり，
約 5 万人が貧困によって死に追いやられ，そのうち 2 万 9000 人は 5 歳以下の幼
児である［Pogge 2008：2］。毎年，ナチスによるホロコーストの犠牲者の 3 倍が，
また 3 年間で第二次世界大戦の非戦闘員を含む戦死者総数を超える数の人々が貧
困死を強いられている。

　「1 日 2 ドル」の貧困線以下のすべての人々をその線より上に押し上げるため
には，約 3000 億ドルが必要だが，これは世界全体の消費の 8 割以上を占める約
10 億人の豊かな先進産業諸国民の消費支出の 70 分の 1 を移転すれば，あるいは，
その総所得の 0.84% を移転すれば，調達できる。しかし，2004 年の政府開発援
助（ODA）の世界総額は 800 億ドルであり，さらにそのうち最貧 50 カ国に向け
られたのは，その 30% にすぎない。2005 年の ODA 総額は 1067 億 8000 万ドル
だが，そのうち「基礎的社会サーヴィス（basic social services)」（基礎的教育・
基礎的健康・人口計画・水供給・衛生）に向けられたのは 76 億 3000 万ドルにす
ぎない［Pogge 2008：3, 8, 10, 265n. 3, 266n. 10]。

テーマ5　正義は国境を越えうるか　　111

> **データ5-B**
>
> 　ノーベル賞を受賞した経済学者ジョゼフ・シュティクリッツらによると，2003年に始まったイラクに対する侵略と占領で米国が支出した戦費は「控えめの査定（a conservative estimate）」でも，開戦以来3兆ドルに上る。通常防衛支出とは別に，イラクとアフガニスタン両地域での戦闘で米国が支出している「月間運転資金（the monthly running costs）」は160億ドルで，10日間のイラク戦費は50億ドルである。戦費調達のための政府債務の利子の支払いだけで，米国民は2017年までに1兆ドル負担させられる［Edemariam 2008, reporting an interview with J. Stiglitz］。
>
> 　因みに，米国政府は1996年ローマで開催された世界食糧サミットの宣言に同意しながらも，それが謳う「飢餓からの自由への基本権（fundamental right to be free from hunger）」の保障は漸進的努力目標であって国際的責務を課すものではないと宣明し，しかも，栄養不良者を2015年までに半減させるために国連食糧農業機構（FAO）が先進諸国に年間総額60億ドルの寄金を要請したのに対し，半減させるには26億ドルで十分であると反論している［Pogge 2008：11-12, Pogge 2001］。

(1)　世界経済危機と世界正義

　2008年の秋から冬にかけて，米国のサブプライム・ローン問題に端を発した金融危機があっという間に世界に拡大した。その結果，世界規模の深刻な不況が惹起され，その長期化も懸念されている。これは，経済的相互依存関係のネットワークが国境を越えて緊密化し，この地球が経済的にはすでに一個の運命共同体になっていることを，まざまざと示している。しかし，政治道徳的には，現代世界は「人類共同体的連帯」からは程遠い。人権，環境など国境を越えて妥当する「グローバルな価値」が頻繁に語られるが，かかる価値が一体何を要求するのか，その実現のコストがいかに分配さるべきかについての理解は，諸政府の間でも人々の間でも，鋭く分裂し対立している。

　経済的には運命共同体になったといったが，経済的危機の共有は，それへの対処に向けて諸国家の政策協調を促す反面，諸国家をして「背に腹はかえられぬ」とばかり，自国の国益を優先する行動に駆り立てる要因でもある。豊かな先進諸国は，地球環境保全や貧しい途上国の人々の人権保障のためのコストを十分負担することにこれまでも消極的であったが，世界的不況期になると「自

国の失業者の救済と景気の浮揚こそが最優先課題であり，途上国民の人権問題や地球環境問題などにかまっている余裕はない」という姿勢を，さらにあからさまに示すようになる。

「世界正義（global justice）」，すなわち，国内秩序の規制原理たるにとどまらず諸国家の国益追求をも統制する世界秩序の規範理念としての正義の探究は，このような状況において，きわめて困難な現実的障害に突き当たらざるをえない。しかし，それにも拘わらず，というよりむしろ，それだからこそいっそう，世界正義の探求は切実に要請されている。

冒頭に掲げたデータ 5-A が示すように，世界正義——この場合は世界分配正義——の欠損は，単なる哲学者の高邁なユートピア的夢想の挫折ではなく，膨大な人命の犠牲を現実に意味しているのである。もし，ある先進国で，社会保障制度の不備のために，不況で失業しホームレスになった親が幼児とともに路上で凍死ないし餓死する事件が起き，それが報道されたとしよう。このとき人々は義憤に駆られ，政府の政策を社会的正義に反するものとして強く非難するだろう。しかし，同じ人々が，貧しい国々で何の罪もない 5 歳以下の幼児が毎日 3 万人近く貧困により死に追いやられている現実に無関心であるとしたら，どうだろうか。しかも，先進国に住む自分たちが，さほど重くない負担を負うことによってこの膨大な人命を救済できるにも拘わらず，かかる救済策の不在の現状を放置しているとしたら，どうだろうか。それは欺瞞，あるいは倫理的自家撞着ではないのか。そうだとすると，自国のホームレスの親子の死に対する人々の義憤の恣意性，かかる義憤の根拠をなす人々の正義感覚の恣意性すら，疑われないだろうか。

このような問いに，いかに答えるかは見解が対立するところである。しかし，いかに応答するにせよ，真摯に応答さるべき問いがここにある。世界的な経済不況は，貧しい途上国に対して先進諸国に対するよりも大きな打撃を与え，貧困死のような悲惨な「正義の欠損」をいっそう深刻化させることが予期される一方で，先進諸国の人々の目を自国の危機管理にのみ向けさせ，かかる問題を黙殺させかねない。かかる状況においてこそ，世界正義の探求は「よりいっそう強い理由をもって（a fortiori）」要請される。

現実的障害のゆえにこそ，世界正義の探求は要請されるといったが，世界正

義の理念が逢着する困難は，「言うは易く，行うは難し」という現実的障害だけではない。国際政治におけるリアリズムをはじめ，世界正義の理念自体に根源的な懐疑を向ける立場も存在するし，この理念を承認する人々の間でも，その根拠・規範的含意・射程については，「グローバルな価値」一般におけると同様，先鋭な対立が存在する。それは「言うも難き」理念なのである。この理念を明らかに侵犯すると思われるデータ 5-A のような現実を無視ないし軽視する実践的態度が跋扈し，そのことが許容ないし合理化されさえしている一因として，この理念自体への懐疑や，その理解をめぐる哲学的言説の紛糾がある。

　本章では，世界正義の理念をこのような哲学的・実践的困難から救済するために考察を要する若干の基本的な問題に焦点を当てて解明を試みたい。世界正義の理念に対する懐疑やシニシズムを生む主因の一つは，この理念を二重基準的に濫用・操作することにより，その信用を失墜させる政治的実践や言説の跋扈にある。本章の前半ではまず，かかる欺瞞的な実践・言説を批判的に検討して，この理念の信用回復を試みる。その上で，後半においては，世界正義を追求する理論的営為の中でも，資源や富の再分配を要請する含意を持つがゆえに特に異論が向けられやすい世界分配正義の探求について，分配的正義のグローバル化を否定する現代の代表的な理論を批判的に検討することにより，その可能性と意義の擁護を試みたい。

⑵　世界法の理論から世界正義の理論へ

　本論に入る前に注記すべき点が一つある。正義論は法概念論と並び，法哲学の二大分野をなしているが，従来の法哲学はいずれについても主として国内的文脈を念頭において語ってきた。それでも，法概念論の分野では，国際法学・国際私法学・国際通商法学との接点を持つ法理論家により，「世界法」の理論の構築が早くから試みられてきた。商法学者にしてカトリック法哲学者でもある田中耕太郎の『世界法の理論』［田中 1932-34，田中 1972］は，その先駆的業績の一つである。田中のこの著作は，国境を越えた人間交渉が特に通商分野で拡大するのに伴い国家意思から独立した秩序形成が事実上進展するという事態を記述した上で，この事実的傾向性に世界法生成の現実的基盤を見出す。しかし，その法理論的根拠は，実定的秩序形成の規範的指針というよりむしろ事後的追

認原理へと希薄化された彼の「自然法」の観念と，社会の存在と法の存在を等
置する「社会あるところ法あり」という「恒真式」とに基本的に求められてお
り，その叙述の長大さにも拘わらず，理論的実質は残念ながら乏しい。

　グローバル化した経済システムがいまもたらしているのは，次のような事態
である。地球人口の約４割が生存線をさまよう窮乏状態に追いやられ，多国籍
企業や金融資本が瞬時大量の「資本逃避」の威嚇により，諸国家に環境保護・
消費者保護・労働者保護などの社会的規制の強化を自粛させ，さらには一国の
不動産バブルの破綻がたちどころに世界的大不況を惹起してしまう。経済活動
のグローバル化がもたらすこのような事態は，「世界法の生成」というよりは
むしろ，「世界の無法化」ではないのか。後者ではなく前者へと導く条件は何
か。田中の世界法の理論においては，国際的な労働者保護措置へのわずかな言
及は見られるが，このような疑問に答える理論的資源が不足しているだけでな
く，グローバル化の危険性の問題そのものが先鋭な形で意識され提起されるに
は至っていない。

　この疑問に答えるには，人間活動・人間交渉のグローバル化の事実から，超
国家的な世界法秩序の生成を直ちに導出する田中の飛躍推論の誤謬を排して，
この事実の明暗両面を評価識別し暗部を克服する方途を探究する規範的指針と
なる世界正義の理念を解明する必要がある。世界正義を理解せずに，グローバ
ル化の事実性が孕む世界無法化の契機から世界法形成の契機を篩い分けて的確
に抽出同定することはできない。これは世界法を世界正義と等置することでは
ない。法と正義との内的関係は，「不正な法は法ではない」という自然法論的
直結性にではなく，「不正な法も法である限り，正義適合性の承認への要求を
内包しており，まさにそのことによって，自らが達成に失敗している正義を志
向し続けることにコミットしている」という点に求められる［井上 2003b］。こ
の意味で正義は法の内在的理念であり，同様に，世界正義は世界法の内在的理
念である。換言すれば，法は「正義への企て」であり，世界法は「世界正義へ
の企て」である。したがって，法哲学は世界法の理論に先行して世界正義の理
論を発展させる必要がある。

　しかし，政治哲学や倫理学において世界正義をめぐる研究が蓄積されつつあ
るにも拘わらず，法哲学の側からの貢献は従来それほど多いとはいえなかった。

日本においても然りである。もっとも，近年，この欠を埋める試みが日本の法哲学者によっても徐々になされはじめている［Takikawa 2006, 宇佐美 2005, Usami 2007, 宇佐美 2008, Inoue 2005, 井上 2008b, Inoue 2009, 井上 2012 など］。本章は世界正義の問題領域への法哲学の射程拡大を図るこのような試みの一環である。

1 世界正義の欺瞞的操作(1)
——世界匡正正義と世界分配正義の〈間〉の二重基準

(1) 世界匡正正義と世界分配正義

　世界正義理念に対する懐疑は，価値相対主義などのような正義理念一般に向けられた懐疑から生じるものもあるが，これは旧著［井上 1986］で検討しているので，ここでは特に世界正義理念に向けられた懐疑を問題にしたい。後者の懐疑としては国際政治におけるリアリズムの立場がまず挙げられるが，これはジョン・ロールズのいう「正義の情況（the circumstances of justice）」［Rawls 1971 : 126-130］，すなわち正義の追求を可能かつ必要にする人間的生の事実的諸条件が国内的文脈では与えられたとしても，グローバルな文脈では成立しないという主張として解釈できる。このような主張についても近稿［井上 2008b : 54-61］で批判的検討を加えているので，ここでは参照を乞うにとどめる。以下では，国内的正義には一応の信を置く人々の間においてすら，世界正義理念の「胡散臭さ」に対する懐疑やシニシズムを蔓延らせる原因となっているこの理念の「二重基準」的濫用，すなわちこの理念の適用基準の御都合主義的な使い分けを批判することにより，その信用回復を図りたい。

　アリストテレス以来，正義論においては，人々の間の権利ないし利益の正当な分配のあり方に関する「分配的正義（distributive justice）」と，人々の間に正当に分配された権利ないし利益の侵害に対する抑止ないし原状回復手段たる制裁や賠償等に関わる「匡正的正義（corrective justice）」が区別されてきた。世界正義も，これに応じて「世界分配正義（global distributive justice）」と「世界匡正正義（global corrective justice）」とに大別できる。貧しい途上国民の絶対的貧困からの救済や，彼らと先進諸国民の間における資源や富の分配の巨大な格差の是正のために，国境を越えた積極的支援や再分配がどのような場合にどこまでなされるべきかは，世界分配正義の中心問題である（もっとも，後述す

るように，かかる世界分配正義の問題を世界匡正正義の観点から捉える立場も存在する）。他方，軍事侵略など世界平和を攪乱する行為に対する国際的な制裁や，「集団虐殺（genocide）」など著しい人権侵害を実行ないし放置する国家に対する「人道的介入（humanitarian intervention）」が，いかなる条件の下で正当化可能かは，世界匡正正義の主要問題の一つである。

　世界分配正義と世界匡正正義の区別にまず触れたのは，先進諸国，特に米国のような超大国が，世界正義の実現に関わる国際的責任負担に関して，この二つの正義領域の間で，二重基準的な恣意性を示しているからである。ここで問題にする「二重基準（double standard）」とは，単に異なった基準が適用されているということではない。アリストテレスは分配的正義の基準を「幾何学的」平等＝比例原則に，匡正的正義の基準を「算術的」平等＝等価性原則に求めたが，この対比は単純すぎるとしても，正義の適用基準が問題領域に応じて異なりうることを指摘したのは正しい。世界分配正義と世界匡正正義についても，問題領域が重なる部分もあるが同一ではないため，具体的な適用基準も異なりうる。しかし，正義の適用基準の区別が恣意的な差別ではなく，正義を真摯に志向するものとして正当化されうるためには，自己にとって有利か不利かに関わりなく貫徹される原理に基づいて，異なった基準の適用が首尾一貫した仕方で正当化されえなければならない。あるケースにおいて自己に有利な結論を正当化するためにある基準に訴えながら，別のケースで同じ基準を適用すると自己に不利な結論になるために，それを棚上げして，自己に有利な結論を導く別の基準を援用することこそ，正義の観点からは正当化不可能な恣意的な二重基準である（因みに，違憲審査における「二重の基準」論は，精神的自由の優越性であれ，民主的プロセス保障であれ，一定の原理に基づいて審査基準の重層化が正当化されているので，ここでいう「二重基準」には当たらない）。

(2)　侵略の浪費と救済の吝嗇

　データ 5-B は，世界分配正義と世界匡正正義との間のかかる二重基準のあからさまな例を示している。2003 年以来のイラク侵攻の正当化理由として米国は当初，「イラクによる大量破壊兵器の開発保有」や「イラクとアルカイーダとの関係」を挙げたが，それらが証明できなかったため，イラクの民主化（フ

セインの独裁からのイラク国民の解放）に正当化理由を切り換えた。他国の政治体制の民主化を軍事侵略の正当化理由にすることには後述のように重大な疑義があるが，この点は措くとしても，次の点で米国の欺瞞は歴然としている。貧困死に追いやられている膨大な数の栄養不良者を 2015 年までに皆無にするのではなく単に半減させるために先進諸国に年間 60 億ドルの寄金を求めた国連食糧農業機構（FAO）のまことにつつましい要請ですら，これを国際的責務として引き受けることを拒否するのみならず，必要額の査定をも半額以下に引き下げようとした米国が，イラクという他国を民主化する「国際的責務」は喜んで引き受け，10 日間で 50 億ドル，累積 3 兆ドルもの戦費を惜しむことなくつぎ込んでいるのである。

　サダム・フセインの圧制により殺害され，死に追いやられた人々はもちろん少なくないが，毎年 1800 万人という貧困死の死者数の大部分を占める栄養不良者はそれをはるかに上回る。2015 年までに栄養不良者を半減するには年間 26 億ドルで済むという米国の査定が仮に正しいとすれば，FAO が先進諸国に求める年間 60 億ドルの寄金は栄養不良者を皆無にでき，「余計」であるどころかむしろ，誤差幅を見込んだ「必要総額」とみなしうる。1996 年から 2015 年までの 20 年間に FAO が求める寄金総額は 1200 億ドルだが，米国はイラク戦費の 12 日間分を毎年拠出する——総額では，これまでの累積イラク戦費 3 兆ドルの 4 ％を拠出する——だけで，この目標を単独で達成でき，米国がイラクで「救済」していると標榜している人命よりもはるかに多くの人命を悲惨な貧困死から救済することに貢献できる（米国がイラクで「救済」した人命の数について付言すれば，米国のイラク侵攻・占領における軍事行動で失われたイラク国民の人命のうち少なくとも非戦闘員の数は差し引かれなければならない）。単独負担は「義務以上の務め（supererogation）」であり，米国の国力に比例した応分の負担は例えば総額の 4 分の 1 だとするなら，これまで投じたイラク戦費の 1 ％を拠出するだけで，餓死の危機に直面する膨大な数の人々の救済への協力という国際責務を米国は果たせることになる。

　もちろん，以上の数字はおおよその推計値にすぎない。コスト計算については色々議論がありうるだろう。しかし，米国が「ならず者国家」を罰して独裁者からその国民を解放するという，「世界匡正正義の守護者」としての「国際

的責任」を果たすためには，膨大な戦費と多くの人的犠牲（イラク国民と米国および英国等の参戦同盟国の兵士の死傷者）をためらわず払い，かつ，払わせながら，はるかに多くの人々を貧困死から救済するというはるかに切実な世界分配正義の要請に対しては，それがはるかに少ないコストで実現できるにも拘わらず，その責務性を否定していることは否認し難い事実である。世界正義の実現に対して諸国家がいかなる責任をいかなる程度負うかを判定する場合に，コスト負担が「不当な重荷（undue burden）」といえるか否かという問題は，確かに無視できない考慮要因である。しかし，世界分配正義に対する責任と世界匡正正義に対する責任とにおけるコスト受容基準に関する米国の立場のいま見たような極端な相異を，この問題への誠実な応答といえるような何らかのまともな原理によって正当化することは困難である。結局は，米国の地政学的な権益・勢力の保持にとってフセイン体制の打倒は必要だが，貧困死の撲滅にはそのような政治的効用はないという判断が，受容可能な正義実現コストについて対極的に異なる基準を両者の場合に使い分ける米国の態度の根本動機をなしている。自己にとっての有利不利に応じて，正義基準を御都合主義的に使い分ける二重基準の恣意がここにある。

2　世界正義の欺瞞的操作(2)
——世界分配正義と世界匡正正義の〈内部〉の二重基準

(1)　世界分配正義の使い分け

　以上の議論に対し，米国のような立場の「理念的廉直性」を擁護する観点から，次のような反論がなされるかもしれない。すなわち，米国は世界分配正義と世界匡正正義をともに承認しながら前者の負担だけを回避しているのではなく，世界分配正義の観念自体を斥けて世界匡正正義のみに世界正義理念としての妥当性を承認する立場を自己の原理としており，世界匡正正義としての世界正義には首尾一貫してコミットし，自己利益に反してもその実現の責任を誠実に負担しているのだ，と。

　しかし，米国は自国産業の競争力が相対的に低下したり国際収支が悪化したりすると，輸出攻勢をかけてくる他国に直ちに「貿易不均衡是正」を要求してきた。地球温暖化問題で京都議定書から離脱したときも，米国は，これまでの

温暖化原因ガス累積排出量で群を抜く最大の産業国家として地球環境破壊に対する世界匡正正義上の賠償義務を他国以上に負うにも拘わらず，それを棚上げして中国・インドなどの新興産業国家との間の「排出権分配の公正化」を要請した。すなわち米国は，自己利益を擁護するのに必要な場合には，世界分配正義の観念（の自己流解釈）に何ら恥じることなく訴えている。貧しい途上国民の救済など自ら負担を負わされる場合にだけ，この観念を世界正義の範疇から排除するとしたら，それ自体一つの恣意的な二重基準であるという批判を免れない。実際，FAO の寄金要請に対する米国の対応は，世界経済上の損益分配の他の場面におけるこの国の対応とつき合わせるとき，世界分配正義の観念のかかる二重基準的操作を示すものといえる。

⑵ 世界匡正正義の使い分け

さらに，世界匡正正義に米国が一貫して誠実にコミットしているというのは端的に偽である。事態はまったく逆で，世界匡正正義に関する米国の姿勢は，何重にも積み重ねられた二重基準の「積木の家」である。米国のイラク問題への対応は，そのあからさまな例証を提供している。2003 年のイラク侵攻は「第二次湾岸戦争」とメディア等により伝えられているが，イラクが関わる「湾岸戦争」は実はこれが三度目で，正確にいえば，1980 年に勃発したイラン＝イラク戦争が第一次湾岸戦争，1990 年のイラク＝クェート戦争が第二次湾岸戦争，2003 年のイラク侵攻が第三次湾岸戦争である。三つの湾岸戦争における米国の変転する対応の二重基準的恣意性に対する批判と，批判の基礎となる戦争の正義論の規範的枠組の構築は別稿［井上 2003a : v-ix, Inoue 2005］で展開しているが，ここでは正当化論理の恣意性に関するポイントだけ列挙したい。

　①イランのホメイニ革命の混乱に乗じてフセイン体制下のイラクがイランを侵攻したことに端を発する第一次湾岸戦争では，米国はイスラム諸国間の紛争には介入しないといして中立の姿勢を表面上掲げながら，イランの反米イスラム原理主義体制の弱体化をねらってイラクを裏面工作で支援したが，同じくイラクによるイスラム国家クェートの侵攻に起因する第二次湾岸戦争では，クェートおよび隣接するサウジアラビアという中東における米国の権益の牙城を守るべく，国連・安保理の承認を調達して米国主導の多国籍軍を組織し，イ

ラクに武力制裁を加えた。いずれもイラクの侵攻が惹起したイスラム諸国内の紛争であるにも拘らず，被侵略国が反米か親米かに応じて，戦争原因の正不正を問わず戦争遂行方法のみを限定する「無差別戦争観」（第一次湾岸戦争の場合）と，侵略に対する防衛と制裁を正当な戦争原因として承認する「消極的正戦論」（第二次湾岸戦争の場合）という戦争の正当性に関わる世界匡正正義の二つの原理を使い分けている。

②さらに，第三次湾岸戦争においては，イラクはどこも侵攻していないにも拘わらず，米国は邪魔になったフセイン体制を除去するために，結局は証明できなかった「大量破壊兵器開発保有」から「イラク民主化」へと口実を変えながら，一方的にイラクを侵略・占領したが，ここでは，「消極的正戦論」の限定をも超えて被攻撃国の政策・体制の変更を正当な戦争原因とする「積極的正戦論」へ正当化論理のスイッチが切り換えられている。

③しかも，この新たな積極的正戦論の適用対象の選別が二重基準的に行われている。「大量破壊兵器開発保有」に対する制裁の論理は，核保有国の中で実際に核兵器を使用して大量虐殺を実行した前科を持つ唯一の国家である米国自身に適用されないのはいうまでもなく，他国についても，例えば親米軍事独裁政権下のパキスタンは，イラクと違って核兵器開発保有が証明済みであるにも拘わらず，適用対象から外されてきた。「民主化」のための武力干渉の論理についていえば，専制的神権政体たるサウジアラビアをはじめ親米国家は対象外であるだけでなく，民主的選挙で誕生した社会主義政権であるチリのアジェンデ政権を転覆したピノチェトのクーデタへの米国の支援に見られるような「反民主化」のための体制干渉という逆の論理とセットにされている。

3 「正義の欺瞞」を正す正義

(1) 世界正義の欺瞞的操作が生む懐疑

以上，米国による世界正義理念の欺瞞的操作を見てきたが，このような欺瞞はもちろん米国にだけ限られるものではなく，西欧諸国やわが日本など他の先進諸国も含め，どの国家にも多かれ少なかれ見られる。米国に焦点を当てたのは，独善性が元来強い大国であり，かつ冷戦後「勝ち残った超大国」として

覇権性を高め，一方主義的行動に惑溺する傾向を増長させてきたこの国の欺瞞性（および自己欺瞞性）が特に顕著で，かつ人類に与えるその影響が圧倒的に大きいからである。イラク侵略などの一方主義的軍事介入を放縦に行ったブッシュ・ジュニア共和党政権の後，初の黒人大統領オバマの民主党政権が誕生すると，核軍縮の提言によりオバマ大統領がノーベル平和賞を受賞するなど，米国の方針転換を期待させる動きもあった。しかし，オバマも，パキスタンに隠れていたアルカイーダ指導者オサマ・ビン・ラディンを，パキスタン政府の許可なく米軍特殊部隊を送って暗殺するという，国際法と法の支配を無視した暴挙を行った後，「正義はなされた（Justice is done!）」とテレビ演説で叫んでみせ，米国による「国境を越える正義」の独善的・欺瞞的濫用が変わっていないことを露呈した。核軍縮にしても，オバマ政権の下で核兵器の配備数は減ったが保有数はあまり変わらず，陳腐化した核兵器の更新すらしており，「ノーベル平和賞を返せ」という批判も招いている。オバマが広島を訪問した際にも，子どもを含む多数の非戦闘員を無差別に殺戮した原爆投下について謝罪するどころか，「死が天からふってきた」とまるで他人事のように語って平然としていた。共和党に政権を奪取させたトランプ大統領に至っては，「アメリカ・ファースト」を公然と唱え，正義＝米国の国益最優先という独善を恥らうことなく振りかざしている。

　世界正義理念の欺瞞的操作が世界政治の実践において跋扈し，「世界正義の守護者」を自任する国家において特にそれが顕著であるという事実は，世界正義の理念自体に対する次のようなシニカルな懐疑を人々の間に繁茂させる。世界正義なるものは，自らの国益を優先させる諸国家の行動を規制する原理であるどころか，むしろ逆に，諸国家が自己の国益追求を正当化するためにいかようにでも融通無碍に操作できる空疎な理念ではないか。世界正義理念は，諸国家の国益追求の欺瞞的合理化を排するどころか，それを促進する便利なイデオロギー装置であり，国家の欺瞞の共犯者ではないのか。

⑵　正義の争いを規律する正義

　世界正義の言説に国家の欺瞞が巣食いやすいことは既述のとおり事実だが，そこから，この懐疑論のように世界正義の理念自体の規範的無力性やさらには

恣意性・欺瞞性を導出するのは誤りである。世界正義は世界政治に適用された正義であり，正義一般の概念を基底に置いているが，欺瞞的な世界正義言説を正す規範原理がこの基底的な正義の概念自体に内包されているからである。米国の世界正義言説の二重基準的恣意性を批判してきたが，この批判の根拠をなすのはまさに正義概念それ自体である。

　正義の基準を特定し正当化する「正義構想（conceptions of justice）」は分裂競合しているが，それらの間に真に対立があるといえるためには，それらは同じ「正義概念（the concept of justice）」についての競合する解釈でなければならず，この正義概念が，かかる正義の諸構想が対立しながらもいずれも正義の真摯な構想であるといえるための共通の規範的制約条件をなす。かかる正義概念の規範的核心は「普遍化不可能な差別の排除」の要請であり，これは「反転可能性」要請，すなわち，自己の他者に対する要求や主張が，自他の状況のみならず自他の視点を反転させたとしても（他者も同様な反転可能性要請に服するという条件の下で）受容しうる理由によって正当化可能か否かの批判的自己吟味の要請を含意する。二重基準排除の要請は，自己の他者に対する要求・主張が普遍化可能性・反転可能性のテストをパスするための必要条件の一つであり，それ自体が正義概念の含意の一部である。他者には不都合だが自己に好都合な帰結をある基準が正当化する限りでそれを提唱し，それが逆の帰結を正当化する場合は，自己に好都合な帰結を正当化する別の基準を持ち出す二重基準的操作は，自他の普遍化不可能な差別に依拠するものであり，自他の視点を反転させても受容しうる理由による正当化は不可能だからである［正義の諸構想に通底する正義概念の規範的意義についての立ち入った説明は，井上 1986, 井上 2003b：第1章，井上 2008a：107-162 参照］。

　普遍主義的正義理念とも呼びうるこの正義概念は，何が最善の正義構想かを一義的に特定するものではなく，真摯な正義構想たりうるための規範的資格を限定する消極的制約であるが，その資格テストをパスすることは容易ではない。二重基準排除の他にも，フリーライダー排除，単なる既得権益の権利化の排除，擬似公共化された集団エゴイズムの排除など，きわめて厳しいテストが，正義構想を標榜する立場には課される［井上 2003b：16-29, 井上 2008a：128-142］。国際政治の現実において跋扈する世界正義理念の濫用は，まさにこのような「正義

のテスト」によってその欺瞞性を暴かれ，正されるのである［Inoue 2005 : 290-296, 井上 2008b : 49-54］。正義の諸構想の間の争いが，単なる実力闘争の隠れ蓑ではなく知的・倫理的廉直性を持った真摯な論争であるためには，それ自体が正義の規律に服した争いでなければならない。この「正義の争いを規律する正義」の位置を占めるものこそ，普遍主義的正義理念である。正義の諸構想の多元的分裂と抗争は国内正義においても存在するが，世界正義においてはさらに先鋭化・深刻化する。そうであるからこそ，正義の抗争を規律する正義としての普遍主義的正義理念は，世界正義の探求においていっそう重要な意義と役割を持つ。

4　ロールズの分配的正義グローバル化否定論

(1)　政治的リベラリズムと「諸人民の法」

　世界正義理念の欺瞞的濫用を正す上で，対立競合する正義の諸構想を共通に制約する正義概念としての普遍主義的正義理念は基底的意義を持つが，世界正義の諸構想はこの共通制約に服しつつもなお分岐し対立する。世界正義の原理を具体化するには，かかる諸構想の比較査定の問題に立ち入らなければならない。紙幅の制約のため，世界匡正正義の中心論題たる戦争・武力干渉の正義論については旧稿［Inoue 2005, 井上 2008b : 73-79］の参照を乞うにとどめ，本章では世界分配正義の問題をめぐる論議に焦点を絞りたい。

　世界分配正義についてまず留意さるべきことは，分配的正義において，匡正的正義の場合以上に正義原理のグローバル化への抵抗が根強いことである。匡正的正義を重視しながら分配的正義の要求を一般的に否定ないし縮減する多くの（すべての，ではない）リバタリアンだけでなく，国内的文脈においてはリバタリアニズムを斥け，分配的正義の要請を重視し強化する人々の間でも，世界的分配問題への分配的正義の要請の貫徹に対し消極的な立場をとる者が少なくない。分配的正義の国内化論ないしグローバル化否定論とも呼ぶべきこの立場の代表的な例，最も顕著で最も困惑させる例は，正義論の復興で世界的名声を博したジョン・ロールズである。正義論において最も大きな影響力を彼が持つことは否定し難い以上，世界分配正義の理念を擁護するためには，彼の分配

的正義グローバル化否定論を批判的に検討することが必要不可欠である。

　ロールズは最初の主著［Rawls 1971］で，一つの独立した政治社会の内部的構成原理をなす正義の原理として，基本的諸自由の平等な分配を求める第一原理と，一定の制約条件の下で社会経済的利益の分配の格差を是認する第二原理を提示し，後者の制約条件の一部として，「最も恵まれない層の人々」の地位の最善化を求める「格差原理（difference principle）」を提唱し，第一原理によってリベラルな市民的・政治的権利を擁護するとともに，格差原理によって社会経済的弱者への再分配や社会保障の拡充を正当化する理論的基礎を提供して，平等志向的・福祉国家志向的な立場の人々に歓迎された。しかし，後年，自己のリベラルな正義構想の哲学的妥当要求を放棄し，すでにリベラル化した立憲民主主義社会内部の「重合的合意（overlapping consensus）」——かかる社会の公共的な政治文化に埋め込まれた「立憲的精髄（constitutional essentials）」や正義の基本原則を，哲学的・宗教的な世界観・人間観・価値観たる多様な「包括的諸教説（comprehensive doctrines）」が哲学的根拠を異にしながら受容することにより成立する合意——に依拠する「政治的リベラリズム」の立場［その集大成的表現として Rawls 1993a］に転向した。そして，その転向が国際的正義の問題に対して持つ含意を示した「諸人民の法」の構想［Rawls 1993b, Rawls 1999］を提示し，そこでリベラルな市民的・政治的権利のみならず，リベラルな政治社会内部における分配的正義原理のグローバルな適用可能性を否定するに至った。

　リベラルな市民的・政治的権利の普遍性の否定の結果，ロールズは「節度ある階層社会（decent hierarchies）」と彼が呼ぶ体制——民主制や平等な精神的・宗教的自由は欠くが，対外的攻撃性が無く，臣民が自ら帰属する部分集団の指導者を通じて不満を国家に吸収してもらう「諮問階層制（consultation hierarchy）」を持ち，非国教徒にも国教徒の特権を妨げない範囲で彼らの宗教生活の場を限定的に許容する体制——の国際的正統性を承認した。この点に対する批判的検討は旧稿［井上 2003a:105-110, 井上 2008b:64-73］で展開しているので，以下では，彼の分配的正義グローバル化否定論を検討したい。

　政治的リベラリズムへの転向後，ロールズはリベラルな立憲民主政体の内部の分配的正義原理についても，最下層の人々の境遇の最善化を求める格差原理を「立憲的精髄」から除外して立法過程にその採否を委ね，格差原理に

代えて社会的ミニマム保障を立憲的精髄が含む分配原理とした［Rawls 1993a：228-229］。しかし、なお、リベラルな民主社会では、「最も恵まれない層の人々が、自らの諸自由を賢明かつ実効的に行使し、理に適い生きるに値する価値のある人生をおくるのに十分なあらゆる汎用手段を保有する」のを確保するという目的に反するような貧富の格差は許されないことを、彼の「諸人民の法」の理論において強調している［Rawls 1999：114］。すなわち、リベラルな民主社会の立憲的精髄の一部たる社会的ミニマム原理は単なる「生存のための最小限（subsistence minimum）」を保障する「安全網（safety net）」ではなく、分配的正義論で decent minimum と汎称される原理、すなわち人間としての「品位（decency）」を保つに「相当かつ十分（decent）」なミニマムを保障する原理の一種であるといえる。以下、尊厳充足最小限原理とこれを訳すことにする。政治的リベラリズムへのロールズの転向は致命的な誤謬・混乱を孕むことを私は批判してきた［井上 2007：307-313］が、格差原理の不当性は、政治的リベラリズムの戦略とは別の実質的な哲学的論拠（格差原理が最悪事態観という特異なリスク選好と結合した特殊な善き生の構想の偏重や、最下層以外の人々にとっての損益分配の公平性への無関心などの問題性を孕むことを批判的に剔抉する論拠）によって証示しうるものであり［井上 2003b：237-242］、私のような政治的リベラリズムを斥ける立場からも、尊厳充足最小限原理への転換それ自体は擁護可能である。もっとも、ロールズ自身は格差原理を立憲的精髄から除外したものの、不当な原理とはみなしておらず、立法過程での採択に委ね、その立法化を歓迎ないし期待する立場を捨てていない。

　しかし、「諸人民の法」の理論においては、格差原理のみならず、尊厳充足最小限原理のような分配正義原理もあくまでリベラルな立憲民主社会の国内的正義原理にととどめられ、グローバルな分配問題への適用可能性を否定される。後者の問題に関しては、ロールズのいう「重荷を負う社会（burdened societies）」、すなわち、経済的苦境のため、リベラルな立憲民主社会どころか節度ある階層社会にすらなれない社会に対して、その経済的障害を除去するのに必要な限りで国際的援助をすることがリベラルな社会や節度ある階層社会に要請されるにとどまる。しかも、かかる援助は永続的に要請されるものではなく「切断点（cut-off point）」を持ち、重荷を負う社会が少なくとも節度ある

階層社会になれる程度の経済的条件が成立したとみなされた段階で打ち切られる。切断点到達後は，貧しい諸国と豊かな先進諸国の経済格差がいかに巨大であろうとその縮減が求められないだけでなく，各国内の最も恵まれない層の境遇の国際格差（富める先進国の「底辺」と貧しい途上国の「底辺」との格差）も，それ自体としては国際的な分配正義の要請に反するものではないとされている[Rawls 1999：105-120]。このような限定的な支援義務ですら，「諸人民の法」の構想を最初に提示した論文[Rawls 1993b]では国際正義原則に含められておらず，グローバルな分配問題への無関心さに対する批判を受けて，ロールズが後にその論文を拡充した単行本[Rawls 1999]において国際正義原則たる諸人民の法の第八原則として付け足したものである。

(2) 世界分配正義と第八原則との距離

　ロールズが承認する「重荷を負う社会に対する支援義務」の実行が「世界秩序のための新たなマーシャル・プラン」と呼びうるほどの「重要かつ意義深い影響（a measurable and significant impact）」を世界の経済的環境に対して持つとみなす論者[Martin 2006：238]もいるが，ロールズは国際的支援義務の射程をこの第八原則に限定することで，分配的正義のグローバル化に対して次のような原理的な歯止めをかけている。

　第一に，重荷を負う社会への支援は，リベラルな政治社会の国内的分配正義原則たる格差原理や尊厳充足最小限原理のグローバルな適用をめざすものではないことはいうまでもないが，すべての個人が人間として持つ「基本的必要（basic needs）」の充足への権利としての生存権的人権を根拠にするものでもない。このような権利の承認と保障は国内的正義原則の問題であって，ロールズの諸人民の法が国際正義原則として設定する人権リストには含められていない。人権尊重要請は諸人民の法の第六原則をなすが，そこでいわれる人権とは「奴隷制や農奴的隷従からの自由，良心の自由（しかし良心の平等な自由ではない），大量殺戮・集団虐殺からの民族集団の安全確保など，特別の緊急の権利の集合」に限定される[Rawls 1999：37, 78-79, 括弧内の挿入はロールズ]。重荷を負う社会への経済的支援が，人権尊重を要請する第六原則ではなく，第八原則によって別途要請されているのは次のことを意味する。重荷を負う社会に対する支援が要

請されるのは，その社会において苦境にあえぐ諸個人の基本的必要充足への人権を国際的に保障するためではなく，その社会がリベラルな立憲民主社会あるいは節度ある階層社会という「よく秩序だった社会（well-ordered society）」の政治体制を確立することを困難にしている経済的障害を除去するためである。国際的経済支援はグローバル化された分配的正義の実現自体を目的として要請されるものではなく，「よく秩序だった社会」への仲間入りを志向する社会の政治秩序の安定化に協力するための手段として要請されているにすぎない。

第二に，その結果として，基本的必要を充足できない人々の救済自体は国際正義の要請とみなされず，かかる人々が存在するという事実自体は国際正義の欠損とはみなされない。この含意が最も明確に現れるのは，ポッゲが指摘しているように［Pogge 2006 : 212］，ロールズが「重荷を負う社会」と区別して「慈恵的絶対主義体制（benevolent absolutisms）」や「無法国家（outlaw states）」と呼ぶ政体［Rawls 1999 : 4, 63］の場合である。前者はパターナリスティックな臣民保護を標榜するものの，民主制のみならず節度ある階層社会が持つ諮問的階層制すら欠いた専制体制であり，後者は対内的抑圧性のみならず対外的攻撃性をも持つ。これらの政体は，重荷を負う社会と異なり，「よく秩序だった社会」への志向性を欠いているため，第八原則の国際的援助義務の対象から外されている。その結果，かかる政体の下で，基本的必要充足ができないまま放置されている人々を，国際社会も分配正義無視の批判を受けることなく放置しうることになる。

第三に，ロールズの第八原則が基本的必要充足への権利を侵害された人々の救済自体を要請しないという含意は，重荷を負う社会への援助にも浸透する。リベラルな社会ないし節度ある階層社会は，重荷を負う社会に対し，後者がよく秩序だった社会としての安定的な政治秩序を確立するために必要でかつ（適切に利用されれば）十分な経済的支援をした後は，基本的必要を充足できない人々が後者に残存するとしても，経済援助を切断点に到達した（「我々がすべきことは既にした」）として打ち切ることができる。戦略的考慮や温情により援助を続行する可能性はあるが，それは「義務以外の行為」ないし「義務以上の務め（supererogation）」であり，援助を打ち切ったとしても第八原則が定める義務を怠った不正な決定という批判は受けない。基本的必要充足のできない困窮

者の規模が後者の社会の政治的安定を損なわない程度であれば，第八原則の目的は達成されたといえるし，その程度を超えていたとしても，被援助国政府による援助資源の適切な活用の失敗に目的未達成を帰責できるからである。後者の場合も第八原則は援助の続行を要求するという解釈は「切断点」設定を要請するロールズの狙いを掘り崩すため支持し難いが，仮にそれを認めたとしても，前者の場合の問題（政治的安定性を阻害しない程度の規模の困窮者の放置）は依然残る。政治的安定性を揺るがすほどの社会的実力のない周辺的少数者については生存権侵害をも放置するという点で，政治的に無力な者にこそ強い保護を差し伸べることを要請する人権理念に対する裏切りは，この場合のほうがいっそう深刻である。

5　「諸人民の法」の理論的破綻と思想的頽落

⑴　実質的正当化論拠の脆弱性

　以上見たように，ロールズの「諸人民の法」は分配的正義のグローバルな拡大適用を否定する含意を持つ。かかる含意を持つ諸人民の法の規範内容の実質的妥当性には大きな疑問が付されるが，さらに重大な問題は，彼がかかる含意を持つ自己の国際正義構想を正当化するために提供している論拠が論理的整合性も倫理的理解可能性も欠くことである。ロールズは国際正義原則を選択する国際的「原初状態」において，諸人民の代表は分配問題に関しては彼の第八原則に合意するだろうと主張するが，自己の立場を支持する合意を勝手に想定するだけでは，正当化論拠を示したことにならない。そもそも利害や価値を異にする多様な諸個人の代表ではなく，集合化された「人民」の代表に国際的原初状態の当事者が限定されること自体，きわめて恣意的な制約であり，特に，節度ある階層社会の体制を擁護する役割を果たすこの社会の「人民」代表が，この体制下で差別される非国教徒や民主的参加経路を剝奪された被支配層の視点をも代表するとみなすのは，きわめて不当な問題隠滅的仮定である。いずれにせよ，単なる合意の想定は正当化理由にならず，正当化論拠として決定的なのは，合意すべき理由である。なぜ，諸人民の代表たちは，分配的正義のグローバル化を否定し国際援助義務を政治秩序安定化手段としてのみ要請するロール

ズの「諸人民の法」に合意すべきなのか。この点に関して彼が明示的に提供している論拠は次の二つである。

第一に，社会の経済発展を規定しているのは自然的資源賦与状態ではなく，もっぱらその政治文化的諸要因——ロールズの言によれば，「政治文化や，政治社会制度の基本構造を支える宗教的・哲学的・倫理的伝統，また成員の勤勉さや協働的な才能など，すべて政治的徳性によって支えられるもの」——であるから，領土その他の自然的資源分配の格差に経済発展の格差を帰責して，富の国際的再分配を求めることはできない［Rawls 1999：105-111］。第二に，産業化を進め将来のための投資と貯蓄に励んだ社会が，牧歌的な生活様式に固執して貧しいままにとどまる社会より豊かになった場合や，人口抑制策を賢明に遂行した社会が，生産力制約を超える人口増加を放置した社会より高い生活水準を達成した場合，結果として生じる国富格差はそれぞれの社会の選択に帰責され，豊かになった社会から貧しい状態に停滞ないし落ち込んだ社会への再分配を要請することは公正ではない［Rawls 1999：116-119］。

これらの議論は「啞然」とさせるものである。第一の議論についていえば，ロールズは「ごく周辺的な事例（極地のエスキモーなど）を除いては，資源が非常に乏しいために適理的・合理的に組織され統治されても秩序だった社会になりえないであろうというような社会は世界のどこにも存在しないと私は推察する」［Rawls 1999：108, 括弧内はロールズの同頁脚注に基づく井上の補足］と豪語するが，仮にこの驚くべき大胆な臆断が正しいとしても，そこから，資源の初期分配の格差がその後の経済格差に何の影響も持たず，再分配要請を正当化する理由としていかなる関連性も比重も持たないという結論を導出するのは，明白な「飛躍推論（non sequitur）」である。

まず，経済発展競争の起点となる資源の初期分配が不公正なためハンディキャップを負わされた社会が，それにも拘わらずその政治文化的徳性に根ざす努力により一定の経済発展を遂げえたからといって，初期の不当な資源欠損がなければ実現できたであろう更なる追加的経済力という「逸失利益」に関して，不当に大きい初期資源シェアを活用して初期資源分配が公正であったならば到達できたであろう水準以上の富と経済力を享受する社会に，不公正な初期資源分配の現在分配帰結寄与分を是正する再分配措置を求めることができないとい

うことにはならない。

　同様に，不当な初期資源欠損のハンデを負う別の社会が政治文化的徳性の不足により貧困状態を克服できなかったからといって，もし資源ハンデがなければその社会がとどまりえたであろう相対的に現在よりましな貧困状態とより劣悪な現在の貧困状態との格差に関して，不当に有利な初期資源シェアにより経済発展の「不当超過利得」を享受した社会に，上の場合と同様な是正的再分配を求めることができないということにはならない。

　ロールズの飛躍推論に従えば，欧米の植民地主義により資源収奪されたアジア諸国の中にも経済発展を遂げた国が存在するという事実から，アジア諸国のうち経済発展できた国も未発展の国も植民地主義的資源収奪の経済発展減殺効果・貧困昂進効果を是正する再分配を欧米に求めるのは不公正であるという結論すら「正当化」されることになるだろう。

　第二の議論は，諸社会の人民をそれぞれ一つの「集合的主体」として捉えた上で，かかる主体の選択と努力の差異に起因する経済格差は何ら不当ではなく，成功者から失敗者への再分配こそ不公正であるとするもので，集合的主体の自己決定の経済帰結に対する自己責任を強調する点で，個人の自己決定の経済帰結に対する自己責任を強調するリバタリアニズムと構造的同型性を持つ。しかし，ロールズは国内的な分配正義について格差原理を擁護するとき，個人の自己決定能力を構成する予見能力・熟慮能力・自己統制能力も含めて個人の能力の格差は，遺伝的要因や幼児からの教育環境など本人に帰責し難い要因に依存しているため，かかる能力格差に起因する経済格差は道徳的観点からは恣意的であるとしてリバタリアニズムを批判した [Rawls 1971 : 100-104]。この能力自己所有論批判の視点は格差原理擁護の場合だけでなく，能力格差に関わらず価値ある人生を送るに十分なミニマムを万人に保障する原理を後年擁護する場合にも基底にあるはずである。集合的主体としての人民についても，その自己決定能力は先行世代が現世代に伝えた政治文化環境・教育環境等，現世代が統制できない要因に少なからず依存している。しかし，ロールズは集合的主体たる人民については能力自己所有論の視点を躊躇無くふりかざしている。

　ここには根本的な理論的不整合性が露見している。個人についても集合的主体についても自己統制不可能な要因への自己決定能力の依存性は同じなのに，

テーマ5　正義は国境を越えうるか

何ゆえ両者の場合に自己責任原理の適用の二重基準的差別が許されるのか。この不整合性問題は多くの論者に指摘されている［例えば，Pogge 2006］が，ロールズ自身は何ら理解可能な解答を与えていない。国内的文脈とグローバルな文脈における分配正義に関するロールズの二重基準性を共鳴的・内在的に再構成して擁護することを試みる論者たちも，かかる擁護の限界を承認している。例えば，フィリップ・ペティットは，「共通理由の体制（a regime of common reasons）」（自他間の要求の正当化理由が基本的に共有されている体制）の下で協働する諸個人の集合体としての人民の内部的社会関係を分配正義の固有の場とし，異なった人民相互間にはかかる共通理由体制下の協働が存在しないという立場としてロールズを擁護するが，この立場からは，ロールズが承認している重荷を負う社会への援助義務すら正当化が困難になることを認めている［Pettit 2006］。そもそも，共通理由体制下の協働という条件を分配的正義の前提とすること自体，分配的正義の意味の規約的定義にすぎず実質的根拠が不明であり，この条件が人民の内部関係には存し人民間関係にはまったく欠如しているといえるかも疑わしく，この解釈をとったところで，ロールズの立場の説得力が高まるわけではない。また，集合体としての人民の対外的自己責任性についてのロールズの主張を擁護するデイヴィッド・ミラーも，国際的経済格差が国際秩序形成過程における国家間の権力格差を拡大し，貧しい諸国の自己責任性の前提となる自決能力を掘り崩すという問題をロールズが軽視していることを批判している［Miller 2006］。

　ロールズの第二の議論はリバタリアニズムと構造的同型性を持つといったが，リバタリアニズムに公正を期すために付言すれば，「出発点の平等」を確保した上で競争と自己責任の原理を受容する「左翼リバタリアニズム（left libertarianism）」の立場に立つ論者のなかには，初期資源分配の不公正な国家間格差の是正という観点から分配正義のグローバル化の必要性を承認し，不当な資源優位を享受する諸国への国際課税による是正的再分配を強く要請する者もいる［例えば，Steiner 2008］。ロールズの第二の議論は，初期資源分配の公正化の必要性を否定する第一の議論とセットで提示されている以上，彼の立場はかかるリバタリアンの観点からも，分配的正義に反するとみなされるであろう。

(2) 不正黙認を交換する取引

　以上，ロールズが「重荷を負う社会への援助義務」を「諸人民の法」と自ら
が呼ぶ国際正義原則に後知恵的に付け足したものの，分配正義のグローバル化
を結局否定しており，しかもその論拠がきわめて薄弱であることを見た。市民
的政治的権利を人権リストから排除することにより，民主制も良心の平等な自
由も否定する「節度ある階層社会」の国際的正統性を承認する彼の主張ともあ
わせて考えると，ロールズの国際正義論は，公正としての正義，すなわち，利
害と価値観を異にする人々の間での公正な協力の枠組としての正義をかつて唱
道した論者による主張とは信じられないほど，不公正なものである。彼のこの
思想的頽落の根本的な理由は，政治的リベラリズムへの転向以降，重合的合意
の名の下に，正義の追求を政治的安定性の追求に摩り替えてしまったことであ
る。この「正義に対する安定性の優位」へのロールズの傾斜に対する批判は旧
稿［井上 2008：67-73］で展開しているので，ここでは立ち入らないが，ロール
ズが提唱する国際正義原則が国際的な重合的合意を「よく秩序だった社会」と
彼がみなす諸社会，すなわちリベラルな社会と節度ある階層社会の間で調達で
きるとする彼の想定に関わる一点だけ，付言しておきたい。

　ロールズの諸人民の法は，平等な宗教的自由や民主的参政権を含む市民的政
治的権利を人権から排除する点で，節度ある階層社会の価値観に全面的に擦り
寄り，リベラルな社会に一方的な譲歩を迫るものである。前者がこれを歓迎す
るのは当然だが，後者がなぜそれに合意できるのかは，控え目にいっても，明
白ではない。ただ，戦略的打算の観点からは，ロールズの諸人民の法は，分配
正義のグローバル化を否定して，重荷ある社会への切断点付き支援に国際的援
助責任を限定する点で，多くが豊かな先進産業社会でもあるリベラルな立憲民
主社会にも，その経済的負担と倫理的呵責を軽減するという「メリット」をもち，
これがリベラルな社会の合意を期待できる現実的理由をなすという推測は可能
である［この推測を示唆するものとして，Pogge 2006：209］。いうまでもなく，これは「邪
推」である。しかし，このような「邪推」をせずには，何ゆえ，かくも不公正
な「諸人民の法」が国際的な重合的合意を調達できるとロールズが主張するの
か，まったく理解しがたいほど彼の論拠は薄弱で自己矛盾をきたしている。

　節度ある階層社会における宗教的差別や市民的政治的人権侵害にリベラルな

先進社会が目をつぶる代わりに，後者の世界分配正義侵犯に対する追及を棚上げにするという取引は，節度ある階層社会にとっても，リベラルな社会にとっても，「おいしい取引」であろう。しかし，このような二つの不正黙認を交換する政治的妥協は，仮に，国際政治秩序の安定性を実現しえたとしても，それは不正の構造化による安定であり，正義の名を冠することは許されない。節度ある階層社会の柔和な外観を持った差別や政治的抑圧に晒される人々や，豊かな先進諸国の冷酷な無視により，基本的必要充足を阻まれたまま放置される人々など，この政治的取引によって黙殺され不可視化される人々が，忍従を拒否し，怒りをテロその他の形で暴力的に爆発させる可能性は常に伏在しており，かかる「倫理的時限爆弾」を抱えた政治的妥協は，長期的視点から見れば，安定性を達成することもできないだろう。

結　語
——世界分配正義の指針

　本章では，世界正義理念を世界匡正正義と世界分配正義の両面において，その欺瞞的濫用による信用失墜から救済し，さらに，分配的正義のグローバル化の必要性・可能性を否定するロールズの議論の批判的検討により，世界分配正義の追求の哲学的信用を回復することを試みた。すでに紙幅の制約を超えているので，世界分配正義の原理の具体化については，詳細な議論の展開は別稿に譲るほかないが，ここでは議論展開の基本的方向性を示す指針を列挙して本章の結語としたい。

　①困窮者に対する積極的支援義務のグローバル化：　格差原理は既述のように国内的文脈においても分配的正義原理として不適格なので，これのグローバル化を主張する立場は支持し難い。しかし，ロールズが説くような「重荷を負う社会」の政治秩序安定化のための経済支援を超えて，基本的必要充足に対する生存権的人権を，国籍を問わず万人に保障するために，豊かな先進諸国は貧しい諸国の苦境にあえぐ人々の救済に向けて実効的な経済支援をする責務を共有することは，世界分配正義の最低限の要請として承認さるべきだろう［Singer 2004：150-195, Buchanan 2004：191-230］。不当に重い負担・犠牲（undue burden）を自らは負うことなく他者を致命的被害から救済できる場合に，他者を救済す

ることは単なる恩恵ではなく責務であるとする倫理原則は否定し難いからである。この倫理観を国内的文脈では受容する先進諸国の人々が，積極的支援義務のグローバル化に消極的になる主因は，先進諸国に過剰なコストをそれが課すという恐れであるが，データ5-Aは，この恐れに根拠が無いことを示している。グローバルな貧困救済のための支援義務が「正義の義務」か「人道上の義務」かの論議があるが，人道的義務論者［例えば，Campbell 2007］も自発的慈善を超えた義務性をこれに承認しており，この論議に実質的意義は乏しい。

②**貧しい途上国への制度的加害に対する先進諸国の賠償責任**：　先進諸国が主導権を握るIMFやWTOなど国際的な経済体制や，途上国に対して不公正な先進諸国の関税障壁や輸出補助金等の経済政策が，貧しい途上国の自立的経済発展を妨げる効果をもってきたことは近年各方面から鋭く指摘されてきている［Stiglitz 2003, Singer 2004 : 51-105, Pogge 2008 : 1-32］。これに加えて，欧米の帝国主義支配を通じて欧米地域秩序がグローバル化されて形成されたという歴史的背景を持つ現行実定国際法自体が，国家承認と政府承認における実効性原則により，途上国の軍事独裁政権に，自国民の資産たる資源の売却利益で権力を保持し私腹を肥やすことを許す「国際資源特権（international resource privileges）」や，自国民に支払いの付けを回す対外借款で得た資金を同様に使うことを許す「国際借款特権（international borrowing privileges）」等を付与することで，頻繁な軍事クーデタによる権力獲得への持続的インセンティヴを供与し，貧しい途上国が，自立的経済発展と内部分配の公正化のために必要な安定した民主体制を確立することを困難にしてきたこと，しかも，かかる軍事独裁政権の資源売却や対外借款から先進諸国が利益を享受してきたことも指摘されている［Pogge 2008 : 97-173］。途上国に対し先進諸国が押し付けているグローバルな政治経済システムによるこのような制度的加害が，貧しい途上国における貧困の構造化の一原因であるという認識は，ロールズにはまったく欠けていた。かかる認識を踏まえるなら，他者に対する危害の賠償という匡正的正義の要請を超えた分配的正義を否定するリバタリアニズムの立場からでさえ，制度的加害に対する賠償責任の遂行として，グローバルな貧困救済のための再分配が承認されうる。この観点は，初期資源分配の不公正な格差是正のための再分配論という既述の観点と並んで，リバタリアニズムと平等基底的正義構想との対立を超えた世界

テーマ5 正義は国境を越えうるか

分配正義の正当化論拠を提供するものとして重要である。

③積極的支援義務論と制度的加害賠償責任論の相補的結合： 積極的支援義務は被援助者を困窮状態に陥らせた責任が援助主体にあるか否かに関わりなく，援助能力に応じて援助主体が負う義務であるが，「不当に重い負担」にならない限りでの援助という制限がある。義務の成立要件は緩いが，義務の要求水準も低い。他方，制度的加害賠償責任は，制度的加害の立証を要求する点で義務の成立要件は厳格化されているが，加害に対する賠償責任を履行するための支援義務であるため義務履行の要求水準も高い。両者は根拠と性質を異にするが，両立可能であり，豊かな先進諸国は双方を根拠とする貧困救済義務を負う。積極的支援義務論に訴える者には制度的加害賠償責任論を，義務成立を困難にするという理由で斥ける者が少なくないが，その動機には先進諸国の加害責任を否定し，その「良心と財布への負担を軽くする」という狙いも混じっている。途上国の中でも中国・韓国・シンガポール・台湾など東アジア諸国やインドのように，めざましい経済発展を遂げつつある国も存在する以上，経済発展ができない貧しい途上国の状況を，先進諸国が押し付けたグローバルな政治経済体制に帰責することはできず，これらの途上国自身の責任であるとした上で，先進諸国は加害責任ではなく利他的支援義務を負うとする議論は，このような動機の影響を受けている。この議論は制度的加害賠償責任論の代表的論客であるポッゲが指摘するように，「説明的ナショナリズム（explanatory nationalism）」の誤謬，すなわち不正なハンディキャップを負わされた諸国民の間に，それを克服する能力の相違に基づく経済的パフォーマンスの相違が存在することを，かかる不正なハンディキャップの存在自体を否定する口実にするという飛躍推論の誤謬を含んでいる［Pogge 2008：118-151］。

経済発展力の有無をもっぱら諸国民の政治文化的徳性に帰責し初期資源分配の不公正な格差の問題を隠蔽するロールズの議論を先に批判したが，これも説明的ナショナリズムと構造的同型性を持つ。ナショナリズムを世界正義と両立可能な形で再編擁護する観点から，尊厳充足最小限原理を世界分配正義原理として承認した上で制度的加害賠償責任論を「国民的責任（national responsibility）」を否定するものとみなして批判するミラーのような論者［Miller 2007］も，国民的責任と制度的加害責任を相互排除的に捉えている点で，なお

説明的ナショナリズムの誤謬に囚われているといえる。もっとも，制度的加害責任を強調するポッゲのほうでも，加害責任を前提しない積極的支援義務の存在を否定しないにしても，かかる積極的義務については，その不履行を人権侵害とみなすことを拒否することにより，その義務性を希薄化させている［Pogge 2007：20］。これは，侵害された場合に強制的干渉が正当化される権利のみを人権とみなす立場を人権リスト縮減の根拠の一つにしたロールズの誤謬［これへの批判として，井上 2008：72］と同型の誤謬を犯すものであり，さらに，制度的加害責任否定論とは逆の方向から，制度的加害責任と積極的支援義務との相補的結合を切り崩してしまう含意を持ち，不要かつ不適切な議論というべきである。

　論ずべき問題は多く残されているが，とりあえず，以上の基本視点を結語として提示して筆を擱きたい。世界正義の探求は広大な未開拓領野を残しているが，それがまさに開拓するに値する領野であることが示されたとすれば，本章はその目的を果たしたことになる。

発展的学習のための読書案内

ジョン・ロールズ（中山竜一訳）『万民の法』岩波書店，2006 年：正義論の代表的論客が晩年に残した国際正義論の著作で，大きな論争を呼んだ（賛否両論の集成として，Martin and Reidy（eds.）2006）。本章では批判的立場から検討したが，いずれの立場に立つにせよ，世界正義を論じるためには避けて通れない著作である。読者が自ら本書を読み自己の判断を形成することを勧めたい。原著の表題 The Law of Peoples が People の複数形を使用していることが示すように，本書は諸個人の関係ではなく，集合的主体とみなされた人民相互の間の関係を律する規範を主題としており，人民間ではなく個人間の規範として世界正義を構想するコスモポリタン的立場をロールズは本書で明示的に斥けている。したがって，すべての諸個人を律する規範の含意も持つ「万民の法」という訳書の表題は不適切である。本章では「諸人民の法」という訳語を使用した（「諸国民の法」という訳語も可能だが，実定国際法の含意をもつので避けた）。本章における本書からの引用の訳文は井上による。

大沼保昭『人権，国家，文明——普遍主義的人権観から文際的人権観へ』筑摩書房，1998 年：欧米中心主義を永年批判してきた日本の代表的な国際法学者が自己の人権論を体系化した大著。普遍主義に対する理解と評価は私と異なるが，欧米

中心主義を超えた世界正義のあり方を考察するための方法論的視座を確立する
上で，必読文献である。

ピーター・シンガー（山内友三郎・樫則章監訳）『グローバリゼーションの倫理学』
昭和堂，2005年：功利主義が持つ「普遍的慈恵」の精神から積極的支援義務の
グローバル化を夙に唱道してきた論者の近著。現代世界の政治経済の現実に関
わる情報とデータを豊富に取り込んだ明快な議論で読みやすい。温暖化など地
球環境問題も扱われている。

トマス ポッゲ（立岩真也監訳）『なぜ遠くの貧しい人への義務があるのか――世界的
貧困と人権』生活書院，2010年：制度的加害責任論の観点からの世界分配正義
論の代表的論客の著。2002年に出た初版を拡充している。豊かな先進諸国の国
民と知識人が陥りやすい倫理的自己欺瞞を鋭く剔抉している。読者にぜひ勧め
たい一冊である。

チャールズ・ベイツ（新藤榮一訳）『国際秩序と正義』岩波書店，1989年：原著は
1979年刊行。ロールズが自己の分配正義論のグローバル化可能性を否定してい
るのを内在的に批判し，格差原理のグローバル化を提唱した著作で，ロールズ
に「諸人民の法」という理論的応答を促した学説史的背景をなす文献。

井上達夫『世界正義論』筑摩書房，2012年：本稿を含む著者の世界正義論研究の
諸論考を集大成して再構成した体系書。序論をなす第1章で，メタ世界正義論，
国家体制の国際的正統性条件，世界経済正義，戦争の正義，世界統治構造という，
世界正義論の五つの問題系を提示する。世界正義論の研究の進展とともに，各
問題系の研究の専門分化が進んでいるが，現代世界の正義欠損の原因を的確に
捉え，適切な解決の道を構想するには，これらの諸問題をその相互の連関性を
自覚しながら包括的に考察すると同時に，それらの差異を自覚し短絡的結合を
排して複眼的に考察する「包括的・複眼的アプローチ」が，世界正義論の方法
論として要請されていることを示す。第2章以下では，この五つの問題系の考
察に取り組む。著者の基本的立脚点は，対立競合する正義の諸構想に通底する
共通制約原理としての正義概念，すなわち普遍化不可能な差別の排除の要請で
ある。これに立脚して，米国等の強大国の「身勝手に国境を越える覇権的正義」
を批判するとともに，ジョン・ロールズに代表される欧米のリベラルな政治哲
学者・法哲学者が，先進諸国の貧窮途上国に対する制度的加害責任を隠蔽して
先進諸国の経済的既得権を擁護するのと引き換えに，非欧米世界の市民的政治
的人権侵害を容認するという「国境を越えられない正義」の自己中心性に退却
していることを批判する。その上で，五つの問題系について現実を踏まえつつ
規範的な牙を抜かれない世界正義の原理の提示を試みる。

引用文献

Buchanan, Allen 2004 : *Justice, Legitimacy, and Self-Determination: Moral Foundations for International Law*, Oxford U. P.

Campbell, Tom 2007 : "Poverty as a Violation of Human Rights: Inhumanity or Injustice?" in Pogge（ed.）2007, pp. 55-74.

Edemariam, Aida 2008: "The True Cost of War," in *guardian.co.uk*, Feb. 28, 2008 issue（http://www.guardian.co.uk/world/2008/feb/28/iraq.afghanistan）.

井上達夫 1986 :『共生の作法――会話としての正義』創文社.

井上達夫 2003a :『普遍の再生』岩波書店.

井上達夫 2003b :『法という企て』東京大学出版会.

Inoue, Tatsuo 2005 : "How Can Justice Govern War and Peace: A Legal-Philosophical Reflection," in Ludger Kühnhardt and Mamoru Takayama（eds.）, *Menschenrechte, Kulturen, und Gewalt*（Schriften des Zentrum für Europäische Integrationsforschung）, Baden-Baden: Nomos Verlagsgesellschaft, SS. 277-296.

井上達夫 2007 :「憲法の公共性はいかにして可能か」長谷部恭男・他編（井上達夫責任編集）『岩波講座憲法 1　立憲主義の哲学的問題地平』岩波書店.

井上達夫 2008a :『哲学塾　自由論』岩波書店.

井上達夫 2008b :「グローバルな正義はいかにして可能か」中川淳司・寺谷広司編『国際法学の地平――歴史，理論，実証』（大沼保昭先生記念論集）東信堂 , 49-86 頁.

井上達夫 2012 :『世界正義論』筑摩書房.

Inoue, Tatsuo 2009 : "The Ambivalence of Globalization," in *University of Tokyo Journal of Law and Politics*, Vol. 6, pp. 20-44.

Martin, Rex and Reidy, David（eds.）2006 : *Rawls's Law of Peoples: A Realistic Utopia?* Blackwell Publishing, Ltd.

Martin, Rex 2006 : "Rawls on International Distributive Economic Justice: Taking a Closer Look," in Martin and Reidy（ed.）2006, pp. 226-242.

Miller, David 2006 : "Collective Responsibility and International Inequality in *The Law of Peoples*," in Martin and Reidy（eds.）2006, pp. 191-205.

Miller, David 2007 : *National Responsibility and Global Justice*, Oxford U. P.

Pettit, Philip 2006 : "Rawls's Peoples," in Martin and Reidy（eds.）2006, pp. 38-55.

Pogge, Thomas（ed.）2001 : *Global Justice*, Blackwell Publishers.

Pogge, Thomas 2001 : "Introduction: Global Justice," in Pogge（ed.）2001, pp. 1-5.

Pogge, Thomas 2006 : "Do Rawls's Two Theories of Justice Fit Together?" in Martin and Reidy（eds.）2006, pp. 206-225.

Pogge, Thomas（ed.）2007 : *Freedom from Poverty as a Human Right: Who Owes What to the Very Poor?* Oxford U. P.

Pogge, Thomas 2007 : "Severe Poverty as a Human Rights Violation," in Pogge（ed.）2007, pp. 11-53.

Pogge, Thomas 2008 : *World Poverty and Human Rights* : *Cosmopolitan Responsibilities and Reforms*, 2nd ed., Polity Press.

Pogge, Thomas and Moellendorf, Darrel（eds.）2008：*Global Justice: Seminal Essays*, Paragon House.

Rawls, John 1971：*A Theory of Justice*, Harvard U. P.

Rawls 1993a：*Political Liberalism*, Columbia U. P.

Rawls 1993b："The Law of Peoples," in S. Shute and S. Hurley（eds.）, *On Human Rights: The Oxford Amnesty Lectures* 1993, Basic Books, pp. 41-82.

Rawls, John 1999：*The Law of Peoples with "The Idea of Public Reason Revisited,"* Harvard U. P.（中山竜一訳『万民の法』岩波書店 , 2006 年.）

Singer, Peter 2004：*One World*, 2nd ed., Yale U. P.（山内友三郎・樫則章監訳『グローバリゼーションの倫理学』昭和堂 , 2005 年.）

Steiner, Hillel 2008："Just Taxation and International Redistribution," in Pogge and Moellendorf（eds.）2008, pp. 637-656.

Stiglitz, Joseph 2003：*Globalization and Its Discontents*, W. W. Norton & Company, Inc.

Takikawa, Hirohide 2006："Can We Justify the Welfare State in an Age of Globalization? Toward Complex Borders," in *Archiv für Rechts- und Sozialphilosophie*, Bd. 92, SS. 15-27.

田中耕太郎 1932-34：『世界法の理論』第 1 巻（1932）, 第 2 巻（1933）, 第 3 巻（1934）, 岩波書店.

田中耕太郎 1972：『世界法の理論』続上, 続下, 有斐閣.

宇佐美誠 2005：「グローバルな正義」ホセ・ヨンパルト／三島淑臣／長谷川晃編『法の理論 24』成文堂, 67-93 頁.

Usami, Makoto 2007："Global Justice: Redistribution, Reparation, and Reformation," in *Archiv für Rechts-und Sozialphilosophie*, Beiheft 109, SS. 162-167.

宇佐美誠 2008：「グローバルな正義・再論」ホセ・ヨンパルト／三島淑臣／竹下賢／長谷川晃編『法の理論 27』成文堂, 97-123 頁.

第Ⅱ部

市場・規制・分配的正義

テーマ6

市場社会と法
―――法は市場の公正な競争のために必要か

山田八千子

はじめに

ケース6-A

　Xは，自己所有の甲地・乙地（隣接）の有効利用を考えていたところ，取引先のM銀行から土地の有効利用のノウハウを有する会社として不動産業を営むY社を紹介された。Y社の担当者Y1は，Xの自己資金とM銀行からの借入金により，甲地上に賃貸店舗用の3階建てのビルを建築する経営計画を作成し，M銀行の融資担当者M1は当該経営計画に基づきXの投資プランを作成した上で，Y1とM1は，Xのところに赴き，双方のプランを説明した。M銀行からの借入金については，乙地を売却することで調達することになっていた。Xは，乙地の売却を進めると共に，甲地にMのための抵当権を設定し（登記経由），2億円の融資を受けた上，Yとの間で，3億3000万円の建物建築請負契約を締結した。その後，建物（丙建物）は完成し，X名義の保存登記がなされ，引き渡された。

　しかし，Xが乙地の売却を進める上で，以下の事情が明らかになった。建築基準法上の容積率の関係で，丙建物は甲地と乙地全体を敷地として建築確認を受けており，乙地が売却されれば乙地の買主が乙地を敷地として建物を建築する際には，敷地の二重利用となって建築確認が受けられない可能性がある。Xは，この事情にまったく気がついていなかった。Xは，慌ててY社に問い合わせたが，Y社の回答は，「乙地を売却し乙地上の建物が建築される際でも，建築主事が建物の二重使用に気がつかなければ建物建築には支障がないと思いこんでいて計画を進めたのである。建築主事が二重使用に気がつかず建築確認をすることも今までの状況ではしばしばあった」というものだった。

　上のような事情で，結局乙地が売れなかったため，Xは，M銀行から借りたお金を返せず，たいへん困っている。そこで，Xが顧問弁護士Lに相談したところ，

Ｌは，「不動産会社Ｙによる信義則上の説明義務違反の事例なので，Ｙ社に対して損害の賠償を求めるべきである」と法的アドバイスをした。

ケース 6-B

　Ａ社は，ソフトウェアの開発を行う企業であり，ソフトウェア開発の実績のあるシステムエンジニアを中心に２年前に起業され，社員は，開発担当者や総務，営業を含めて７名の企業である。Ｂ社は，ソフトウェアやシステムの開発，販売等の業務を行う業界有数の大企業である。Ａ社は，初めての取引先であるＢ社に，新しく開発した販促システムのソフトウェアを売り込み，交渉の末，Ｂ社とのソフトウェア供給契約締結に至った。しかし，Ａ社の供給する商品たるソフトウェアをＢ社が検収する際の手続きが煩雑であり，一旦提供したソフトウェアをＢ社等のシステムに組み込む際に生じたトラブルについてもＡ社が広範囲な責任を負い，契約に対する違約金につき契約代金の５割負担など，Ａ社にとって極めて不利な内容である。また，ソフトウェアの対価も，Ｂ社と従来取引のある他の会社に比べると低いものだったが，Ａ社は，Ｂ社と取引開始で長期的にみればＡ社の利益になるし，この業界では，企業の規模が小さくても，一旦評判を確立すれば有利な条件で取引ができることが多いため，不利な契約内容と了解しつつ契約を締結した。

　Ａ社の著作権の法律問題の相談に乗っているＬ弁護士が偶々ＡＢ間の契約書を読み，Ａに対し，「Ｂ社との契約は，経済的交渉力が優れているＢ社側の主導による著しく不利な内容であり，何らかの法的手段をとるべきだ」というアドバイスをした。

　市場では，貨幣という手段を用いて，財やサービスの交換が行われており，わたしたちの社会は，市場が大きな役割を占めている市場社会である。現代では，市場こそが財やサービスの分配（distribution）が行われる主要な場であり，情報や物や人が国境を越えて移動する，いわゆるグローバル化も加速的に進行している。このような特徴を有する現代の市場社会において，国家や法は，どのような役割を果たし，あるいは果たすべきなのだろうか。

　さて，冒頭で挙げた二つのケースは，いずれも不動産市場やソフトウェア市場の取引をめぐるトラブルが発生したケースである。ケース 6-A は，不動産を購入した原告が販売した不動産業者である被告に対して不動産取引に関する説明義務違反に基づいて損害賠償を求めた事案において，被告の説明義務違反を否定した原審を覆し，説明義務違反に基づく損害賠償責任を認めた最高裁判

例を素材にしている（最一小判平 18・6・12 判時 1941・94）。ケース 6-B は，ケース 6-A と同じく売買契約という形式であり，ありうる合理的な業界慣行を前提して想定したソフトウェア供給契約をめぐる架空の事例である。

　さて，読者の皆さんは，L 弁護士がクライアント X や A に行った法的なアドバイスにつき，どのように評価されるだろうか。

　法科大学院で勉強中の学生の皆さんならば，L 弁護士のアドバイスはケース 6-A もケース 6-B も的確であると評価する人もいるかもしれない。どちらのケースも，情報量あるいは経済的な交渉力で優っている相手方主導の契約，言い換えれば交渉力に格差があるという事情は共通しているからである。しかし，ことは，そう単純でもない。

　実務経験を積んだ弁護士であれば，ケース 6-A とケース 6-B において法律相談をされた場合の対応が異なるはずである。まず，ケース 6-A については L 弁護士とほぼ同じような対応をするだろう。判例があれば，L 弁護士のとる態度につき，よりいっそう推測しやすい。しかし，ケース 6-B については，上の L 弁護士のアドバイスは，クライアントの利害と相反する可能性が高い。というのは，業界の慣行に照らし L のアドバイスからもたらされる結果を予測すれば，むしろ長期的にみれば L はクライアントに不利なアドバイスをしたと評価されうるからである。実際，実務上，冒頭事例のような A B 間の取引でトラブルが生じたとしても訴訟に至るケースは，感情的なもつれなどの何らかの特殊な事情がなければ，稀である。

　では，法曹や法学を学んでいる人々以外の人々の反応はどのようなものなのか，想像してみよう。ケース 6-A については，不動産業者 Y に規制を加え，顧客の X の損失は賠償されるべきだと思う人が多いだろう。他方，ケース 6-B については，B 社に規制を加えるべきだと思う人は，ケース 6-A に比べると少ないだろう。このように，当事者間に著しい交渉力格差がある取引のすべてに規制を加えるべきだとは，単純にはいえないのである。

　契約を締結する当事者の交渉力に格差が存在することは，市場では必ずしも珍しくない。否，むしろ常態であろう。にもかかわらず，交渉力格差が存在すれば取引を規制するというルールの設定は，その仕方によっては，際限のない規制，介入を招いてしまうだろう。そして，そうした規制の中には望ましくな

い規制，介入が多く含まれる危険性が高いという意見も出てくるだろう。交渉力格差を是正する方向に機能する契約締結過程における情報提供義務については，2017年5月に成立した民法（債権関係）改正において，「契約締結過程における情報提供義務」の明文化をめぐって立案過程の法制審議会民法（債権関係）部会において審議はされたものの，議論がまとまらず民法典としての明文化は見送られた（中間試案第27・2および法制審議会民法（債権関係部会）第93回会議）。こうした点を踏まえると，交渉力格差への規制に伴い考慮すべき要素が複雑に絡み合っていることが推測できる。

　さて，本章では，市場の契約に対する規制に関わる原理的問題を扱うわけだが，出発点となる視点は，市場で公正な取引ないし競争が行われているのかどうか，ということに置きたい。ただし，この公正という言葉はあまりに茫漠としているので，「やり方の汚さ」という，より直観を直截に反映している日常的な用語も併用することにしよう。冒頭の事例については，公正な取引や競争とは何かという視点で分析・検討することにより，二つの事例の性質の違いが明らかになる。

　ケース6-Aの不動産業者Yは，専門的知識を有して経営計画を提示しておきながら建築基準法の規定の適用を説明せず，「建築主事が建物の二重使用に気がつかなければ支障がないと思いこんでいた」から説明責任はないと主張している。このYの行動は，「やり方が汚い」と感じる人は多いだろう。他方，ケース6-BにおけるB社の行動はどうか。A社B社間の取引は，ソフトウェア業界の慣行に基づいて行われており，もう少し事情が複雑である。一見すると，ソフトウェア業界大手であるB社のやり方は，技術力はあるが経営規模が弱小のA社を，いわば喰い物にするような汚いやり方ともみえる。しかし，こうした否定的評価とは逆に，B社は，堅実な取引相手に限定する保守的な戦略をとらず新規参入の企業であるA社に対し門戸を閉ざさない企業であり，リスク分散のための取引条件を提示した革新的な企業であるという肯定的評価も可能である。事業拡大を目指しているA社にとっては，B社が取引に応じてくれることこそが重要で，A社以外の新規参入を望んでいる企業群全体にとっても，望ましいことである。やはり，B社のやり方あるいはソフトウェア業界の慣行が不公正な取引を形成しているとは，単純に結論づけることはできない。

テーマ6　市場社会と法

本章では，交渉力に著しい格差のある当事者どうしの取引ではあるが，格差を構成するファクター群が異なるケース6-Aとケース6-Bとを素材として，契約自由の原理が機能する市場で，しかも，情報や物や人が国境を越えるグローバル化が進む現代社会において，公正な取引ないし競争の実現にとって，国家や法は，どのように関わるのかという原理的な問題を扱ってみたい。

1　市場秩序の特徴

(1)　市場秩序は設計できるか

　公正な取引ないし競争が行われている市場を実現するために，国家や法は，市場秩序に対し積極的に規制を加えるべきだろうか。この問いに答える前提として，市場秩序の性質を明らかにする必要がある。実は，市場秩序の性質をふまえれば，市場を完全に政府が設計しつくせるという前提で規制を試みることは，市場秩序の性質を無視した愚かな企てであって，直ちに大きな困難にぶつかるということが判明するだろう。

　市場で取引を行う者たちは，自分たちの効用を高めたり利潤を追求したりするという目的を達成するために，貨幣という手段を用いて，財やサービスの交換を行っている。例えば，ケース6-Bでは，ソフトウェア販売をするA社は，B社と当該契約内容で取引することが，他の取引先と取引するよりも利潤をもたらすと判断したからこそ，契約を締結したのである。

　市場経済が確立されている社会においては，政府は，一般的には，不動産の所有権が誰に帰属するかを予め計画したり，ソフトウェアの販売企業や販売数を予め計画したりはしない。取引活動を行う参入障壁が極めて高い共同体，例えば中世ヨーロッパの同業者組合のようなギルドに属することが常態なわけではない。しかし，こうした意味での市場経済が確立された社会は，歴史の中でみれば，むしろ例外的であって，市場経済という装置はありふれたものではなく希少性がある。

　市場経済の参加者であるX，Y社の側やA社，B社の側は自分たちの取引活動が国家や社会に及ぼす影響を考慮しながら必ずしも経済活動を営んではいない。市場において生じた財の分配状況は，何らかのパターン化された分配状況

を望ましいとするような分配的正義に適うように設計されたものではなく，いわば様々な偶然の積み重なりの結果という側面が強い。とはいえ，偶然の積み重なりだからといって，無軌道になるわけではない。このように各人が自分の利潤，効用を求めて活動を繰り返していても，価格というシグナルを媒介にして活動が行われることにより，市場は混沌とした無秩序に陥ることはないのである。こうした特徴を捉えて，市場は，人間の行為によって人工的に造られているという意味で自然とは異なって人為的なものであるが，取引当事者の取引活動を通して自生的に生成されていく秩序つまり自生的秩序（spontaneous order）であると，一般にいわれている［Hayek 1973］。自生的秩序であるということは，市場秩序の最も大きな特徴の一つである。

　では，この自生的秩序という概念の理解をもう一歩深めるために，自生的秩序と対置されるような秩序，一定の目的実現に適うように細部にわたって計画される設計的秩序を，見てみよう。仮に市場が設計的秩序であるとするならば，統治機関が計画を立案して計画に従い経済活動が整然とコントロールされることになる。こうした計画経済は制度としては想定できるし，思想の潮流の中でも肯定的に受け取られていた時代もあった。しかし，計画経済からもたらされる結果は決して望ましいものではないことも判明し，現代においては，自生的な秩序としての市場経済が中心になっているわけである［自生的秩序対設計的秩序に関する議論として，嶋津 1985，橋本 1999］。

　しかし，計画経済が望ましくないからといって，国家による規制や設計が一切許されないという結論が直ちに導かれるというわけではない。例えば，ケース 6-A の元になった最一小判平成 18 年 6 月 12 日の事案では，最高裁判所は，当事者が契約内容に盛り込んでいない信義則上の説明義務を提示しており，これは，不動産業者に対して重大な影響を与える規制であるが，上で述べたように肯定的評価も可能である。また，私人間への規制を目的とする民事法とは伝統的に区別されている領域にも眼を向ければ，不動産業者への規制としては，不動産業者への顧客に対する重要事項の開示を要請する，いわゆる業法，あるいは行政庁による行政指導等が想定できる。自生的秩序としての市場は一切の設計を拒否するのだとまで断定するのは，適切ではない。しかしながら，自生的秩序としての市場に対する規制が望ましくない結果をもたらす大きな危険性

を有していることを，決して忘れてはならないのである。

　市場に対する法による設計主義的な規制が，望ましくない結果をもたらしたという評価がされうる一つの典型例を挙げてみよう。

　日本の民法典は，現行の民法典においても，2017年5月に改正された民法典においても，比較的忠実に契約自由の原理に基づき構築されているといえる。しかし，同時に，借地借家法，借地契約法，利息制限法のような，いわゆる社会法と呼ばれる，民法を修正する特別法が数多く制定されている。こうした特別法の一つである借地借家法は，旧借地法，旧借家法，旧建物保護に関する法律が統合されたものであるが，現在の借地借家法とは，大きな違いがある。現在の借地借家法には，正当な事由がなければ，更新拒絶などの契約終了が認められないタイプの借地借家権と並んで，一定期間が経過したならば貸主側に更新を拒絶する正当事由がなかったとしても退去しなければならない定期借地権，定期借家権が設けられている（借地借家法22条，38条）。しかし，旧借地法や旧借家法は，定期借地権，定期借家権の規定を有しておらず，不動産の借り手の側を厚く保護していた。居住目的の不動産の賃借人を厚く保護するという目的は，同時に不動産の所有者にとっては，不動産を居住目的で貸すことよりも，駐車場として貸す，あるいは更地のままにしておく方が，所有者にとって有利であるという事態を招くことになった。というのは，一旦貸してしまえば，高額の立ち退き料を支払わなければ，賃貸借契約を終了できないので，長期的にみれば，利潤が高められない可能性が高いからである。その結果，日本においては，個人が供給する良質な賃貸不動産の供給量が低下してしまい，その結果，よりいっそう弱い立場の者に不利益が課されることになったといえよう。もちろん，こうした結果は借地法や借家法を制定した当時に予想されていたわけではない。むしろ，すでに不動産賃貸借契約を締結した人たちだけではなく，将来居住目的で不動産賃貸借契約を締結しようとする人たち，つまり土地を借りたり建物を借りたりすることを必要とする人たちにとっても，望ましい結果がもたらされることは，少なくとも暗黙の前提になっていたはずである。このように，不動産の賃借人のような，いわゆる社会的弱者を救済するという目的で施行された制度であっても，自生的な秩序であるという性格ゆえに，市場は設計者の目的を容易に裏切ってしまう帰結をもたらす危険性があることは，十分

に認識しておかなければならない。

(2) 市場に固有の倫理はあるのか

市場が自生的秩序であるとしても，市場が市場参加者たちの効用を最大化することに還元しつくされてしまうものならば，取引や競争の公正さの要請は，市場の外，例えば共同体の倫理や統治の倫理から持ち込まれた倫理に基づくものとなる。しかし，市場には，市場の公共性の基盤ともなりうる，市場特有の倫理がありうるとはいえないだろうか。市場における取引ないし競争について，公正という理念に着目する考え方をとる論者の一人である井上達夫は，「公正な競争は，既得権擁護の政略にも効用最大化の政略にも還元できない倫理的脊椎をもつ」とし，その倫理的脊椎の強靱さは，私たちが公正という規範理念によって何を理解しているかに依存しているとする［井上達夫2000：236］。公正さという理念が市場秩序の中で確固たる地位を占めるためは，市場の外から持ち込まれたものでは十分ではなく，その基盤となる独自の市場倫理の存在が不可欠である。経済世界が秩序のある繁栄を遂げるために必要な基本道徳に関する実証的な研究もなされている。Ｊ．ジェイコブス（J. Jacobs）は，統治（politics）の倫理と対比される，市場の固有の倫理につき，商業や科学研究の場面を実証的に分析して抽出しており，「暴力を閉め出せ」「自発的に合意せよ」「正直たれ」「他人や外国人とも気安く協力せよ」「競争せよ」「契約尊重」「創意工夫の発揮」「新奇発明を採り入れよ」「効率を高めよ」「快適と便利さの向上」「目的のため異説を唱えよ」等を挙げている［ジェイコブス1998］。また，日本では，江戸期以来，経済学と倫理とは連関性があるということが，大阪の私設学問所である懐徳堂に属した山片幡桃のような複数の学者により唱えられてきた［ナジタ1992：432-435］。幡桃は，商人たちが公正でなければならない場面について説明すると同時に，米の供給に関する政策の失敗に関連して，正しい経済的知識を知らされているのではない限り，政府の規制は有害であるとも述べている［富永・山片1973：378-385］。

こうした市場固有の倫理は，市場とは異なる空間としての共同体の倫理と比較をすることで，内容がより明らかになる。共同体においては，その内部の構成員どうしには濃密な関係が構築され，これを基盤として構成員間の平等を基

礎づける倫理が構築されていく。しかし，構成員の平等の実現は，一定の正の価値をもたらしたとしても，同時に，こうした親密な空間の外部にいる者つまりヨソ者との間に協力関係を築くことは困難となるという負の価値も引き受けざるをえない。すなわち，共同体とは，排除の倫理が通用し易い空間なのである。

　他方，相互に無関心である当事者どうしにおいてさえも協力関係を築くことができるという仕組みを提供することこそが市場経済の重要な役割である。市場経済は，共同体的空間で代替できない機能を有しており，このことが市場固有の倫理群の基盤を形成する。

　まず，市場では異質な価値観を抱いた者たちが協力し相互不信を乗り越えるために，お互いが納得できる理に適った説明の提供や成功への期待の存在が不可欠である。こうした合理的信頼のプロセスが阻害されないことが，市場においてはきわめて重要である。では，どのような場合に合理的信頼のプロセスが阻害されるのか。ある個別の取引で自分が損をしただけでは，直ちに合理的信頼のプロセスが害されたとはいえない。しかし，一方当事者が常に損をし続ける仕組みであれば，相手に対する信頼を維持することはできない［桂木 1995：78，105］。よって，こうした仕組みに起因して損失を被ったのであれば，損失補填がなされないことは不公正であると感じるに違いない。例えば，ケース6-Bで示されているように，A社は，B社との一回の取引では自分たちに不利かもしれないが将来的には勝つ機会がありうるからこそB社との取引関係を望むのであって，この場合には合理的信頼のプロセスは害されていない。

　しかしながら，A社が，将来的に必ず利益を得られることが保障されているわけではないことも見逃してはならない。A社が将来の利潤を獲得するためには，自分たちの商品が良い評判を確立することが必要であるが，この成功は確実なものではない。新規参入のA社が利潤を上げるためには，すでに評判を確立している企業と同じことを行っていては適わない。異説であってもこれを唱え，創意工夫をすることで新しい生産技術の革新や資源の開発などのイノベーションとしての刷新を起こす必要がある。まさに，A社の成功は，予測が失敗すれば大きな損をするという危険との裏表にあるといえよう。こうしたA社のように，不確実性の状況の下で予測の失敗という危険を負担している者を表す用語として，経済学では，企業家（entrepreneur）という概念が用いられてきた。

企業家という概念は，資本家や生産者などの人間類型という特定の機能を有するものとして用いられていたこともあったが，現在では，その用語法は変容を遂げている。企業家は，特定化された機能を有するわけではない。むしろ，人間の行動の一つの類型であって，企業家精神という言葉のほうが企業家の本質を表している。したがって，企業家精神の担い手は，財を供給する側に限る必要はなく，財の需要側つまり消費者も，企業家精神の担い手となりうる。こうした企業家精神を有する者の存在こそが市場経済が正常に機能するにはきわめて重大なのであって，市場がダイナミックに発展を遂げていく上には不可欠なのである。また，企業家精神を有する者は，自分たちで問題を見つけて，よりよい解決策を模索していくのであって，さまざまな制度から影響を受けて，企業家精神を陶冶していくことになる。そして，当然，法制度も，このさまざまな制度の中に含まれるのである［企業家の概説的な説明として，江頭 2003］。

　さらに，市場が現実社会に分散して存在している知識の発見や伝達のネットワークとして機能している点に目を向けてみたい。すなわち，市場で利用される知識は，所与のものとしてわたしたちに与えられているのではなく，誰かがそれを発見し伝達しなければ利用できないのであるが，市場は，これを促進する。もし，市場を静止した，ある特定時点で切り取りその姿をモデル化するならば，取引の当事者が相互に同じ知識や情報を保有している，つまり完全情報が完備されていることが，市場の効率性にとって不可欠だと考えられるかもしれない。しかし，市場は静止したモデルとして把握しつくせるものではなく，現実の市場は決して静止しておらず，絶えず動いている。にもかかわらず，もし，取引当事者どうしが完全情報を有するような形を実現するために国家が規制を行うならば，市場の自生的な知識発見や伝達の仕組みが粉々に崩されてしまう危険性がある［Hayek 1964］。例えば，ケース 6-B のソフトウェア供給契約において，A社が有するシステム開発やその需要に関して自ら汗を流して収集した情報をすべてB社に伝えなければならないならば，言い換えれば情報不開示を理由にして不公正な取引とされるなら，A社のような新規参入をしようとする企業家精神に溢れた企業にとっての知識発見のインセンティブは失われてしまうことになるだろう。Aは，収集したシステムの需要の情報に基づいて，販売価格を決定するであろうし，この情報をB社側に秘匿することにメリットを

感じる場合もあるかもしれない。こうした A の態度を不公正であると考えるべきだろうか。おそらく意見は分かれるだろう。これは，市場取引における説明義務を原則的に認めるという方向性の問題の複雑性を端的に示している。

　もちろん市場倫理群は上で挙げたことにつくされるわけではないものの，市場には，国家や共同体の倫理に還元されない特有の倫理群が存在していることは，少なくとも明らかになった。したがって，たとえ公正な取引や競争の実現を確保するという一見正当な目的に基づいた規制であるとしても，こうした市場倫理群に与える影響も十分に考慮しなければならないのである。

2　市場経済と国家

⑴　国家は市場経済に必要か

　現代社会においては，市場に対してさまざまな法的規制が行われている。ケース 6-A における民法 1 条 2 項の信義則上の義務としての説明義務に基づく損害賠償請求権のような，私法の一般法である民法典の条文を用いて裁判の場面で生成した規制とは異なる種類の規制も数多くある。独占禁止法のような市場の競争秩序維持を目的とする，いわゆる経済法も，市場において重要な役割を有している。また，消費者契約法や借地借家法のような，いわゆる社会的な弱者保護を目的とする社会法群，不動産業者などの業者に対する業法のような，いわゆる取締法規群，などのさまざまな規制が考えられる。官庁の通達などの行政指導も，政府が行う規制方法の一つの法現象として捉えるべきである。こうした政府ないし国家が関与した多層な行為指針が組み合わさり，市場経済への規制が行われているのである。

　しかし，そもそも，こうした規制を行う主体である国家とは，市場経済にとって不可欠な存在なのだろうか。国家がなければ市場経済は成り立たないのか。こうした根本的な疑問が生まれてくる。

　一般的には，現代社会において，市場と国家ないし政府との連関性があることは当然の前提とされてきた。しかし，歴史を詳細にみれば，市場は，近代におけるような国家を前提とせずに存在してきたということも事実である。では，現代においても，市場は，国家法としての法システムとは独立した，市場参加

者たちが定立した社会規範群を中心にしてのみ構成されることは可能か。それは不可能であって，何らかの意味で市場にとって国家が必要であるとすれば，たとえば市場が適切に機能しうるためであるとか，市場の暴走を止めるためであるとか，いろいろな理由は想定できるが，そのような場合において国家と市場秩序の望ましい関係とはどのようなものであろうか。

　個人の自由という理念に何らかの価値を置く思想一般を自由論と呼ぶことにしよう。自由論におけるリバタリアニズム（Libertarianism）は，自由尊重主義と翻訳されることもあることが端的に示しているように，個人の経済的自由・財産権も，精神的自由と同様に最大限尊重すべきであるという，きわめて自由志向が強い思想である［リバタリアニズムの概説書として，森村 2001］。このリバタリアニズムは，自由を志向しつつも同時に平等をも志向しうるタイプの平等基底的なリベラリズム（Liberalism）と対置される思想であり，内容や根拠は多様であるものの，組織的な権力を有する国家，政府による中央集権的秩序の構築に懐疑的な姿勢をとり市場秩序ないし市場経済を高く評価する傾向を共有している。リバタリアニズムの中でも，自由志向で政府への懐疑傾向を最も徹底させたのは，市場アナーキズムないし無政府資本主義（アナルコ・キャピタリズム）と呼ばれる思想である。市場アナーキズムは，中央集権的な組織としての国家を解体して，権力の分散を提唱するという，きわめて刺激的な思想である［Stringham 2006］。市場アナーキズムの代表者であるM. ロスバード（M. Rothbard）は，国家のような単一中心的な支配は平和的で互恵的な経済的利益の実現をめざす市場とは馴染まない，とまで断言している［Rothbard 1998：Ch.23］。

　しかし，近代国家の成立以前ならばともかく，現代社会では，国家こそが市場における自発的な交換を侵害する行為を排除したり自発的交換を執行したりする機関として固有の役割を果たしているとするのが，自由論に属するリバタリアニズムやリベラリズムの大勢である。リバタリアニズム理論の代表的著作とされるR. ノージック（R. Nozick）の『アナーキー・国家・ユートピア』は，政府がない自然状態から出発しても人は最小国家（国家が負うのは国防・裁判・治安・その他公共財の提供に限定される）にたどり着かざるを得ないが故に，最小国家は道徳的に正当化されると論証している［Nozick 1974：Ch. 2］。国家がな

テーマ6　市場社会と法　　155

い状態を想定し，そこから導かれる帰結を考慮してみても，市場無政府主義者の主張を全面的に受け入れて「国家は市場経済にとって必要ない」と解答することは，少なくとも現段階ではむずかしい。

　しかし，国家が必要であると考えたとしても，市場と国家とは常に蜜月関係にあったというわけではない。市場経済に関するルールが，国家などの中央集権的な組織の強制力が及ぶ周辺部分で発展していった側面を見逃すべきではない。すなわち，無政府主義の主張は，市場秩序と政府ないし国家法との関係が備えている一種の緊張関係を的確に指摘している点で，やはり無視できない。国家の暴走を押さえ，共同体の排除の論理からも逃れる空間を確保することは，市場経済の重要な役割なのである。しかし，同時に，市場秩序が国家と緊張関係にあるからこそ，市場秩序の暴走を押さえる国家の存在が必要であるともいいうるのであり，市場が国家を越えて拡張していく存在であることは，グローバル化により，市場のますますの拡張が現実化している現代社会において，国家と市場との関係に新たな局面をもたらしている。

　国家と市場との国境を越えての新たな局面の例を一つ挙げてみよう。現代社会においては，国境を越えて多くの企業が活動しており，ある国の企業の活動は他の国の消費者に影響を及ぼすという現象が加速化されつつある。一国の法システムは，他の国の企業活動に影響を与えうるのであって，こうした現象については，国家と市場という二つの秩序の関係が，国境を越えた場で，どのように構築されるべきかという角度からアプローチすることができる。例えば，6-Bのソフトウェア取引の事例の事実関係を一部変更し，技術力はあるが新規参入した弱小企業たるA社が途上国甲国の企業であり，大企業たるB社が先進国乙国の企業であったとしよう。B社が甲国内で，自国の乙国内の国内法では規制されている取引を行っている場合に，A社が乙国の裁判所に対し提訴する権利を促進することは，公正な競争確保のために必要である。このように考えれば，他国で市場での力を濫用する外国企業に対し，当該企業の母国の裁判所に提訴する権利を，事業者だけではなく，消費者ないし消費者の集団に積極的に確保していく必要性についても，同様に検討に値する。市場秩序と国家法との緊張関係に対して敏感であることを意識させる上の事例は，こうしたグローバル化の時代に生じる新たな現象に対して法システムがどのように関わるべき

かという点につき検討するための重要な視角を提供している一例である。

⑵　国家はデフォルト・ルールに関心を有するべきか

　国家の法システムの存在意義をめぐる議論を展開してきたが，実は，国家による法システムには，当事者の合意によって排除できない強行規定と合意によって排除できる任意規定いわゆるデフォルト・ルールが存在する。市場秩序の基本となる契約法においては，契約が有効に締結される条件に関する合意ルールは，一般に強行規定である。他方，契約の具体的な内容を決定する背景的ルールは任意規定が多い。もっぱら法が社会統制する手段であるという，いわば垂直的な見方をするならば，市場においても強行規定を中心に考えることになるだろう。しかし，市場における最も基本的な法としての契約法は，義務を賦課するという指図形式の規範ではなく，権利義務関係を創設・変更・消滅させる力を当事者に付与する権能付与規範と呼ばれる規範によって成り立っている。当事者は契約法という法システムを利用して，自分たちの目的を実現する力を手に入れたともいえる。こうした見方によれば法は垂直的ではなく水平的に把握されるのであり，法の水平的な見方の下では，デフォルト・ルールにも新たな評価が与えられる可能性がある。デフォルト・ルールは選択の自由を一定程度許容するから，市場の自生的な秩序的性格と正面から衝突せず，リバタリアニズムにおいてさえも，強行法規との相対的比較では受け入れやすいであろう。ただし，こうしたデフォルト選択肢を設定するようなチョイス・アーキテクチュアを用いる場合の問題点を指摘するリバタリアンの論者もいる［福原 2017：176-187]。また，デフォルト・ルールがある場合には，利潤や効用についての他の条件が一緒であったとしても，市場参加者たちに有意な影響を与えるということに関する実証的な研究も進んでいる。もちろん，市場への設計を一切排除する立場を採用するならば，デフォルト・ルールに対しては，消極的な評価になる。こうした極端な立場もありうるが，設計による影響を慎重に考慮しつつ試みることが，リバタリアニズムと整合的でないとはいえない。とすれば，リバタリアニズムの立場でさえも，デフォルト・ルールの存在を許容できるのであり，より穏健な他の自由論の立場でも，同様である。

　デフォルト・ルールの積極的意義をめぐる研究は，まだ十分になされてはい

ないが，複数の意義が考えられる。まず，契約内容を具体的に決定する背景的ルールとしての個別の規定群は，当事者に事前の指針を与えるという情報伝達機能を果たしている。また，裁判官などの法曹や法律学を研究する学者に対しても，評価の対象となる個別規定群の情報を提示している。裁判官や学者は，これらの個別規定群につき，法規定やその法規定から生じる結果が抽象的な正義原理などの法の基盤にある価値と調和しているかどうかや，法システム全体との整合性があるか，あるいは法規範から生じる帰結などを評価することができ，こうした評価に基づいて，当事者の生成した合意の内容を検討したり解釈したりすることになる。デフォルト・ルールの意義は，自由論の立場からもまさに真剣に検討するに値する問題である。

(3) 市場社会の当事者たちは誰か

　市場社会の当事者になるためには，何らかの条件が必要であろうか。西欧中世においては市場で商売を行うためにはギルドに属しているなどの厳しい条件が課されていたし，日本においても，似たような状況が存在した。しかし，いわゆる近代法では，原則的には誰でもが市場に参加できるという理念に基づいた制度が確立された。私権の享有は出生に始まるという権利能力平等の原則は，その思想の表れである（民法3条1項）。そして，近代法では，取引を行う当事者は，対等な人格を有する抽象的な存在として取り扱われており，身分，人種，性別等は，市場社会の当事者の資格としては無関係なものとなるという前提に基づいている。近代法が形成された当時においてさえも，この前提はリアリティのあるものとして了解されていたわけではなく，あくまでフィクションであったものの，まさに意味のあるフィクションであった。

　そして，こうした近代法の理念に比較的忠実であり続けているのが，上に紹介したリバタリアニズムの立場である。リバタリアニズムによれば，法的拘束力が発生するには，自発的な交換であることが必要であり，しかも自発的交換以外の条件は必要ないとする。すなわち，自発的交換が，法的な拘束力の必要十分条件であるとするわけである。よって，市場における財やサービスの分配状況については，権限を保有する者による，自発的な交換による移転の結果こそが，正義に適ったものと評価するという立場にまで至る［Nozick 1974 : Ch.7］。

リバタリアニズムは，税制度を活用することにより，市場競争の帰結として生じた貧困層などの困窮者たちへの財の再分配を行うことについては，消極的な態度をとっている。他方，リバタリアニズム以外の自由論の立場では，一定の場合に分配的正義の理念に基づく財の再分配を認めるものの，やはり，こうした分配的正義の実現は市場で行われるべきではなく，市場以外の制度装置，例えば税制度やさまざまな福祉政策の問題とすることが多い（独自の角度から社会保障制度と私法との架橋をはかる議論として，本書テーマ7「社会保障法制度の再構築——不法行為法との比較の観点から」，税制度についてのリバタリアニズムに批判的議論として，本書テーマ9「租税の正義——金融所得分離課税の法哲学的検討」）。

さて，リバタリアニズムによれば，自発的な交換であるかどうかの基準は，権利を有する他者からの影響の有無によって決定される。このようにリバタリアニズムは，自由論の中で他者から干渉されないという消極的自由を最も尊重する立場であるが，そのリバタリアニズムの立場でさえ，市場参加者の資格として最低限の自律性を備えていることが必要とされるのが一般的である。この自律性という用語の意味は多義的であり，自律的であるか他律的であるかは，他者から影響を受けないで自己の判断を構成することができるかどうかによって区別するという，いわば「強い自律性」を要請する立場もありうる。しかし，リバタリアニズムの論者の多くが用いる自律性とは，ある程度成熟した個人ならば有しているような，比較的緩やかな自律性である。「強い自律性」は，現実社会では調達することはむずかしく，とりわけ他者への同調傾向が増加している現代社会においては，不可能である。逆に，そうした強い自律性を基準とすることで，際限のない国家からの干渉を呼ぶ呼び水となる危険性が高い。よく用いられるレトリックは，自律性の或る理念型に到達していない個人については，国家による規制によって「真の自律性」を実現することが要請されるというレトリックで規制を正当化する主張である。自律性という用語を用いないという戦略をとるリバタリアンは，「真の自律性」というレトリックで展開される主張の危険性を回避することを主たる目的としているともいえよう[Barnett 1998 : Ch.3 footnote 31]。自律性という用語を一切用いないという戦略は効果的であるものの，些か極端であって，一般に通用している自律性という用語を封じ込めない，もう少し穏やかな戦略をとることも可能である。それは，

自律性の欠缺から一足飛びに規制の正当性という結論に至ることを回避し，市場参加者の保有すべき自律性とは，多かれ少なかれ程度の問題であることを意識した上で，自律性の程度を少しずつ慎重に高めていくという戦略である。

このように自律性の程度を段階的に判断する際，自律性の程度を判断するための要因についても言及しておきたい。もし，自律性を程度問題と解するならば，契約当事者は，契約の交渉過程において，自分に影響を与えうるような現実の規制や圧力等を意識した上で，これらを批判的に吟味して，熟慮の結果として判断を下すことができればできる程，より自律的となるという結論が導かれる。とすれば，二つの要因が抽出できることになる。第一は，外在的要因であり，契約当事者を取り巻く環境，具体的には，利用できる選択肢が十分であったかどうかということである。第二は，内在的要因であって，契約当事者の自意識という要素である。この二つの要因は密接に関係しているものの，あくまで区別すべきであり，両者の相関こそが考量されなければならないのである。

近代法の下では，市場社会の当事者は，身分，人種，性別等に無関係な抽象的な対等な当事者として措定されていた。しかし，市場社会には，実にさまざまな当事者が活動している。財・サービスの供給を行う者つまり事業者もいれば，もっぱら供給される側の者つまり消費者もいる。また，主体の属性についても，自然人たる個人だけではなく，財産の集合体（いわゆる財団）や人の集合体（いわゆる社団）も大きな役割を占めている。さらに，市場の活動目的についても，収益活動を行う，つまり利潤・効用の追求を目的とするような企業体もあれば，これら以外の目的，例えばNPO法人のように社会貢献を目的とするものや，より私的な構成員の親睦を目的として設立された団体もありうるし，複合的な目的を有する団体もありうる。また，ケース6-Aのように自然人であっても自己の資産の有効利用を目的にして，取引に入る当事者もいる。さらに収益活動を行う団体であっても，主たる目的は，構成員への利益配分ではなく社会貢献であるような団体の存在も想定できないわけではない。こうしたさまざまな要素の複雑な組み合わせが，市場参加者の主体を構成しているのである。こうした主体を構成するさまざまな要素を一切捨象した存在だけがフィクションとして望ましいとまではいえないものの，だからといって，ある特定の属性を捉えて定型的に規制を用いて保護したり市場から排除したりする

ことは望ましくない。したがって，市場参加者の属性として，こうしたさまざまな要素が混在していることを認知し，公正な取引や競争の条件を検討する際のファクターとして取り上げる可能性を開くことは重要である。その上で，こうした複雑な要素のうち，どれをどの程度まで法という制度的枠組みのなかで考慮していくべきかが問われなければならない。

では，さらに進んで，情報量や経済的交渉力が劣るような弱い者については，公正な競争状況を確保するためには，市場社会には適合しないとして始めから排除したり（適合性原則），原則的に厚い保護を与えたりするべきだ，という主張まで正当化されるだろうか。

冒頭のケース 6-A もケース 6-B も，いずれも，契約当事者の間に交渉力の優劣が存在する場合である。ケース 6-B では，A社もB社もいずれも事業者であるものの，A社は，B社に比べて，弱小の新規参入企業であり，経済的交渉力は著しく劣っている。しかし，法が規制することで交渉力の差を埋めることは，すでに指摘したように，A社自身だけではなく，長期的に見れば，A社と同様に企業家精神に溢れた企業の新規参入を妨げる望ましくない結果となる。

次に，ケース 6-A であるが，不動産売主Xは消費者であって情報の収集能力が事業者のYやMに比べて著しく劣っていることは明らかである。では，Xが情報を獲得しなかったために生じた不利益を填補するために，Y社の利潤をXに移動するような結果を招く保護を与えるべきかどうかについてはどうか。一見すると，原則的に消費者であるXには保護を与えることが望ましいと考えられるかもしれない。しかし，そう単純ではないだろう。市場経済が確立したことで，人は，自分たちの仲間以外の者たちとの間でさえも新たな関係を容易に築くことができるようになった。言い換えれば，個人は，市場経済における契約という仕組みを利用することによって，自分たちを取り巻いていたさまざまな情緒的な絆に依存せずに，国家等による強制からも逃れて，関係を築くことができるようになったのである。契約自由の原理の背景は，利潤の追求の条件に還元し尽くされない，このような側面があると捉えるべきならば，消費者Xが当事者であるケース 6-A についても，国家からの規制については，慎重な検討が必要となろう。慎重な検討とは，例えば，消費者が主体であったとしても，規制を主張する側が規制の正当性について主張・立証責任を負うという

テーマ6 市場社会と法

考え方を採用するなどが，具体的な方策として挙げられるであろう。

市場秩序の参加者については，結論的にいえば，当初の間口は広く捉えるべきであって，包括的な何らかの限定を加えるべきではない。すなわち，財を供給する側のみならず，もっぱら供給を受ける側つまり，いわゆる消費者をも含めて，市場社会の当事者であるということを前提にして，それぞれの主体の複数の要素を考慮していく中で，公正な取引や競争の実現を考えていくという方向性こそが望ましい。

3 市場社会と司法

(1) 司法による市場の紛争解決の意義は何か

市場秩序と国家との関係は，市場で生じた紛争解決という領域においても，問われなければならない。現在，国家権力をベースとする単一的中央集権的な法システムが法システムの中心となっているものの，こうした法システムが市場秩序と関わる形はさまざまである。国家は，法令の制定のような立法行為の形式で，あるいは行政計画，行政指導あるいは行政処分のような行政行為という形式で，あるいは判決，決定という司法判断の形式で，市場秩序に対して規制を行っている。こうした国家による規制のうち，市場で生じた個別の紛争解決について主要な役割を担っているのは，裁判所による判決という解決方法であって，日本の現状では，実務法曹が活躍する場の中心もまた，この司法である。最後に，司法は，市場の紛争を適切に解決できるのかという問題を考えてみよう。司法による解決は直接的には個別事例に対してのみ行われるから，立法に比べて，市場秩序自体への浸食はゆるやかである。よって，司法による判決の集積をまって立法行為や行政行為が発動されることが原則的には望ましい（景観紛争を素材にした司法，立法による紛争解決に適した領域自体をめぐる議論として，本書テーマ8「景観紛争における公共性——法と経済学の射程」）。

市場秩序の育成にあたっては，市場参加者たちの間の個別ビジネス関係の中で発生するルールや業界慣行のようなビジネス上の取決めのような行為指針としての社会規範も，重要な役割を果たしていることはいうまでもない。例えば，ケース6-Bでは，A社とB社との間で納品された商品の質をめぐって紛争が

生じたとしても，業界慣行を背景にした交渉で解決されることが多いだろう。こうした市場における紛争解決の特質を考えれば，司法による紛争解決の特質を検討するにあたっては，立法行為や行政行為との比較だけではなく，自生的な秩序である市場秩序内部での紛争解決機能にも目を向ける必要がある。

　立法行為や行政行為に比べると，司法による解決は解決すべき個別具体的な事例との関連が要請されるという点で，市場秩序内部の解決方法により近い。言い換えると，両者とも，抽象的な概念からの演繹や鳥瞰的な設計によるのではなく，具体的な解決すべき問題との関わりで解決を模索するという問題志向的な性格を有している。しかし，両者，つまり司法による解決と市場秩序内部の解決とは，共通点ばかりではない。

　第一に，市場秩序内部に解決が委ねられている状況と比べると，裁判所による判決とは，当事者の従前の関係を断ち切りかねないような，まさに国家権力を背景とした強制的な解決である。強制力の発動は利点であると同時に，ここに問題解決へ向けての切迫した必要状況を示すシグナルでもある。いわば，関係を断ち切っても紛争を解決したいという当事者の要求の発露である。

　第二に，紛争の解決基準となる法規範定立に向けた裁判所の決断が同定可能であるということが，司法の大きな特徴となる。他方，自生的秩序である市場内部での紛争解決においては，判決書のような形式で表示されることはない。裁判所で下される判決に向けてのプロセスを支配するのは，いわゆる法的思考と呼ばれる特有の思考様式であるが，訴訟の場で採用されている法的思考は，市場秩序内部での解決で用いられる思考形式とは同じではない。もちろん，法的思考といっても，実は多様であるが，裁判における法的思考の典型と一般に言われてきた法的三段論法によれば，法規範の要件・効果をどのような内容として定立するのか，どのような事実が当該法規範に包摂されるかということが，判決書の記述内容に示されるのである（法的三段論法の法哲学上の意義をめぐる議論として，本書テーマ1「法の支配と法的思考——「法の論理」は裁判官の法的思考をどこまで拘束しうるか」）。

　ところで，法的三段論法の大前提となる法規範は，二つの異なる種類の規範によって構成されているのだというのが，法律学における，近時の共通了解である。すなわち，一つは，要件と効果を比較的明確に定めるルールと，もう一

つは，抽象度が高く一定の指針を示している原理である。原理の典型例は，民法1条2項の信義則や民法709条の不法行為における過失である。市場に関わる法システムにおいてはルールが占める量的割合が高いものの，原理の果たす機能がきわめて高いのである。こうした原理の適用にあたっては，具体的事例の連関性の中で意味内容を充塡していかなければならず，例えば，信義則の内容は，条文を見ただけでは判然とせず，具体的事例の中で初めて明らかになるため，原理の適用にあたっては，裁判所の法定立に向けた意図ないし決断が露わになる。ただし，実は，ルールの適用にあたっても，原理ほど顕著ではないにしろ，ルールの解釈作業の中で裁判所の決断が示されている。

　こうした裁判所の行為の性質については，例えば意思表示のような法概念の操作から演繹的に導出されるような，機械が行うが如き完全に客観的なものではない。また，例えば裁判官が市場原理主義者，環境擁護主義者，ないしは消費者保護運動に共感している者であるかに依存するような，ある特定の政治的な意図に基づいて判決が下されるわけではなく，つまり完全に主観的なものではない。こうした性質を有する裁判所の法解釈の正当化様式をめぐっては意見の一致はなく，さまざまな議論が積み重ねられている（議論の詳細については，本書テーマ1）。加えて，そもそも，法規範の意味は法の制定や判示された段階から確定的に決まっており，そこから水源池のように一定の解釈が導き出されなければならないという伝統的な考え方自体も，近時は揺らいでいる。法の確定性に対する疑いは，ある特定の結論に決断を下した時点で制定時に遡って意味が確定するという立場（根元的規約主義）さえも生み出している［根元的規約主義の議論として，野矢1990，田島2000，大屋2006］。

　市場秩序における紛争においては，法の不確定性という特徴をどうしても意識せざるを得ない原理の果たす機能が高いことから，司法による市場紛争解決の問題を検討する際に，法解釈の正当化様式を併せて議論する必要性は，よりいっそう高い。

(2) 単一型秩序は市場社会にふさわしいか

　(1)では，国家による司法としての裁判所を中心に検討してきたが，実は，現代社会においては紛争解決制度を担っているのは裁判所だけではなく，代替的

な紛争解決制度つまり ADR（Alternative Dispute Resolution）も重要な役割を果たしている。この ADR の主体は，裁判所や行政庁のような国家機関に限られず，民間機関も含まれており，ADR には，裁判と大きく性格が異なる調停型もあるが，問題解決のために決断を下すという点では裁判所と共通の機能を有する裁定型の ADR もある。仲裁は，裁定型の ADR の代表であり，例えば，ケース 6-B のような事業者間の契約においては，しばしば仲裁条項が用いられる。

　すでに述べたように，司法による解決は，紛争の解決基準となる法規範定立に向けた裁判所の決断が同定可能であるという特徴を有しており，これが，公正な取引ないし競争の保障にとって，司法が市場内部における紛争解決に比べて，優れている点である。というのは，司法プロセスは，内容の望ましさに対する批判に開かれており，とりわけ，ビジネス関係や業界慣行に由来する基準が，往々にして既得権益の擁護のような不公正な目的に基づくことも多い場合には，司法プロセスが利用されて判決が公開され批判に晒されること自体が，市場の紛争を適切に解決する有効な手段を提供しうるからである。現在行われている仲裁判断は，司法プロセスに比べて制約はあるものの，裁定者の判断が同定できる点では共通している。

　仲裁や民間機関による調停のようなタイプの ADR は，経済的コストや時間的コストを低減させることで正義へのアクセス効率性を高め，裁判所では対処しきれない専門性の高い紛争に適切に対処できる可能性もある。ただし，近代以降の社会では，紛争解決機関の判断を強制的に執行する力は，国家によって専有されており，ADR 機関の紛争解決能力は，国家による裁判所に従属的な地位にならざるをえず，このため，強制力の欠缺という点では，ADR は市場秩序内の解決と共通している。例えば，市場参加者が事前に仲裁合意を行ったとしても，仲裁機関が強制執行力を有していないならば，紛争の両当事者が良好な関係の継続を重要視していない場合には，仲裁合意は単独では実効性を有しないからである。

　では，何故，そもそも ADR は，司法の代替的制度なのか。この問題も，市場秩序と国家秩序との関係に深く関わっていることは明らかである。そもそも司法という制度は，国家が専有すべきものか，もし専有すべきならば，その理由は何か，ということから考えてみよう。

テーマ6　市場社会と法　　165

　すでに述べたように，法は，主権国家が存在しない社会においても存在し発展してきた。古くは，クロムウェルに征服されるまでの古代アイルランドにおいては，1000年間にわたり，国家により司法が管理された形跡がなく法執行も競い合う団体によって行われた社会であったし，シャンパーニュのようなヨーロッパの国際貿易の主要な取引場所において商人や貴族，教会が運営する裁判所が顧客を求めて競争していた。こうした部族の慣習や，コモンローの判事および裁判所，商事裁判所の商慣習法，船主たちが自分たちで設置した法廷の海事法を見れば，市場秩序は，国家を前提とせず，自前の紛争解決手段を発展させてきたといえるだろう。

　現代社会においても，こうした分散型秩序の復権を強く主張するのが市場無政府主義者たちである。市場無政府主義者で帰結主義的リバタリアンであるD.フリードマン（D. Friedman）は，裁判と強制執行を政府が独占することを，巨大で非効率な政府独占であると批判し，アメリカの最大の組織であるアメリカ仲裁協会（AAA）を例にとり，現在民事裁判によって行われていることは，民間の機関によって，より良く実現されるとする［Friedman 1989 : Ch.29］。いわば，司法サービスも市場による競争に晒されることを要請するわけである。実は，ADRの実効性の確保を強調すればするほど，辿り着くのはこの市場無政府主義者たちの主張であるというのは，言い過ぎであろうか。いずれにしても，市場無政府主義者の主張は，近時のADRの積極的評価と通じるものがあり，公的な裁判所が，果たして民間の司法機関よりも専門性や効率性の点で優れているかどうかを真剣に検討する必要性を指摘している点できわめて重要である。

　しかし，ADRの評価をするにあたっては注意しなければならない点がある。これを最後に指摘しておこう。現在の仲裁等のADRと司法府による審理・判決との最も重大な違いは，後者は，解決基準の公開性が担保されているが，前者はそうではないということである。果たして，非公開なプロセスの中で生成する法システムにおいて，公正な紛争解決が担保されるのだろうか。民間が担い手であるということと非公開であるということは必ずしも必然的に結合しているわけではない。民間は政府機関ではないという意味で公共の機関ではないが，公共性には公開という意味もあり，この意味で，民間機関であっても，紛争解決の公共性を確保する要請はあるともいえよう。市場における司法サービ

スをめぐる公正な競争と司法サービスの質の向上というのは魅力的な想定ではあり，司法制度改革による実務法曹数の増加という条件が加わり，実現を可能とする環境整備への第一歩は踏み出したという評価もできるかもしれないが，まだまだ解決すべき問題が，例えば本書テーマ1で議論された伝統的な法の支配原理は，本章で述べたような分散型秩序と果たしてうまく整合するのかのような問題が，多いと言えるだろう［山田2009］。

結　語

　本章では，自由論の，とりわけリバタリアニズムの立場からのアプローチを中心にして，市場秩序と法との関係，そして市場秩序と国家秩序との関係についての原理的な考察を試みた。リバタリアニズムへの評価はさまざまであるものの，市場秩序の文脈では，リバタリアニズムの分析は緻密で鋭く，自由論一般に通底する視点を提起しているからである。冒頭で掲げた著しい交渉力格差がある二つの事例の対比が示しているように，著しい交渉力格差を是正すべきであるという単純な結論を下すことが生み出しうる問題状況を了解してもらえたら，本章の目的は一応遂げている。市場秩序の自生的な性格や市場固有の倫理の機能を理解すれば，国家法による規制の危うさを強調するリバタリアニズムの主張の意図は，より明確になる。そして，公正な取引や競争という視点が市場で固有の意義を有することを認め，同時に国家の法制度による規制が一切認められないという結論にも賛成できないとすれば，国家権力への抑制にもっぱら眼を向けてきた従来のリバタリアニズムを超えて，市場秩序と国家秩序との望ましい関係を模索する試みへと繋がっていくことになろう。

　具体的には，現代社会においては多様な法規制が存在しており，国家の強制力の直接的な発動である強行法規だけに留まらない新たな視点，例えばデフォルト・ルールの意義，主張・証明責任の分配の基準，司法の固有の役割なども，市場秩序と国家秩序との関係を考えるうえで，取り上げなければならない論点である。これらの問題群については，法規制の内容だけではなく機能の仕方についても分析・検討しなければならない。そのためには，法実務，実定法学および基礎法学の領域にわたる研究協働が必要である。このように，個別的には

テーマ6　市場社会と法　　167

多面にわたって扱われるべき問題群が残されているが，そうした検討において，市場秩序と国家ないし法秩序との関係は，いずれかが優劣すると捉えるべきではなく，その均衡も決して固定化しているものではないことを忘れてはならないのである。

発展的学習のための読書案内

アイン・ランド（脇坂あゆみ訳）『肩をすくめるアトラス』ビジネス社，2004年：娯楽小説の形をとっているが「普通のアメリカ人」にリバタリアニズムの政治思想を根づかせてきた長編小説。中身も面白く，1957年公刊以降アメリカのベストセラーであり続けていることこそが興味深い。

嶋津格『問いとしての〈正しさ〉－法哲学の挑戦』NTT出版，2011年：自生的秩序としての市場を重視する筆者が，誰もが逃れられない「正しさ」をめぐる問いを様々な角度から扱った刺激的な論文集。本章との関係では，「第I部法概念をめぐって」，「第II部〈正しさ〉をめぐって」がとりわけ参考になる。

森村進編著『リバタリアニズム読本』勁草書房，2005年：リバタリアニズムを中心とする政治思想の基本用語ならびにリバタリアン・古典的自由主義者たちの基本文献を，2頁から4頁で紹介したリーディングス。より専門的な文献への最良のイントロダクションである。

尾近裕幸・橋本努編著『オーストリア学派の経済学』日本経済評論社，2003年：本書の構想の背景にあるオーストリア学派の全貌について，市場，知識，企業家などトピックごとにわかりやすく解説した本。

山田八千子『自由の契約法理論』弘文堂，2008年：契約法理論との関連でリベラリズム，リバタリアニズムの政治思想や根元的規約主義を展開した，本章の考え方を敷衍した本。

引用文献

Barnett, Randy E. 1998: *The Structure of Liberty*, Oxford U. P.（嶋津格・森村進監訳『自由の構造――正義・法の支配』木鐸社，2000年.）

江頭進 2003：「企業家論――カーズナー，ハーパー」尾近裕幸・橋本努編著『オーストリア学派の経済学』日本経済評論社.

Friedman, David 1989: *The Machinery of Freedom*, Open Court P.（森村進他訳『自由のためのメカニズム――アナルコ・キャピタリズムへの道案内』勁草書房，2003年）.

福原明雄 2017：『リバタリアニズムを問い直す――右派／左派対立の先へ』ナカニシヤ出版.

橋本努 1999：『社会科学の人間学――自由主義のプロジェクト』勁草書房.

Hayek F. A. 1964: "The Use of Knowledge" in *Individualism and Economic Order*, Routledge

168 　　　　　　　第Ⅱ部　市場・規制・分配的正義

& K. Paul.（田中真晴・田中秀夫編訳「社会における知識の利用」『市場・知識・自由』ミネルヴァ書房，1986年.）

Hayek, F. A. 1973-1979: *Law, Legislation and Liberty*（reprinted Routledge）: Volume 1 *Rule and Order*（1973），Volume 2（1976），Volume 3（1979）.（矢島均次・水吉俊彦訳『法と立法と自由Ⅰ』，篠塚慎吾訳『法と立法と自由Ⅱ』，渡辺茂訳『法と立法と自由Ⅲ』春秋社，1987-1988年).

井上達夫 2003：『法という企て』東京大学出版会.

ジェイコブス，ジェイン 1998：『市場の倫理　統治の倫理』（香西泰訳）日本経済新聞社.（Jacobs, Jane, *Systems of Survival: a Dialogue on the Moral Foundations of Commerce and Politics*, Vintage Books, 1994.）

桂木隆夫 1995：『市場経済の哲学』創文社.

森村進 2001：『自由はどこまで可能か――リバタリアニズム入門』講談社現代新書.

ナジタ・テツオ 1992：『懐徳堂　18世紀日本の徳の諸相』（子安宣邦訳）岩波書店.

野矢茂樹 1990：「根元的規約主義：論証の生きる場としての論理」現代思想18巻10号.

Nozick, Robert 1974: *Anarchy, State, and Utopia*, Brackwell.（嶋津格訳『アナーキー・国家・ユートピア――国家の正当性とその限界』木鐸社，1992年.）

大屋雄裕 2006：『法解釈の言語哲学――クリプキから根元的規約主義へ』勁草書房.

Rothbard, Murray Newton 1998: *The Ethics of Liberty*, NewYork U. P.（森村進・森村たまき・鳥澤円訳『自由の倫理学――リバタリアニズムの理論体系』勁草書房，2003年.）

嶋津格 1985：『自生的秩序――Ｆ・Ａ・ハイエクの法理論とその基礎』木鐸社.

嶋津格 2011：「第Ⅰ部　法観念をめぐって　4〈私〉の生成」『問いとしての〈正しさ〉－法哲学の挑戦』NTT出版.

Stringham Edward P. 2006: "Introduction" in *Anarchy and the Law*（E. P. Stringham ed.），Transaction Publishers.

田島正樹 2000：「野矢茂樹『哲学・航海日誌』書評」哲学・科学史論叢2号.

富永仲基・山片幡桃 1973：『日本思想史大系（43）　富永仲基　山片幡桃』岩波書店.

山田八千子 2009：「リバタリアニズムとADR」森村進編『リバタリアニズムの多面体』勁草書房.

テーマ7

社会保障法制度の再構築

——不法行為法との比較の観点から

浅 野 有 紀

はじめに

ケース7-A

　原告Xらは，被告である国Yが国民に義務付け，または推奨している予防接種によって死亡あるいは重い後遺障害をこうむった児童とその両親らの集団である。Xらは，Yに対し，①国の不法行為として国家賠償法による損害賠償，あるいは②憲法29条3項に基づく損失補償が認められるべきことを主張している。①については，接種担当医師が接種禁忌者識別のための予診義務を尽くさなかった個人的過失か，あるいは厚生大臣が，予防接種の危険に鑑みて，予診によって禁忌者を識別・除外できるような具体的施策を制定し，予防接種業務を指揮監督し，担当医師や国民に副作用や禁忌について周知を図ることを怠った制度的過失があったと主張している。②については，憲法29条3項は財産権が収用・制限される場合の国家補償を定めているが，財産より重要な生命身体への特別な犠牲が生じた場合にこのような補償を否定する合理的理由はなく，これについて補償を認める規定が別途なくとも，当該条項から直接に請求が認められると主張している。

　これに対しYは，①については，接種担当医師の過失は，発熱があったにもかかわらず接種したような例外的なケースを除いて，接種実施時には死亡や障害の結果は予見できないものであったから認められず，厚生大臣についても，予防接種関係法令の定めおよびその下での行政上の措置は，いずれもその時点における専門技術的判断として合理的かつ正当な根拠があったものであるから，過失や違法性は認められないと主張している。また②については，財産権の収用・制限に関する憲法29条3項を，それとまったく質的性格を異にする生命身体の犠牲に類推適用することはできず，事故被害者への具体的な補償義務の存否およびその

要件効果の規定は立法府の裁量に委ねられている，と反論している［加藤 1991：173-185］。

ケース 7-B

　原告Ｘは，被告Ｙの過失運転による交通事故により死亡した国家公務員の遺族である。Ｘは，国家公務員の遺族として，国家公務員等退職手当法による退職手当，国家公務員共済組合法による遺族年金，国家公務員災害補償法による遺族補償金等の各給付を国より得た。Ｘは，これらの給付は，国家公務員の遺族としての資格に基づく社会保障給付であって，Ｘが相続した，死亡した本人の加害者に対する不法行為法上の損害賠償請求権とは無関係であると主張している。これに対し，Ｙは，これらの各社会保障給付は，国家公務員の収入によって生計を維持していた遺族に対する収入保障であり，遺族にとって右各給付によって受ける利益は，死亡した者の得べかりし収入によって受けることのできた利益と実質的に同一のものであるから，損害賠償額の算定にあたっては，右各給付相当額は控除されるべきであると反論している。

　比較的最近も，子宮頸がん予防ワクチンの安全性が問題となったように，予防接種は安全であると推奨されていても重大な副作用を生じることがある。予防接種のように，通常は個人と公共の福祉を向上させる行為による，予見困難かつ稀な副作用の発生を，医療過誤，又は国の不法行為と考えるべきであろうか。或いは個別的な不法行為ではなく，より集団的な社会保障的救済の問題とみるべきであろうか。

　この章の目的は，予防接種禍を一つの素材としつつ，不法行為法との関係を如何に理解するかという観点から，社会保障法制度の現状を認識し，その再構成の方向について考察することである。このような目的から，ケース 7-A の①②の争点およびケース 7-B の争点を分析してみよう。

1　二つのケースから考察される社会保障法制度と不法行為法の関係──三つの視点

⑴　ケース 7-A ①の争点から──不法行為法と社会保障法制度の理念的相違

　まず，ケース 7-A ①の争点において，Ｘは予防接種禍が不法行為によるものであると主張しているのに対し，Ｙはそれを否定し，被害者の補償は一般的な政策の問題として立法府に委ねられるとしている。この点に関する判断と

して重要な参考となる裁判例として，東京地裁昭和59年5月18日判決（判時1118・28）を取り上げたい。ここでは，国の不法行為責任を否定しつつ，次のように述べられた。

> 「いわゆる強制接種は，……伝染の虞がある疾病の発生及びまん延を予防するために実施し，……それは，集団防衛，社会防衛のためになされるものであ」る。そして，「いわゆる予防接種は，一般的には安全といえるが，極く稀にではあるが不可避的に死亡その他重篤な副反応を生ずることがあることが統計的に明らかにされている。」「（一般社会のために）生命，身体について特別の犠牲を強いられた各被害児及びその両親に対し，右犠牲による損失を，これら個人の者のみの負担に帰せしめてしまうことは，生命・自由・幸福追求権を規定する憲法13条，法の下の平等と差別の禁止を規定する同14条1項，更には，国民の生存権を保障する旨を規定する同25条の……法の精神に反するということができ」る。そして，被害者に対して「国民全体の負担において，これを償うべきものと解すべきか」否かは「一つの政策の問題に帰着する」。（判時1118・144-145）

ここでは，予防接種禍のような，伝染病予防という公共の福祉の優先から生じた個人的被害の問題は，Xの主張するような不法行為法の問題ではないことが示されている（これに対し，本件の控訴審判決である東京高裁平成4年12月18日判決（高民45・3・212）では，医師個人の過失ではなく，厚生大臣の制度的過失を認める判決を出しており，福岡高裁平成5年8月10日判決（判時1471・31），大阪高裁平成6年3月16日判決（判時1500・15）などとともに，高裁レベルでは国の過失責任の認められる場合についての判断基準の足並みが揃ったものと解される）。他方で，医師の過失や厚生大臣の過失が存在せず，不法行為が成立しない場合にも，憲法13条，14条，25条による損失補償の可能性があることが論じられている。中でも25条は，わが国の社会福祉国家としての基本規定であり，その規定の精神から導き出される本件での損失補償の可能性は，社会福祉・社会保障政策の一環としての意義を有するものである。

そこで，ケース7-A①の争点を不法行為法と社会保障法制度の関係という観点からみる場合には，これら両制度の理念の違いが認識されなければならない。不法行為は如何なる場合に成立するのか，また不法行為が成立しない場合

に如何なる救済があり得るのかという問題について，「不法行為法＝故意過失による加害行為に対する賠償を認めるもの」，「社会保障法制度＝生存権保障の具体化として，不法行為には該当しない損害惹起行為に対しても損失補償を認める可能性のあるもの」，という違いが浮かび上がることになる。

⑵　ケース7-A②の争点から──生命・身体侵害における不法行為法と社会保障の接近の可能性

次に，ケース7-A②の争点において，ここでも，前述の東京地裁昭和59年5月18日判決がどのように述べたかをみてみよう。本判決は，原告Xの主張を容れて，憲法13条，25条の精神に基づき，「生命，身体に対して特別の犠牲が課せられた場合においても，右憲法29条3項を類推適用し，……被告国に対し正当な補償を請求することができると解するのが相当である」と述べている。

憲法29条3項の類推適用という救済手法は，⑴で述べたように，予防接種禍では不法行為責任が認められないことを前提にしたものではある。その意味で，不法行為法と社会保障法制度の違いを前提にしている。他方で，同判決は，補償の認められる「損失」に，不法行為損害賠償の範囲と同様，死亡や後遺症による全損害と慰謝料をも含めており，その点で不法行為法と社会保障法制度の違いが不明確になっている。

25条の生存権保障は，「最低限の文化的生活の保障」をその内容としており，不法行為法における損害賠償のように，個々の損害惹起行為の結果生じた被害を填補することを内容としていない。また，具体的な補償については，29条3項の財産権の公的収容の場合の補償規定が類推適用されたが，憲法29条3項にいう「正当な補償」は，必ずしも，不法行為法における損害賠償と同じものであるとは解されていない［加藤1991：198］。

例えば，戦後の農地改革における，自作農創設特別措置法に基づく農地の公的収用について，昭和28年12月23日最高裁大法廷判決（民集7・13・1523,1525）は「憲法29条3項にいうところの財産権を公共の用に供する場合の正当な補償とは，その当時の経済状態において成立することを考えられる価格に基き，合理的に算出された相当な額をいうのであつて，必ずしも常にかかる価

格と完全に一致することを要するものでないと解するを相当とする。けだし財産権の内容は，公共の福祉に適合するように法律で定められるのを本質とするから（憲法29条2項），公共の福祉を増進し又は維持するため必要ある場合は，財産権の使用収益又は処分の権利に制限を受けることがあり，また財産権の価格についても特定の制限を受けることがあつて，その自由な取引による価格の成立を認められないこともあるからである」と述べ，対価の採算方法を地主採算価格によらず自作収益価格により，かつその収益価格の基準となる米価を，食糧管理法における公定価格によって算定することを正当化した。

地主が，自作農創出という公共の福祉のために，財産を多く喪失する結果を導き出す「正当な補償」のこのような解釈によれば，29条3項の補償と，こうむった全損害に対して認められる不法行為法上の損害賠償とは，その範囲が異なるものである。その範囲の差は，前述の社会福祉的な社会保障と不法行為損害賠償法の制度的差を反映していると考えられる。前者は社会全体の観点から見て，個人の犠牲に対して一定の範囲内での限定的な補償をするが，後者は過失あるいは違法性のある行為者が，その行為の結果として生じた全損害の責任を負うのである。しかし，前記予防接種禍東京地裁判決においては，このような不法行為法上の損害賠償と異なる可能性のある「正当な補償」の範囲について特に論ずることをせず，両者を同様のものと算定している。ここでは，その理由として，財産権ではなく，生命・身体の権利の犠牲が問題となっていることを重視したい。とりわけ，前述の昭和28年判決において論じられたような，財産権に対する法律の留保を定めた29条2項の適用は，生命・身体については考えにくいであろう。13条の幸福追求権の観点からみても，幸福追求の手段である財産に対する制約と，幸福追求の主体の保持に関わる生命・身体に対する制約を同列に論じることはできないからである。

そこで，ケース7-A②の争点に関する前記判決の可能な解釈として，財産権とは異なり，生命・身体の権利が問題となる場合には，社会保障と不法行為法は接近する可能性がある，と考えてみたい［楠本1984：11-15］。

(3)　ケース7-Bの争点から――不法行為法と社会保障法制度の同一性

ケース7-Bの争点について参考となる判決においては，具体的な判断の前

提として「国家公務員が死亡した場合，その遺族のうち一定の資格がある者に対して……支給される各給付は，国家公務員の収入によつて生計を維持していた遺族に対して，右公務員の死亡のためその収入によつて受けることのできた利益を喪失したことに対する損失補償及び生活保障を与えることを目的とし，かつ，その機能を営むものであつて，遺族にとつて右各給付によつて受ける利益は死亡した者の得べかりし収入によつて受けることのできた利益と実質的に同一同質のものといえるから，死亡した者から……損害賠償債権を相続した遺族……の加害者に対する損害賠償債権額の算定にあたつては，……損害賠償債権額から右各給付相当額を控除しなければならない」（最二小判昭 50・10・24 民集 29・9・1379, 1382-1383）と述べられた。これは，死亡者の逸失利益を賠償する不法行為法と遺族に対する各種社会給付制度の「機能」と「利益」を同一であると論じたものである。その同一のものとは「損失補償及び生活保障」である。そして，その同一の法的利益のいわば重複請求を避けるために，遺族が加害者に対して請求する賠償額から社会保障給付を差し引いたものである（この判決の争点は，実際には，本人の不法行為損害賠償請求権を相続した妻，子の遺族のなかで，社会保障給付の受給権者である妻のみが損害賠償請求額から各給付相当額を控除されるのか，子からの請求においても相続分に応じた各給付相当額の按分が控除されるのかであったが（本判決は前者），それに対する判断の前提として社会保障給付と不法行為法の目的を同一視している部分を本章ではとりあげている。この事例とは逆に，加害者から賠償金が支払われている場合に県による「公害健康被害の補償等に関する法律」に基づく補償費は支給されないと述べ，社会保障給付と不法行為損害賠償の一体性を示唆したものとして平成 29 年 9 月 8 日最高裁第二小法廷判決がある。社会保障給付と不法行為損害賠償との損益相殺については［伊藤高義 1998］を参照）。すなわちケース 7-B における Y の主張が認められたものである。

　しかし，これでは，税金の拠出によって加害者が免責されることになり，不合理ではないのだろうか。理論的には，まず加害者に賠償請求をし，加害者に資力がないなどの理由で被害者が困窮に陥る場合にセーフティーネットとしての社会保障法制度が機能するべきではないのであろうか。

　上の疑問の背景には，不法行為法の目的として加害者に対する責任追及や，加害者への制裁を重視する考えがある。しかし，不法行為法の目的は被害者に

対する救済であって，そこに着目すれば社会保障給付との連続性が全面に押し出されてくるという反論が考えられる。同一性を論じる立場の根拠には，被害者にとって，二つの制度が経済的には同一の機能を果たしているという動かしがたい事実がある。となると，これは法解釈の問題にとどまらず，考えられる法目的のいずれを重視するかという価値観の問題となる。不法行為法を「被害者に対する適正な経済的救済」を目的とするものと考えれば，これを社会保障法制度に接近させていく考え方に自然につながっていくであろう。

⑷　三つの視点と以下の論述の流れ

　以上のように二つのケースを分析したが，ここからは，不法行為法と社会保障法制度の関係について三つの異なった視点が抽出された。第一には，二つの法制度の基本的な相違を説く視点である。第二に，それにもかかわらず，財産権とは異なり，生命・身体の権利が問題となる場合の，社会保障と不法行為法の接近の可能性という視点である。第三に，「被害者に対する経済的救済」という目的に即した二つの制度の同一性という視点である。二つの制度の基本的相違を説く第一の視点と，被害者救済の目的にそった同一性を説く第三の視点は対立する。以下では，まず，この対立の理論的・規範的意味をより明確に描き出す。同一性を説く視点は，基本的相違を説く視点の問題点を解決するために論じられている。しかし，その解決方法に対しては基本的相違を説く視点からの反論が加えられている。筆者はその反論に重要な意義を認めるので，同一性を説く視点を支持できないと考えるが，相違を説く視点にも問題が残される。それを解決するために，生命・身体などの人格的権利の保護のあり方を，財産権の保護のあり方とは異なるものとして問題提起することにつながる，第二の視点に注目したいと考える。そして，最後に，ロールズの正義論を紹介し，人格権の保護を財産権の保護に優先させる考え方が社会保障理論の再構築につながることを論じたい。

2 匡正的正義と分配的正義

(1) 不法行為法と社会保障法制度の区別の必要性

不法行為法と社会保障法制度の基本的相違は，個別的な過失行為あるいは違法行為に対する当事者間での賠償の問題であるか，公共の福祉のために犠牲を払った個人に対して「国民全体の負担においてこれを償うべきかとする政策問題」であるかと考えられている。

この違いを理論化するのに適するのは，正義論における匡正的正義と分配的正義の間の伝統的区別である。

アリストテレスにおいては，正義とは人々の持分が「多すぎたり少なすぎたりしないこと」であり，それはある種の公平さ，平等を意味している。そして，匡正的正義は「算術的平等」を，分配的正義は「幾何学的平等」を意味している［アリストテレス 1971：178-185］。算術的というのは，要するに足したり引いたりすることであるから，人々の既存の持分が，何らかの行為によって足されたり引かれたりする場合に，それが不当なものであれば是正するのが匡正的正義である。つまりこれは，殴られて損害を蒙ったり，盗まれたり，故なき利得を得たりする個々の行為の場合に，被害者が加害者から賠償および財の返還を受けることに関わる正義である。

他方，幾何学というのは，空間における物の形や大きさを測るのであるから，集団全体における個々人の持分の種類や大きさが，各人の価値に応じたものであることを要求するのが分配的正義である。配分の基準となる価値としては，「富」や「生まれのよさ」や「自由人たること」や「卓越性」が挙げられているが，他にも「能力」や「功績」や「必要性」などが考えられるであろう。つまりこれは，国家なり何なりの集団において，種々の権利や義務，利益や負担を個々人に配分する仕方に関わる正義である。

匡正的正義は集団を前提とせず，二人の当事者がいればその接触に応じて問題となるのに対し，分配的正義の実現には，集団とそこにおける配分を決定し実行する機関が必要であると考えられる。

アリストテレスの正義論は，「中庸」を特徴とする人間の諸徳の一つとして，

「多すぎず少なすぎない」という正義の概念分析を行うことにその意図があったのであるが，現代の法理論の中ではこれに規範的な意義が付け加えられている。

　古典的な匡正的正義と分配的正義の区別は，現在では当事者間の正義に関わる私法と，国家と個人との関係を定める公法の区別に結び付けられて理解されている。公法と私法の区別は，しばしば後者の前者からの独立性・自立性を論じるものでもあり，匡正的正義は，対等な当事者間での権利義務関係を基礎とする私的自治・自由競争・個人主義などの近代私法の自由主義的原理を支えているとされる［Weinrib 1995：76, 80-83］。そして，この領域への国家の干渉は私人の自由を侵害するものとして批判される。これに対して，分配的正義は，人間としての等しい価値に従って，人々の実質的平等を実現するために再分配を行い，生存権を保障しようとする福祉国家の公法原理を正当化するものと解される。また配分の資源を増大させようとする経済政策の推進も国家の役割の範疇にとりこまれていくであろう。自由と実質的平等，私人間と国家共同体，これらは互いに矛盾の可能性を秘めたものであり，両立を図るためには，両者の領域を基本的に区別し，混同を避けることが必要であるとされる。

　具体的には，不法行為法に関しては，匡正的正義と結びついた自由主義から，過失責任主義が擁護される。人々の自由意思の実現を最大限保障するために，たとえ行為の結果何らかの損害が生じたとしても，過失がない限りは責任を問うてはならないとされる。無過失責任は，弱者保護や集団保険の理論などの配分的考慮を匡正的正義の律するべき分野に導入するものとして批判される。匡正的正義と分配的正義を区別する考えは，不法行為法においては，過失による侵害行為を契機として成立する，当事者の対応する権利義務関係のみを処理するべきであり，分配的正義は社会保障あるいは集団保険において別途実現するのでなければならないという主張につながっている。不法行為法と社会保障法制度の区別は，このように，自由主義国家における福祉政策のあり方を，匡正的正義と分配的正義の制度的並存として捉えることから説明できるものである［浅野 2001：261-280］。

(2) 不法行為法と社会保障法制度の区別に対する批判

しかし，現代社会における交通事故や労働事故などの事故の頻発や損害の増大に伴い，不法行為法の社会保障法制度からの自立性という考え方に対しては批判が強まっている。当事者間における匡正的正義の実現の具体的基準は前述のように過失責任主義であるが，これには事故の被害者の救済という観点からみても，加害者に対する責任追及という観点からみても問題があるというのである。

まず，被害者の救済という観点からは，加害者に過失があろうがなかろうが，事故などにより生命・身体を侵害され，生活の基盤が一時的にであれ永続的にであれ破壊された場合には，速やかな救済が必要とされる。裁判における過失や因果関係の証明を要する不法行為訴訟は，困窮する被害者に対する効率的な救済を妨げるものとなる。

次に，加害者に過失がある場合でも不法行為法によって被害者は救済されるとは限らない。加害者の資力がなければ賠償は実現しないからである。こうして，不法行為法においては被害者の権利実現は加害者の過失の存否，さらにその証明の成功不成功，加害者の資力という偶然に左右されるものとなってしまう。

他方，加害者への責任追及という観点からも過失責任主義の問題が指摘されている。それは，現代の事故においては，加害者の過失の軽重が，生じた損害の軽重に対応しておらず，加害者はいわば偶然に対する責任を取らされているというものである。軽度の過失が，機械や組織的な連鎖の媒介により，思いがけない大きな損害をもたらす場合が念頭に置かれているのであろう。そもそも，現代社会における事故の多発は，車社会や産業社会の発展という全体的利益の増大の裏面であって，その被害者は全体社会の発展の犠牲者なのである。つまり，ケース 7-A における予防接種の犠牲者と同様である。不法行為法において過重な賠償義務を課せられる加害者もまた，ある意味では利便性を追求する社会全体の被害者であるといえるかもしれない。

以上のような批判によれば，高度産業社会における事故への対処方法は，当事者間の匡正的正義ではなく，社会全体における負担の分散と，効率的な救済という分配的正義の実現の問題であるようにみえてくる。節を変えてこの点を

さらに検討しよう。

3　総合的社会保障法制度

⑴　過失責任と無過失責任の混在

　ケース 7-B においては，不法行為法と社会保障給付が被害者，あるいは被害者の遺族に対する生活保障として同一同質の機能を有していると論じられていた。

　前述 2 ⑴において，社会保障法制度とは明確に区別されるべきものとして論じられた不法行為法が，現代の事故社会においては，被害者に対する効率的な救済としても，加害者に対する適切な負担要求としても欠陥を露呈するに至っていることを述べたが，これに対しては，匡正的正義に基づく不法行為法の過失責任主義が修正されるべきことが説かれてきた。過失責任主義の修正としては，製造物責任や消費者損害などにおける企業の無過失責任がまず挙げられるであろう。これは過失のあるなしに関わらず，日常的な組織的経済活動において広範な利益をあげている企業が，その資力の点からも，損害回避の方法の発見に有利な立場にあるという点からも，発生した損害を負うのが妥当であろうという考え方である。この場合，被害者はしばしば困難な，企業の商品製造過程における過失の証明をしなくても済むし，せっかく過失を証明しても加害者の無資力のゆえに現実の救済を得られないという不運にみまわれることもない。さらに過失責任主義の修正は，加害者と被害者の二当事者以外の第三者や社会が負担を負うことを理論的に正当化し，損害の分散を可能にする。自動車事故における強制保険制度やその他の私保険は，厳密にいえば，当該事故に対しては何の過失もない被保険者が保険料の形で負担を担っているのであるから，過失責任主義に反しているはずである。しかし，犯罪行為に対する処罰としての懲役や罰金や科料は本人がその負担を担わねばならず，潜在的犯罪者集団がこれらの処罰に保険をかけることが常識的直感に反することと比較すれば，このような民法上の不法行為における過失責任主義の修正，あるいは無過失責任の採用の妥当性は常識的に認められるものといえるかもしれない。ケース 7-B における社会保障給付を加害者の賠償額から控除するという発想は，前述のよ

うに，一見すればなぜ加害者が税金の拠出によって自己の負担を免れ得るのか
が疑問に思われるが，無過失責任主義の採用による損害の社会的分散と，その
結果としての被害者の救済の充実という観点からみれば至極妥当であるように
みえてくるのである。

　以上のように，現行の不法行為法は，原則としての過失責任主義と，例外と
しての無過失責任主義の混在する制度として説明され，無過失責任の配分基準
は企業の富であったり，国の生活保障責任であったり，保険契約の文言であっ
たりする。これらの配分基準の妥当性は社会における分配的正義の問題とされ，
不法行為法と社会保障法制度の連続性・相互補完性を指摘する見解につながる。
しかし，匡正的正義に基づく過失責任主義と，分配的正義に基づく無過失責任
主義は本来異なった責任原理であるから，不法行為のどの部分を過失責任主義
で処理し，どの部分を無過失責任主義で処理するか，どこまでが原則でどこか
らが例外かという線引きは理論的には正当化できず，いわば現実的な妥協に過
ぎない。

　さらに，被害者の窮状は同一であるにもかかわらず，労働災害や交通事故な
どの特定の不法行為類型や，特別法が制定された公害などについては保障の充
実が図られているが，そうではないものについては放置されているという制度
間格差の問題も指摘される。ケース 7-B においては，公務員の遺族に対する
手厚い保護という制度的格差が，不法行為損害賠償請求からの社会保障給付の
控除という方法によって是正されているとみることもできる。

　このような状況において，理論的により徹底した解決策として提唱されてい
るのが不法行為法と社会保障法制度の統一化である。

⑵　不法行為法と社会保障法制度の統一化

　この統一化は，不法行為法を社会保障法制度に吸収してしまうという形で論
じられる。交通事故や医療事故や労働災害や公害，消費者損害などの現代の主
要な不法行為は，生産性の向上を目指す産業社会において，統計的には不可避
的に生じてくるエラーであり，集団的・組織的な現象であって，個人的な加
害者と個人的な被害者の問題ではないとされる。つまり，従来の理解のように，
個人の自由な行為を保障するための匡正的正義の問題ではなく，現代の事故社

会における，損害や負担の配分という分配的正義の問題であると理解される。被害者の救済は，損害の多発としばしば生命や身体の侵害につながる重大性に鑑み，その原因や責任の所在に関わらず，必要に応じて，速やかに行われるべきものとなる。他方で，加害者が個人的に全損害に対して賠償義務を負うことは過重な負担であるとされ，保険や社会保障で集団的に負担を分散させるべきことになる。そして，責任の分散を図ることによって，新しい技術や薬の開発，学校の課外活動や地域共同体での親睦活動などの社会的に有用な活動に対する萎縮的効果を回避することができるとも考えられている。

　以上のような観点から，我が国では，加藤雅信教授を代表として，早くから総合的保障制度が提唱されている。事後的な個別的紛争解決方式である不法行為法を廃止し，社会保険と企業や自動車運転者などの潜在的な加害者集団からの負担金を財源として，すべての被害者に迅速かつ適正な保障を配分する制度である。潜在的な加害者集団からの負担金や，故意や重過失の認められる加害者に対しては例外的に求償する方途が考えられている点では，従来の不法行為法の加害者責任追及の発想が取り込まれている一方，事故だけではなく，疾病や障害に対しても，この包括的な社会保障法制度で拡大的に対応していくことが考えられている点で，まさに総合的社会保障法制度というに相応しいものである［加藤 1989：30-40］。

　海外では，1972 年にニュージーランドが，不法行為法を廃止して，就労者補償基金，自動車事故補償基金，その他の事故被害に対する補足補償基金の三つを柱とする総合的事故補償制度を Accident Compensation Act 1972 により創設したことが注目される。2001 年の The Accident Compensation Act，2005 年の The Injury Prevention, Rehabilitation and Compensation Amendment Act など数度の見直しを経て，現在では 2010 年の The Accident Compensation Amendment Act に引き継がれている［Harris2006：1373-1376］http://www.acc.co.nz/about-acc/overview-of-acc/introduction-to-acc/ABA 00004。ここでは，事故補償公団（Accident Compensation Commission,ACC）に対する被害者からの申立てと審査により，公的に管掌される基金から，事故の原因を問うことなく，治療費やリハビリテーションの費用，就労不能中の収入保障がなされている。収入保障は従来の収入の 80％とされ，一律の上限と下限が付されている［Todd 2001：416］。

不法行為法における一括支払いによる過剰支払いや過少支払いを避けるために，定期支払いの方法が採用されていることも大きな特徴である。特に，精神的損害に対する慰謝料の一括支払いは1992年改正で廃止され，認められる範囲も性犯罪の場合などに限定されている。1998年の改正では労災保障については民間保険会社とACCの併存制度が導入されたが，2000年に再びACCに一元化された。1980年代後半に疾病補償との一体化が目指された時期もあったが，実現には至らなかった。

(3) 統一化に対する批判

不法行為法と社会保障法制度の混在による不整合を改め，分配的正義の観点からの統一を図ることは，一つの理論的方向であるとは思われる。しかし，これに対しては，匡正的正義が不法行為法において持つ独自の意義が正しく評価されていないという反論がなされる。

不法行為法における匡正的正義は，二つの重要な意義を有している。一つは，問題の個別性の尊重である。加害者が行い，被害者が損害を被ったという対面関係の中で，集団の一員としてのみ扱われるのではなく，個人として責任を問われ，個人として償われることの意義は，決して軽視されるべきものではない。国家により運営される総合的保障制度の下では，被害者は不当な被害に対する謝罪，償いを感じることはむずかしくなるであろう。ニュージーランドの事故保障制度では慰謝料請求の範囲が限定されていることが一つの特徴でもあったが，被害者は慰謝料の請求をする場合に限らず，不当な扱いに怒り，傷ついているのである。加害者もまた，統計的な危険行為の分類にあてはめられるだけでは，行為の個別的結果に対して無関心になることが避けられないであろう［棚瀬1994：15］。例え加害者が国家から求償される場合でも，それは国家に対して支払うのであって，被害者の現実の困難を意識して償うのではない。悪質な飲酒運転に対する刑事判決の是非が話題になることの多い昨今であるが，このような明白な犯罪行為に伴う不法行為ではなくても，人々の関係を，それぞれが特定の事情を背負って行為し，特定の係わり合いの中で紛争が生じ，特定の被害を被ったという個別的なものとして捉える視点は，個人の尊重や行為の責任の観念にとって不可欠であろう。これは匡正的正義の形式的枠組みである当

事者間の個別的権利義務関係にともなう，実質的規範的な意味であるといえる［瀧川 2003：142-145］。総合的保障制度は，このような規範的な権利義務関係を，ともすると，経済的な配分の問題に還元してしまうきらいがある［潮見 1999：3-16］。

第二に，第一の個別性の重視にも関連するが，その問題提起機能である。新技術や新商品による被害の発生の場合にしても，例えばセクシャル・ハラスメントや，高齢者などに無価値な金品を高額で売りつける取引的不法行為などの，新たな類型の不法行為の場合にしても，そこにおける新しい社会状況や社会規範の変化は，まず個々の被害者の訴訟における問題提起を通じて認識され，把握される。定められた要件に当てはまる損害に対して自動的に保障を与える制度では，新しい類型の損害は容易には保障の対象にならず，加害行為における義務違反の内容が明らかにされる機会が失われる。社会の変化に応じて，最も紛争に関心を有する当事者の提起するその都度の議論に基づいて，動態的な紛争解決を図ることにおいては，総合的な社会保障法制度は不法行為法に及ばないということができるであろう［吉田 1992］。

以上のことから，社会保障法制度と不法行為法の統一化は支持できない。しかし，そうであるとすると，不法行為法の存続による被害者の救済の格差や，不十分，加害者の過重な負担という問題は，依然として解決されないまま放置されざるを得ないのであろうか。匡正的正義とそこにおける権利と義務の確認のために，被害者の実際の経済的困窮は二の次の問題とされるのであろうか。

4　財産権と人格権

(1)　財産権から人格権へ

ここで，袋小路に陥ったかにみえる問題状況を打開するために，新たな視点を取り入れることにしたい。ケース 7-A における第二の視点として挙げた，生命・身体が問題となる場合の不法行為法と社会保障法制度の接近可能性という主張である。ここでは，生命・身体についての権利を人格権の一部として捉え，従来財産権を中心に論じられてきた近代市民法における権利観が，新たに人格権を重視する方向に変化をみせていること，また人格権の保護のあり方に

ついて財産権とは異なった議論が展開されていることを論じたい。

人格権は，民法上には規定はないが，財産権の主体である人格を保護するものとして，財産権保護の当然の前提として理論的に，また判例においても認められるに至っている。

人格権あるいは人格的利益と考えられているものは大きく二つの種類に分けることができる。一つは名誉やプライヴァシーなどの精神的利益であり，もう一つは生命・身体やそれが置かれている環境などの生活上の利益である［藤岡 2002：118-126］。民法上のこの分類に従って憲法上の理論を整理すれば，精神的利益は，13条の幸福追求権の具体化として，プライヴァシーの権利や自己決定権の内容として認められている。これに対し，生命・身体や生活上の利益は，自由主義的な幸福追求権のみならず，人間の尊厳が保たれるのに必要な一定限度以上の生活保障としての生存権とも密接な関わりを有するものとして理解されている。

人格権の性質としては，精神的な被害にしても生活侵害にしても，被害者の主観的な側面や生活全般に与える影響の評価が含まれることから，その範囲が客観的には定めにくいこと，またその結果として被害の金銭的評価が困難であることが避けがたく，特に慰謝料に関しては原告の訴えに比して低額になりがちであることが指摘されている。さらに，名誉やプライヴァシーに対する侵害の場合には表現の自由，公害の場合には公共事業などの社会的有用性に基づく被害者の受忍限度が説かれるなど，対抗する原理によって保護が減殺される場合も多いことが指摘されている。

以上のような特徴を示しつつ，人格権あるいは人格的利益は法的な保護の対象として理論的にも実践的にも定着しつつあるといえるが，この権利は実は，単に従来の個人の権利の拡大や，財産権保護の当然の前提の明確化というだけでは捉えきれない性質を帯びている。人格権と財産権との間には緊張がはらまれていることが看過されるべきではない。

近代市民法においては，所有権の絶対性や契約の自由などの経済的自由が重視されたが，そこには，人格や旧来それにまつわりついていた身分関係と切り離して，財産権をそれ自体として保護することで，個人主義と自由主義の確立を容易にしようとした面があった。財産的関係が人格的関係に優先して考察の

対象となるべき理念的な理由が存しているのである［山田 2008：55-61］。

　このようにみるとき，戦後の世界や社会主義国における人格権の重視［五十嵐 2003：2-9］は，財産権中心の市民法理論に対するアンチ・テーゼとして生じてきた現象とも考えられる。人格権の主張は財産権の主張と比較したときに，自由論よりも平等論の思想を背景としやすい。というのは，財産権の保障は実際に財産を有する者に対してのみ有益であり，財産を有さない者にとっては無益であるが，人格はすべての人間に備わるものとされるから，無産者にとっても等しく有益だからである［広中 2006：13-14］。

　この点を徹底して，近代市民法における「人」とは，市場で計算的に行動する取引主体としての事業者を念頭においたものであって，生身で働きその賃金によって生活する労働者とその家族＝消費者としての生活人・自然人を本来含まないものであったことを示唆する見解もある［長尾 1992：27-42，労働者の人格権の保障については角田 2014］。このような見解においては，取引主体としての人間と，生活主体としての人間を別の規範的範疇の存在として考え，契約の自由などの市民法原理は前者には妥当するが，後者には必ずしも妥当しないため，より適切な別の法原理を生み出す必要があるとの指摘がなされている［長尾 1983：14-15］。民法上の「人」概念には財産の帰属主体としての意義を主に認め，そこに含まれない，人の現実態を新たな保護対象として捉え直そうとするこの見解には，財産権重視から人格権重視への流れと共通するものをみてとることができよう。

⑵　人格権の観点からのこれまでの議論の評価

　ここで，これまでの議論を振り返ってみよう。匡正的正義に基づき，社会保障とは厳格に区別されるべきとされた不法行為法は，財産権保護に偏った議論であったのだろうか。当事者の対応的権利義務関係が，生じた経済的損害に対する賠償請求権と賠償義務という形で最終的に捉えられる点に着目すればそうであるといえるであろう。しかし，3 の⑶において，総合保障制度に還元されない不法行為法の独自の意義について論じたように，被害者が不当な扱いを受けたことに怒りを感じその償いを求め，加害者が行為者としての責任を負うという当事者の対面関係を重視するという視点は，むしろ個人の人格的な尊重を

目的としている。

　これに対して，事故・疾病などを含めた総合的社会保障法制度は，どのように理解されるであろうか。被害者を窮状から速やかに救済するという制度目的は，生存権保障の重視につながり，その点では産業社会の飽くなき利益追求に歯止めをかける人格権的配慮が働いているようにみえる。しかし，公正な（経済的）負担という観点は，むしろ高度産業・資本主義社会における生産の拡大や技術の発展を基本的に是，あるいは所与の前提とし，そこから生じる一部の被害者を救済することによって，生活水準の可能な限りの高度化を広く人々にもたらそうという主張につながる。経済発展を重視するが，その負の側面にも効率的に対処しようとする考えであるといえる［棚瀬 1994:3-4, 12-13］。ここでは，費用のかかる訴訟によって個人の行為の規範的意味をいちいち問うよりも，経済的救済を画一的に行う方が効率的なのである。

　このように考えると，金銭賠償を原則としたことにより不法行為法が部分的に成し遂げた法と道徳の分離を，より徹底したものが総合的社会保障法制度であるようにもみえてくる［同：6］。法と道徳の分離は近代自由主義の一つの側面といえるが，法の規範的役割よりも，その経済的役割を重視することによって，行為者の責任や被害者の感情を問うよりも，まず経済的な救済を優先する。そしてそれは，社会全体の経済的発展をより促進することにもなるというのが総合的社会保障法制度を評価する際の，一つの見方となるように思われる。

　厳格な分離においても統一においても行き詰るようにみえる不法行為法と社会保障法制度のあり方について，新たな視点を獲得するために必要なことは，法の目的を経済的効率性の追求ではなく，権利の保障という本来の観点から見直すことではないだろうか。またその権利を，経済的な意義に還元されがちな財産権ではなく，人格権として捉え直してみることではないだろうか。

⑶　人格権からの制度再構築

　不法行為法は，明らかに近代市民法の一つの柱として財産権の保障に寄与してきたが，それでは，これを新たに人格権の重視という観点から見直すときには，どのような変化が求められることになるのか。

　不法行為法が人格権や，より広く人格的利益を保護するようになるときには，

経済人の市場における利益最大化行為の保護ではなく，生活人としての一定の社会的水準・環境を維持することが法の目的となる。人格権や人格的利益の保護は，例えば公害の場合には生活環境の一定水準を守ること，名誉やプライヴァシーの侵害の場合には，社会的な評価や私的生活の保護に帰着する。

　目的の変化に応じて救済方法の具体的あり方にも，変化が求められるであろう。第一には，従来の完全賠償の原則が必ずしも妥当せず，生活や社会的地位の保障として実効的な範囲がどこまでであるかが検討されなくてはならないように思われる。前述のように，人格的利益の金銭的評価がしばしば困難であることと，加害者の側の人格権に配慮される場合があることがその理由である［潮見 1999：92-94］。加害者の過失が組織や機械の媒介により大きな損害をもたらした場合に，彼個人に全責任を課すことは，組織や社会の一員としての彼の立場に対する尊重を欠くと考えられる場合があると思われる。逆にこの観点からは企業の無過失責任が正当化される場合があるかもしれない。また，加害行為の社会的有用性により被害者にもある程度の譲歩が求められる場合もあるかもしれない。勿論，このような判断が，受忍限度論や違法段階説に対してしばしばなされる批判のように，企業の利益や集団の利益を被害者の犠牲において優先するものであってはならない点には注意しなければならない。

　また，人格権の観点からは，事後的な金銭賠償に還元できない，かけがえのない既存の精神的・生活的利益を守るために，差止的救済の多様な方法が新たに検討される必要がある［川嶋 2006：6-40，藤岡 2002：174-176］。

　ここにおいて，不法行為法と社会保障法制度は人々の実質的な生活保障としての目的を共有し，協同生活の中での相対的な救済であるという方法の点でも同一性を有することになる。両者の違いは，不法行為法の場合は加害者が特定され，賠償も加害者によりなされるのに対して，社会保障法制度の場合は加害者の特定が必要ではなく，財源も一般的なものとなるというところである。このような違いにもかかわらず，不法行為法と社会保障法制度を，経済的な観点からではなく，人格権の保護の観点から同一性を有するものとして捉えることによって，例え経済的効率性を最大化するものではないとしても，不法行為において部分的無過失責任が採用されていることや，不法行為法の被害者が必ずしも全損害を保障されないことや，加害者が無資力の場合に一般財源によって

救済を得られること，不法行為法とは別にさまざまな社会保障給付が存在していることが正当なこととして説明できることになる（以上の議論には，棚瀬孝雄の「共同体的正義」に基づく不法行為法の再構成の理論と共通する点がある。棚瀬も，従来の不法行為法における個人主義的自由の理念が，道徳的関係を含む人間関係の豊かさを切り詰めること，又，総合保障制度における全体化・組織化が当事者の対面性を失わせることから，社会関係性を重視する共同体的正義の立場に基づく不法行為法の再構成を試みている。そして，共同体的正義に基づく新たな不法行為法においては「人格の尊重」がなされるべきことが挙げられている［棚瀬 1994：18］。しかし，本章では，共同体における関係性の重視や，そこにおける道徳の重視を正面に据えるのではなく，財産権から人格権へ，という（確かに従来に比べて道徳性の強い観念であるが）権利論の内実の変化を主軸に据えている。そのため，人格権の観点から為されている具体的な法的救済方法の議論（本章でいえば完全賠償の相対化や差止の重視）を参照することができる。その点でコミュニタリアン・ジャスティスに対応する不法行為制度が不明であるという批判［加藤 1994：198］を免れることが出来るのではないかと考えている。また，共同体的正義が，不法行為法における個人責任の重視とは矛盾する可能性があるとの指摘についても［井上 1994：276-280］，人格権論からは，当事者の関係性あるいは共同体的関係それ自体を評価するのではなく，個人の人格尊重に寄与する場合にそれらの関係性を活用するという視点が明確になると考えている）。

5　ロールズの正義論と社会保障法の再構築

4において，人格権の保障という新たな視点からみるとき，不法行為法と社会保障法制度がこの同じ目的を追求するものとして捉えられることを論じた。**3**の**(1)**において論じられた両者の経済的保障機能の同一性という観点との違いは，その同一性は不法行為法の社会保障法制度への統合という形でより完全なものになるのに対して，人格権保障の場合には，その実現のために不法行為法と社会保障法制度が並存することが必要であるということである。

不法行為法は，被害者と加害者が，その個別的対面において，痛みと責任を確認することによって問題を克服するという人格的な接触の契機を備えている。

結果としては主に金銭的な賠償に帰着するとしても，そのプロセスの非金銭的側面が人格の尊重に寄与する点は，集団的処理において匿名化しがちな社会保障法制度には代替できないものである。またこの時，完全賠償が必ずしも要求されないことは前述のとおりである。他方で，人格的生存に不可欠の生活条件を整え，社会から決して無視された存在ではないという自尊心を保つためには，これに加えて社会保障法制度が必要である。

　このように，財産権から人格権へという観点から，相容れないのではなく，修正された不法行為法をむしろ積極的に包含する社会保障の全体像を描いてみたのであるが，本章の最後に，人格権論から導かれる社会保障理論の展開の一例を示しておきたい。それは，人格権を財産権に優先することにより，資本主義的私有財産制を否定し，ある種の社会主義を提唱するロールズの「公正としての正義論」である。

　ロールズは，公正な社会において市民が等しく保障されるべきものを「基本善」と呼び，「基本善とは，人格に関する政治的な構想からみた人格が必要とするもの，つまり規範的構想との結びつきを欠いた単なる人間ではなく，十分に協働する社会構成員としての市民が必要とするものである」［ロールズ 2004：100］と述べている。ここで，法ではなく政治という言葉が使われているのは，現行法の解釈に留まらず，あるべき公正な社会を目指して法を再構成・再形成することが想定されているからだと理解しておけばよいであろう。

　そして，この基本善の具体的内容としては，①思想の自由や良心の自由，②移動の自由と職業選択の自由，③民主主義社会における政治的な地位の配分に関わる権力や特権（個人の参政権から議会等の国家機関の権限などを広く意味する），④所得と富，⑤自尊の社会的基盤の五つが挙げられている［ロールズ 2004：101］。これらのうち従来の財産権に含まれるのは②と④，人格権に含まれるものは①と⑤であり，③は政治的権利といえるであろう。これらの基本善や諸自由に対する権利の重要性には優先順位が設けられている。優先されるべきものは，平等な政治的諸自由とそれに密接に結びつく思想・良心の自由，結社の自由と，人格の自由および(身体的・心理的)統合性である。これに対して，「個人的な財産を保有し排他的に使用する権利」である財産権については，個人的な独立と自尊の感覚の物質的基礎を与える限度ではすべての市民に与えられる

べきであるが，天然資源と生産手段一般への私有財産権は基本的権利ではないとされる［ロールズ 2004 : 199-201］。

したがって，本章の文脈にそって整理すれば，ロールズの正義論は精神的・人格的権利を財産権に優先することによって，生産手段の私有を重視せず，実質的平等を格段に高め，このような社会を継続的に支えるために民主主義的，政治的権利を市民に最大限保障しようとするものといえる。この結果，政治体制としては「自由放任型資本主義」も「福祉国家型資本主義」も，「指令経済を伴う国家社会主義」も否定され，彼によって「財産私有型民主制」といわれるものか「リベラルな（民主的）社会主義」といわれるもののいずれかが支持されることになる。「自由放任型資本主義」は従来の過失責任主義型の不法行為法に典型的にみられる考えであろう。これはロールズによると，形式的平等に偏りすぎ，経済的不平等と政治的不平等に満ちている。他方，「福祉国家型資本主義」は，経済的発展を掲げる総合的社会保障法制度・事故補償法制度を支える考えと重なる［渡辺 2004 : 68］。この考えには，福祉の受給者が一方的な救済の対象とみなされることにより，ロールズの言葉を借りれば「互恵性」，つまり人格的な関係の対面性が欠如している。「指令経済を伴う国家社会主義」には基本的自由が欠けているであろう。以上のような政治体制においては，市民は真にみずからが等しく尊重されている社会の一員であると感じることはできないのである。「財産私有型民主制」と「リベラルな（民主的）社会主義」の全体像がいかなるものかは不明確な部分を残すが，人格権の優先的実現という目的にそって，不法行為法を整合的に包含する社会保障法制度の再構築を目指す議論と同じ方向を示すものであることは確かである。

正義論との関係でいえば，ロールズの公正としての正義論は，通常分配的正義の議論であると位置づけられているが，経済的配分の効率性ではなく，人格権を重視する点で，個人の権利を尊重するという匡正的正義の中核となる理念を決しておろそかにできないものと思われる。

企業の存立基盤である生産手段の私有がある限り，近代自由主義における財産権優位の呪縛からは逃れることができず，人格権の充実は望めないのであろうか。この問題は企業の「人格」権の議論とも深く関わるものであるが（企業を含む法人の人格権論については，本書テーマ 2 も参照）［木下 2007 : 288-292］，筆

者にはこれに関する判断は現在不可能であるので，この点はおいておく。

結　語

　目下グローバル化の進行する各国において，規制緩和や民営化が進み，福祉国家の縮減的再編成が進んでいる。ここでは，本章で示したような財産権から人格権への権利概念の移行とは反対の，財産権的自由重視の傾向が拡大しているかのようにも見える。しかし，福祉の民営化は，介護サービス契約などにおいて，経済・経営の原理のみではなく，人格権的考察が重視されなければならない状況を生み出すであろうし，情報化社会におけるプライヴァシーの問題やグローバルな開発・環境問題への対処において，人格権の果たすべき役割は大きい。

　そこで来るべき社会においては，従来の財産権や効率性の理論に代わって，人格権の理論が，不法行為法を含んだ整合的な社会保障法制度の再構成をうながすこと，さらに，それを超えてより一般的な，人々の個別的・集団的社会協働のあり方を論じ直す際の最も相応しい規範的基礎となる大きな可能性を持つと思われる。

発展的学習のための読書案内

五十嵐清『人格権法概説』有斐閣，2003年：人格権論の現在での到達点を，沿革や判例を整理しつつ明らかにする。

加藤雅信編『損害賠償から社会保障へ──人身被害の救済のために』三省堂，1989年：不法行為法と社会保障の統合の方向を論じる。ニュージーランドの総合保障制度の紹介である，浅井尚子「ニュージーランド事故保障法とその運用実態」も掲載されている。

潮見佳男『不法行為法』信山社，1999年：本章で論じたような，近代市民法としての不法行為法⇒経済的分析による総合保障制度の主張⇒矯正的正義の見直しによる新たな不法行為法論という議論の流れを前提とした不法行為法の体系書。

ジョン・ロールズ（田中成明・亀本洋・平井亮輔訳）『公正としての正義　再説』岩波書店，2004年：1971年に刊行され，政治哲学・法哲学のトピックとなった『正義論』の，以降の批判に応えつつ到達した地点を示した最終版。現代の福祉国家型資本主義に対する批判が痛烈である。

192 第Ⅱ部 市場・規制・分配的正義

広中俊雄『新版民法綱要第一巻』創文社，2006年：市民社会に成立する秩序を「財貨秩序」「人格秩序」「権力秩序」の三つに分けて，その関連を説く中で，従来の公法私法の区別を克服する方向を示す。

吉田克己・片山直也編『財の多様化と民法学』商事法務，2014年：無体物を含めた近年の財の多様化の民法学への影響を論じた論文集。財の人格化の議論も含まれる。

引用文献

浅野有紀 2002：『法と社会的権力——「私法」の再編成』岩波書店，243-389頁.

アリストテレス 1971：『ニコマコス倫理学（上)』（高田三郎訳）岩波書店，169-214頁.

藤岡康宏 2002：『損害賠償法の構造』成文堂.

Harris, James C. 2006: "Comment: Why the September 11th Victim Compensation Fund Proves the Case for A New Zealand-Style Comprehensive Social Insurance Plan in the United States," 100 NW. U.L. REV. 1367-1407.

広中俊雄 2006：『新版民法綱要第一巻』創文社.

五十嵐清 2003：『人格権法概説』有斐閣.

井上達夫 1994：「共同体と責任——棚瀬理論への法哲学的応答」棚瀬孝雄編『現代の不法行為法』有斐閣，269-288頁.

石原治 1996：『不法行為改革』勁草書房.

伊藤高義 1998：「損益相殺」淡路剛久編『新・現代損害賠償法講座　第六巻　損害と保険』日本評論社，253-270頁.

加藤雅信編 1989：『損害賠償から社会保障へ——人身被害の救済のために』三省堂.

加藤雅信 1991：『現代不法行為法学の展開』有斐閣.

加藤雅信 1994：「損害賠償制度の展開と『総合救済システム』論——棚瀬教授の批判によせて」棚瀬孝雄編『現代の不法行為法』有斐閣，193-207頁.

川嶋四郎 2006：『差止救済過程の近未来展望』日本評論社，2-40頁.

木下智史 2007：『人権総論の再検討——私人間における人権保障と裁判所』日本評論社，288-292頁.

楠本安雄 1984：『人身損害賠償論』日本評論社.

長尾治助 1983：「消費者契約における意思主義の復権」判タ497号，12-26頁.

長尾治助 1992：『消費者私法の原理』有斐閣.

ロールズ，ジョン 2004：『公正としての正義　再説』（田中成明・亀本洋・平井亮輔訳）岩波書店．(Rawls, John, *Justice as Fairness: A Restatement*, Belknap, 2001.)

潮見佳男 1999：『不法行為法』信山社，3-46頁.

瀧川裕英 2003：『責任の意味と制度——負担から応答へ』勁草書房，127-164，204-207頁.

棚瀬孝雄 1994：「不法行為責任の道徳的基礎」棚瀬孝雄編『現代の不法行為法』有斐閣，3-20頁.

角田邦重 2014：『労働者人格権の法理』中央大学出版部.

Todd, Stephen 2000: "International Torts: A Comparative Study: Privatization of Accident

テーマ7　社会保障法制度の再構築　　193

Compensation: Policy and Politics in New Zealand," 39 WASHBURN L. J. 404-495.

渡辺幹雄 2004 :「ロールズにおける「福祉国家」と「財産所有制民主主義」」塩野谷祐一他編
　　『福祉の公共哲学』東京大学出版会，55-72 頁.

Weinrib, Ernest 1995: *The Idea of Private Law*, Harvard U.P.

山田八千子 2008 :『自由の契約法理論』弘文堂.

吉田克己 1999 :『現代市民社会と民法学』日本評論社.

吉田邦彦 1992 :「法的思考・実践的推論と不法行為『訴訟』(上) (中) (下)」ジュリスト
　　997 号 58-64 頁，998 号 87-95 頁，999 号 87-92 頁.

テーマ8

景観紛争における公共性

──法と経済学の射程

鳥澤　円

はじめに

ケース8

　K市は東京郊外に位置し，閑静なベッドタウンとして人気がある。市の中心部を貫く全長約1.2kmの大通りには商店と戸建て住宅が立ち並び，戦前に植えられた街路樹が街の四季を彩っている。あるとき，大手不動産販売会社Y1がこの大通りの南端にある更地に着目し，高層マンションの建設を企てた。この土地の北側三方は低層住宅専用地区と学園地区だが，この土地自体は3年前に用途地域を見直した後も中高層住居専用地区であった。Y1が建設計画について行政に事前相談に訪れたのを知ると，環境派の市民団体を支持母体とする市長Aは近接する学校法人X1に働きかけ，マンション建設反対運動の組織化を促した。Y1はこの土地を購入して地上18階高さ53mのマンション建設計画を公表し，行政指導要綱に従って市に事前協議書を提出し，近隣住民に説明書の配布と説明を行った。しかし，その際のY1の権高な応対は近隣住民と市民団体の感情を逆撫でするに足るものであった。AはY1に対し，同市の景観条例中の文言「周辺の建築物等との調和」を挙げ，高さ約20mの街路樹にマンションの高さを調和させるよう勧告するなどの指導を行ったが，Y1はこの計画が建築基準法をはじめとする種々の法令に反していないこと，3年前に用途地域指定変更の機会があったことを理由に，これに応じなかった。最終的にY1は地上14階高さ44mの建設計画をもって都に建築確認を申請し，留保も指導もなく確認の通知を得ると，直ちに建設会社Y2とともに工事を開始した。一方，Aらマンション建設反対派は，Y1の企図を知った直後から建造物の高さを20mに規制する地区計画の策定を進めていた。この計画を条例化するために，Aの権限に基づいて臨時市議会が召集された。この条例案は13対11で可決され翌日公布されたが，すでにマンション

テーマ8 景観紛争における公共性 195

> 着工から1カ月が過ぎていたためY1らは建設を続行し分譲を開始した。マンションの宣伝広告にはこの建物を含めた大通りの写真が掲載され，住環境の良さがアピールされた。やがてマンションは竣工し，購入者Y3らの入居が始まった。このため，X1とその関係者，近隣の戸建て住宅の住民X2ら（3名），市民団体メンバーX3らはY1らに対し，建物のうち高さ20mを超える部分の撤去を請求する訴訟を提起した。原告の50人は，大通りの景観は市民が過去75年以上にわたり樹高20mを超える建物の建築を控えるという自己犠牲によって形成してきたもので，この努力にフリーライドしつつ良好な景観を破壊する被告の行為は容認しがたい，と主張している。

　近年，「環境」「アメニティ」への関心や「まちづくり」への関心の高まりから，景観の保全をめぐる紛争が頻発している。さしあたり，景観を「土地の起伏や土地上部の植生・建築物等の空間的形態および色彩がもたらす表象」と定義しておこう。景観は地上空間の使途によって変化するので，景観の問題は土地・建物への財産権にかかわる問題であり，特に土地・建物が私有財産であるときに複雑な様相を呈する。本章では，景観の保全・創出を目指す法制度について検討することを通じ，財産権のあり方と公共的価値実現の方途について考察する。本章の特色は，経済学的な発想や概念を補助的に援用するところにある。経済学的な発想・概念は，分析の切り口を発見したり問題状況を俯瞰的に整理したりする際に有用なツールだと筆者は考える。とはいえ，読み進めていくうちに，本章も基本的には法哲学的な関心に基づく論考であることがお分かりいただけると思う。以下，経済学用語の初出時には山カッコで示し，簡単な定義を付している。

1 景観の公共性

(1) 不動産の公共性と財産権

　土地・建物の私有財産としての特殊性は，他の私有可能な有形財産に比べ多くの公共性を担うところにあるといわれる。「公共性」の定義は論客によりさまざまなので，ここでは便宜上シンプルに，「みんなにかかわる」という属性だとしておこう。土地・建物の公共的性質は，次のような点にみられる。第一

に，土地・建物はある程度大きな空間を占めるため，その使途から生ずる効果を所有者が排他的に享受できず，使途の決定に参与していない他者に影響を与えることを免れがたい。換言すれば，不動産は，比較的大きな〈外部性〉（同意なしにおよぼす影響・効果）を持つ。第二に，すべての人間は何らかの住居を必要としており，土地・建物はその不可欠な構成要素である。もし社会の一部の人が，居住可能な土地と地上空間を排他的に支配し，しかも残りの人を排除するならば，排除された人々は文字どおり行き場を失う。第三に，土地・建物は生産要素として特に不可欠かつ希少なものであり，その相対価格は消費者が購入するさまざまな財・サービスの価格に反映される。

　人々がその本性に従い集住しようとするならば，いっさいの外部性をなくす（内部化する）ことは不可能であり，また望ましいともいえない（例えば，美しくない容姿の持ち主に対し迷惑料を請求したり形成手術を義務づけたりできるべきだろうか?）。法による外部性の統制を考えるにあたっては，それがそもそも統制すべき種類の外部性なのか，どの程度まで統制すべきなのか，そしてどうやって統制すべきなのか，考えなければならない。

　「よい垣根はよい隣人をつくる（Good fences make good neighbors）」という諺がある。所有権，とりわけ私的所有権の制度の重要な機能の一つは，希少資源の使用に関する意思決定権や受益権の境界を画定することで，外部性に起因する紛争を未然に防ぐことにある。しかし，有効な所有制度下における土地・建物という典型的な有形資産だけを考えても，あらかじめ明確な境界線を引いておくのが困難な場合がある。景観のような地上空間利用の効果をめぐる紛争も，その一つとして位置づけられよう。

　民法 207 条によれば，「土地の所有権は，法令の制限内において，その土地の上下に及ぶ」とされる。もし地上空間への権利が伴っていなければ，地権者は鯉のぼりを揚げることはもちろん，家を建てることもままならないだろう。しかし，もし地上空間への権利が大気圏の果てるところまで及ぶとしたら，航空会社は気の遠くなるような数の地権者から通行許可を得なければならず，その〈取引費用〉（実質的権利の移転・獲得・保護にかかわるコストであり，情報収集のコストや交渉のコスト，合意内容明文化のコストを含む）のために営業を断念せざるを得なくなるだろう。法令は権利の及ぶ空間の側面のみならず，上下底

面をも定めている。建物の高さを規制することは，地上空間のどこかに境界面を設定し，地権者の地上空間への権利を制限することである。では，そうして地権者の私的所有から切り離された境界面より上の空間は，実質的に誰の支配下に置かれることになるだろうか（国家か？　地方自治体か？　町内会か？　この空間の使途に経済的利害を持つ人か？　専門的な知識を持つ人か？　関心を持つ人か？この空間を見る蓋然性のあるすべての人か？）。境界の設定は権利分配の確認・変更を意味する。一口に「公共のため」といっても，個別の事例においてそれが実質的にどの主体への分配を意味するのか，注意すべきである。

(2) 公共財の理論

　良好な景観は，誰かが欲するものであるという点において〈財（a good）〉である。だが，この財は市場で取引されている多くの財とは異なる独特の性質を有している。景観（特に都市景観）は複数の不動産の外部性の集積として生じることが多く，この集合財としての性質ゆえに，良好な景観はそれ自体として市場で取引されることはなく（理論的には不可能ではないが），一定の地理的領域に行ったり住んだりすることにより享受される。

　したがって，景観は経済学でいうところの〈公共財〉——消費が非競合的かつ排除困難な財，つまり，誰かの消費によって他の人が消費できる量が（あまり）減らず，かつ誰かに消費させないようにすることが（そして消費を回避したくとも逃れることが）困難な財——である。公共財は財の性質に着目した概念であり，供給主体の種類には依存しないことに注意してほしい。例えば，夜間パトロールは地域一帯の治安を改善するが，それを行う主体が警察であろうと，ボランティア団体であろうと，警備保障会社であろうと，公共財であることに変わりない。

　公共財の概念が経済学において重要視される理由は，公共財の需給がその性質上，価格メカニズムという「見えざる手」によってはうまく調整できないという知見にある。第一に，通常の私的財の生産においては費用——〈機会費用〉（もしその資源を別の使途に付していたら得られたはずの便益）——負担者がその便益をすべて享受できる（そして受益者がその費用をすべて負担しなければならない）のに対し，公共財の場合には便益が拡散してしまうので費用負担者がこ

れをすべて回収・享受するのは困難であり，フリーライダー（対価を支払わず
に他者の費用負担の下に便益を享受する人）が発生する余地ができる。ここから，
公共財供給量を何らかの望ましい水準まで増やすには，強制権力を持つ政府が
潜在的フリーライダーを含むすべての人から租税を徴収して生産（もしくは民
間の生産者を補助）すべきだという主張が導かれる。とはいえ，パトロールの
例からも分かるように，政府の関与がなくとも公共財の自発的な供給が行われ
る場合もある。特に，公共財が各人にもたらす便益が不均等な場合には，その
公共財に大きな利害を持つ人が他者より大きな費用を負担してでもこの公共財
の自発的供給に努める可能性がある。各人が受ける便益が等しい場合であって
も，集団の規模が小さく緊密なときには，フリーライダーへのインフォーマル
な監視と制裁によって集合行為が実現する可能性が高い[Hardin 1982 : chs. 5, 11]。

　第二に，私的財の需要サイドではできるだけ少ない費用で大きな効用を確保
しようとするインセンティブがはたらき，それが市場の需要量ひいては価格に
反映されるが，政府が公共財を供給するにあたってはこの情報を利用できず，
人々がどこまで本気でその公共財を欲しているかを知るのは困難である。この
ため，行政機関は市民の選好を知るためにアンケートや公聴会を実施し，議員
選挙立候補者は有権者の公共財への選好を議会において代弁することを公約す
る。だが，購買力の裏づけが不要な発言において表明される欲求は過大になり
がちであり，投票は他の公約との抱き合わせを受け入れることを強いる。

　この点について，誰もが欲する公共財は確実に存在するのだから，政府は需
要を確認するまでもなくこれを積極的に供給すればよいという意見があるかも
しれない。例えば，清浄な空気を嫌う人はおそらくいないだろう。だが，公共
財の生産に費用を要する以上，強制的手段を用いて公共財を供給するにあたっ
ては，それによって失われるものを注意深く考慮する必要がある。なぜなら，
何かを供給することは別の何かを断念することを含意するからである。空気が
当初息苦しさや疾病をもたらすほど汚染されたものであったとしたら，公金の
投下や規制によってその汚染を軽減することは，多くの人に負担を上回る便益
をもたらすだろう。しかし，この努力をどこまで続けるべきだろうか。その公
金は母子家庭支援のためにも使うこともできる。また，規制による工場の稼動
停止は失業者を発生させるだろう。政府は，「よい」公共財ならいくらでも供

給してよいのではなく，さまざまな「よい」公共財の間に優先順位をつけなければならない。そして，信頼に足る「よさ」の情報的根拠はしばしば入手困難である。

(3) 都市景観の特性

景観という公共財を私的に形成・維持しようとするならば，その領域の不動産を所有あるいは使用する人々が，どのような景観を保全するか，そしてそのために相互にどのような義務に服するかについてまず合意した上で，この義務を相互に遵守する必要がある。だが，景観の共同形成という集合行為にかかわる人々の数が多いほど，フリーライド問題は深刻になる［オルソン 1996：11章］。また，人々の背景や信念，そして後述するように美意識が異なるならば，それ以前に共通目標について合意に到達することが困難である。景観保全の方法としてしばしば公法的規制が選ばれるのは，このためである。景観規制は多くの場合，不動産の使用・処分の方法を具体的に制限し財産権を制約する直接規制である。同じ規制が，ある受け手には大きな機会費用の損失をもたらす一方で別の受け手にはほとんど影響を与えないのも，景観規制のような領域的な規制の特色だといえる。

景観規制は領域的な規制だと述べたが，同じ公共財でも例えば国防といった公共財が国土全域に及ぶのに対し，良好な景観という公共財の範囲やかかわる人間集団の規模は比較的限られている。つまり，景観は局地的な公共財──〈地方公共財〉──である。もちろん全国一律の景観規制も可能ではあるが，都市景観はそれぞれの土地でそれぞれ固有の歴史と美を備えており，このような統制になじまない。このため，景観供給にかかわる法律はもっぱらその決定手続に関する規定から成り，景観の具体的な管理は市区町村に（そして後述するように，地域コミュニティや地権者個人にも）委ねられている。

また，景観は他の公共財以上にその価値についての判断が分かれる財である。例えば，どぎつい色彩の看板を掲げる種々雑多な建物が密集する繁華街を見ていかがわしいと眉をひそめる人もいれば，その自生的な猥雑さにかえって親しみや文化を感ずる人もいる。確かに，同じ景観が大半の人によってよい景色だと認められていることもある。とりわけ，歴史的な景観が歴史遺産の不可欠な

要素として全国的・国際的に広く認知・評価され，実際に観光・研究の重要な資源になっている場合には，そういえるだろう。しかし単に「美しい」景観については，各人がその景観にどこまで価値を置くか——同意を求められたときのリップサービスにすぎないのか，それともその景観を享受するためなら時間や金銭を費やすことも厭わないほどなのか——は，一様でない。景観は，供給のベクトルの長さだけでなく向きも定まりにくい点で，前に例示したパトロールや大気の浄化といった公共財とは異なるのである。

さらに，景観のような環境的な財の特性として，その質への需要が〈所得弾力的〉である（需要量が所得の多寡に応じて大きく変わる）点が挙げられることがある [Fischel 1995 : 99]。これは，一般に所得が高くなるにつれ景観の好みを考慮するようになる——つまり，ぜいたく品である——ということである。少なくとも，良好な景観は「健康で文化的な最低限度の生活」に必須なものとは通常考えられていない。

以上をまとめると，景観は公共財の性質（排除不可能性および非競合性），局地性，主観性，（そして需要の所得弾力性）といった特性を持つ財だといえる。

⑷　景観を保全・創出する方法

これらの特性を理解した上で，「良好な」景観を形成・維持するには具体的にどのような方法を利用できるか考えてみよう。

①　インフォーマルな交渉

外部性の受け手が空間の使途決定権を持つ人を直接説得し（かつ，場合によっては対価を提供し），合意をとりつける方法である。一見ナイーブな方法であり，法的紛争に至らないため目に見えにくいが，近所づきあいや評判の考慮から合意が成立する可能性は決して低くない。ただし，このような一種の〈双方独占〉状況（売り手と買い手が1人であるため競争圧力が作用しない状況）においては双方が戦略的に行動する余地があり，たとえ説得者の提案の内容が互恵的であったとしてもこの取引費用ゆえに交渉が決裂する可能性も高い。ましてや，提案内容が互恵性に乏しく当事者間に信頼関係が醸成されていない場合には，妥結を期待できないだろう。

②　契約（買い取り）

外部性の受け手が空間の使途決定権自体を（通常は空間への権利を含む土地ごと）法的に有効な売買契約によって買い取る方法である。いうなれば外部性の内部化による（空間の使途をめぐる交渉の）取引費用の除去であるが、買い取り交渉の取引費用の高さ、買い取り側の資金力などが障壁となる。地権者どうしが空間利用について相互抑制的な契約を結ぶ可能性もあるが、一方が契約を解除する余地は残される。

③　建築協定

建築協定は、住宅地や商店街の環境を維持・改善するため土地所有者等の合意により全国的な基準を上回る基準を相互に課すことを認める制度であり、建築基準法に基づく方法である（景観協定も同様の制度である）。私法上の契約と異なり、行政庁の認可を必要とし、認可公告後に区域内の土地を売買や相続によって承継した者もこの協定に拘束される。締結にあたっては区域内の全地権者の同意が必要となるが、人数が多いほど合意に到達するのは困難になり、「穴抜け」が生じやすくなるだろう［長谷川 2005：49-59］。

④　社会規範

インフォーマルな制約は、①のような明示的合意だけでなく、地域社会の社会規範によっても実現される（もっとも、①の合意が意味を成すのは「約束を守るべし」という社会規範が社会的に有効であってのことだが）。社会規範の定義は研究者によって一様でないが、ここではさしあたり「そこからの逸脱が集団成員によって一般に非難されるような, 集団において自生的に伝播した行動様式」としておこう。一般的にいえば社会規範は法規範と同じく社会秩序を形成するルールの一種だが、個別のケースにおいてある社会規範が存在し効力を持つといえるかどうか、そしてその社会規範が具体的にどのような内容を持つかを証明することは、法規範の効力と内容・範囲を証明するよりはるかに困難であることが多い（例えば、ある街区の建物の外壁がどれも灰色であるとき、この規則性の事実をもって「この街区には建物の外壁を灰色にすべしという社会規範が存在する」といえるだろうか？　規則性が社会「規範」の結果かそれとも単に好みの結果なのか、識別できるだろうか？　その街区に隣接する建物の所有者は外壁を鮮やかな橙色に塗ってよいだろうか？）。

⑤　用途地域制, 地域地区計画

用途地域制は区域ごとに建築物の用途規制を行う制度であり，地区計画はそれより細かい単位で土地利用規制を行う制度である（景観計画も同様の制度である）。地区計画の指定は市町村によって都市計画法に基づいて行われ，建築条例を伴う場合もある。建築協定とは異なり，地区計画は行政・議会で決定されるため，規制に同意しない土地所有者もこれに拘束される。域内地権者全員の合意を必要としないので，「ごね」の費用も穴抜けの余地もなく，あらかじめ住み分けを強制することで紛争を防ぐことができる［長谷川 2005：224-235］。しかし，計画以前からの土地所有者にとっては，意見聴取の機会はあるものの，意に沿わない制約を受ける可能性がある。

2　景観は誰のものか

(1)　空間使途決定権を分配するルールの類型

　景観一般についての以上の理論を念頭に置いて，冒頭のケース 8-A について検討してみよう（なお，本件建物は日照・通風等の問題を生じていないとする）。

　まず，本件をよりよく理解するために次のように問いを立て直してみよう——この地域において，地上 20m を超える空間は実質的に「誰」の「どのような」権利に服しているだろうか？　そして，「誰」の「どのような」権利に服せしめるべきだろうか？

　前にふれたように，財産権を構成する重要な要素の一つは使途・処分についての決定権ないしコントロール権である。20m より上の空間の使途決定権について前節(4)の①から⑤までの方法を比較してみると，次のことに気付く。①インフォーマルな交渉と②買い取り契約では，この空間の使途決定権は個人に属するものと考えられ，取引されている。③建築協定では，意思決定は共同で行われている。④社会規範も，もしそれが存在することが証明でき，そのことをもって「暗黙の合意」が存在する証拠とみなすならば，共同の意思決定に基づいているといえるかもしれない。⑤地区計画は，一見したところ共同の意思決定だが，住民全員の合意を必要としないところに地区計画の特徴があることを考えれば，使途決定権は最終的に地方政府に属しているといえる（もちろん決定過程には住民が参与できるが，この点について後で検討する）。したがって，

テーマ8　景観紛争における公共性　　　203

地上20mを超える空間の使途決定権は，①②では私有され，③④では何らか
の集団によって実質的に共同所有され，⑤では公有されている。

　①と②の方法は，取引費用が小さい場合には，〈コースの定理〉（取引費用が
ゼロであるとき，私的所有権が明確に割り振られているならば，取引の結果社会的
資源配分は〈効率的〉になるとする定理。なお，費用便益分析では，社会的便益が
社会的費用を上回るとき，社会的資源配分は効率的だと考える）をかなり実現する
だろう。しかし，市場で多く取引されている代替可能な財と.異なり，所有者
の「一生の買い物」である建物への好みや土地への愛着は支払い受容意思額
（willingness to accept）のハードルを高め，他の住民がこの建物の外観のために
支払ってよいと考える金額を下回ることはなく，取引が成立しないことも多い
だろう（これは経済学的には効率的な結果である）。これに加えて，前節で述べた
交渉の費用のほか，近所づきあいにおける金銭の授受を厭う社会規範が存在す
る場合，取引費用はいっそう大きくなるだろう。③のタイプの共同所有におい
ては，集団の規模が大きくなるほど取引費用が大きくなり，意見の集約が困難
になるだろう。④のインフォーマルな共同所有が存続するには，義務を監視・
執行し集合行為を維持するためのガバナンスの正統性と有効性がカギとなる。
⑤の公有は，この空間の使途の一つが社会的に望まれることが何らかの方法・
基準によって明らかになっているにもかかわらず，取引費用などによって①〜
④による実現が阻まれているときに，意義を持つことだろう。

　次に，地上20mを超える建物を建てるかどうかを決定する権利について，
どのようなルールがありうるか考えてみよう。カラブレイジィとメラムドは，
さまざまな法を統一的な視点で考察するための枠組みとして，所有権ルール
（property rules）・損害賠償責任ルール（liability rules）・不可譲ルール（inalienability）
という三つのルール類型を提示した。所有権ルールは，権利保有者PからQが
権利を入手するにはPの同意・許可が必要なルールであり，Pは同意なく権利
を侵害された場合に差止・返還を請求できる。損害賠償責任ルールは，QがP
の同意なく権利を侵害した場合，Pが対価として損害賠償を要求できるルール
である。不可譲ルールは，たとえPの同意があってもQを含む他者に権利を移
転してはならないというルールである［カラブレイジィ／メラムド 1994：117-118］。
選挙権などとは違い，特定空間の使途決定権を不可譲な属人的権利とする法的

根拠も道徳的理由も便宜的理由も見当たらないので，本件については不可譲ルールを考慮しない。所有権ルールと損害賠償責任ルールのそれぞれについては，権利保有者を異にする対称的な二つのルールが考えられる。これらを本件にあてはめると，裁判によって示しうるルールは次の四とおりである。

　　㋑Yは高層マンションを建築することができる（Xはその外部費用を負担しなければならない）。

　　㋺XはYの高層マンション建築を禁止することができる（Yはその機会費用を負担しなければならない）。

　　㋩Yは高層マンションを建築することができるが，XはYに対し外部費用の賠償を請求できる。

　　㋥Xは高層マンション建築を禁止することができるが，YはXに対し機会費用の賠償を請求できる。

　次の(2)(3)(4)では以上の枠組みを念頭に置き，実質的にどのタイプのルールが提案されているか，権利の名宛人が誰かに注意しつつ，本件をめぐるさまざまな議論を整理してみよう。

(2)　原告の請求を認容すべきという主張とその論拠

　Xらの主張を支持する論拠に，次のようなものがある。

①　私法上の人格権としての景観権

　Xらが有する人格権としての景観権を侵害したものとして，妨害排除請求を認容すべきという見解である。この見解によれば，景観権は「眺望権が広域化したものと理解することができ」，景観権を有する主体は地区計画範囲内の地権者に限られず，この景観を日常的に享受し，かつその形成維持のために社会事実上あるいは法制度上負担を負っている者すべてである［淡路 2003：72-75］。裁判例上，旅館・ホテルなどの営業者については妨害排除請求権を伴う眺望権が認められており（京都地決昭 48・9・19 判時 720・81），個人住宅についても眺望利益が認められている（横浜地横須賀支判昭 54・2・26 判時 917・23）ことから，「眺望権の広域化」という表現によって景観権の法的権利性が主張される。ただし権利主体が「広域化」する，つまり集団になることはなく，権利保有者としては個人が想定されている。

② 私法上保護される景観利益

　景観利益を土地所有権から派生する利益として説明し，この利益の侵害が受忍限度を超えるときに不法行為に該当するという見解である。本件の景観利益は，土地の「付加価値」を維持するために「形成された良好な景観を自ら維持する義務を負うとともにその維持を相互に求める利益」と定義されている。不法行為だが，建物がある限り受忍限度を超える侵害が継続するという判断から原告の撤去請求を認め，㈥ではなく㈹を採用している（東京地判平 14・12・18 判時 1829・36，44，54-55）。請求権は周囲の地権者である X2 ら個人に限定して認められる。

③ フリーライドへの制裁

　この見解によれば，地域内の地権者相互の「十分な理解と結束及び自己犠牲を伴う長期間の継続的な努力」によって形成された景観，およびそれがもたらす土地への「付加価値」を損い，「自己の利益を追求する」行為は，法令違反がなくとも違法である（東京地判平 14・12・18 判時 1829・36）。この見解を理解するにあたっては，次の三点の事実認定が前提となっていることに留意すべきである。第一に，原告が 75 年にわたって自己犠牲——財産権行使の自制——を払ってきたということ。第二に，Y1 は自らの行為が既存の景観を破壊することを認識しつつ，広告において既存の景観を利用したということ。最後に，20m を超える建物を建てないことが「いわば暗黙の合意，制約とされてきた」（東京地判平 14・12・18 判時 1829・41）こと——したがって，景観維持のために協力しなければならないという意識と，それが要請される地理的範囲についての知識が，事前に地権者たちによって明確に共有されていたこと，である。この見解が②の見解とともに主張されるときには，周囲の地権者に権利を割り当てる㈹が採用されている。

　一方，公共財へのフリーライドを強調しつつも②の構成をとらない見解もある。この見解によれば，景観利益は土地所有権には依拠せず，住民の私的利益に解消されえない公共的性格を有し，不特定多数の市民にかかわるため，その救済は差止・撤去によって実現されるべきである［吉田 2003：70-71］。この見解は，次の④とともに展開されている。

　これらの考え方の根底には，「公正原理」（フェアプレイの原理）へのコミッ

トメントがある。これは，多数の人が共同の企てを遂行するために一定のルールに従い何らかの制限に服しているとき，この人々はこの企てから利益を享受した他人に対し同じルールの遵守を要求する権利をもつ，という原理である［ハート 1987：22-25］。他者がこの企てやルールの内容に賛同していなくとも，利益を享受してさえいればこのルールが拘束力を持つとみなす点に，特徴がある。

④　「地域的ルール」違反に対する制裁

高さを規制する地域的ルールないし社会規範を遵守する義務が存在することを認め，義務違反に対し司法によって制裁を加えるべきだとする見解である。前に引用した「暗黙の合意」にうかがわれるように，しばしば③と同時に主張されるが，③が成員の実質的利害と暗黙の「合意」を根拠にしているのに対し，④自体は必ずしもこれらの根拠を必要としない――重要なのは，それが「ルール」だということである。この見解によれば，「景観利益の背後にあるのは，土地所有権でなく，景観保護を内容とする土地利用に関する地域的ルール」であり，したがって建物の一部撤去も「地域的ルール違反行為に対するサンクションとして違反是正措置が認められたもの」と把握される。つまり，「土地利用に関する地域的ルールに法源としての性格が認められる」のである。ただし，法的制裁を加えるかどうかの判断にあたっては違反行為の態様・非難可能性の程度・被侵害利益の重大性などを総合的に考慮すべきこと，地域的ルールが通用する地理的範囲の証明責任は原告側に存することが付記されている［吉田 2003：71-72］。この見解においては，どの住民も「市民総体」を代表して法的制裁を請求しうるものと考えられている。

⑤　慣習上の法的利益の侵害

この社会規範にさらに法源としての慣習の地位を認めた上で，民法 236 条に基づき，慣習上の法的利益の侵害が差止・撤去の根拠になるとみる見解である。ルールが慣習とみなされるには「社会的承認」の存在と内容の認識可能性が要件とされ，それらを証明する責任は原告が負うとされるが，この見解によれば本件ではこれらの要件が満たされている［大塚 2006：76, 81］。相隣関係の条文を参照していることから，請求権を持つ者として近隣の地権者個人が想定されているようである。

⑥　公法・私法の協働

　行政法規等の果たす役割を認めつつも，私人にとっての「生活環境の意味や価値」はそれが危機に瀕して初めて認識されるものであるから，このような価値を保護するために事後的に対処して公法の「不備」を補完する必要性が「本来的に」あるとし，その手段として私法に積極的な役割を期待する見解である。景観の享受は個人（その範囲については言及がない）に帰属する権利・利益として構成されるべきだとする［秋山 2007：42-45］。

　以上の①〜⑥の議論はすべてルール㋺を採用しており，また，20m を超える空間のコントロール権は何らかの集団の構成員——周辺の地権者，あるいは当該景観を日常的に享受している不特定多数の人々——によって実質的に共有されていると想定しているように見受けられる。㋬が採用されないのは，Y1 が他の実質的共有者の同意を得ずに行った変更に対する妨害排除請求権の行使として，X2 らの主張を捉えているからであろう。当該空間のコントロール権が大通り周辺の地権者集団の共有物となっている状態は，いわば，さかさまの区分所有——地上 20m 以下の空間を各地権者の専有部分とし，それより上の空間を共有部分とするような——である。あるいは，近年よく使われる「コモンズ」（総有された財産）の発想をもってすれば，地権者たちは「共有の性質を有する入会権」をもつ者とみなされているようでもある。この場合，メンバーシップに基づき得られる収益は 20m より上に建物のない景観の享受であり，義務は所有地上のこの空間の不使用だといえようか。

　問題は，この空間のコントロール権が実質的に共有ないし総有されているという想定が正当かということである。本件の場合，地権者による共有開始の明示的合意は存在せず，また，後述するように，第三者にも識別できるような明瞭な義務賦課的ルールとガバナンスが存在したかどうかも疑わしい。もし，大通り一帯の地上 20m を超える空間のコントロール権がこの空間の下の土地所有者（または不特定多数の「市民」）の集団によって実質的に共有されていたといえる根拠が薄弱であるならば，あるいは，本件の空間がこの共有空間に含まれていたといえる根拠が薄弱であるならば，本来この空間利用について意思決定権を有しているのは Y であり，したがって本来妨害排除請求権を持たない

X2ら3名の請求を認めることは，この特定の3名にYの権利を移転すること
にほかならない。それはYだけでなく，この地域で生活を送っている他の大
勢の人々を差し置いてこの3人に特権を与えるということである。筆者は，こ
の空間のコントロール権が実質的に共有されていたとする根拠に十分な説得力
を見出せず，それゆえこのような形での実質的な権利移転を認容すべきでない
と考える。ましてや，原告の全員にこの特権が与えられるということは，原告
の構成を考えるといっそう認めがたいように思われる。

⑶　原告の請求を認容すべきでないという主張とその論拠

　原告の主張に反対する論拠には，次のようなものがある。いずれも筆者の考
えと軌を一にしているので，以下，筆者の主張の展開とあわせて紹介する。
　①　土地所有者の権利
　原告の請求の棄却を求める代表的な見解においては㋑が採用され，地上空間
の使途決定権は土地所有者個人に帰するべきものと考えられている［福井2004］
（東京高判平16・10・27判時1877・40）。その論拠は後述の③以下にみられるよ
うにさまざまだが，それらの前提にあるのは1⑴で挙げた民法の条文である。
中央政府や地方自治体による公法的手法を通じた景観維持・創造のための施策
は否定されていない。
　②　損害賠償による解決
　意外なことに，本件に関して損害賠償による解決を提唱する論考は，管見の
限りみられない。参考までに，一般論として，損害賠償責任ルールは㋺よりも
互恵的だという見解（抑止効果を持つ一方で，建築の利益が大きい場合には被害者
への損失補塡を条件に建築を許す側面もあるため）［福井2004：82］や，権利性はな
いが法律上保護に値する景観利益，すなわち「良好な景観の恵沢を享受する
利益」を認めうる場合があるとする見解（最一小判平18・3・30民集60・3・948,
960）もあるが，いずれの論者も本件におけるY1らの行為は景観利益の違法
な侵害にあたらないと判断して㋑を採用し，㋩を採用していない。さらに，同
じ損害賠償責任ルールでも㋥となると，想像されることすらないようである。
㋥については⑷で検討する。
　③　私法上の景観権・景観利益の否定

景観は適切な行政施策によって保護されるべきものであって，眺望権・眺望利益とは異なり景観権・景観利益は観念されないという見解である。景観は眺望のように特定地点から享受されるものではない。そして，原告の50人が日常的にこの景観と関わりを持つ人々の中のごく一部に過ぎないこと，景観との関わり方や知覚の仕方の多様性に鑑みれば，彼らが主張する個別・具体的な権利は法的保護に値しないとする（東京高判平16・10・27判時1877・40，46-47）。また，(2)③の第二の見解のように景観利益を公共的利益として位置づけるなら，これを私的利益として構成するのはいっそう困難である［福井2004：75］。

④　先住民の利益と潜在的住民の利益のトレードオフ

容積率の制限はたしかに良好な住環境をもたらすが，それはレイトカマーの排除による先住者の利益の保全でもある。なぜなら，都市環境を守れば守るほど利用可能空間は減少し，そこに住み続けることができる人々の数が減るというトレードオフの関係が生ずるからである。したがって，「静謐な環境の低層住宅を地価の安い時代に」入手し維持できた人々は「きわめて運がよかった人々」だといえる［福井2004：68-69］。とはいえ，いまだ現れていない潜在的住民の抽象的な利益を司法の場で擁護するには限界がある。少なくともいえるのは，(2)⑥の見解のように司法が立法・行政の補充的機能を積極的に果たすべきであると考えるならば，一地域だけでなく社会全体を視野に納めた公共政策的・将来志向的考慮が要請されるということである。そして，一部の人々が望むとおりの景観に囲まれて暮らせる社会と，比較的多数の人がほどほどの景観に囲まれて暮らせる社会とではどちらが望ましいか，判断しなければならない。

⑤　潜在的住民の代理としての開発業者

実在する周囲の地権者と潜在的なマンション居住者の間の取引費用は「禁止的に」高く，交渉・契約による解決はのぞめないが，不動産開発業者には潜在的住民の利害代弁者としての側面もある［福井2004：68］。大規模な投資が行われるのは，この地に住むことを望む人が相当数いると見込めるときだけである。Y1が目先の営利しか考えていないとしても，彼らの活動が結果として社会の不動産資源を再編し，消費者一般に住環境向上の機会を提供しているのは事実である。Xの行為もまた，特殊な美的選好に適合する景観の享受（または他者の所有地上の空間の使途の決定）という「自己利益」の追求行動であることを考

えるなら，Yの行為を「自己利益を追求する行動」として非難することにはあまり意味がない。問題は，どちらの自己利益がより正当かということである。

⑥　「フリーライド」の是非

Y1が広告に当該建物を含めた写真を掲載した上で景観の良さを売り文句にしたという事実は，むしろY1の側に景観を損う意識がなかった証拠だとみることもできる（東京高判平16・10・27判時1877・40，49）。また，仮に周囲の地権者の自己犠牲が事実だとしても，なぜその行動様式を明示的に支持し同じ規律に服すると同意をしたわけでもない住民の行動を規律しうるのか［福井2004：79］という根本的な問題がある。例えば，街路樹より高い空間の利用を控えることが，景観に敏感な人に10の利益を，そうでない人に5の利益をもたらすとき，前者の利益をすべて保全するために後者にも同じ負担を強いるべきだろうか。ノージックは，フリーライダーがたとえ期待されている犠牲を上回る利益を享受しているとしても，その利益が他の人々の利益よりもずっと少ないならば彼らと同じ量の犠牲を払う義務があるとはいいがたいとして，公正原理を批判している［ノージック1992：149］。

⑦　原告は「犠牲」を払ったか

そもそも，原告らが自己犠牲を払ったという主張を疑わしいとみる見解がある。1970年の改正以前の建築基準法は一律に20mの高さ制限を課しており（昔は樹高がいまより低かったはずなのになぜ「20m」なのか，という素朴な疑問がこれで氷解する），改正による同制限の緩和後は，大通り沿いの土地の大半が用途地域の指定を受けた。また，75年前に植栽を行った人々や過去に住民運動を行った人々とXらとの同一性・継続性は明らかではない。したがって，この景観は戦前の街路樹の植栽やその後の公法的規制により形成されたものであり，もっぱらXらによって自主的に形成されてきたとは認められない（東京高判平16・10・27判時1877・40，47-48）。これに対し，用途地域は住民の意見を汲んで決定されているのだから，低層住宅専用地の指定は地権者たちの自己抑制を反映しているという反論もありうる。しかし，容積率の制限は地価に負の影響と正の影響の両方をもたらす［福井2004：80］。地価が，需要側の多様な選好と，他の土地の代替可能性などの偶発的事情によって決まる以上，この用途の選択が当然に「犠牲」を意味するとはいえない。とりわけ，売却や資金借り入れの

予定もなく，自宅として永住するつもりでいる地権者にとって，高さ制限の機会費用は実質的にゼロである。

⑧　社会規範を法的に執行すべきか

　民法や「法の適用に関する通則法」には慣習に法律と同じ効力を認める条文があり，これらの法規は司法を通じて社会規範を法規範に「格上げ」することを可能にしている。しかし，前に述べたとおり慣習・社会規範の定義と存在証明はたいへんむずかしい。本件について社会規範の存在を根拠として挙げる見解は，着工直後に同内容の条例が可決されたという事実に社会規範が存在する証拠を見出しているように見受けられるが，仮にすべての市議が採決において社会規範に従った意思表示を行ったのだとしても，54％の賛成票をもってその証拠とみなすのは無理があるように思える。また，社会規範の地理的な効力の範囲を証明するのも困難であり，本件でも，仮に社会規範があったとして，それが大通りの南端にまで適用されるものかどうかは曖昧なままである。

　本件に上記の慣習関連法規を適用することが解釈論的に可能かという問題を別にしても，社会規範の定義・存在・範囲の証明の一般的困難性を真剣に捉えるならば，社会統制手段としてなぜ法令が存在し重視されているのかを考えるならば，そして，当事者が解決方法として法的手段を自ら選択したことに留意するならば，司法判断の主たる理由を社会規範に求めることは極力避けられるべきであるように思われる。長谷川貴陽史は，「行政規制による景観保護が不十分である現在……コミュニティのルールを根拠として景観利益を認定し，私法的に救済する余地を，一律に否定すべきではない」とし，その要件として「ルールの内容が一定程度明確であり，ルールの存在が外部の第三者にも明らかであり，ルールがコミュニティの一定範囲の人々の社会的承認を得ていること」が示されていることを挙げている［長谷川2005：316］。おそらく住民にとっては，事後的にこれらの事実を証明するよりも，事前的な公法的方法を用いるほうが容易で確実であろう。住民が事前的な法的手段について知識を欠いている場合，その責任をすべて彼らに帰することができるかどうかはむずかしい問題だが，少なくとも本件においては原告の構成や市長Aとの関係を考える限り，知識伝授の機会はあったと推定できる。

　より根本的な問題として，慣習や社会規範が立法的合意を経ずに司法を通じ

て法的地位を獲得することは，どのような理由から正当だといえるだろうか。仮に，その規範的言説が過去一定以上の時間を共有している共同体のメンバーにとっては常識的なルールであったとしても，それが認知され遵守されていたという事実だけで，外来者に対して「郷に入っては郷に従え」という社会的圧力にとどまらず，国家権力によって執行されるほどの拘束力を獲得するに至るのだろうか。近年の英語圏の法と経済学の研究においては，「緊密な社会集団においては日常的な事柄について厚生を最大化する社会規範が育まれる傾向がある」という仮説が提示されることもあるが，管見によればこの主張への賛同者は多くない。仮にこの仮説を受け入れるとしても，本件の地域コミュニティはこの仮説の条件である緊密な集団には該当しない。また，社会規範が当該集団の厚生に寄与するものだったとしても，その生成過程には正義や集団外部者の利益への配慮が組み込まれていないことを，仮説の提唱者自身が認めている[Ellickson 1991 : 283-284]。このほか，ありうる慣習（conventions）のうちどれが社会的に定着するかはルールを生ずる問題状況の利害構造と偶然の要素に依存しており，効率的なルールが存続する保証はなく，ましてや社会的に公正な内容を有している保証もないという研究[Sugden 1986]や，社会規範を協調性をシグナルする道具として捉える観点から，どの社会規範が定着するかの決め手となるのはその内容の効率性や道徳性よりもむしろ，それが指示する行動様式の可視性と費用だという研究[ポズナー 2002]もある。

⑨　予測可能性と法への信頼

　社会規範や慣習の法的執行が正当とみなされる最大の理由はおそらく，人々が長い時間をかけて築いた相互予測の構造を尊重することの価値にあるだろう。予測可能性は，安定的秩序に不可欠な要素である。とりわけ，当事者が法令よりも社会規範を信頼している場合や法的知識を欠く場合には，社会規範への信頼を法的に保護することで秩序の維持を図ることができる。しかし，本件の舞台となっているベッドタウンのように，コミュニティ外部者による土地承継の可能性が当然にある場合に，用途指定を信頼した外部者にコミュニティ内部のインフォーマルな予測構造を維持するよう法的に要求することは正当だろうか。内部者の予測の保護だけを理由に社会規範への期待を保護することは，外部者の法令への信頼と予測を裏切り，彼らから客観的な行動の指針を奪うことにな

るだろう。

　行政の長であるＡの行動についても，問題点が指摘されている。用途指定があるにもかかわらずこれに反する行政指導等を行ったことは行政の一貫性を欠き（東京地判平 14・2・14 判時 1808・35，51-52），法的拘束力のない行政指導に従わなかったことをもって不利益な取扱いをしたことは行政手続法に反しており，本建築を狙い撃ちとした地区計画を策定したことは「自らの懈怠により生じた事態の責任を違法な行為をなしていない建築行為者に転嫁するに等し」く［福井 2004：83-84］，結果として行政への信頼を失わしめている。

⑩　公共財供給水準についての司法の謙譲

　景観の性質を思い出してほしい。広域にわたる景観は公共財であり，その価値は主観的であり，その享受は局地的である。したがって，どのような景観をどれだけ供給するかについては正解がなく，地権者による明示的合意か，地方自治体による「決断」に委ねざるを得ない。景観への評価が人によって必然的に異なるからこそ，議会の民主的政治過程や行政の住民参加過程が手続的に要請され，最終的には少数者に配慮した多数決の結果を採用せざるを得ないのである。そうであれば，これらの手続を経ずに，特定景観について評価を同じくする一部の人々に対して裁判所が個人的権利・利益を承認することは，「かえって社会的に調和のとれた良好な景観の形成及び保全を図る上での妨げになることが危惧される」（東京高判平 16・10・27 判時 1877・40，51）。確かに，裁判所は政策の論証を採用することもでき，訴訟の将来的社会的影響にも配慮すべきとの見解には一定の説得力がある。だが，そうであっても，裁判所が民主的な集合的意思決定過程を代替することはできない。日本の裁判所の消極主義的姿勢に改善の余地がある［田中 2007：68-69］としても，公共財の公的供給に関する限りは，その役割を議会と行政の適正な手続に基づく決断に委ねるべきであろう。

(4)　景観の公有化

　ところで，地方自治体による規制──空間使途決定権の公有化──には公権力の行使を伴う。民主的手続を経れば，いかなる内容の土地利用規制も正当だといえるだろうか。「発展問題」として，最後に景観の「公有」にもふれてお

きたい。

公共財の理論の続きを考えてみよう。例えば，政府が「公共のために」空港を建設することが，適正な政治・行政手続を経て決定されたとする。用地は公金で購入するのが原則だが，地権者の同意が得られないときには「正当な補償の下に」収用することが憲法上認められている。公用収用の主たる経済学的論拠は，用地取得にかかる取引費用の高さにある。空港が地権者も含めた全国民にもたらす便益が地権者の損失をはるかに上回るにもかかわらず，交渉上有利な立場にある最後の地権者が売りしぶる（holdout）可能性があり，この取引費用により公共財供給が頓挫するおそれがあるなら，政府による強制取得が正当化されうる。このとき，政府にとって収用が購入よりも「お得」な選択肢になってしまうのを防ぐには，（市場価格での）金銭的補償を義務づける必要がある。適切な額の補償は所有権を奪われた人の損失を（部分的に）埋め合わせるだけでなく，政府に規律を課する機能も果たすのである［Cooter and Ulen 2008：183-185］。

このように考えるとき，所有権を構成する部分的な権利の「収用」，すなわち土地利用規制をどう捉えるべきだろうか。通常，規制の受け手が国家補償を得ることはない。このため，規制による公共財供給は公金の投入による公共財供給よりも「ポリティカル・ハザード」［Fischel 2003：354］を生じやすいと推測される。景観条例もこのような規制の一つであり，条例による高さ規制は一定の空間の使途決定権を地方自治体が強制取得することに等しい。この場合，採用可能なルールは㊀と㊁の二つのルール（Xを政府と読み替える）であるが，現実には，土地所有権全体の強制取得については㊁のタイプの損害賠償責任ルールが憲法上採用されている一方で，部分的取得である規制には㊀が採用されている。

この違いはどのように正当化されるだろうか。実定法学においては，「財産権の制限」が「社会的共同生活との調和を保ってゆくために必要とされるものである場合」には補償を不要とする，深遠な基準が提示されている［塩野 2005：328-333，野中他 2006：469-472］。アメリカの連邦最高裁判所は，規制対象となる利用方法がそれ自体有害・危険で公共の福祉を脅かすものであるならば補償は不要とする法理に繰り返し言及している［エプステイン 2000：137，Stone et al.

テーマ8 景観紛争における公共性

2001 : 962-963]。経済学者は補償が不要な理由として，地権者による過剰投資の
おそれと，損失額と補償受給資格者の査定にかかる制度運営費用（administrative
costs）の高さを挙げている［Kaplow 1986:545-548］。エプスティンは，規制によっ
て社会的便益・価値が増加し，かつそれが均等分割されるとき——当該規制に
より多数の個人が受け取る便益が負担を上回る，すなわち「黙示の現物補償」
がなされるか，特別な損失を被る人への明示的補償によって便益・負担が比例
化されるとき——規制は正当だと考える［エプスティン：12-14章］。この問いを
めぐる議論は，憲法29条の三つの項をどう整合的に解釈するかという問題だ
けでなく，財産権は立法の都度「再規定」されるものなのか，それとも実定法
に先行する財産権が立法によって「制約」されるのか，そもそも財産権を正当
化するものは何か，という根源的な問題へと我々を誘う。

　これらの難問はさておき，国から地方自治体へ目を移すと，規制の問題は多
少緩和されるように見える。なぜなら，国際的な移住に比べて地方自治体間の
移住は比較的容易であり，納税者には規制的条例や公共財の内容を比較して帰
属する自治体を選択する余地があるからである。このことは，地方公共財につ
いては「足による投票」によってある程度市場メカニズムが機能することを意
味する。しかし，不動産，とりわけ土地に愛着をもつ人にとって，代替物を見
出すのは困難なことである。結局,彼らは「離脱」という市場的方法と「発言」
という政治的方法［ハーシュマン2005］に直面して後者の方法を選ばざるを得ず,
選挙や住民参加といった制度を利用することになる。だが,地方レベルの政治・
行政においては国レベルに比べて，「愛されない」少数者の声が絶対数が少な
い分黙殺されがちになるという指摘がある［Fischel 1995 : 294］。とりわけ本件の
ように，行政の長と声の大きい特定集団との結びつきが強い場合，組織化され
ていない「忘れられた集団」［オルソン：201-203］——美観についての好みが異
なる住民，「金儲け」スティグマをおそれ発言できない商店主など——は，「住
民」「市民」として数えられることがない。景観の主観性や所得弾力性といっ
た性質を考慮に入れるなら，景観規制のリスクと補償についても議論を深める
必要があるように思われる。

第Ⅱ部　市場・規制・分配的正義

結　語

　本章ではまず，都市景観は特殊な公共財であること，重要な公共財供給の内容と水準については政治的に妥結点をさぐるしかないこと，景観をめぐる紛争は土地上空の使途決定権の移転・分配をめぐる紛争であること，この権利は当該地権者の私有か，一定地域の地権者あるいは利害関係者による共有か，地方自治体の公有の下に置かれうることを述べ，権利分配ルールの類型を紹介した。次いで，ケース8における原告の主張を支持する論拠と反対する論拠を検討した。

　これらの洞察と検討から，筆者は次のように考える。地上空間の使途をコントロールして望ましい景観を確実に創出・維持するには，地権者が明示的合意を結んだ上で使途を相互抑制しこの空間の使途決定権を実質的に共有化するか，あるいは，行政・議会が関係者の利害と主張を吟味した上で適正な手続に従って規制を行い，この空間の使途決定権を公有化するか，いずれかの方策をとるべきである。裁判所が一部個人に他者の所有地上の空間の使途決定権を付与することは極力回避すべきであり，司法に期待されるのは公共財供給水準の判断よりもむしろ，組織化や発言が困難な人々に光を当て配慮することである。

　景観をどこまで「公有化」すべきかは，かなりの程度政治思想的立場の問題である。ただし，近年の景観保全をめぐる言説の中には，変化への不安とノスタルジーへの耽溺が垣間見えるものもある。だが，変化を否定することは，自身の基盤を掘り崩すことにもなりかねない。K市も大正末期までは，街路樹どころか雑木林が大部分を占める農村であったという。カルヴィーノの小説から印象的な文章を引用して，本章を終えよう。

　　「しかしこの都市〔ツォーラ〕を訪れようと旅立ちましたのも無駄でございました。できるだけ記憶し易いようにつねに変らず不動であることを強いられ，ツォーラはやつれはて，消耗し，消え去っておりました。」[カルヴィーノ 1977：23]

発展的学習のための読書案内

長谷川貴陽史『都市コミュニティと法：建築協定・地区計画による公共空間の形成』

テーマ 8　景観紛争における公共性　　217

東京大学出版会，2005 年：本件の検討にあたって，筆者がこの本から得た情報と法社会学上の知見は多大である。

エリク・ポズナー（太田勝造監訳）『法と社会規範：制度と文化の経済分析』木鐸社，2002 年：合理的選択アプローチを用いた，社会規範と法の関係の分析。

リチャード・A・エプステイン（松浦好治監訳）『公用収用の理論：公法私法二分論の克服と統合』木鐸社，2000 年：収用条項の潜在的な適用可能性の広さを明らかにする。200 以上のアメリカの判例に言及している。

森村進『財産権の理論』弘文堂，1995 年：財産権の総合的理論を構築する試み。ノージック 1992 の衣鉢を継ぐ書である。

ミクロ経済学および公共経済学の入門書：読むにあたっては，法学者の見方が一様でないのと同様に，経済学者の見方も一様ではないことに留意すべきである。

引用文献

秋山靖浩 2007：「民法学における私法・公法の〈協働〉：生活環境の保全・形成の場面を素材にして」法社会学 66 号.

淡路剛久 2003：「景観権の生成と国立・大学通り訴訟判決」ジュリスト 1240 号.

カラブレイジィ，グイド／A・ダグラス・メラムド 1994：「所有権法ルール，損害賠償法ルール，不可譲な権原ルール：大聖堂の一考察」『不法行為法の新世界』（松浦好治編訳）木鐸社 .（Calabresi, Guido and A. Douglas Melamed, "Property Rules, Liability Rules, and Inalienability:One View of the Cathedral," *Harvard Law Review*, Vol.85, 1972.）

カルヴィーノ，イタロ 1977：『マルコポーロの　見えない都市』（米川良夫訳）河出書房新社.（Calvino, Italo, *Le Città Invisibili*, Giulio Einaudi, 1972.）

Cooter, Robert and Thomas Ulen 2008:*Law and Economics*, 5th. ed., Pearson Education.

Ellickson, Robert C. 1991:*Order without Law:How Neighbors Settle Disputes*, Harvard U.P.

エプステイン，リチャード・A 2000：『公用収用の理論：公法私法二分論の克服と統合』（松浦好治監訳）木鐸社.（Epstein, Richard A., *Takings:Private Property and the Power of Eminent Domain*, Harvard U.P., 1985.）

Fischel, William A. 1995:*Regulatory Takings:Law, Economics and Politics*, Harvard U.P.

Fischel, William A. 2003: "Public Goods and Property Rights:Of Coase, Tiebout, and Just Compensation" in Terry L. Anderson and Fred S. McChesney（eds.）, *Property Rights:Cooperation, Conflict, and Law*, Princeton U.P.

福井秀夫 2004：「景観利益の法と経済分析」判タ 1146 号.

Hardin, Russell 1982:*Collective Action*, Johns Hopkins U.P.

ハート，H・L・A 1987：「自然権は存在するか」『権利・功利・自由』（小林公・森村進訳）木鐸社.（Hart, H.L.A., "Are There Any Natural Rights?," *Philosophical Review*, Vol.64, 1955.）

長谷川貴陽史 2005：『都市コミュニティと法：建築協定・地区計画による公共空間の形成』東京大学出版会.

ハーシュマン，A・O 2005：『離脱・発言・忠誠：企業・組織・国家における衰退への反応』（矢野修一訳）ミネルヴァ書房．(Hirschman, Albert O., *Exit, Voice, and Loyalty:Responses to Decline in Firms, Organizations, and States*, Harvard U.P., 1970.)

Kaplow, Louis 1986: "An Economic Analysis of Legal Transitions," *Harvard Law Review*, Vol.99.

森村進 1995：『財産権の理論』弘文堂．

野中俊彦・中村睦男・高橋和之・高見勝利 2006：『憲法Ｉ』（第 4 版）有斐閣．

ノージック，ロバート 1992：『アナーキー・国家・ユートピア：国家の正当性とその限界』（嶋津格訳）木鐸社．(Nozick, Robert, *Anarchy, State, and Utopia*, Basic Books, 1974.)

オルソン，マンサー 1996：『集合行為論：公共財と集団理論』新装版（依田博・森脇俊雅訳）ミネルヴァ書房．(Olson, Mancur, *The Logic of Collective Action:Public Goods and the Theory of Groups*, Harvard U.P., 1965.)

大塚直 2006：「国立景観訴訟最高裁判決の意義と課題」ジュリスト 1323 号．

ポズナー，エリク 2002：『法と社会規範：制度と文化の経済分析』（太田勝造監訳）木鐸社．(Posner, Eric A., *Law and Social Norms*, Harvard U. P. 2000.)

塩野宏 2005：『行政法Ⅱ：行政救済法』（第 4 版）有斐閣．

Stone, Geoffrey R., Louis M. Seidman, Cass R. Sunstein and Mark V. Tushnet 2001:*Constitutional Law*, 4th ed., Aspen Law and Business.

Sugden, Robert 1986:*The Economics of Rights, Co-operation and Welfare*, Basil Blackwell.

田中成明 2007：「私法・公法の〈協働〉と司法の機能」法社会学 66 号．

吉田克己 2003：「『景観利益』の法的保護」判タ 1120 号．

テーマ9

租税の正義

——金融所得分離課税の法哲学的検討

藤 岡 大 助

は じ め に

ケース 9-A

原告 X は，スリッパ製造業を営む事業所得者である。X は，被告税務署長 Y1 に対して，原告の昭和 39 年および 41 年分所得についての更正処分および過少申告加算税の賦課決定の取消しを，被告国 Y2 に対して，金 5 万円の損害賠償を，それぞれ求めて提訴した。X の挙げた被告の違法事由は多岐にわたるが，その一つとして，本件更正および賦課決定は，所得税法 83 条の税率を適用してなされたものであるが，同条の規定が事業所得者の税率を利子所得者，配当所得者および株式の譲渡所得者に比し不合理に高く定めており（同法 83 条，租税特別措置法 3 条，9 条），事業所得者を不当に差別し租税負担公平の原則に反し，憲法 14 条および 84 条に違反し無効であるから，本件更正および賦課決定は違法である，と主張した（東京地判昭 57・11・15 訟月 29・6・1161）。

ケース 9-B

原告 X は，約 45 万円の国民老齢年金と利子所得および配当所得によって生活する老齢者である。X は，昭和 63 年度の所得について，利子所得と配当所得の合計約 100 万円を総所得金額として計算したうえで，自身に適用される社会保険料控除，生命保険料控除，老年者控除，基礎控除の合計額が総所得金額を上回ることから，利子所得と配当所得についての源泉徴収金額の全額を還付金の額として確定申告を行った。ところが，租税特別措置法 3 条 1 項の利子等の課税を一律源泉分離課税（課税関係を源泉徴収段階で完了する）とする改正（昭和 62 年法律第 96 号）が昭和 63 年 4 月 1 日から施行されていたことから，被告税務署長 Y は，施行日以降の利子所得については所得控除の受けられる総合所得から分離し，還付の対象から除外するものとし，X の確定申告に対して更正処分および過少申告

加算税の賦課決定処分を行った。これに対してXは，新特別措置法は，憲法25条の生存権を脅かすとともに，憲法14条の法の下の平等に反し無効であるから，本件更正および賦課決定は違法であるとして，その取消しを求めてYを訴えた（大阪地判平2・10・25税資181・103）。

　日本国の個人所得税は，課税の対象とされる所得をすべて合算し，各人の生活状況に即した各種所得控除を差し引いたうえで，一本の累進税率を適用する総合累進課税が原則となっている［金子2017：192］。しかし，めまぐるしく変わる経済取引に対する徴税効率の確保を主な理由として［金子1991b：25］，利子所得，配当所得，株式等に関わる譲渡所得などの金融所得については，総合所得から分離し，源泉段階で別個の比例税率の適用を受ける分離課税が認められている［税制調査会2000：129-133］。両事例は，この措置が，金融所得者とその他の所得者との間で格差を生じさせ，それが憲法14条1項の法の下の平等に反するとして提起された訴訟である。

　ケース9-Aに示されているのは，租税特別措置法その他が定める金融所得の源泉分離課税が，累進税率の適用される他の所得に比して不当に優遇されている，という主張である。本件訴訟が提起されたのは昭和43年であり，直接争いの対象となった法令は，昭和40年に改訂された現行所得税法が施行される以前の旧所得税法である。また，今日までに所得税法中の税率に関する規定や優遇措置なども幾度の改正を経ており，訴訟当時とは大きく異なる。しかし，本件訴訟で提起された論点の基本構図自体は今日に至るも継続している。今日の金融所得に対する税率は概ね20％（国税15％，地方税5％）であるが，他方，累進税率の適用される所得税の最高限界税率は，4000万円超で55％である（国税45％＋地方税10％）［所税89条1項，地税法35条1項，314条の3の1項］。累進所得税率は，1984年以降，それまでの最高限界税率75％から順次逓減されて今日の税率に至っており，分離課税される税目との税率の格差は本件訴訟当時から縮まってきているといえる。しかし，国税と地方税あわせて20％という数字は，195万円超330万円以下の所得区分においてと同等であり，特に最高限界税率に服する所得階層にとってはかなり有利なものであることがわかる。同じ額の所得を得ているにもかかわらず，徴税効率を理由に特定の所得類型に属

する所得者のみが優遇されているとすれば，原告の不満は故無きものではない。

　ケース 9-B が示すのは，租税特別措置法が定める金融所得の源泉分離規定が，一律源泉課税によって課税関係が終了する利子所得については，逆に利子所得者を不当に冷遇する，という主張である。原告は各種控除の認められる低所得者であるにもかかわらず，その主たる所得が金融所得であるために，他の所得類型で所得を得られる者に比して，多くの納税義務を負わされている。今日においては，「貯蓄から投資へ」という政策意図のもと [税制調査会金融小委員会 2004]，金融所得を中心に損益通算の範囲が拡大されてきた。この点，提起された問題は，解消の方向へ向かいつつあると言えるだろう。

　この二つの訴えに対して，裁判所の下した判断は，いずれも原告の訴えを棄却するというものであった。ケース 9-A については，「利子所得，配当所得及び株式譲渡所得に対し，それぞれ分離課税制度等，源泉選択課税制度等及び非課税などの租税優遇措置がとられているが，しかしそれらが国の経済政策の一環をなす租税政策について認められる合目的的裁量の範囲内と認められる限りにおいて，違憲の問題を生ずる余地はな」[1163（161）頁] いとして，しりぞけている。ケース 9-B についても，ケース 9-A の判決を引きつつ，「租税法の分野における所得の性質の違いを理由とする取扱いの区別は，その立法目的が正当なものであり，かつ，当該立法において具体的に採用された区別の態様がその目的との関連で著しく不合理であることが明らかでないかぎり，憲法 14 条 1 項に違反するものということはできない」[113頁] としている。

　両事例のように憲法 14 条の平等原則をめぐって争われた租税事件としては，大島訴訟（最大判昭 60・3・27 民集 39・2・247）や総評サラリーマン税金訴訟（最三小判平元・2・7 判タ 698・128）などが有名であるが，それ以外にも数多く存在する。首藤重幸は，租税関係の訴訟で平等原則違反が争点とされた 27 件の主要判決の動向をまとめているが [首藤 2004：42-63]，それによれば判決のほとんどすべてが，法令を経済政策の一環をなす租税政策について認められる合目的的裁量の範囲として認めるか，法令が想定している合理性を積極的に追認し，訴えをしりぞけている。裁判所が示してきた判断は，租税法に対して提起される公平の問題は，司法のアリーナよりも立法のアリーナで解決されるほうがふさわしいということであろう（事実，大島判決などにおいては，その世論喚

起力もあって，後に給与所得控除額の引上げや特定支出控除〔所57の2の2〕の導入という立法段階での対応として結実した）。しかし，民主政体における立法府の主人である国民にとっては，謙譲すべき判断主体は存在しないのであり，両事例が提起した問題は直接の重要性を持つものである。

　本章は，総合課税を原則として採用する現行日本法の税法体系の下で，金融所得に対する定率の分離課税の適用が正義に適うのか否かを検討するものである。特に，ケース9-Aにおいて示された，金融所得者が総合累進課税に服する他の所得者に対して優遇されているという点に焦点をあてて，その是非を問う。以下1では，租税法学の観点からこの問題を検討し，2では法哲学の観点から検討する。3では2において求めた法哲学的知見を，現行日本法の制度実態に当てはめ，本章検討課題に回答する。

1　租　税　法　学

(1)　租税法の基本原則

　本節の目的は，金融所得分離課税に対する評価を租税法学の理論枠組みの中で検討することである。ところで，租税法学においては，「公平・中立・簡素」からなる三原則が，制度設計の指針として確立されている［税制調査会2000：16-19］。これらは租税法学における価値判断の基本的立脚点を示すものであるので，最初にその内容について概観しておきたい。

①　公平原則

　公平原則は，税負担が国民の間で公平に分配されなければならないという原則であり，三原則中最も重要な原則とされている［税制調査会2000：16］。それはこの原則が「等しきものは等しく，不等なるものは不等に扱われるべし」という正義命題の率直な租税法的表現にほかならないからである。より詳しくみると，公平原則は，正義命題の前段に対応する水平的公平と後段に対応する垂直的公平原則とに分かれる［増井2000：173, 2014：12］。まず，前段の水平的公平についてであるが，これを「租税は負担能力に応じて徴収されるべき」とする能力説（今日の通説，対抗説は「公的サービスから受ける利益に応じて課税されるべき」とする利益説）［岡村2008：6-10, 金子1995：1-3, 1996：2-3, 税制調査会2000：

テーマ9　租税の正義　　223

17（注1）〕に適用した場合，その意味は「等しい負担能力のある人には等しい負担を求める」〔税制調査会 2000：16〕原則として理解される。例えば，自営業を営むA氏とサラリーマンのB氏とが，同じ額の所得を得ているにもかかわらず，捕捉率についての違いから実際の課税額が異なるならば，担税力という点で等しい状況にあるはずの両者を等しく扱っていないので，水平的公平に反するということになるだろう。

　しかしながら，同じ事態を事前（ex ante）の観点からみれば，若干異なってみえるかもしれない。A氏もB氏もともに自営業を営むかサラリーマンとなるかを選択することは出来たのであり，職業選択に先立ってそれぞれの就業形態における所得の捕捉率に違いがあることを知り得たとすれば，両者は等しい選択肢集合を得ていたことになる〔増井 2000：175, 2014：13〕。選択の責任が個人にあると考えれば，A氏もB氏も等しく扱われていたのであり，水平的公平に反するところは何もないといえるかもしれない。しかし，自営業かサラリーマンかという就業形態の違いは，捕捉率の差異だけに還元されるものではなく，各人の人生構想に深く関わるものである。A氏とB氏が同じ選択肢集合を得ていても，選択肢間の序列はA氏とB氏で異なるのであり，租税が各選択肢に対して恣意的な取扱いをしたならば，A氏とB氏は等しく扱われていることにはならない。つまり，水平的公平は，各人の人生構想の選択の自由を尊重するという点において，自由主義的価値によっても根拠づけられていると考えられる。

　次に，垂直的公平は，正義命題の後段に対応するが，前段に含意されない意義を敢えてそこに見いだすのは，重要であるとみなされた基準において，異なる状況にある場合については，適切な差異を設けなければならないと積極的に考えるからである。そして，今日の通説である能力説のもとでは「負担能力の大きい人には大きな負担をしてもらう」〔税制調査会 2000：16〕という意味に理解される。例えば，1000万円の所得者と100万円の所得者の間では，明らかに負担能力（担税力）に違いが認められるのであり，前者により多くの税を求めることが垂直的公平の原則からは導かれる（反対に，人頭税のような一律の定額課税は退けられる）。垂直的公平は，租税を通した再分配を実現するうえでの強力な規範的指針であり，この原則は実質的平等の価値によって支えられているといえる。しかし，再分配の程度については，累進税率の適用が必要である

という点については概ね見解は一致しているものの［金子1996：3］，具体的な税率構造がどのように設定されるべきかについては，定まった見解はない［田中2005：29］。

② 中立原則

中立原則は，「個人や企業の自由な経済活動に対して，税制がその選択を歪めてはならないという原則である」［税制調査会2000：18］。中立原則の意義は，一つには効率の観点から基礎づけられる。自由な経済活動によって資源配分が最適化されているとすれば，税によって生じる人々の選択の歪みは，経済資源の最適配分を阻害することになるからである（⑶にて再述する）。中立原則を根拠づけるもう一つの価値は，水平的公平と同じように自由主義的観点からのものである。租税が存在しないときに人々によって為された自由な選択を，租税が変えてしまったとするなら，それは課税された選択肢を課税されない選択肢に対して不利に扱っていることになり，ライフスタイルの自由な選択に対して税が介入していることになる。この理解のもとでは，中立原則は水平的公平とほぼ同じ意味に理解される場合がある［増井2000：176］。

③ 簡素原則

簡素原則は，税制の仕組みがシンプルで納税者にとって理解しやすく，また徴収コストが出来るだけ少なく済むようなものであるべきとする原則である。つまり，徴税に関わる経済的・非経済的コストが出来る限り小さいことを求めるのである。税によって賄われた公共サービスが人々にもたらされる利益と，徴税によって被る人々の不利益の間で，両者はトレードオフの関係にあるが，徴税コストは純粋なロスである。他の事情にして同じであれば，徴税コストそれ自体は少ないほうが社会的観点からはパレート優位にあるといえる。また，他の事情にして同じでなくとも，目的に比してロスが甚大であるならば，簡素原則を優先すべきことになる。例えば，領収証の一枚一枚を厳密に反面調査することで水平的公平を極限まで追求することは出来るかもしれないが，それに伴う膨大な執行コストは割に合わないものとなろう。なお，この原則を支えている価値はいうまでもなく，効率である。

租税の三原則は，効率・自由・平等などの異なる価値から複合的に根拠づけ

テーマ9　租税の正義　　225

られるのであり，各原則がいかなる価値を実現しようとするものであるかを見極めなければ，その意義は見失われてしまう。また，効率・自由・平等などの価値が互いに拮抗しているように，「「公平・中立・簡素」は，常にすべてが同時に満たされるものではなく，一つの原則を重視すれば他の原則をある程度損なうことにならざるを得ないというトレード・オフの関係」［税制調査会 2000：19］にあるといえる。したがって，「公平・中立・簡素」はいずれかに絶対的な優先順位を与えられる性質のものではなく，要はバランスということになる。そして，バランスの力点の置き方は，租税法学においては，論者ごとの判断に委ねられることになる。

(2)　金融所得分離課税の理論的位置づけ

　前項で租税法学の基本原則を確認したが，これを踏まえて，次に金融所得分離課税が租税法学ではどのような問題として位置づけられるのかを確認する。金融所得分離課税は，所得税に関わる制度であるが，「所得」とはそもそも何であろうか。この回答は，実は理論のレベルに応じて異なるのである。最も理論的抽象度の高い次元では「財貨や用役によって得られる満足」が真の意味における所得とされている。この満足を測定する指標として，財貨や用役の消費の局面に焦点をあわせる支出型所得概念（(4)にて再述する）と，財貨や用役に対する支配力の獲得の局面に焦点をあわせる取得型所得概念という二つの理論が存在する。前者は理論的に興味深いオルターナティブではあるものの，学術的にも多くの支持を集め，実定的に運用されているのは後者の取得型所得概念である。この取得型所得概念は，さらに反復的・継続的に生じる収入（給与，賃料収入など）のみを所得とみなす制限的所得概念と，一時的・偶発的・恩恵的利得（富くじの当選金，贈与など）も含めてすべて所得とみなす包括的所得概念とに区分されるが，現行日本法および諸外国の多くで採用されているのは，後者である［金子 1995：ch.1，2017：185-187］。以上を概括すれば，新たに獲得した経済的利得は，その源泉が何であれ「所得」であるはずであり，それらは担税力を表しているということになる。したがって，源泉の如何に関わらずすべての所得が同じ税率体系に服することが水平的公平に適い，これに累進税率を適用することが垂直的公平にも適うといえるはずである。

しかし，既述のとおり現行日本法の規定では，総合累進所得課税を原則としつつも，利子所得，配当所得，譲渡所得のうちの土地建物と株式等にかかわる譲渡所得等については，総合所得額から分離して課税される。具体的には，利子所得の場合には20％（国税15％＋地方税5％）の一律源泉分離課税となる（措置法3, 地税法71の6）。配当所得は，配当控除を受けられる総合課税に服する外に，分離課税への選択肢がある。上場株式の配当（個人の大口株主を除く）の場合には, 20.315％（国税15.315％＋地方税5％）の税率での源泉課税（申告不要）ないしは申告分離課税を選択することができ，未上場株式と個人の大口株主の上場株式の配当についても，少額の場合は20.42％（国税）の源泉課税（申告不要）を選べる（措置法8の2, 8の3, 8の5）。土地建物の譲渡所得については, 長期（保有期間5年超）の場合には20％（国税15％＋地方税5％），短期の場合には39％（国税30％＋地方税9％）の分離課税である（措置法32, 35の2）。株式の譲渡所得については，証券会社の特定口座を通じた上場株式の売却では20％（国税15％＋地方税5％），それ以外の株式では23％（国税15％＋地方税7％）である（措置法37の10, 37の11, 37の11の2, 37の11の3, 37の11の4, 地税法71の49）。また，上場株式の配当所得および譲渡所得には，平成26年1月1日より少額投資非課税制度（NISA）も新設された（措置法37の14）。税率が概ね20％に揃えられてきているのは，中立原則の観点から，金融商品間の選択に対して租税が歪みを生じさせないためである［税制調査会2007：28, 税制調査会金融小委員会2004］。しかし，こうした分離課税の結果として，1億円超の所得者を境に租税負担率が逓減するという逆転現象が見られるようになるのである［岡2014：59］。

　定率で源泉分離課税されるこれらの利子所得，配当所得，株式等の譲渡所得はいずれも金融所得であり，資産性所得（資本所得ともいう）に分類される。資産性所得とは，物的資本を用いて新たに経済的利得を獲得した場合の所得であり，所得税法上の所得分類では利子所得，配当所得，不動産所得，譲渡所得がこれにあたる。資産性所得の対立概念は，勤労性所得（労働所得ともいう）である。これは，労働力という人的資本を用いて獲得された所得であり，純粋な勤労性所得は，給与所得と退職所得である。事業所得や山林所得は，両者の混合形態として位置づけられている［金子2017：208, 石村2016：449］。

　租税思想史的には，勤労性所得と資産性所得のうちどちらを重課すべき

か，あるいはすべて総合課税すべきかについて論争が展開されてきたが［篠原 2004：64-66］，最高税率55％の総合累進課税と概ね20％の金融所得に対する定率分離課税を併用する現行日本法の制度規定は，「勤労性所得重課・資産性所得軽課」の租税体系といえる。ところで，「勤労性所得重課・資産性所得軽課」を強力に体現する租税体系に二元的所得税がある。これは，主に北欧諸国で実施されている租税体系であり，その特徴は，「勤労所得と資本所得を区分し，前者に累進税率を，後者には累進税率の最低限界税率および法人税率と等しい比例税率を適用し，各所得区分内の完全な損益通算を認める」というものである［三上2003：161-162］［二元的所得税の概要は，馬場2002，2004，三上2003，森信2002，2003］。現行日本法の規定は，純粋な二元的所得税には至っていないが，金融所得課税一体化論や法人税の引き下げ要請など，方向性としては二元的所得税に近づきつつあるといえる。

　包括的所得概念を担税力の指標として採用する現行日本法の原則に従えば，総合累進所得課税は水平的公平原則に適うはずである。また，資産は主に高額所得者に集中している事実を鑑みれば，金融所得を軽課することは，垂直的公平に逆行するともいえよう。では，二元的所得税のように「勤労性所得重課・資産性所得軽課」が支持される背景にはどのような根拠があるのだろうか。以下では，最初に，最適課税論の知見に基づいて実際的擁護論を展開し，次に支出税論を手がかりに規範的擁護論を構成してみる。

(3)　金融所得軽課の実際的論拠

　最適課税論は，経済的効率性の観点から望ましい課税制度を模索するアプローチであり，効率の観点から基礎づけられる中立原則に忠実な租税理論である［最適課税論の概要については，前川2005］。この理論の代表的見解では，市場が効率的であると想定し，市場の資源配分に対して及ぼす課税の攪乱効果が最小であるとき，最も効率的であると考える。例えば，税のない状態で人々が外食と自炊とをそれぞれ一定割合で選択しているとしよう。また，外食費と自炊用の食材費・光熱費は同額であり，消費量そのものを減らすことはないと仮定する。このとき，もし新たに外食税を導入した場合，それまで外食していた人のいくらかは自炊へと切り替えるであろう。そうすると，切り替えた人たちは税

があることによって，本来の選好からそれより劣位の選好へと行動を変化させられ，厚生のロスが発生していることになる。反対に，もしも導入されたのが一般消費税であったのなら，外食にも自炊用の食材にも等しく税はかかるので，税によって劣位の選好へと乗り換える人はおらず，厚生のロスは生じない。この点，特定品目の物品税よりも一般消費税のほうが，効率の観点からは優れているとみなされるのである。

しかし，一般消費税が最も効率的な税制であるというわけではない。一般消費税を新たに導入することによって，相対的に物価が上昇し，そのため奢侈品の消費を控えるようになるからである（他の税目の減税を伴わず，税収は政府の過去の借金返済に充てると仮定しておく）。反対に，必需品の購入は控えるわけにはいかないので，人々の消費選択を歪めないためには，必需品を重課して奢侈品を軽課するべきことになる。つまり，各商品の持つ弾力性の逆数に応じて税率を設定することが，最も攪乱の少ない課税ということになるのである。効率の観点からは，非弾力的な商品（生活必需品，タバコ）や稼得形態（勤労）には高い税率を，弾力的な商品（奢侈品）や稼得形態（投資）には低い税率を設定するべきとなる［岡村 2008：15-16，2003：60，前川 2005：49］。ここから，「勤労性所得重課・資産性所得軽課」が比較的効率的な資源配分をもたらすという論拠が得られるのである。

もちろん，ここで効率的であるというのは，市場経済を最適の資源配分としたときの厚生のロスが少ないということであり，厚生の偏りについては度外視している。効率的であるとしても，公平に反するという反発を直ちに招くだろう［金子 1991b：26，岡村 1999：56-61］。この点を考慮して，近年の最適課税論の研究動向は，行動に表れない人々の不満をも厚生上の指標に取り込むことで，公平と効率のトレードオフを解決しようとする［小西 1997：7］。かかる解決が，本当に公平と効率の調和に成功しているかどうかの判断は措くが，最適課税論の示した弾力性についての知見は重要である。それは，人々は税に対して盲目的に行動した後に課税されるのではなく，課税を予め織り込んで戦略的に対応することを示しているからである。

今日のグローバル金融経済の発達に伴って資産性所得の弾力性は飛躍的に高くなっており，資産性所得への重課は資本の国外逃避を惹起し，結果として

テーマ9　租税の正義　　229

当該国の課税ベースを侵食するという事態を招いている。また，資産性所得への重課は，いわゆるロックイン効果を強めることになる。ロックイン効果とは，譲渡所得における課税タイミングを売却が実現して現金を受け取ったときとする実現主義（対立概念は時価主義）とする場合に，資産性所得に重課されるのを嫌って売却の実現を遅らせることで課税を回避する納税者の行動である。その結果，不動産譲渡所得の場合には，不動産取引に関して消極的な効果を及ぼし土地の有効利用が阻害されてしまい，株式の場合にも，課税が繰り延べられている期間の資産の運用益の分だけ，そうした手段を持たない人に比して，有利にしてしまうという弊害がある。そして，いずれの場合も，課税ベースそのものを時間的に侵食する。必要な税収が確保されなければ，垂直的公平が予定している再分配そのものも不可能になるのであり，「勤労性所得重課・資産性所得軽課」には課税ベースの確保という点で公平を重視する立場からも実際的なメリットがあるのである。事実，二元的所得税を導入した北欧諸国では，それにより税収の安定的確保が実現されたという報告がなされている［森信 2002：46］。

　つまり，結論としては，「勤労性所得重課・資産性所得軽課」は，効率を重視する立場からは直接に支持されるが，平等を重視する立場からは疑義がある。ただし，課税ベースを確保するという点で，後者の立場からも次善の策として許容しうる場合がありうるのである。

(4)　金融所得軽課論の規範的論拠

　次に金融所得軽課の規範的根拠を支出税論の知見に依拠して展開してみよう［支出税論の概要については，Seidman 1997］。支出税論は，包括的所得概念（取得型所得概念）に対抗する支出型所得概念に基づく租税理論である。包括的所得概念においては，ある期間の所得は，消費と純資産の増分の和によって表される（所得＝消費＋純資産の増分）。これを生涯タームで見た場合，生涯労働所得＝生涯消費という式に還元される［渡辺 2005：218-219］。ここでは遺産や贈与が考慮されていないが，遺産や贈与については相続税・贈与税が対処するとすれば，所得税は消費について焦点を合わせることができる。そこで，ある期間の消費量に応じて累進率を設定すれば，垂直的公平を満たす租税体系が可能となる。

つまり，支出税論は垂直的公平を満たす包括的所得税のオルターナティブなのである［Seidman 1997，訳書：2］。

　では，支出税が包括的所得税に対して主張する優位点は何であろうか。それは，貯蓄と消費の選択に際して，人々の行動を歪めないという点にある。仮に，租税の存在しない社会を想定し，勤労所得から100単位の財貨を稼いだ二人の人物がいたとする。一年後の投資収益が5％であるとすれば，両者が貯蓄と消費のいずれを選択するかは，一年後の105単位の財貨に対して，各人が自由に設定するはずの割引率にかかっている。ところが，ここで投資収益に対して課税をすれば，各人の行為選択は投資から消費へと歪められることになるのである。

　これは一つには，最適課税論で議論されたように，効率の問題（中立原則）として捉えることもできる。しかし，より重要なのは，それを公平の問題（水平的公平原則）として捉えることができる点である。先ほどの二人の人物にとっては，消費も投資もともに選択可能な選択肢であったのだから，投資に課税することは投資と消費の自由な選択に対して，課税が介入することである。そして，投資を選好する者の人生構想を消費を選択する者の人生構想よりも冷遇していることとなれば，介入は恣意的であり，水平的公平に反すると主張され得るのである。支出税論者にとって，貯蓄や投資に対する課税は，不当な二重課税なのである［水野 2005：20］。

　支出税論の主張の要点は，そのまま資産性所得軽課の論拠として援用しうるものである。資産性所得の稼得は資産の所有が前提となるが，生涯タームでみた場合，資産形成の源泉は勤労所得か資産そのものを他者から継承するかのいずれかに還元される。資産の継承については，遺産の場合がほとんどであるから，相続税や贈与税がこれに対処するべきであるといえる。また，一般的には資産性所得が生涯所得に占める割合は勤労所得が生涯所得に占める割合より小さいとされるので，資産性所得の占める位置は二次的になり，所得税は勤労所得を主たる対象とすべきとなる［馬場 2002：19，2004：4-5］。そして，支出税論が主張するように，資産性所得への課税が人々の貯蓄と消費の選好に対する恣意的差別であるとするのならば，資産性所得は免税ないし軽課されるべき規範的根拠があることになる。

テーマ9 租税の正義　231

　もっとも，勤労所得に対する累進課税や相続税が軽度の場合には，支出税論が主張する論拠をそのまま援用するわけにはいかない。実際問題として，資産は高額所得層に集中しているのであり，資産性所得に対する軽課は，所得格差を助長し，垂直的公平に反するからである［田中 2005：29］。なお，勤労所得それ自体への課税も労働と余暇の選択に対して歪みを生じさせるものであり［金子 1991b：12］，いずれにせよ課税には何らかの歪みは生じるのだから，消費と貯蓄の選択に歪みがあったとしても許容すべきとの主張がなされることがある。特に，効率性に立脚した中立原則の観点においては，歪みが一つ少ないことは，他の歪みが大きい場合には何ら効率性を担保するものではないからである［岡村 2008：72］。しかし，水平的公平の問題として捉えた場合には，規範的にまったく根拠のないものとして退ける訳にはいかないであろう。

　結論としては，「勤労性所得重課・資産性所得軽課」は，貯蓄と消費の選択という局面での水平的公平を重視する立場からは，支持され得る。ただし，垂直的公平を重視する立場からは，勤労所得に対する十分な累進課税と十分な資産課税（相続税）が同時に満たされなければ支持できない。どの立場に与するかは，租税法学においては論者の立場設定に委ねられるのである。

2　法哲学

⑴　租税法に対する法哲学のスタンス

　法哲学者のリーアム・マーフィーとトマス・ネーゲルは，法哲学の側から租税についての体系的な論考を Myth of Ownership［Murphy & Nagel 2002. 以下MO］にまとめた。法哲学者の視点からの租税に対する分析として同書は画期的であったという点もさることながら，その主張も租税法学にとっては多分に挑戦的なものであった。マーフィー＆ネーゲルによれば，租税法学において展開されてきた議論の多くや，そして我々が日常的に租税について考えるときの思考枠組みが，「所有権の推定上正当な分配を生み出す自由放任的資本主義市場経済を基準として，支払いを無理やり求めるようなサーヴィス提供者として政府を考える見方」に毒されており，「課税の正義はこの基準線から評価される，税負担の個人間での公正な分配」の問題とみなし勝ちだが，これは誤りで

あるとされる［MO：15 訳書：15］。なぜなら，「政府なしでは市場は存在しないし，租税なしでは政府は存在しない」のであり，「そして，どんなタイプの市場が存在するかは，政府が作らなければならない法と政策決定とに依存して」おり，「租税によって支えられる法体系がなければ，貨幣，銀行，企業，証券取引所，特許，あるいは現代の市場経済——所得と富のほとんどすべての現代的形態の存在を可能とする制度——は存在しえない」からである［MO：32 訳書：35］。

　マーフィー＆ネーゲルがいうように，我々は税について考えるとき，往々にして，自由な市場が最初にあり，しかる後に政府が市場に対して介入を行う，という構図でものを考え勝ちである。しかし，事実として，今日のような発達した市場経済が成立するためには法律とその執行が必要不可欠であり，それを実現させているのは租税によって支えられる政府にほかならない。つまり，今日の所有権の体系と，その所有を帰結させた市場とは，税が徴収されて初めて実現されるものなのである。もしも，税によって支えられた政府によって執行される法体系が存在しないとすれば，そのとき成立するのはきわめて貧弱な取引形態に過ぎず，今日の市場経済の帰結とはまったく異なった経済的価値の量と分配になっているはずである。したがって，事実として，市場を政府に先行させる思考法は，錯誤を犯しているといえる。税が徴収される以前に市場経済によって手にしている所有について，デファクトな特権は何もないのである。

　市場を政府（税）に先行させる思考法が依拠できるかもしれない唯一の可能性は，それが規範的に主張された場合である［増井 2007：67,71］。それは哲学的前提として，市場原理主義的なリバタリアン的権利論へのコミットメントである。リバタリアン的権利論は哲学的前提として擁護困難であると著者らは考えるが［MO：31-32，訳書：34-35］，より重要なのは，仮にリバタリアン的権利論を規範的に受け入れたとしても，それは課税前所得に対する所有に何ら権限を与えるものではないという点である。なぜなら，すでにみたように，実際の課税前所得は，「刑法，契約法，会社法，財産法，不法行為法」，「独占禁止法」，「インフレを管理するための利率と貨幣供給の管理を行う体制」の決定など，リバタリアン的権利論とは異質な様々な政治道徳によって成立してきた法体系によって実現されているからである［MO：33，訳書：36］。リバタリアンが主張しうるのは，理想化された財の分配だけであり，現実の課税前所得ではないので

ある。

　結論として，著者らは次のように主張する。「権限をもちうるものすべては，正当な課税によって支えられた正当なシステムのもとで，課税後に残るものである——そして，このことが示しているのは，課税前所得に関連づけることで租税の正当性を評価することはできないということである。」［MO : 32-33，訳書 : 35］ではいったい，何が人々の所有を正当とするのか。著者らによれば，「正しい答えは，どのシステムが正当な手段を使って，不当なコストを課すことなく社会の正当な目標に最もよく奉仕しているかによ」るのである。「人々は自らの所得にたいして権利をもつが，その権利の道徳的な力は，人々が所得を獲得した手続きや制度という背景に依存しているのであ」り，「そして，その手続きは，機会の平等，公共財，分配的正義などの多様な形態を支える課税を含む場合にのみ公正なの」である［MO : 75，訳書 : 82］。

　「社会の正当な目標」と正当な手続に従った結果として帰結する所有こそが正当な所有権を主張できる所有である。これは，課税前所得ではありえず，課税後の所得でしかありえない。では，「社会の正当な目標」と手続きは何なのか。公平・中立・簡素の租税三原則は，その指針に過ぎず，より深い哲学的根拠を与えるのは道徳的判断である。マーフィー＆ネーゲルは特定の正義構想を前提として「社会の正当な目標」を特定しているわけではないが，少なくともその含意からは「社会の正当な目標」に哲学的な正当化を要する点は明らかだと思われる。

⑵　資源の平等理論

　制度の適否は，哲学に後続する。哲学をバイパスして，制度の適否を論じることはできない。規範的正当化は，価値判断を含むために学問的には忌避されやすいが，そこを迂回して導かれた規範的主張は，哲学を密輸しているに過ぎない。したがって，まずは，分配的正義に関する哲学的主張を正面から引き受けることからしか始められない。

　ロナルド・ドゥオーキンは，さまざまな党派の対立を超えて，自由民主主義社会における共通の了解事項として，次の二つの原理に人々は同意するであろうと主張する。第一の原理は，「本質的価値の原理」（principle of intrinsic value)と呼ばれるもので，各人の人生には特別な客観的価値があるとする。人々が生きるうえで，人生は失敗するより成功することのほうがよく，このことは客観的な価値なのである。第二の原理は，「個人的責任の原理」（principle of personal responsibility）であり，各人には当人の人生の成功を実現するうえでの特別な責任があり，それは何が自分自身にとって成功した人生であるかを判断する責任を含むものである。したがって，他者が本人に代わって成功した人生の内容を強制することも許されなければ，他者にその判断の責任を委ねることも許されない。これら二つの原理はそれぞれ平等と自由を表していると理解されるが，これらは対立するものではなく，同時に満たされるものであり，そうして初めて人間の尊厳の基盤と条件が定義されるのである［Dworkin 2006：9-11，訳書：15-18］。

　もちろん，これらの二原理はきわめて抽象的なものであり，多様な解釈の余地がある。これらを達成する最善の解釈としてドゥオーキンが提示するのが，Sovereign Virtue［Dworkin 2000. 以下 SV］にまとめられた「資源の平等」（equality of resources）と呼ばれる正義構想である。この理論が自由と平等とを調和させる指針は，エンドウメントとアンビションの区別による。エンドウメントとは，経済的背景，性別，人種，技能，ハンディキャップといった人々が人生を送る上で直面する環境のことであり，これらが人々の運命に影響を与えないようにすることを，正義は政治社会に要請する。アンビションは，選択や好みなどの人格に属する事柄であり，人々の人生の成り行きがこれらを敏感に反映させることを，正義は政治社会に要請する。「資源の平等」理論はこの区別を真摯に受け止めるという特徴において，自由と平等を調和させるのである［SV：6-7，訳書：14］。

　「資源の平等」が構想する分配的正義の概要は，物質資源と能力資源が平等に分配されている状態である。まず，物質資源の分配であるが，多様な人生構想を持つであろう人々が等しい物質資源を手にしている状態として考えられるのは，誰も他者の持っている物質資源のセットを自分の物質資源のセットと取り替えたいと思わない状態である。これが達成されるかどうかの判定が，羨望テスト（envy test）と呼ばれるものである。この羨望テストが満たされるのは，政治社会の構成員が平等な予算制約の下で，政治社会に存在する物質資源に対

テーマ9 租税の正義 235

してオークションを実施したときに帰結するであろう分配である [SV. 訳書：96-101]。この仮想的なオークションのモデルを，無主の物質資源の分配の説明としてドゥオーキンは行っているが，その自然な拡張として，他者によって投下された労働によって生じた付加価値の付随する商品や用役も含むものとして理解することができるだろう。つまり，現行の市場経済に対して等しい予算で直面する消費者の立場に立ったとき，我々は羨望テストを満たす財の分配のもとにあるといえるだろう [SV：72-73, 訳書：103-104]。

オークションの完了時に満たされていた羨望テストは，性質の異なる三つの事象によって平等から乖離する。一つは，労働と余暇の選択のように，純粋にアンビションに由来する要因から生じる乖離である。しかし，これを政治社会が匡正することは，労働を選択した者の人生構想を余暇を選択した者の人生構想よりも不利に扱うことになり，人々の運命が各人のアンビションに対して敏感に反映させるのを妨げることになる。これは，「資源の平等」では，過剰な介入なのである [SV：74-75, 83-85, 訳書：106-108, 117-120]。

二つめは，各人がその後に直面する不運（brute luck）により生じる乖離である。同じく農園経営を志した二人の人物の間でも，たまたま一方の農園にのみ雷が落ちて火災が発生してしまったとすれば，手にする資源の量はまったく異なるものとなる。しかし，これについては，各人が農場経営に着手する時点で，各人のリスク選好に従って任意の保険契約を相互に結ぶことが出来れば，必要な救済は施されるはずである。不運に対処する民間保険市場が十分に発達しているのならば，リスク選好はアンビションに属する事柄であり，政治社会がここに介入する必要はない [SV：76-77, 訳書：109-110]。

三つめは，既知の能力資源の格差によって生じる乖離である。ある人は肉体的に健康で，目先もよくきくことから，病弱で愚鈍な人よりも，より多くの資源をその後の経済活動から得るであろう。あるいは，障碍を矯正するために，他者よりも多くの資源を必要とし，稼得額が同じでも人生を豊かにするための予算は少なくなるかもしれない。かかる要因に基づく格差は，能力資源の不平等であり，純粋にエンドウメントによって生じる不平等である [SV：76, 訳書：108-109]。これには政治社会による対処が必要である。

能力資源の平等を図るうえでドゥオーキンは仮想的保険市場という思考実験

を提示する。仮想的オークションの終了した段階で，その先の人生で遭遇するかもしれない能力資源の欠損に対して，上述のように人々は他の人々と任意に保険契約を結び，自発的に対処するはずである。各人は自分のリスク選好と能力資源をもとに，自分に合ったさまざまな保険契約を結ぶであろう。このとき結ばれる保険契約では，誰も盲目の人と失明保険を結ぼうとはしないように，すでに判明している能力資源の格差というエンドウメントが反映されている。既知の能力資源の欠損は，未知の能力資源の欠損と同じように，対処の必要なものである。そこで，ドゥオーキンは，自分の能力資源がどのようなものであるかを知らないと仮定した場合に，どのような保険契約に人々は入っていたであろうかを問う。こうすることで，エンドウメントを排除した保険契約が成立する。このとき理想的には，リスク選好ごとの集団で別個の保険契約が成立するはずであるが，自らの能力資源を知らないときの自分のリスク選好について，実際の能力資源を知ってしまった後では特定することが出来ない。これを解決するために，各人のリスク選好を合成して平均的な人が抱くであろうリスク選好を，各人が抱いていたものとして仮定し，一つの保険契約に収斂させるのである。こうして結ばれる保険契約の内容が，能力資源の欠損に対する集合的救済の適切な水準を決定するのである［SV：77-78，訳書：110-111］。

　稼得能力の格差についても，同様の手続を介した収入保険が対応する［SV：92-93，訳書：130-131］。ここでは，自分の稼得能力がどの程度であるかを知らないときに，平均的な人が入るであろう収入保険契約がその内容となる。また，仮想的保険市場において結ばれる保険契約の保険料は，後に判明する能力資源に応じて累進的に高く設定するのが合理的であり，平均人はそのように契約条項を定めるはずである［SV：100-102，訳書：140-143］。以上の議論から，「資源の平等」は，市場経済を前提にしながらも，国民皆医療保険や比較的高い給付水準の収入保険を，累進課税によって賄う社会制度を基礎づけるものと考えられる。なお，ドゥオーキンが，障碍に対する無制限の救済や完全に平等な再分配を支持しないのは，そうすることで人々のリスク選好というアンビションを完全に無視してしまうことになるからである。

　仮想的保険市場の重要な意義は，効率性についての判断をリスク選好という各人のアンビションに取り込んだ上で，アンビションの尊重（自由）とエン

ドゥオーキンの匡正（平等）を保険を媒介に調和させている点である。したがって，「資源の平等」は効率・自由・平等などの価値と拮抗する価値の一つなのではなく，それ自体がこの三者の調和を体現した正義なのである。この正義を実現するうえで，実際的な観点から妥協を余儀なくされることがあったとしても，それはこの原理の実現可能性との間での妥協であり，外在的に対置された別の価値との妥協であってはならないのである。

(3) 「資源の平等」と資産性所得軽課論

　では，ドゥオーキンの理論が金融所得分離課税の問題に対して，どのような含意を持つであろうか。まず勤労性所得の格差については，能力資源の格差というエンドウメントと各人の人生構想に基づく選択というアンビションとが混合的に反映された結果であるので，市場経済の分配を前提にしつつも，帰結する勤労性所得分布に対する累進課税の適用が導かれるだろう。なお，租税法学においては，勤労所得に対する累進課税の適用は，余暇と労働の選択に対する中立性を歪めるという疑義が提起されていた。この点については，マーフィー＆ネーゲルが主張するように，課税前所得について道徳的権限はないのであり，「社会の正当な目標」を実現するシステムの下での課税後所得のみが正当な権限を認められるという点が思い起こされるべきである。勤労所得への累進課税が，アンビションの反映である課税前所得を前提とした余暇と労働の選択を歪めるとしても，エンドウメントの是正される以前の課税前所得に道徳的権限はないのであり，「社会の正当な目標」である「資源の平等」がこれを歪めたとしても，それは恣意的な介入には当たらないといえる。

　次に資産性所得についてであるが，これに重課することは，租税法学では貯蓄と消費の選択を歪めるので中立原則と水平的公平に違背するとみなされた。これも，勤労所得に対する累進税率の適用と同じように，課税前所得には権限が認められないのであるから，重課されることに問題はないといえるであろうか。ここで勤労所得の場合と事情が異なるのは，資産性所得は適切な相続税の下では，勤労所得に還元されるという点である。もし，そうであるのならば，貯蓄と消費の選択は，純粋にアンビションの問題として捉えるべきで，各人の選択がそのまま反映されるように制度設計されるべきではないのか。資産性所

得は軽課ないし免税されたほうが，その趣旨に適うのではないのか。

　この問題を解く鍵は，勤労性所得課税の累進度と相続税の適切な水準にある。まず勤労性所得課税の累進度についてであるが，ここで重要なのは，貯蓄と消費の選択が純粋にアンビションに基づく差異であるとしても，能力資源の格差が推移する点である。年収300万の人と年収1000万の人がいた場合，超過累進税率のもとで両者は300万までの所得について同等の税率に服している。年収300万円はほとんど生活費に消えてしまうであろうから，両者が同一の生活水準にあるとすれば，300万超分については累進税率の適用を受けてもなお，投資という選択が出来るのに対して，前者は投資という選択肢はそもそも持っていない。資産性所得が軽課されるのならば，当然にその分をカバーするべく勤労所得の累進構造を格段に強化しなければならないはずである。逆にいえば，勤労所得の累進率を高く設定できないのであれば，資産性所得も総合所得に服さなければ仮想的保険市場が想定する累進率に達しないということになろう。

　資産性所得の勤労性所得への還元の第二のポイントは，適切な相続税の設定である。では，適切な相続税とはどのようなものになるのであろうか。資産の相続は，受取手からみればアンビションに属する問題でないのは明白である。豊かな親を持つか貧しい親を持つかは，偶然によって決まるのであり，この点からは全面的にエンドウメントの問題であるといえる。そこから導かれる結論は，相続の全面禁止である［この路線の解釈も示唆するものとして，Alstott 2007］。しかし，送り手からみれば，自分のために消費してしまうか，自分の子供に対して残したいかは，アンビションの差異に属するともいえる。受取手のエンドウメントの是正が送り手のアンビションの尊重よりも絶対的に優先すると考えるならば，相続税は100％徴収し，すべてを平等に再分配せよということになるだろうが，そうすると，何らかの非課税スキームを確立して実質的相続を行う租税回避を招くか，生存中に必要以上の過剰な消費を導くかもしれない。あるいは，そもそも勤労意欲自体を極度に阻害するかもしれない。結果として，より緩い相続税のほうが，再分配に寄与するということにもなりかねない。ドゥオーキン自身は，どのような遺産を残す親の元に生まれるかわからないときに生まれ落ちる保険選好の保険契約によって，この問題に対処出来ると主張しており［SV：346-349，訳書：460-463］，この路線の解釈に従うならば，ある程度妥

当な水準を，模索するということになるだろう。

　妥当な水準がどの程度であるかは独立の論点であるが，ここで確認しておきたい要点は，相続税が100％を下回る程度に応じて，資産性所得が勤労所得に還元されるという前提が侵食されるのであり，そうであるならば資産性所得の軽課は，「資源の平等」が示す「社会の正当な目標」から乖離するということである。乖離が甚だしければ，消費か貯蓄かという選択についても，勤労所得の場合の労働と余暇との選択と同じように，そもそも課税前所得には道徳的権限はないのであり，「社会の正当な目標」がこれを歪めたとしても，それは恣意的な介入には当たらないということになるだろう。

3　現行日本法に対する規範的含意

　前節の検討によって，「資源の平等」に立脚する法哲学的前提の下では，資産性所得を軽課すべきとする規範的論拠は，一定の条件が満たされなければ主張しえないものであることを確認した。では，現行日本法の勤労所得に対する累進構造と相続税の税率構造は，資産性所得への軽課を許容できる水準にあるのだろうか。

　まず，前者についてであるが，我が国の場合，勤労所得に対しては従来，最高限界税率75％に達するきわめて強い累進課税を実施してきた。それが経済活動の意欲を阻害するという反省に立って，また，タックスベースを拡大し税率をフラットにするという世界的な潮流とも相俟って，今日では最高限界税率は55％にまで緩和されてきている〔金子1991b：12-14，税制調査会2000：103-106〕。この減税措置に対する代替的な財源として導入されたのが一般消費税であり，消費税は逆進的な税目として知られる。一般消費税と軽度の累進所得税という現行税制のタックスミックス（消費・所得・資産などの税目の組み合わせからなる租税体系）は，勤労所得に対する強い累進性として評価できるものではない。また，そもそも，資産性所得軽課という二元的所得税は，勤労所得への強度の累進税率を誇る北欧諸国を中心に展開された背景がある。勤労所得に対する強度の累進税率を脱した今日の日本においては，資産性所得を軽課する前提条件を欠いているといわざるを得ない。

次に相続税であるが，現行日本法の相続税法の規定（平成27年1月1日以降）では，相続総額から基礎控除（3000万＋被相続人数×600万）を差し引いたものを被相続人で分割し，被相続人ごとに超過累進税率を適用して課税額を求め，課税額を取得額に応じて按分し，各種の税額控除を適用した後に納税させることになっている（相税法15条1項）。このとき適用される税率は，1000万円以下で10%，6億円超55%が最高である（相税法16条）。本稿執筆時点で確認可能な財務省が公表する最新のデータは平成25年度のものだが（平成26年12月31日以前の基礎控除は5000万＋被相続人数×1000万で最高税率は3億円超50%と現行のものより緩い），死亡者数100人に対して4.3人が相続税の対象になっており，課税のあった資産に対する相続税額の割合（平均負担率）は，13.2%である。なお，相続税の課税価格階級別課税状況でみると，3億円以下の区分において件数では86.5%を占めるのに対して納税額は，23.0%に過ぎない［財務省公表資料「相続税の課税状況の推移」「相続税の課税価格階級別の課税状況等（平成25年分）」より］。平成27年以降の状況は，これよりもいくらか強化されてはいるはずであるが，富の集中を緩和するという点において，現行相続税はそれなりの役割を果たしているとみなせても，13.2%超の平均負担率は，資産性所得軽課の前提が100%であることを鑑みれば，資産継承に対する課税としては非力なものである。

　現行相続税は，資産の集中を緩和するうえで意味があっても，資産の再分配を直接図るものではない。依然として持てる者と持たざる者との格差は残ることになる。前節で確認したとおり，資産性所得の軽課を許容できるのは適切な相続税が実施されている限りにおいてであり，相続資産に課税される割合が減少するにつれてこの前提は侵食される。平均課税率が13.2%超という数字は，ほとんどこの前提を満たしていない。したがって，この点においても現行相続税制度は資産性所得軽課を許容する水準にはないのである。

結　語

　本章の検討課題は，総合課税を原則として採用する現行日本法の税法体系の下で，金融所得に対する定率の分離課税が正義に適うのか否かであった。「資

源の平等」という正義構想のもとでは，強い累進度の勤労所得課税と強力な相続税という条件を満たした場合にのみ，金融所得分離課税は規範的に擁護しうるものである。しかしながら，現行日本法の制度配置は，所得税も相続税もこの条件を満たしておらず，現行の金融所得分離課税には不正義が存在している。

　もちろん，規範的理由のみが制度設計において唯一考慮されるべき事由ではなく，実務的問題についても考慮しなければならない。特に，資本の国外逃避，ロックイン効果，徴税コストなどの技術的論点は実際の制度設計においては避けて通れない問題である。資産性所得軽課がこれらの問題に対して効果を挙げうるものであるのならば，そこに一定の魅力が存在することは率直に認めなければならない。しかし，これらの実際的擁護論は，正義を実現する上での効率性の観点に留まるのであって，効率性それ自体が独立して正義に拮抗するものではない点を忘れてはならない。

発展的学習のための読書案内

金子宏『租税法』（第22版）弘文堂，2017年：我が国の租税法研究の礎を築いた金子宏名誉教授による租税法教科書。すべての租税法学習者にとっての必携の基本書といえる。テーマに即して挙げられる参考文献も充実しており，興味を深める上でも非常に有用である。

石村耕治編著『現代税法入門塾』（第8版）清文社，2016年：租税法学の半分以上は租税法実務である。教科書で租税法の基本概念について理解できても，実際にどのような数字が弾き出されるかは教科書だけでは理解しにくい。また，個別の実務の手引きはいくつかあるものの，理解しやすい体系的叙述の物は少ない。本書はその両方を満たし，体系的に租税法実務を理解するうえでの良書である。

ガブリエル・ズックマン（林昌宏訳）『失われた国家の富』NTT出版, 2015年：グローバルに展開する富裕階層の租税回避行動に対して，そもそも対策は可能か，可能であるとすれば何が必要であるか，その指針を示す快著。

L．マーフィー＆T．ネーゲル（伊藤恭彦訳）『税と正義』名古屋大学出版会, 2006年：租税法理論と法哲学を架橋する意欲作。扱っているテーマは租税法の理論体系の全体に及び，法哲学者からの租税法についての著作が少ない中，本書は希有な業績である。

R．ドゥオーキン（小林公・大江洋・高橋秀治・高橋文彦共訳）『平等とは何か』木鐸社，2002年：ドゥオーキンは法哲学の全分野において精力的に発言を続ける現代の大家であるが，本書はその分配的正義論における業績。ロールズ『正義論』

に後続する平等主義的理論体系として，最も有力なオルターナティブの一つ。

引用文献

Alstott, Anne L. 2007: "Equal Opportunity and Inheritance Taxation", Harvard Law Review, Vol.121.

馬場義久 2002：「二元的所得税とは何か——理論的特徴・実際・含意」税研 103 号，JTRI.

馬場義久 2004：「スウェーデンの二元的所得税」（証券税制研究会 2004 所収）.

Dworkin, Ronald 2000: *Sovereign Virtue: The Theory and Practice of Equality*, Harvard U.P.（小林公・大江洋・高橋秀治・高橋文彦共訳『平等とは何か』木鐸社，2002 年.）

Dworkin, Ronald 2006: *Is Democracy Possible Here*? Princeton U.P.（水谷英夫訳『民主主義は可能か ?』信山社, 2016 年）

江頭憲治郎・碓井光明編 2007：『法の再構築Ⅰ　国家と社会』東京大学出版会.

石村耕治編著 2016：『現代税法入門塾』（第 8 版）清文社.

金子宏編 1991a：『所得課税の研究』有斐閣.

金子宏 1991b：「所得税制改革の方向」（金子 1991a 所収）.

金子宏 1995：『所得概念の研究』有斐閣.

金子宏 1996：『所得課税の法と政策』有斐閣.

金子宏編 1999：『所得税の理論と課題』（二訂版）税務経理協会.

金子宏 2017：『租税法』（第 22 版）弘文堂.

前川聡子 2005：「最適課税論と所得税」税研 122 号 JTRI.

増井良啓 2000：「租税法における水平的公平の意義」『公法学の法と政策（上）』有斐閣.

増井良啓 2007：「税制の公平から分配の公平へ」（江頭・碓井 2007 所収）.

増井良啓 2014：『租税法入門』有斐閣.

三上寿雄 2003：「日本型二元的所得税」（日本総合研究所調査部 2003 所収）.

水野忠恒 2005：「所得税の改革——所得税の基礎理論をふまえて」税研 119 号，JTRI.

森信茂樹 2002：「二元的所得税論とわが国への政策的インプリケーション」フィナンシャル・レビュー 10 月号，財務省財務総合政策研究所.

森信茂樹 2003：「日本型二元的所得税論に対する批判と検討」国際税制研究 No.11，国際税制研究センター.

Murphy, L. & Nagel, T. 2002: *The Myth of Ownership*, Oxford U.P.（伊藤恭彦訳『税と正義』名古屋大学出版会，2006 年.）

日本総合研究所調査部　経済・社会研究センター編 2003：『税制・社会保障の基本構想』日本評論社.

岡直樹 2014「日本の所得税負担の実態——高額所得者を中心に」フィナンシャル・レビュー平成 26 年第 2 号（通巻 118 号），財務省財務総合政策研究所.

岡村忠生・渡辺徹也・高橋祐介 2008：『ベーシック税法』（第 3 版）有斐閣.

岡村忠生 1999：「所得分類論」（金子 1999 所収）.

小西砂千夫 1997：『日本の税制改革——最適課税論によるアプローチ』有斐閣.

Seidman, Laurence S. 1997: The USA Tax: A Progressive Consumption Tax, Massachusetts

Institute of Technology.（八巻節夫・半谷俊彦・塚本正文共訳『累進消費税——活力を生む新税制』文眞堂，2004年.）

篠原正博 2004：「資本所得と資産保有課税——租税思想史からのアプローチ」（証券税制研究会 2004 所収）.

証券税制研究会編 2004：『二元的所得税の論点と課題』財団法人日本証券経済研究所.

首藤重幸 2004：「租税における公平の法理」『公平・中立・簡素・公正の法理　日税研論集 Vol.54』財団法人日本税務研究センター.

田中治 2005：「総合所得税と分類所得税」税研 120 号,JTRI.

渡辺智之 2005：「所得・消費・資産」ジュリスト 2005.1.15 号.

税制調査会 2000：『我が国税制の現状と課題——21 世紀に向けた国民の参加と選択』答申 税制調査会発表資料.

税制調査会 2007：『抜本的な税制改革に向けた基本的考え方』税制調査会発表資料.

税制調査会金融小委員会 2004：『金融所得税の一体化についての基本的考え方』公表報告書.

第Ⅲ部

人権論の新地平

テーマ10

移民政策を規律する理念は存在するか

——国益，文化の継承，そしてグローバルな正義

石山文彦

は じ め に

ケース10

　先進国であるＹ国は，若年人口の減少により医師と介護労働者の不足に陥った。そこでＹ国は，外国で教育を受けた医師を招いて研修を受けさせ，その医師がＹ国の資格を取得した場合には就労を認めるとする制度を導入した。すでにこの制度により，相当数の外国人医師がＹ国で働いており，そのほとんどは途上国の出身者である。またＹ国は，途上国であるＡ国との協定に基づき，Ａ国の資格を取得したＡ国人介護士に対してＹ国内での就労を認めている。Ｙ国とＡ国の間には，かつてＡ国がＹ国から相当数の移住者を受け入れ，現在その子孫がＡ国社会の一員として定着しているという歴史的関係がある。一方，Ｂ国はやはり途上国であり，Ｙ国との間にＡ国の場合と同様の協定を締結することを望んでいるが，Ｙ国は，Ｂ国との歴史的関係がＡ国の場合とは異なることもあり，これに応じていない。

　ところで，ＸはＡ国で育ち，Ａ国の介護士資格を取得しているが，国籍はＢ国にある。ＸはかつてＹ国に留学した際，介護施設経営者のＣと知り合いになっており，今回，Ｃからの熱心な誘いに応じて，Ｃの施設で介護士として働くことを決意した。ＸはＹ国に対して就労のための査証の発給を求めたが，Ｙ国はこれを拒否した。そこでＸはＹ国の裁判所にＹを被告とする訴えを提起し，査証の発給拒否は国籍を理由とした違法な差別であるとして，損害賠償を請求した。

　これに対しＹは，Ｘに対する査証発給の拒否はＹ国の出入国管理法令等に従ってなされたものであるから違法性はなく，また，これらの法令等がＹ国への入国に関して特定の国籍を有する者を相対的に不利に扱っていたとしても，そもそも外国人に対していかなる場合に入国を認めるのかはその国家の広範な裁量に委ねられているから，違法な差別とはいえないと主張した。

(1)　移民規制と正義

　国境線の存在はさまざまな興味深い問題を生み出しているが，移民政策はその一つである。本章で考察するのは，「移民という形で生じる国家間の人の移動を法で制限することは，果たして，またいかなる理由で正当なのか」という問いである（移民と区別される難民については，論点が重なる場合には言及することもあるが，考察の主たる対象とはしない）。上記の事例でYは，「移民としてだれを受け入れ，だれを受け入れないかの判断は，主権国家の裁量に属する」と主張しており，移民の受入について各国は自らの都合のみに従って決めてよいと考えているように見える。Yのこの立場は，果たして正しいのだろうか。

　ここで「正しい」というのは，現行の実定法の解釈として正しいという意味ではなく，実定法のあるべき姿として正しいという意味である。現在のところ，外国人の入国を規制する権限が各々の主権国家にあることは，確立した国際慣習法によって認められており，世界のどの国においても，実定法とその運用は移民政策が国家の裁量事項であるとの前提で行われている。日本における論議も，いかなる移民政策をとるのが結局のところ日本のためになるかという点に関心を集中させており，あたかもこの前提を自明のこととして受け入れているかのようである。しかし，実定法はその内容が正しいものでなければ，強盗の命令と変わりがない。国家は外国人の入国を拒否したり，違法に滞在している外国人を本国に強制送還したりするが，人の移動を強制的に規制しているのは国家だけではなく，例えば，不法集団も自らの縄張りを主張し，これを荒らした人間に制裁を加えている。そこで国家としては，自らの行動が正当なものだと主張するには，「現行の実定法に従っているから正しい」というだけではなく，「現行の実定法そのものが内容的に正しい」といわざるを得ない。この意味での正しさが「正義」である。主権国家の行動がその性質において強盗の命令とは異なり，正義に適ったものでなければならないとすれば，移民を受け入れるかどうかは主権国家の裁量だという現行実定法の前提そのものが，その正当性を問われなければならない。さらにいえば，例えばスポーツ競技における審判は一定の事柄について決定する権限を有しているが，だからといっていかなる決定をしてもよいということにはならず，決定権の付与が白紙委任を直ちに意味するわけではないのだから，移民を受け入れるかどうかを判断する主体が受

テーマ 10　移民政策を規律する理念は存在するか　　　249

入国だとしても，必ずしも，受入国が自らの好きなように判断してよいことにはならないはずである。

(2)　経済格差とグローバルな正義

　他国に移住しようとする人が実際に抱いている目的にはさまざまなものがあるだろうが，移民という形での人々の大規模な移動が生ずる最大の原因が国家間の経済格差にあることは，周知の事実である。豊かな先進国で働くことによって自分自身や家族の生活を向上させることを望む人々は，上記の事例のXのように正面から入国しようとしても拒絶されることが予想される場合，ひそかに入国を図ろうとする。実際，アフリカから地中海を越えてヨーロッパへ，またメキシコから国境警備隊の監視をかいくぐって陸路アメリカへ，何とか入国を果たそうと試みる人は絶えることがないし，日本にも，特にバブル期には東シナ海を渡って多くのボートピープルがやってきた。このように，経済格差は世界のいたるところで，国境を越えた人の移動を引き起こしている。ときに多額の借金を背負い，生命の危険まで冒して豊かな暮らしを求めようとする彼らを，移民政策は国家の裁量だとして冷たく追い返すのは，彼らからすれば，たまたま豊かな社会に生まれたにすぎない人々が，そうでない人々を排除して富を独占することにしか見えないかもしれない。

　これに対して，こうした人々の境遇を改善するのは先進国の一般の国民の責任ではなく，途上国の内部で特権を貪っている一部の人たちにこそ，その責任があるといいたくなるかもしれない。確かに，われわれはだれしも，途上国内部の巨大な貧富の格差には愕然とするに違いない。多くの人がスラムで生まれ，そこから抜け出ることなく一生を終えていくような国であっても，富の大半を独占する一握りの人たちが，鉄条網で囲われ，私兵さながらのガードマンに守られた大邸宅の中で，先進国の平均的水準をはるかに上回る贅沢な暮らしをしていることがある。彼らは内外の政治権力と一体化しており，先進国から提供される巨額の経済援助で自分たちの懐を潤している。このような光景を目にしたら，彼ら特権階級の人たちには自分たちの社会の仕組みを変えて庶民の生活を向上させる責任があると感じないわけにはいかない。しかし，先進国による経済援助のあり方が実はこうした状況を成り立たせている重要な一因だとした

ら，そのことだけからしても，先進国の人々が途上国内部の貧富の格差に対して無関係だとはいえない。そのうえ，上記の事例でY国が外国人医師を受け入れているように，先進国は途上国の人々の生活にとって死活的に重要な人材を奪い取っているかもしれない。そうだとすると，入国の試みが失敗したり不法滞在が発覚したりして追い返される人々の映像を快適なリビングルームで眺めている先進国の国民は，途上国で豪勢な暮らしを送る特権階級の人たちと，どこが違うのだろうか。

　このように見てくると，移民を受け入れるかどうかを主権国家の裁量に委ねる仕組みは，果たして正義にかなっているのかとの疑問が出てくる。ここでの正義は，地球規模の問題に関わる理念である。現代正義論は主として国内の制度問題を論じてきたが，そこでの議論には純粋な国内問題にとどまらない含意のあることが多く，それが近年では「グローバルな正義」の名で論じられるようになっている［日本法哲学会編 2013］。グローバルな正義の問題としては，政治体制や経済体制の相違をどう捉えるかといったテーマも論じられているが，経済格差はその主要なテーマの一つである。本章の考察に関わるのは，こうしたグローバルな正義の理念である。

⑶　本章の概要

　以下，まず1では予備的考察として，移民という形での人の移動に絡んだ諸個人の利害関係を図式的に整理する。この利害関係は，国内における人の移動の場合と基本的に変わらないことが明らかになる。すると，国家の内部での人の移動を制限してはならないとすれば，国境を越えた人の移動を制限することを許すべき理由は，果たしてどこにあるのかとの疑問が出てくる。

　この疑問に対して，国家は本来，国民の利益を実現するために存在するのだから，国民の利益という観点から新たな居住者の受入の可否を判断できるのは当然だとの主張（本章では「国益追求論」と呼ぶ）が出されるかもしれない。あるいは，国家は本来，その成員たちが自らの生の基盤である文化を継承していくために存在するのだから，自分たちの文化が継承できるかどうかという観点で，受け入れるべき移民を選別してよいとの主張（本章では「文化的ナショナリズム」と呼ぶ）が出されるかもしれない。2ではこれらの主張を検討し，これ

らの主張には既存の居住者，特に自国民の領土外への追放をも正当化してしまうという難点があることを指摘する。

続いて3では，2で検討した主張の持つ難点を回避するため，それらの主張を補完する理論枠組みとして，いわゆる割当責任国家論を取り上げ，この考え方が国家の移民政策に対していかなる含意を持つのかを簡単に考察する。割当責任国家論によれば，国家はすべての個人が有する普遍的な権利を保障する仕組みであるが，複数の国家がそれぞれ，自らが権利保障の責任を第一次的に負う人々を自国民に限定する形で任務を分担することにより，世界のすべての人の権利が効率的に保障される。この考え方によれば，国家は，自らに割り当てられた人々以外の人については第一次的には責任を負わないため，ここに，国家が移民の受入を制限できる余地が生まれることになる。しかし，移民受入の制限が正当化される場合でも，その根拠は究極的には，移民を受け入れるかどうかが自国の都合に従って決めてよい事項だからではない。自国民のためとの理由では，移民の受入を制限することも，逆に積極的に移民を受け入れることも，正当化できる場合は限られたものとなるであろう。

1　予備的考察
——利害関係の諸相

ケース10でY国がA国人介護士を受け入れながらB国人介護士を受け入れない理由は，それが何らかの意味で自国の利益にかなうとY国が判断したからだと推測できる。移民受入は国家の裁量事項だという立場は，何の制約もなく自国の利益に合致するように移民政策を行うことを可能にするように見える。各国はこの立場に従うかぎり，失うものは何一つなさそうである。移民受入は国家の裁量事項だという立場が当然のことと思われる背景には，こうした事情があるのかもしれない。

しかし，ケース10からもすでに明らかなように，Y国の内部の利害関係は一様ではない。確かに，Y国人介護士は労働力市場で自らの立場が弱まることになるので，外国人介護士の受入を望まないかもしれないし，一般に外国人の流入を好ましく思わない人も多く存在するだろう。だが，施設経営者CはXの就労を望んでいる。Cの施設でサービスを受ける顧客たちも，おそらく同様だ

ろう。移民受入の制限を，一枚岩的な利益を守るための防護壁として理解するのは不適切である。

　同じことは，移民を送り出す側についてもいえる。ＸがＹ国に受け入れられれば，Ｘからの送金でＸの家族の暮らし向きは改善されるし，そのことはさらにＢ国経済に貢献するであろう。しかし，Ｘが家族を伴ってＹ国に移住してしまうと，Ｂ国にこのような利益は生まれない。また，Ｙ国に医師や医師の卵を引き抜かれた国では，人々の生活は大きな打撃を受けるだろうが，他方で，庶民の生活が劣悪であることを理由に外国から援助を引き出し，そこから利益を手にすることのできる特権階級の人たちは，貴重な人材の流出をむしろ歓迎するかもしれない。このように，移民を送り出す側の社会も，その内部の利害関係は一様ではない。

　このような利害関係の交錯は，実は，国家内部での人の移動の場合でも変わらない。南北問題は国家の内部にも存在し得る。この点は，「先進地域」と「発展途上地域」の格差がはなはだしい途上国において明白であるが，先進国でも構造的には同じであり，両者の違いは程度の差にすぎない。地方から都会に出稼ぎに出た労働者は地元に残した家族に送金し，それによって地元の経済も助けられるかもしれない。しかし，この労働者は地元住民にとって貴重な人材であったかもしれないし，出稼ぎ先に家族も呼び寄せてしまえば地元には損失しか残らないだろう。都会の側でも，安価な労働力を必要とする企業やその製品・サービスの消費者がいる一方で，労働力市場における競合関係から出稼ぎ労働者の流入を望まない人や，地域社会への影響を懸念する人がいるだろう。

　以上のように，人の移動に絡んだ諸個人の利害関係は，その移動が国内の場合と国家間の場合とで基本的に変わりがない。そして，国内の移動については，少なくとも自由社会では何ら制約は存在してはならないと考えられている（少数民族，特に先住民族の自治権行使の結果として，彼らの支配地域内への多数派民族の移動の自由が制約されてよいかどうかについては，議論の余地がある［キムリッカ 1998］が，本章では立ち入らない）。労働力に対する需要があるかぎり，それに応じた労働力の流入が起こり得るのであり，たとえ都市住民の集団的意思に反するものであっても，出稼ぎ労働者の流入を阻むことは許されない。個人に居住移転の自由と職業選択の自由が保障されるべきだからである。

ところが，国家間の移動については，現状ではその規制が受入国の裁量に任されている。受入国が自らの全体的利益に反すると判断したならば，たとえ国内の一部の者にとっては利益になるとしても，移民の受入を拒否することができる。居住移転の自由や職業選択の自由は，国境線を越えると適用されなくなる。この違いは，果たして，またいかに正当化できるのだろうか。国境線をまたぐ移動の場合にのみ，私人の自由を尊重するのではなく集団的意思による規制を許すことは，果たして正当なのだろうか。

国家による移民規制が許されるかどうかは，国家の正当な任務をいかなるものと捉えるかに依存するであろう。そこで以下では，国家の任務に関する理解と関連させながら，国家による移民規制を許す根拠となり得る主張を検討していくことにしよう。

2　国益追求論／文化的ナショナリズムとその難点

1で見たように，国家内部の人の移動の場合と国家間の人の移動の場合とで，諸個人の利害関係に変わりはない。国家は自国内部での人の移動を制限してはならないが，国境を越えた人の移動であれば制限することが許されるとしたら，その理由はどこにあるのだろうか。

⑴　国益追求論と移民規制

おそらく最も素朴な解答は，国家は，何にも増してその成員すなわち国民の利益のために存在すべきだという主張を根拠にしたものであろう。「国家が国民のために存在すべきなのは，当然ではないか」といわれるかもしれない。

この主張は，たんなる倫理的個人主義ではなく，それよりも強い主張である。倫理的個人主義とは，倫理的価値の究極的源泉は個人にあり，制度や集団など個人以外のものは個人にとって有益であるかぎりにおいて価値を有すると考える立場である。上記の主張も，国家は抽象的な「国体」や集団としての民族などのための存在であってはならないとする点で倫理的個人主義を受け入れているが，それだけでなく，国家が貢献すべき個人の範囲を国民に限定しており，この点が本章の課題との関連で重要なのである。倫理的個人主義を受け入れた

としても，だからといって，上記の主張を当然に受け入れるべきことにはならない。この点には留意しておく必要がある。

また，国民の利益とはいっても，**1**で明らかになったように，諸個人の利害は一様ではない。上記の主張は，国家は一部の国民の利益，すなわち特殊利益を促進しさえすればよいという趣旨ではなく，何らかの意味における「国民全体の利益」を促進しなければならないという趣旨で理解する必要がある。この「国民全体の利益」は，「国益」と言い換えてもよい。国益はすべての国民個人の利益を考慮したうえで同定されるべきものだが，それが一部の国民にとって結果的に利益にならないこともあり得る。ケース 10 における Y 国は， B 国人介護士を受け入れないことは介護施設経営者 C や施設利用者たちの利益にはならないものの， C らの利益を考慮したうえで同定された国益にはかなうと判断したことになる。

以上の点を踏まえたうえで，上記の主張を以下では「国益追求論」と呼ぶことにしよう。国益追求論は，国家は自国民全体の利益，すなわち国益を，他の何よりも優先して追求すべきだとする立場である。この主張は，諸国家が現実に繰り広げている外交活動の実態とも符合する。自国の産品の販路を開拓するための熱心なセールス，外国から産業を誘致したり投資を呼び込んだりするための積極的な「売り込み」，貿易や環境対策をめぐる交渉において自国に有利な取り決めを締結しようとする努力，天然資源の獲得を目的とした援助外交など，上記の主張を当然の前提としたかのような諸国家の行動は，枚挙に暇がない。こうした国家の行動はしばしば「リアリズム」と形容されるが，国益追求論自体は記述的なものではなく規範的な主張であることに注意しなければならない。

さて，以上のように自国民の利益，すなわち国益を追求するのが国家の本来あるべき姿だとすれば，移民を受け入れるかどうかの判断を，それが自国民の利益になるかという基準で行ってよいことになるのは，明らかである（なお，移民受入ではなく国籍付与の問題になると，話は少し厄介になる。「国籍付与の要件をどう定めるかは主権国家の裁量事項だ」と主張するためには，「国家は自国民の利益を促進すべき」というだけでは不十分である。それだけでは，だれを「自国民」に含めるべきかの判断基準が提供できないからである）。

(2) 文化的ナショナリズムと移民規制

　国境を越えた人の移動を制限することが許される理由としては，上記の国益追求論以外にも，次のようなものが考えられる。すなわち，個人の生は生活様式という意味での文化を共有する人々の中でこそ成り立つものであり，国家は何にも増して，成員たちが自らの共有する独自の文化を継承していくために存在するという主張である。この主張によれば，各国はそれぞれ自らの社会の性格に関する理解を有していると想定されており，その自己理解に照らして新たな居住者の受入の可否を判断すべきだとされる。アメリカ合衆国のように自らを移民社会と理解している国は移民に対して門戸を閉ざすべきでないが，自らのアイデンティティを特定の文化・民族・宗教などに求めている国は，そのアイデンティティを保持していくために，受け入れるべき移民を選別することが許されるのである［Walzer 1983：31-63］。なおここで，「自らの社会の性格に関する理解に照らして判断する」というのは，従来の社会の性格をそのまま変えずに維持することと同じではない。オーストラリアが白豪主義を放棄してアジア地域から大量の移民を受け入れたように，自らの社会の性格に関する理解が変わり，人々の共有する文化の特徴が変化しても，それは何ら批判すべきこととはされない。重要なのは，こうした変化が外から課されるのではなく，あくまで社会の性格に関する自己理解に合致していることであり，そのとき，人々の共有する文化は，その特徴を変化させつつ継承されていくのである。

　この主張を，以下では「文化的ナショナリズム」と呼ぶことにしよう。文化的ナショナリズムは，国益追求論における「国民の利益」の概念を，生活様式という意味における文化の継承にまで拡大したものとして理解することができる。また，国家を結社になぞらえる見方があり得るが，これも文化的ナショナリズムを平易に表現したものといってよい。そこでは，移民を選別して受け入れる受入社会は私的なクラブに類似したものとして捉えられる［Walzer 1983：35-42］。個人は，加入したいクラブがあれば，そのクラブの加入条件を満たす必要があり，その条件を満たしたとクラブから認められたときにのみ，加入が許されることになる。

　さて，この文化的ナショナリズムの主張も，諸国家の現実の行動と合致する

ところが多い。概して，歴史的に移民を広く受け入れてきた国では，移民の受入を制限することに批判が多いのに対し，移民の受入に消極的だった国では，移民を受け入れることに対する警戒心が強い。自らの社会の性格を維持・強化するために，民族的・文化的特徴を共有する者だけを受け入れてきた国も多い。また，移民政策に関する議論でも，自分たちの社会の性格がいかなるものであるのかが盛んに論じられており，その際，歴史的経緯が大いに参照されている。

　このように，自国民の共有する生活様式を継承していくために国家が存在するのだとすれば，移民の受入に関する判断を自らの社会の性格に関する自己理解に照らして行ってよいのは，明らかである。

⑶　居住者追放の問題

　以上のように，国益追求論からも文化的ナショナリズムからも，移民の受入に関する判断は受入国がもっぱら自国の都合に合わせて行ってよいとの結論を導くことができる。しかし，これらの主張はいずれも，そのままでは難点を抱えていると思われる。

　第一に，国益追求論に従えば，領土の不可侵をはじめとした国際法の諸ルールは，その規範的拘束力について重大な危機に瀕することになるだろう。自らの存在意義を自国民の利益追求に見出す国家が，かりに他国についても同様の存在意義を承認せざるを得ない［井上 2008：57-58］としても，そこから帰結するのは諸国家間のホッブズ的自然状態であり，領土不可侵の義務も（機能的にはともかく）論理的には自国民の利益になるかぎりにおいて遵守すべきものとなるにすぎない。文化的ナショナリズムについても，同じことがいえる。ある国家において自分たちの社会の性格に関する共通理解がかりに存在したとしても，それは自分たちの間で妥当するものでしかなく，他の人々までもがその理解に従うべきだとは主張できない。例えば，Y国の国民の間で，自分たちは単一民族で，自分たちの領土は建国の神から与えられた固有のものだとする理解が共有されていたとしても，他の人々から見れば，Y国の国民は単一民族ではないし，その領土もY国が支配する必然性をまったく持っていないかもしれない［同旨，Steiner 2001：83］。

　しかし，本章の課題との関連でより重要なのは，次の点である。すなわち，

上記のいずれの主張も，国家が新たな移民の受入を制限することを可能にするだけではなく，既存の居住者を国外に追放することをも可能にしてしまうのである。

　国益追求論によれば，国家が新たな居住者を受け入れることで自国民の利益が損なわれる場合はその受入を拒否できることになるが，そうであれば，既存の居住者が自国民の利益に寄与しなくなった場合，その人を国外に追放してもよいはずである。ケース 10 で見れば，Y 国で働いていた A 国人介護士が，けがをして介護士として働けなくなった場合，事務職ならば問題なく働けるので引き続き Y 国に留まりたいと本人が思っても，Y 国はこの者の在留資格を奪ってよいことになる。また，文化的ナショナリズムによれば，自国民の継承してきた生活様式とは異質なものを持ち込むと予想される人々が新たに居住するのを拒否できることになるが，そうであれば，既存の居住者についても，その社会の生活様式の継承を妨げる場合，やはり国外に追放してよいはずである。そのような異端者はクラブのメンバーとして不適格であり，除名すべきなのである。ケース 10 で見れば，Y 国では公共の場所で人々は宗教的シンボルを身につけないことになっているのに，一部の A 国人介護士が自分たちの宗教と結びついた服装をするようになったという場合，Y 国はこの介護士たちの在留資格を奪ってよいことになるだろう。

(4)　自国民の追放

　これに対して，これらの場合のように国外に追放されるのが自国民以外の者ならば，いわばお客様にお引き取り願うだけだから構わないとの反論が考えられる。国家はあくまでも，自国民の利益の促進あるいは自国民の共有する生活様式の継承のためにあるのだから，自国民を追放することは許されないが，国内に居住している外国人の在留資格を奪うことに何ら問題はないというのである。

　この反論は，在留外国人の側の事情を一切考慮せずに彼らの在留資格を奪っても何ら問題はないと主張しており，この主張の妥当性についてはもちろん争いの余地がある。例えば，上記の設例で，A 国人介護士がすでにかなりの期間Y 国で働いていたとしたら，この介護士はいわば Y 国の社会に根を張っている

のであり，もはや「お客様」とはいえないし，この介護士の子が幼児期から一貫してY国で生活してきたとしたら，この子にとっては実質的にY国が祖国となっており，在留資格を奪われても帰る「国」はない。このような状況にある外国人については，許可されていた在留期限をすでに超過していた場合でさえ，逆にさらなる在留を認めるべきだともいえそうである［Carens 2010：1 - 51］。しかしここではこうした問題には立ち入らず，次の点に注目しよう。それは，この反論が付随的に，「国家が自国民を追放することは許されない」と主張していることである。この主張自体は正当なものであるが，はたしてそれは，国益追求論や文化的ナショナリズムから当然に導かれるのだろうか。

　確かに，この主張がいうように，国家が自国民を領土外に去らせることは許されないと考えるべきである。国家が自国民を国外に追放できることになれば，世界のどこにも居住を許されない人が出てくる可能性がある。国家を結社になぞらえたとき，実はこの点が見逃されやすいのである。結社であれば，既存のいかなる結社にも加入しない，あるいは加入を許されない諸個人は，新たな結社を設立することも可能であるし，いかなる結社にも加入しないでいることもできる。しかし，現実の国家について見れば，地球上の土地は南極大陸を除いて，すべてが主権国家によって領土として分割されているから，いずれの国家からも居住を許されなかった人は，自らの居住地を確保するには，いずれかの国家から領土を譲渡されるか，自ら新たに土地を生み出さなければならないことになるが，それに期待するのはあまりに非現実的である。このように，自国民の国外追放が許されるならば，居住できる場所という，自立した生活の最低限の基盤すら欠く人が生まれてしまう可能性があり，この可能性は阻止すべきである。

　幸いにして，実際にも，たいていの国家は自国民を追放したりはしない。ある国家が自国民を国外に追放しようとしても，受入国がなければ，その者を送り出すのは現実的には困難であり，受入国が現れるまで，その国は仕方なく自国の施設にその者を収容するだろう。他方で，いわゆる民族浄化により自国民の一部を難民として国外に追いやっている国家は，国際社会から非難されており，移民の受入に関する判断をもっぱら自国の都合に基づいて行ってよいのは当然だと考えているかのように見える国も，そうした非難に加わっている。世

界人権宣言が国籍剝奪を禁止している（15条）ことも，この点との関連で示唆的である。

このように，国家が自国民を領土外に去らせることは許されないと考えるべきである。そして，国家は自国民の利益の実現のために存在するのだから，あるいは自国民の共有する生活様式の継承のために存在するのだから，これは当然のことだと思われるかもしれない。しかし，国益追求論と文化的ナショナリズムのいずれの考え方を取っても，それだけでは必ずしもこの立場は導かれない。次のような場合を考えてみよう。途上国であるA国で，国民の一人であるDが事故で障害を負い，自国で生きていくには莫大な費用が必要になったとする。A国はDを国内から追い出してはいけないのだろうか。DはA国の国民だから，AはDの利益を害してはならず，したがってDを追い出すことはできないといわれるかもしれない。しかし，A国が実現すべきなのはDを含んだ国民全体の利益であり，それは必ずしもD個人の利益と一致するとはかぎらない。Dを含んだ国民全体の利益にかなうならば，A国はDを追い出すべきことになるだろう。特に，例えば先進国であるY国にDの富裕な知人が居住しており，その人物がDの生活の面倒を見ることを約束し，Y国がDの受入を認めた場合のように，Dの利益もさほど害されないならば，本人の意に反してDをA国から去らせることがA国の国民全体の利益になるだろう。文化的ナショナリズムについても，同じことがいえる［Walzer 1983：42-44］。例えば，Y国の一部の国民が社会の生活様式に公然と反する振る舞いをし，その安定的継承が危ぶまれるようになった場合，Y国は自国民であるこれらの人々を追い出すべきことになるだろう。

したがって，国益追求論と文化的ナショナリズムのいずれを取った場合でも，それだけでは，国家が自国民を領土外に去らせるのを理論上阻止することはできない。外国人ならば退去させて構わないという主張も，退去させられた人々は少なくとも（本国が彼らを追い出すことは許されないので）本国に戻って居住することができるはずだという前提がなければ，最低限の説得力すら持たないであろう。国益追求論や文化的ナショナリズムは，国家が移民の受入について自国の都合だけに基づいて判断できる根拠をただちに提供するように見えるが，自国民の追い出しを容認してしまうかぎりにおいて，そのまま維持することは

できず，他の何らかの考え方によって少なくとも補完される必要がある。そしてそこから，移民受入の問題をもっぱら受入国の都合だけで判断してはならない理由が提供されるかもしれない。

3　割当責任国家論とその含意

上に見たように，国家をもっぱら自国民の利益の追求のため（国益追求論），あるいは自国民の共有する生活様式の継承のため（文化的ナショナリズム）の存在と考えると，場合によっては国家が自国民の一部を自らの領土から追い出すことも許容されてしまう。この帰結を招くべきでないとすれば，国家の存在意義をどのように考えればよいだろうか。

⑴　普遍主義的前提

この問いに答えるための手がかりとして，国家が自国民を領土外に追い出さないことによって何がもたらされるのかを考えてみよう。

2（4）で見たように，国家が自国民を国外に追放することが可能だとしたら，地球上のどこにも居住の許された場所を持つことのできない人が生まれてしまう可能性がある。どこに行こうと常にそこから追い払われる危険から逃れられないようでは，人は自立した生活の最低限の基盤すら持つことができない。裏返せば，個人にとって，地球上の少なくともどこかに居住資格を認められること（これを「地球上のどこかに住む権利」［小畑2015］の保障と呼んでもよいだろう）は，生きていくための最低条件の一つといえる。したがって，国家が自国民すべてに対して領土内の居住資格を認めるならば，そのことにより，少なくともその国のすべての国民は生存の最低条件の一つを保障されることになる。そして，世界のすべての国家がそれぞれ，自国民すべてに対して自国領土内の居住資格を認めれば，そのことにより，無国籍者を除く世界のすべての個人が生存の最低条件の一つを保障されることになる。

以上の簡単な考察から，国家の存在意義に関して次のような示唆を得ることができる。すなわち，世界のすべての個人は，一定の前国家的な権利ないし保障されるべき利益を有し，各国家は自国民すべてに対しそれを保障するために

存在するという考え方である。この考え方は，すべての個人が同一の権利ない
し保障されるべき利益を有するという，普遍主義的立場に基礎を置いている。
以下では，この立場を前提とした場合に移民規制に関する国家の権限の問題に
ついていかなる帰結が導かれるかを検討してみることにしよう。

(2) 割当責任国家論

　世界のすべての個人が同一の前国家的権利を有するとの前提を取った場合，
各国家が自国民だけの権利保障を行うことは，この権利の実現という観点から
考えて，果たして必要かつ十分といえるのだろうか。

　すべての個人が有する前国家的権利として，手始めに，上の(1)に引き続き，
以下のようなものを想定しよう。その権利とは，一定の地理的領域内にいるか
ぎり，たとえそのことがだれか他の個人の利益あるいは集団的利益に反する場
合，またはその地域の人々の共有する文化の継承を損なう場合であっても，そ
こから追い払われないという権利であり，一種の安全地帯を持つ権利といって
もよい［Perry 1995：102］。そして，各国家が自国民すべてに領土内の居住資格
を認めることにより，無国籍者を除く世界のすべての個人がこの権利を保障さ
れるのであった（なお，世界のすべての個人に対してこの権利を保障するには，無
国籍者が発生しないように諸国家間で調整がなされる必要があり，各国家が自国の
都合だけで国籍取得要件を定めるわけにはいかないことになる）。

　ここで，次のような疑問が予想される。世界のすべての個人に対して同一の
権利を保障することが求められるとしても，世界全体で一つの国家を形成し，
その世界政府がすべての個人に対して権利保障を行うという仕組みでは，なぜ
いけないのだろうか。あるいは，複数の国家による世界秩序を形成するとして
も，各国家が自国民だけの権利保障ではなく，世界のすべての個人の権利保障
を任務とする仕組みでは，なぜいけないのだろうか（前者の仕組みは国境線の消
滅を，後者の仕組みは国境の全面的開放を意味する）。すべての個人が地球上のい
ずれかの場所に居住資格を認められればよいというならば，この二つの仕組み
のいずれでもそれは実現できるのではないか。

　この疑問に対する解答を提供できる注目すべき考え方として，いわゆる割当
責任国家論がある［Goodin 1995：280-287］。割当責任国家論とは，世界のすべて

の個人の有する権利を保障するという課題のうち，各国家は主として自国民の権利についてのみ，その保障の責任を割り当てられているとする考えであり，その根拠となっているのは，このように各国家が責任を分担したほうが，他の仕組みよりも，世界のすべての個人の有する権利を効率的に保障できると考えられることである。これはちょうど（一つの国家の内部に問題を限定したうえで），すべての個人には物質的に見て少なくとも最低限度の生活を送る権利があるが，この権利を最も効率的に保障できるのは各々の家族の内部で相互に扶養義務を負わせる仕組みだと考えるのと類似した発想である（なお，割当責任国家論が提唱された際，個人が前国家的に有するものとして想定されていたのは他者への普遍的配慮義務であった。しかし，個人が前国家的に有するものが上の記述のように権利（あるいは正当な利益）だとしても，その要点は変わらないため，上の記述では割当責任国家論を一種の自然権論と結びつけた。本章では以下においても，各人が前国家的に有するものを権利と想定して論述を進めることにする）。

(3) 国益追求／ナショナルな文化の継承への制約

ある課題の解決に責任の割り当てが有効かどうかは一概には言えず，いかなる課題についてのいかなる責任をだれに割り当てるかにより，責任の割り当てが有効な場合もあればそうでない場合もあるだろう。割当責任国家論に対する評価も，いかなる課題についてのいかなる責任を国家が割り当てられたとみなすかによって異なり得るはずである。しかしここでは，これらの点を含む割当責任国家論そのものの妥当性の問題［瀧川 2017：293-308］には立ち入らず，移民規制に関する国家の権限について割当責任国家論がいかなる含意を持つのかを簡単に考察することにしよう。

割当責任国家論の要点は，各個人の有する普遍的権利の保障を諸国家が分担して行うことを，その効率性の点から擁護するところにある。したがって，割当責任国家論は複数の主権国家から成る現在の世界秩序を，必ずしもその細部のすべてにわたって現状のまま擁護するわけではなく，むしろ，各個人の有する普遍的権利の保障がより効率的に実現できることになるように，国家間の責任分担（これには領土の分け方や国籍取得要件の定め方の問題が含まれる）が定められることを求めるものである。また，割当責任国家論によれば，国家が自国

民のためだけに行動することが許されるのは，それが世界のすべての個人の有する権利を実現するのに有効な仕組みだからであり，国益追求やナショナルな文化の継承それ自体が国家の究極目的とされているわけではない。したがって国益追求や文化の継承は無制限に正当化されるのではなく，常に個人の普遍的権利の実現という観点からの制約を受けている。このように，割当責任国家論からは国家による国益の追求や文化の継承が容認されるだけでなく，その限界も画されるのであり，国益追求論や文化的ナショナリズムとの相違は，まさにここに現れてくる。

それでは，国家による国益の追求や文化の継承の限界は，どこにあるのだろうか。この点を探るのに，再び家族の扶養義務との類比で考えてみよう。まず，個人には，物質的に少なくとも最低限度の生活を送る権利があるが，この権利を独力で実現できない人に対してそれを保障する責任を第一に負うのは，家族だとしよう。すなわち，家族には相互の扶養義務があり，家族である以上この義務を免れることは許されないが，家族以外の者に対して援助する義務や，家族以外の者を家族の一員として迎え入れる義務はないものと想定する。さて，多くの人は，たんに自分の利益だけではなく，自分と親密な人の利益も実現しようとするから，このような仕組みの下で家族の扶養義務は容易に果たされ，結局のところ，多くの人々の基本的ニーズが効率的に充足されると予想される。

しかし他方で，家族としての扶養義務を果たそうとしない人も現実には存在するし，止むを得ない事情でそれを果たせない人もいる。その結果，家族から扶養を受けられず，最低限度の生活を送る権利が満たされない人たちが出現するが，国民諸個人はこの状況を自分の家族の問題ではないからといって放置するのではなく，ある程度は家族以外の人の権利の実現にも貢献しなければならない。そもそも家族に相互の扶養義務があるとされるのは，そうすることがすべての個人の有する権利を実現するのに有効な仕組みだからであり，家族としての利益追求そのものが究極目的だったわけではない。本来は，最低限度の生活を独力で実現できない人に対しては，家族の一員でなくても手を差し伸べる義務があったのであり，家族のみに相互の扶養義務を負わせる仕組みは，すべての人に対して果たすべき義務を家族単位に分割して割り当てたものにすぎない。したがって家族としての利益追求は無制限に正当化されるのではなく，個

人のだれもが有する権利の実現という観点から常に制約を受けている。だからこそ，国家は（扶養義務をあえて果たさない人には強制的に果たさせる仕組みを備えているが，それとともに）家族による扶養を受けられずにいる人に対して，貧困家庭を経済的に援助したり子どもを施設に収容したりするなどして，救済の手を差し伸べるのである。

さて，家族の扶養義務に関する以上の記述を参考にして，国家への責任の割当について何がいえるかを見ていこう。まず，個人には一定の普遍的権利があるが，この権利を独力で実現できない人に対してそれを保障する責任を第一に負うのは，その人の属する国家となる。すなわち，国家には自国民以外の者に対して援助する義務や，自国民以外の者を国民の一員として迎え入れる義務はなく，自国民のみに配慮すればよいことになる。このような仕組みの下で国家による自国民の権利保障の義務は比較的容易に果たされ，結局のところ，多くの人々の権利が効率的に実現されるであろうと予想される。

しかし他方で，こうした自国民への権利保障の義務を果たそうとしない国家も現実には存在するし，止むを得ない事情のためにそれを果たせない国家もある。その結果，自らの属する国家から権利保障を受けられない人たちが生まれるが，世界の諸個人はこの状況を自国民の問題でないからといって放置するのではなく，ある程度は他国の国民の権利保障にも貢献しなければならない。本来は，普遍的権利を独力で実現できない人に対しては，それが自国民でなくても手を差し伸べる義務があったのであり，自国民に対してのみ権利保障の義務を負わせる仕組みは，すべての人に対して果たすべき義務を国民ごとに分割して割り当てたものにすぎない。したがって，国益追求や文化の継承は無制限に正当化されるわけではなく，普遍的権利の実現という観点から常に制約を受けている。普遍的権利を独力で実現できない人に手を差し伸べる義務は，場合によっては他国民に対しても果たさなければならないのである。

このように割当責任国家論からすれば，個人の有する普遍的権利を保障する責任を第一に負うのは，その人の属する国家だが，ある国家が自国民の権利保障の意思・能力を持たないときは，他国の人々がその役割を担うことになる。この結論は，近年多くの議論を呼んでいる「保護する責任」論 [International Commission on Intervention and State Sovereignty (ICISS) 2001] とほぼ一致する。「保

護する責任」論の提唱する中核的原則とは，主権国家は不干渉原則のもとで，ジェノサイドや人道に対する罪，戦争犯罪，民族浄化などから自国民を「保護する責任」を負うが，主権国家がこの責任を果たさないときは国際社会が代わって責任を負い，国際社会の「保護する責任」が不干渉原則に優先するというものであり，割当責任国家論はこの原則に対してひとつの理論的根拠を提供するものと位置づけることができる。

　以上のように，割当責任国家論に従えば，ある国家にとって，たとえ自国民のためにならなくても他国民の権利保障に貢献すべき場合があり得ることになる。そしてここから，国家による国益の追求やナショナルな文化の継承に対する限界が設定されるのである。例えば，すべての個人が同一の前国家的権利を有することを前提にするかぎり，各国の政治体制の多様性には許容限度があるだろう。政治的迫害が行われている国からの難民を受け入れる義務も，この文脈に位置づけることができる。さらに進んで，他国の抑圧的政権を打倒することが義務だといえる場合の存在すら，完全に否定することはできない。

(4) 割当責任国家論と移民規制

　最後に，以上の検討を踏まえて，割当責任国家論が移民受入に関していかなる含意を持つのかを考えよう。

　割当責任国家論は，一方では国家が自国民だけに配慮することを容認するから，そのかぎりにおいて，国家が国益追求のためやナショナルな文化の継承のために移民の受入をコントロールすることも，容認されることになる。だが，他国の国民に対する普遍的権利の保障が実現されていない場合，この権利保障に貢献することなく自国民の都合だけを考えて行動することは許されない。すべての個人の有する同一の前国家的権利として何を想定するかにもよるが，世界のなかに自国民に対する権利保障を果たしていない国があると考えられるかぎり，いかなる国も，自国民の都合だけで移民の受入をコントロールするのは許されないことになる。

　しかしここから，すべての国家が国境を開放しなければならないとの結論が導かれるわけではない。他国から移民を受け入れることが，送り出し国の国民の権利保障に貢献するとは限らないからである。個人の有する普遍的権利とし

て，絶対的貧困からの解放を想定してみよう。この権利の保障に失敗している国家があるとき，その国からの移民を受け入れることが，送り出し国の国民の権利保障に役立つだろうか。絶対的貧困の状態にある人々は，そもそも自ら移住を図る余力はなく，移住を試みるのはその国の最下層の人々とはいえない。また本章冒頭で述べたように，移民を受け入れることで送り出し国の貴重な人材を奪ってしまうこともある。このように，移民を受け入れるのではなく，むしろ援助を行うことのほうが，他国の国民の権利保障に貢献できると考えられる場合もある（もちろん，援助そのものは効果的なものでなければならない）。

　それでは，絶対的貧困からの解放だけでなく，世界のすべての人々が物質的にほぼ同一水準の生活を享受できることも，普遍的権利の内容と考えるべきだろうか。これは，分配的正義一般に関わる問題であるが，この点を肯定するならば，先進国による国益の追求やナショナルな文化の継承はますます制約されることになり，例えば，国内の下層労働者の保護のために移民を受け入れないのは不正であるとか，高水準の福祉国家の維持のために移民を排除するのは許されない［Lomasky 2001 : 72-73］とか主張されることになる。ただし，国家間の経済格差を完全になくすことを目指すのは，各国のなすべき自国民の権利保障への努力を損ない，割当責任国家論の目的に反することになるため，避けるべきである（これは，国内問題としての分配的正義に関する議論と共通する論点である）。

　なお，当然のことながら，他国の国民の権利保障への貢献が求められる場合でも，国家は，当初から割り当てられている自国民に対する責任を放棄してよいわけではない。後者を犠牲にすることは，すべての個人の権利保障を目指す割当責任国家論の趣旨から許されない。この点は移民の規制に関して，以下のような微妙な問題を提起する。文化的ナショナリズムの立場を割当責任国家論から導出しようと試みる者は，国家が自国民の権利保障の責任を果たすためにこそ，ナショナルな文化が継承される必要があり，そのために，受け入れるべき移民の選別が必要だと主張するかもしれない。しかし，ナショナルな文化が変容しても，その過程が漸進的なものであれば，国家の任務遂行に支障はないと考えられる［ミラー 2007 : 220-229, Perry 1995 : 115-117］。また特定の土地に特定の文化が存続することを保障すべき理由は見出すことができない。したがって，ナショナリズムを根拠とした移民受入の制限は，文化の急激な変容を防ぐため

にのみ容認できると考えられる［石山 2002：84-93］。ここから典型的に許される
のは，受け入れる移民の総数を規制することであるが，移民の持ち込む文化と
受入社会の文化とがどの程度相違しているかという点も考慮に入れてよいと思
われる。文化の継承よりさらに微妙なのは，社会的安定性の問題である。移民
の受入によって国民の排外的感情が刺激され社会が不安定化すると，受入国自
身の責任遂行に支障が生じることになる。したがって，受入国は移民の受入に
よって社会が不安定化しないように努めなければならないが，社会的安定性を
維持するために移民の受入自体を制限することが許されるかどうかは，非常に
むずかしい問題である。

　以上のように，割当責任国家論から考えると，国家は自国の都合のみに従っ
て無制限に移民の受入をコントロールしてよいわけではない。移民を受け入れ
るにせよ，受入を制限するにせよ，自国のためではなく，他国の国民の権利保
障への貢献のためにそうすべき場合が出てくるのである。

　結　語

　本章の検討をまとめよう。国家の存在意義が自国民の利益の実現にあるとい
う国益追求論，あるいは国家の存在意義が自国民の共有する生活様式としての
文化の継承にあるという文化的ナショナリズムの立場を取れば，移民受入のコ
ントロールがただちに正当化されることになる。しかし，これらの立場は自国
民の領土外への追放を許容するという容認しがたい帰結を導く可能性があるた
め，そのままでは受け入れることができない。これに対し，世界のすべての個
人が同一の前国家的権利を有するという普遍主義的前提から出発したうえで，
各国家が自国民すべてに対してこの権利を保障する責任を割り当てられたと考
える割当責任国家論を取るならば，各国は自国民のみに配慮して移民の受入を
コントロールすることが許される場合もあるが，それは全世界のすべての個人
の権利保障の一環と位置づけることができるかぎりにおいてであり，後者に反
することになる場合には自国民のみに配慮した移民受入のコントロールは許さ
れない。したがって，結論として移民受入の制限が正当化される場合はあるが，
それは，移民を受け入れるかどうかが究極的に自国の都合に従って決めてよい

事項だからではない。自国民のためという理由では，移民の受入を制限することも，逆に積極的に移民を受け入れることも，正当化できる場合は限定的だと考えられる。

発展的学習のための読書案内

ジョン・ロールズ（中山竜一訳）『万民の法』岩波書店，2006 年：現代正義論の代表的理論家が，自らの理論をグローバルな正義の問題にまで発展させた成果である。立論には問題も多く，議論の的になっている文献である。グローバルな正義に関するさまざまな論点を知ることができるという意味でも，有益な文献である。

森村進「移民の規制は正当化できるか？」『グローバルな正義』宇佐美誠編，勁草書房，2014 年：国家による移民規制一般が果たして擁護可能かについて，ナショナリズムや分配的正義だけでなく，自由（移動の自由，経済的自由，結社の自由），民主主義，エコロジーなど，さまざまな考慮や論拠を取り上げて分析し，全体として移民規制に賛成する論拠よりも反対する論拠の方が強いと主張している。本章で取り上げていない多くの論点が検討されており，この問題に関する議論状況を俯瞰できる，有益な文献である。

浦山聖子「グローバルな平等主義と移民・外国人の受け入れ（1）－（5・完）」『国家学会雑誌』124 巻 7=8 号 -125 巻 3=4 号，2011-2012 年：移民政策をグローバルな分配的正義の問題として捉えるべきと主張したうえで，ナショナリズムに基づく移民規制論だけでなく平等主義的移民受入促進論についても，従来の議論はグローバルな再分配効果を十分に考慮に入れていないと批判している。本章で簡単にしか言及できなかったさまざまな論点について詳細に論じている。

マイケル・ウォルツァー（山口晃訳）『正義の領分──多元性と平等の擁護』而立書房，1999 年：普遍主義的アプローチを否定し，分配的正義はその社会の人々の有する共通理解がその究極的根拠であるとし，社会の成員資格もこの枠組の中に位置づけている。すなわち，社会の成員資格は社会の人々の有する共通理解に依拠して決められるべきだとし，文化的ナショナリズムの立場で理論を展開している。自国の領土から追放されない権利も主張しているが，その根拠は必ずしも明らかではない。

デイヴィッド・ミラー（富沢克・長谷川一年・施光恒・竹島博之訳）『ナショナリティについて』風行社，2007 年：近年「リベラル・ナショナリズム」として言及されるようになってきた立場を代表する文献の一つであり，ナショナリティの必要性・有用性を主張するとともに，人々に害をもたらさないナショナリズムがいかに可能かを示そうとしている。国家がその任務を遂行するには国民が文化

的紐帯で結ばれていることが有用としているが，必ずしも既存の文化をそのまま の形で存続させる必要はないとし，移民規制を安易に容認することを批判している。本書の理論を基礎に，ミラーは移民問題に関する議論を本格的に展開するに至った［ミラー 2011：第 8 章，Miller 2016］。

引用文献

Carens, Joseph 2010 : *Immigrants and the Right to Stay*, MIT Press.（横濱竜也訳『不法移民 はいつ〈不法〉でなくなるのか——滞在時間から滞在権へ』白水社，2017 年.）

Goodin, Robert E. 1995 : *Utilitarianism as a Public Philosophy*, Cambridge U.P.

井上達夫 2008：「グローバルな正義はいかにして可能か」中川淳司・寺谷広司編『国際法学 の地平　歴史，理論，実証』東信堂.

International Commission on Intervention and State Sovereignty (ICISS) 2001 : The Responsibility to Protect: Report of the International Commission on Intervention and State Sovereignty, Ottawa: International Development Research Centre.

石山文彦 2002：「多文化主義理論の法哲学的意義に関する一考察——ウィル・キムリッカを 中心として（六・完）」国家学会雑誌 115 巻 9=10 号.

キムリッカ，ウィル 1998：『多文化時代の市民権——マイノリティの権利と自由主義』（角田 猛之・山崎康仕・石山文彦監訳）晃洋書房（Kymlicka, Will, Multicultural Citizenship: A Liberal Theory of Minority Rights, Clarendon Press, 1995）.

Lomasky, Loren 2001 : "Toward a Liberal Theory of National Boundaries," in Miller and Hashimi 2001.

Miller, David and Hashimi, Sohail H. (eds.) 2001 : *Boundaries and Justice: Diverse Ethical Perspectives*, Princeton U.P.

ミラー，デイヴィッド 2007：『ナショナリティについて』（富沢克・長谷川一年・施光恒・竹 島博之訳）風行社（Miller, David, On Nationality, Oxford U.P., 1995）.

ミラー，デイヴィッド 2011：『国際正義とは何か——グローバル化とネーションとしての 責任』（富沢克・伊藤恭彦・長谷川一年・施光恒・竹島博之訳）風行社（Miller, David, *National Responsibility and Global Justice*, Oxford U.P., 2007）.

Miller, David 2016 : *Strangers in Our Midst: The Political Philosophy of Immigration*, Harvard U.P.

日本法哲学会編 2013：『法哲学年報 2012　国境を越える正義——その原理と制度——』有斐閣.

小畑郁 2005：「移民・難民法における正義論批判——「地球上のどこかに住む権利」のため に——」世界法年報 34 号.

Perry, Stephen R. 1995 : "Immigration, Justice, and Culture," in Schwartz 1995.

Schwartz, Warren F. (ed.) 1995 : *Justice in Immigration*, Cambridge U.P.

Steiner, Hillel 2001 : "Hard Borders, Compensation, and Classical Liberalism," in Miller and Hashimi 2001.

瀧川裕英 2017：『国家の哲学——政治的責務から地球共和国へ』東京大学出版会.

Walzer, Michael 1983 : *Spheres of Justice* : *A Defense of Pluralism and Equality*, Basic Books
（山口晃訳『正義の領分――多元性と平等の擁護』而立書房，1999 年）.

テーマ**11**

家族の法からホームの権利へ

──ジェンダー・親密圏・ケア

池 田 弘 乃

はじめに

ケース 11

　夫婦Ａ（夫），Ｂ（妻）は1997〔平成9〕年に法律婚をした夫婦である。Ａは白血病の治療中であったところ，骨髄移植を受けることになったが，骨髄移植に伴う放射線照射により生殖能力が失われることを危惧し，1998〔平成10〕年精子を冷凍保存することにした。その際精子保存病院から署名押印を求められた書類には，家族間の協議のうえ治療を受けること，Ａ死亡時は必ず当該病院に連絡すること，また死亡とともに精子は破棄すること等が記されていた。《Ａは骨髄移植手術前夜，Ｂに対し，自分が死亡するようなことがあっても再婚しないのであれば，自分の子どもを産んで両親の面倒を見て欲しいと話した。また手術直後にも自らの両親に対し，「自分に何かあった場合には，Ｂに保存精子を用いて子を授かり，家を継いでもらいたい」との意向を伝えていた。》（Ａの意向）。手術後一旦は職場復帰まで果たしたＡは程なくして再び体調を崩し1999〔平成11〕年9月に亡くなった。その後，ＢはＡの両親とも相談のうえ保存精子によって妊娠し2001〔平成13〕年5月にＸを出産した（死後懐胎子）。その際病院側にＡ死亡の事実を伝えていなかった。ただし，Ｂの主張によればＡが生存しているかどうかについて病院側からの確認はなく，Ｂ自身もあえてＡの死亡について隠していた訳ではないという。

　その後，Ｂは生まれた子Ｘについて AB の嫡出子として出生を届けたが，婚姻解消から300日以後に生まれた子であり嫡出性は推定されないとして，不受理処分を受けた。同処分に対する不服申立ても却下されたＢはＸの法定代理人として，亡きＡのＸに対する認知を求め，検察官Ｙを相手方として，死後認知請求を行った（民法787条，人事訴訟手続法〔当時〕32条2項，2条3項）。死後懐胎子の

認知を認めるべきとするＸ側は，亡き父Ａは認知に同意したであろうと主張する
他，すでに生まれてしまった子の幸福追求権を論拠とする。具体的には父方との
親族関係の発生（それに伴う扶養の可能性）に加えて，戸籍の父欄が埋まり「亡
き父Ａが重大な病気に罹患しているなか，両親の意思で，子の出生が望まれ」た
ことをＸが実感できる等の利益があることを主張している。一方，認知を認める
べきでないとするＹ側は，亡き父Ａが病院側と交わした書類を勘案するとＡは死
後の懐胎に同意していたとはいえないとしたうえで，本件認知請求は現行法の
まったく予定していない事態であり，その法の不備を埋めるべき社会的合意がな
い点を重視し，具体的な規定がない以上は子の福祉や両親の意思の尊重のみを法
が求めていると速断してはならないと主張している。

　実際に以上のような事例が争われた裁判において，松山地裁（松山地判 2003
〔平 15〕・11・12 判時 1840・85）は自然的な受精・懐胎との乖離が著しい本事例
では社会通念上Ａを父と認めることはむずかしいうえ，精子保存時に病院に提
出した書類内容に鑑みると，死後の生殖についてＡが同意していたと認めるこ
とはできないとして請求を棄却した。

　ところが控訴審の高松高裁（高松高判 2004〔平 16〕・7・16 判時 1868・69）で
は，逆に認知請求が認められた。裁判所は，認知を認めることを不相当とする
特段の事情が存しない限り，認知には子と事実上の父との間に自然血縁的な親
子関係が存在することに加えて，当該懐胎について父の同意が存することが要
件であるとしたうえで，父によって手術前後に示されていた死後懐胎への同意
は，自己の子を授かりたいという真摯な希望であり死亡時にも変更はなかった
と認められるとした。

　上告を受けた最高裁は高裁判決を破棄し，結局認知を認めなかった（最二小
判 2006〔平 18〕・9・4 民集 60・7・2563）。父との間で親権，扶養，相続（代襲相
続を含む）に関わる法律関係が成立しえない本件のような事例は，人工生殖に
関する生命倫理，生まれてくる子の福祉，親族関係者の意識，社会一般の考え
方等多角的な観点からの検討を行ったうえで立法によって解決されるべき問題
であるが，そのような立法がない以上，死後懐胎子と死亡した父との間の法律
上の親子関係の形成は認められないというのである（なお，二人の裁判官から早
期の立法的措置を求める補足意見が出されている）。

この事例は本章のテーマである家族やジェンダーとの関連ではどのような含意を有するであろうか。まず，下級審判決がいずれも「自然的」という言葉を用いながらも逆の判断を下していることが注目される。家族にとって，各個人にとって「自然」とは一体何なのだろうか。後ほど述べるとおり，この「自然」なるものを問うことはそのままジェンダーという概念の来歴を問うことにもなる。また判決のなかでは直接には触れられていないが，家族についての「自然」を考える上で見のがせないのが，この事例（特に妻の立場）の背後に存在する社会通念である。上記《Ａの意向》をもう一度参照してみよう。実際，妻は妊娠・出産に踏み切る際には，亡夫の両親と相談のうえ行っている。ここを捉えて，「妻は夫の子を産むべきである」や，「夫の子孫を残すことと（夫の）老親の扶養（「親の面倒をみること」）は一体である」といった社会通念ないし圧力が作用しているのではないかと考えてみることもできるかもしれない［様々な視点からこの事例を考えてみる素材として参照，木村 2005 や西 2015］。この事例には，女らしさ（この場合は嫁らしさ）としてのジェンダーに関わる重要な論点が潜んでいる。しかし，ここでジェンダーという道具立てを用いて考察を行うことは，妻の意思の真正さを問い質すといったことを意味しない。死後懐胎子の出産にかけるＢの意思の真正さは，出産を取り巻く社会的環境（社会的圧力）と密接不可分に絡み合ったものだろう。Ｂの子どもを産むという決断に対して，「嫁らしさへの同調圧力に屈した虚偽意識だ」と糾弾するのは，Ｂに自律的決定の主体たる地位を認めない暴論にすぎない。むしろ，この事例を取り巻く社会的文脈を精査すること，そこにこそジェンダーという道具立ての使い出がある。

reproductive health/rights（性と生殖に関わる健康／権利）の重要な一要素として，生殖に関わる自己決定の保障が存在するが［そこに含まれる問題点については参照，上野 2002］，それはこの事例の場合，新たな技術を用いた子の出産を法的に追認するとの結論に一義的に導く訳ではない。また一方で，政府の各種審議会は新たな生殖補助技術の利用を専ら法律婚のカップルに限る姿勢を見せているが［石井他 2007］，それがどこまで，どのような理由で正当化できるのかは必ずしも詳らかではない。

生殖補助技術は凄まじい勢いで進展を見せている。それはいままで想定されなかったような新たな家族を可能にするとともに，従来の家族観念の再強化に

つながることもありうる。また，科学技術をめぐる状況以外にも家族という関係性は日々さまざまな変容に晒されているといってよいだろう。そのような家族をめぐるさまざまな事案に対するにあたっては，どのような判断を下すにせよ家族を法的に規律することの意味について一定の見通しがなければならないだろう。それは，生殖補助技術の利用に関する法令が今もなお不在である日本社会にとって喫緊の課題である。

　誰もが家族については何らかの個人的感慨を有しているとするなら，それだけその個人的感慨を広い理論的枠組みのなかで再考する必要性は大きいともいえる。本章ではそのための材料の提供を試みたい。そこで以下では，家族と法の関係性について「家族の価値」という視点から迫ってみることにしたい。

　「家族の価値」の考察は大きく二つに分けられる。第一は，家族はどのような価値によって規律されるのか（1，2）についてであり，第二は，家族にはどのような価値があるのか（3）についてである。この二点は相互に密接に関連している。家族にどのような価値を認めるのかに応じて，それに対する規律のあり方（国家による保護，介入，管理等々）は変わってくるだろうからである。

　現行の日本民法は2条で「この法律は，個人の尊厳と両性の本質的平等を旨として，解釈しなければならない」と規定する。戦後の憲法秩序の変革を民法にも及ぼす意図の下，そしてより直接的には戦前の家制度を否定する趣旨でこの条文は策定された。実定法上はこの「個人の尊厳」と「両性の平等」という価値が家族を規律するものとして規定されているが，理論的にはいかなる価値が家族に関わってくるのであろうか。この点，家族を規律する価値について最も論議の的となってきたのは正義である。もっとも正義と家族との関係を問うていくにしても，正義自体が一体いかなる存在なのかについて論争の渦中にある概念である。本章では，妊娠，出産，家事等々のさまざまな現象に関わる自己決定について適切な条件整備が重要であると考えた場合，そこでの適切さを判断していく拠り所として正義という概念が登場する余地があるという形で差し当たりは漠然とイメージしておくことにしたい。

　本章の叙述は以下のとおりである。まず，家族と価値を巡る考察の準備作業として家族がジェンダーとどのような関係を持っているのかについて触れるこ

とにしたい。単に家族といっても「近代家族」と呼ばれる構成物がここでの考察の対象となる。続いて性別役割分業という論点をきっかけとして，家族と正義という価値の関係性を考えていくことにしたい。

1　家族とジェンダー

(1)　「家族」とは何か

　民法の親族編・相続編のなかに「家族」という言葉は存在しない。そこでは夫婦と親子の関係それぞれに対してさまざまな規定がおかれているだけである。もちろん，家族法改正に携わった者たちはある一定の家族像を念頭に置きつつ立法に取り組んだ（戦前の家制度を否定するための民法改正作業での苦闘については［我妻 1956］に詳しい）。そして，それは明治民法下からの一連の家族法改革の流れの延長上にあったといえる。夫婦と未成熟子からなるいわゆる核家族こそそのモデルであった。そしてそのモデルを可視的な形で表現しているのが戸籍および戸籍関係法令による規律であった［参照，大村 2010：312-319］。

　「家族」とは実際には諸々の「家族的集まり」の間の「家族的類似」としてしか存在しない，とアイリス・ヤングはいう［Young 1997：106］。そして家族に通常想定されている諸機能は実際には家族でなければ満たすことができないとは限らない。そこで家族に代えて「親密圏（intimate sphere）」という概念が用いられることがある。仮にそれを，構成員相互の具体的な生／身体への関心・配慮（care）の下に集まる集団として見るなら，そこにはいわゆる家族だけではなく，一定の教義の下に共同生活を行うコミューンや，同じ（多くは社会的に負と看做される）属性を共有する者たちによるエンパワーメント・グループ等さまざまなものが入るだろう。それらが中間集団一般と違うのは，構成員間に非対称性が前提とされること，関係からの離脱に大きな（事実上または規範的な）制約があること等の特徴が見られる場合であるとされる［齋藤 2003］。

　もっともそれら親密圏のなかで家族が特権的に扱われるのは理由がないことではない。他者の具体的な生への関心がその者の「性」への関心へと焦点化される近代社会の特徴とそれは表裏一体のことと考えることができる。近代社会において家族とは何よりも異性愛夫婦とその子からなる「性的家族」であった

276　　　　　　　第Ⅲ部　人権論の新地平

からである（**2**(3)を参照）。

(2)　ジェンダーとセックス

①　二人の民法学者

ジェンダーの問題は，いままでも法学（なかんずく家族法学）において意識されてこなかった訳ではない。日本の家族法学説において長らく基本的立脚点としての地位を占めてきた民法学者・中川善之助は「日本社会のヤクザ的構成」というエッセイのなかで宮澤賢治の「家長制度」という2ページにも満たない掌編を引用している。

> 「火皿が黒い油煙を揚げるその下で，一人の女が何かしきりにこしらえてゐる。……いきなりガタリと音がする。重い陶器の皿などがすべって床にあたったらしい。主人がだまって，立ってそっちへあるいて行った。三秒ばかりしんとする。主人はもとの席へ帰ってどしりと座る。
> 　どうも女はぶたれたらしい。音もさせずに撲ったのだな。その証拠には土間がまるきり死人のように寂かだし，主人のめだまは古びた黄金の銭のようだし，わたしはまったく身も世もない。」［宮澤 1974 : 245-246 ; 原文の改行を省略した］

客人の目には見えない土間で，家長が家の女を打擲する。そこに描かれている目には見えないが寒々とした「空気」は，中川自身も実態調査に出かけたその先の家庭で幾度となく感じたものであったとの回想がなされる。

> 「私も幾度かこのような『まったく身も世もない』思いをしたことがある。もちろんどこの農家でもこうだとはいえないが……これに似かよった一種の空気が支配することを感じ取ることは，すこしでも鋭敏に神経を働かせることのできる人には，決してむずかしいことではない。そのいわゆる『一種の空気』こそ，じつに宮沢賢治に『家長制度』という標題を選ばせたものであ（る）。」［中川 1952 : 99］

中川はこの感慨に続いて家族員相互が親分・子分という「ヤクザ的」関係で

結びつく日本の封建的家族の弊を指摘し，家族の民主化と個人の発見の必要性を啓蒙的筆致で説き聞かせてゆく。

このエッセイは題名からもその主旨からも，川島武宜の著名な論文「日本社会の家族的構成」を想起させずにはおかない。同論文では川島もまた従来の日本の家族に個人が存在しない非近代性を指摘し，人格の相互尊重からなり「真に深い人間愛」に基づく家族の近代化の必要性を果敢に訴えたのであった［川島 1983］。

いわゆる前近代の家族像を「武家的・儒教的」家族と「民衆の協同的」家族との二類型に分けて論じた川島に比べると，中川による，権威への盲目的服従と暴力（無言のうちの打擲）のうちに感じられる前近代性の「空気」という指摘は分析に耐えぬ印象論であると片付けることもできよう。しかし，中川の次のような指摘は素朴な封建制批判としてのみ行き過ごしてよいものだろうか。

> 「日本人には，個人の尊厳とか，両性の平等とかいう言葉がなかなかわかり切れない。…すこし理屈が面倒になると，すぐ『問答無用』という行き方に落ちてしまう。そしてその方が男らしくてりっぱだというような考え方を暗黙のうちに承認している。」［中川 1952：113］

法なき空間での暴力の跋扈を捉え，それが「男らしさ」というジェンダーにつながっていることをこの一節は示唆していると読むのは穿ちすぎだろうか。しかし，この視点はいまなお家族と法を考える上で重要なものといえよう。そして実は，ジェンダーによって規定されている家族がはらむ或る種の暴力性は，「近代」においてもなお（あるいは近代においてこそいっそう顕著に）家族を考える際の最重要の論点の一つである。それは身体的・精神的な暴力行使を含むドメスティック・バイオレンス（DV）や児童虐待の他，ケア負担の不平等（後述）といった問題群とも密接に関わっていることが指摘されている。これに対して川島の「真に深い人間愛」という理想の提示には，近代家族自身が特定の抑圧性を有していることへの目配りは感じられない。

もっとも川島の論文が新憲法制定後のなお強烈に家制度への郷愁が残る社会に向けての訴えかけであったこと，家制度の「歴史性」が実は日本の「近代」

に由来するものである点を適切に指摘していること等，川島論文の意義はその時代的制約を超えて大きいものであることは忘れずに指摘しなければならない。

② 「らしさ」，ジェンダー，異性愛

「男らしさ」，「女らしさ」，そして隠微な暴力。それらはケース11にとっても無縁のものではない。Ｘ側が死後認知を認める実益として重視したのが「戸籍」に体現される両親と子どもからなる家族像であった。それは反面として，従来典型的とされてきた家族像にあてはまらない形の家族に対する社会的な向かい風の強さをも表している。最高裁は結論として，立法の不備を司法が埋める訳にはいかないとしてＸ側の主張を認めなかったが，一見消極的に見えるこの姿勢は，家族にかかる負荷（特にさまざまな「らしさ」の集積）という論点について，従来の家族像（特に関連するジェンダー規範）を法が無条件に後押ししなかったかのような効果を持つものともみることができる。そのようにこの事例を読むことを可能にするのがジェンダーという視点である。

宮澤の掌編における土間で女を打擲する家長。この逸話は人に即せば，家長が男性であり，家長に従う構成員が女性であるということになるが，領域に即して考えるなら，表で客人に応対するのが「男性」で，裏で家事を行うのが「女性」とされてきた社会のあり方を示している，ともいえる。そのような性の社会的次元に着目したうえで，生物学的な性の分化，男女の別を「男らしさ」，「女らしさ」とは一旦別次元の話として考えてみるべきではないか，このような発想からジェンダーという言葉は生まれてきた。

元々は文法的な性別を指す言葉であったジェンダーは，当初，性分化の多様な過程を記述する必要性に応じて性差心理学の領域で使われるようになった。それを，第二波フェミニズムの論者たちが，広い意味での文化的・社会的な性差を指す言葉として採用し，「可変的な性差」としてのジェンダーを生物学的な性差（セックス）に対照させたのだった。もっともそのような議論ではかえって生物学的な性差が不変のものとして手つかずのままにされてしまう危険がある。この点，シュラミス・ファイアストーンは，生物学的性さえも実は可変的なものであることを指摘している。すなわち，「生物学的事象とは生物学的決定論的な所与の静的な事象などではなく，たとえば科学技術によって具体的に変化しうる動的な事象」[高橋 1990:155-156] なのであるという見方である。事実，

生物学的研究の進展は性分化の多様なあり方をますます明らかにするに至っている。一方で，ジュディス・バトラーは，ジェンダーという二分法の眼鏡によってセックスが二型的な基盤として作り上げられていくという考え方を提示している。いわく「ジェンダーは，それによってセックスそのものが確立されていく生産装置のことである」［バトラー 1999：訳 29］。

この「ジェンダーによるセックスの規定」論は，異性愛が特権性を帯びることの指摘と結びついている。バトラーによれば「強制的で自然化された異性愛制度は，男という項を女という項から差異化し，かつ，その差異化が異性愛の欲望の実践をとおして達成されるような二元的なジェンダーを必要とし，またそのようなものとしてジェンダーを規定していく。二元体の枠組みのなかで二つの対立的な契機を差異化する行為は，結局，各項を強化し，各項のセックスとジェンダーと欲望のあいだの内的一貫性を生み出すのである」［ibid. 訳 55］。

セックスの可変性という論点は，生殖補助技術の発展に伴って社会的にもさらに重要なものとなりつつある。従来，妊娠・出産こそセックスとしての女性の本質と考えられてきたが，その点が自明ではなくなっているのである。そしてケース 11 からもわかるように，生殖補助技術の発展は，一方で従来の家族像・女性像の自明性を動揺させる契機ともなるが，同時に，発展し続ける技術を従来の家族像・女性像（例えば嫁のイメージ）を維持しようとする方向性で使用することも十分可能である。

ジェンダーを用いて議論を進める際には，その人はどのような意味でジェンダーを使っているのか，その際，性的指向の問題や生物学的性に対してどのようなスタンスを取っているのかをその都度確認する必要がある。そして生物学的本質主義かあるいはその逆転形としての社会的決定論かの不毛な二分法の間でのみ考察するのではなく，日々進展しつつある生物学的知見とジェンダーの社会的構築に関する研究成果とをすり合わせていく基本的態度を養うことが重要であろう［本気でジェンダー論を学ぶための入門書として参照，加藤 2017］。

このようにジェンダーとセックスという概念装置がさまざまな捉え方の間で揺らいでいることを踏まえたうえで，家族とジェンダーという話題に戻ることにしたい。

(3) 性別役割分業

　男女の不平等は，しばしば女性の「自然」に依拠した議論と家族構造に依拠した議論によって正当化されてきた。女性の自然な役割とは家族において夫や子といった他の構成員のケアを担うことであるとされてきたのである。

　しかし，この自然がいわば社会によって「規定された自然（prescriptive nature）」でしかないことをフェミニストは批判してきた［Okin 1979:246］。妊娠・出産という生物学的特徴と文化的に規定された要因とが混同され，産む性であることから育てる性であることへの移行が当然のものとされた。しかし，そもそも産む性としての女性という表現には二つの意味で注意が必要である。第一に，人間の生殖は単為生殖ではなく有性生殖である以上，「男性」側の関与なくして存在しない生殖という現象の把握として不正確であり，第二に，すべての「女性」が産むことができる訳ではない事実を不当に閑却し，かえって産むことをもって「女性」の定義とすることになるからである。妊娠・出産は，その機能を有する人々に特有のニーズを生ぜしめるものであり，それに対するしかるべき保障のあり方が議論される必要がある。しかし，この問題が，「女性」の概念規定の議論をいつのまにか事実と規範が一体となった状況へと持ち去ってしまうことには十分な注意がなされるべきであり，議論にあたって，前提とされる「事実」，「状況認識」にどれだけ規範が染み込んでいるのかには特別の注意を払うことが求められる。

　オーキンは，ジェンダーを性的差異の社会的特徴付けと制度化として捉えるが，主にそれを性別役割分業，性的なステロタイプ・役割期待の問題として議論している。そのような役割期待を減少させ無くすことがオーキンにとってのジェンダーの平等である［Okin 1997］。そのようなステロタイプに，オーキンは，或る性に特徴的な考え方，行動の仕方，服飾，感じ方等々広汎な事項を含めている。もちろんあくまでオーキンの主張の眼目は，家事負担が一方的に女性に偏り，それが女性的な事柄とされていること，それが家庭の外での広い意味での公的世界での男女不平等につながっていることである。しかし，それがより全般的な「女らしさ」「男らしさ」のあり方につながっていることも恐らく確かであろう。そのような役割期待から自由な社会は，実際には，各人が「性別にかかわりなく，その個性と能力を十分に発揮」しうる社会としてイメージさ

れることになる（男女共同参画社会基本法・前文）。それは，誰もが同じような，「半陰陽者」のように見える社会なのではないかとの疑念に対し，オーキンはむしろ人間それぞれの創造性がいままでよりも自由に発揮される社会になるであろうとの展望を述べる。ちなみに，「半陰陽者」のように見える社会というイメージ自体に性別二分法下での非典型的な性のあり方に対する強い偏見が看取される。この手の疑念に対しては，「そうはならない（からご安心を）」という答えもまた同じ偏見に棹さすものとなる可能性があることに注意が必要である。

各人の自由な活動の条件を整備しようとするとき，それに合わせてその後の社会をイメージすることはしばしば非常に困難である。しかし，フェミニズムの意識高揚運動（consciousness raising）の実践を想起するならば，ステロタイプの圧力が相対的に弱められた空間の保障は，「声なき声」の表出を可能にし，そこから出発して新たな社会イメージの創出を可能にするための条件の一つであるということはできるだろう［池田 2006］。

2 家から家族へ

(1) 近代家族——家長個人主義

　性別役割分業の問題，とりわけ家事やケア労働の負担の不平等の問題にさらに立ち入って考えていくために，本節では，家族の歴史的来歴に簡単に触れることにしよう。現在，家族について考える際の基本的イメージを提供しているのがいわゆる「近代家族」だからである。

　教科書的な説明によれば，近代市民革命は身分制秩序を打破し，自由で自律的な個人を析出した，といわれる。しかし，そこで人権享有主体とされる「個人」が「男性」でしかなかったことは，革命の当初より女性たち自身の手によって批判されてきたのだった。その批判の主導者の一人であったオランプ・ド・グージュの『女権宣言』は，革命の同時代においてすでに子どもの嫡出性の認定におけるジェンダー差別という問題への言及を含んでいる点で注目に値する［辻村 1997：53］（嫡出性（legitimacy）の認定という問題は，200 年の時を経てケース 11 においても反復されているように，法と家族との重要な接点である）。

　近代市民革命以前のいわゆる旧ヨーロッパでは家とはとりもなおさず「全き

家（das ganze Haus）」であり，家父として家を統率する主人の他，その妻や子どものみならず召使いやその他の職人等を含む生活の全領域を包含するものだった［ブルンナー 1974：第Ⅵ章］。そこは生活の単位であるだけでなく経済の単位でもあった（もっとも経済といっても，市場的な関係は自給自足が原則のこの家にとってはあくまで補完的なものだった）。この「全き家」が崩壊・縮小していくことは，政治的には前述のとおり自律的個人の誕生として描かれるのだが，それは経済的には家計と経営の分離として現れることになる。家には経営から分離された家計が残り，家は家族や家庭といった観念へと横滑りしていく。そこには二つの再生産，すなわち現存労働力の再生産と次世代の再生産（生殖）との二つの機能が残されることになった。子を産み育てる役割は，女性のものとされ，それに伴う特質は女性的なものとされた。もっぱら情緒的な空間として親密圏へと再編成されていく家庭，その家庭が女性の領分とされることによって初めて男性たちは自律した個人として公共圏で関係を取り結ぶことが可能となったのである（女性を他者とすることで男性主体が立ち上がる様を啓蒙の時代の特徴として描いたものとして例えば［弓削 2004］がある）。

　このようにいわゆる近代の個人主義は実際にはそれぞれの家族の長たる男性たちによる「家長個人主義」であったことが多くの論者によって指摘されてきた［村上 1985］。

　例えば，ジョン・ロックの『統治二論』はロバート・フィルマーの家父長制的絶対君主制の擁護に対する反駁の書として書かれたが，そこでは，政治社会における反家父長制が，家族の領域において政治社会のアクターたちが「近代的な家長（patriarch ではなく heads of household）として，緩やかな形の自然主義的な権威主体として立ち現れる」近代家父長制と一体となっていたことが指摘されている［中山 1999：125，他に Grant 2003 も参考になる］。

(2)　家族における法と感情

　公私二元論とは，以上のような近代家族の構成，すなわち公的領域における家長個人主義と女性の領分とされた私的領域（家庭）におけるケア供給とが結合された様子を指すものということができる。このような文脈の下で，家族はいかなる価値によって規律されることになるのであろうか。この点につき，ア

クセル・ホネットは，思想史的にはカントとヘーゲルを念頭に置きながら，家族の二つのモデル，法的モデル対感情モデルという図式を提出している［ホネット 2005：訳222］。前者は，「家族の成員相互の道徳的関係は権利と義務に準じるものと考えられ，家族の外部では道徳的自律の原則によってすでに確立している正義と同様の正義が，家族特有の条件下で家族内をも律する」とするモデルである。一方，後者は，「家族の成員間の関係はふつうは権利と義務の交換関係などではなく，心遣い（ケア）と愛情を相互に交わす関係」であると考えるモデルである。感情モデルは，家族の絆に育児や介護の負担を押し付けようとする「反動的」な目的に役立つだけなのではないか，との疑念はすぐさま浮かんでこよう。愛情に基づく連帯の名の下にケア負担が或る構成員に偏って配分されることに異議を唱えるためには，それが正義にかなっているのかを問う法的モデルによらなければならない。では感情モデルは放擲されればそれでよいのだろうか。ホネットは，そうではないと考える。「慣習と伝統からの家族の解放は，逆説的なことに家族生活が愛情面できわめて脆く不安定になるという事態を生み出し，いまや子どもを，そしてもちろん妻と夫自身をも，ますます危機にさらしつつある」［ibid. 訳226］という現代社会の状況は，容易に損なわれうる愛情を支えるためにこそ家族への法的権利の導入を要請しており，その意味において二つのモデルは接合されなければならないというのである。無論，ホネットが「国家によって承認された法律が関わりうる家族内の領域の範囲は，家族の成員が正義の普遍的諸原則に訴えることができる領域よりも依然としてずっと狭い」［ibid. 訳228］と述べるように，法的な正義の介入可能性は，広義の正義の介入可能性より狭いと考えられる。広義の正義は正義感覚として家族の規律に影響を与える可能性を指摘することができるだろう［野崎2003：Ⅲ章］。では法的な正義については，愛情と心遣いによる結びつきが可能になるような介入とは一体どのようなものなのか。そのことについては後にジェレミー・ウォルドロンの所説に触れる箇所で敷衍したい（3⑵参照）。

⑶　性的家族か養育家族か

　ホネットが模索する接合が重要な課題であることは確かだが，それでもなお愛をクローズアップすることが家族の抱えている真の問題から人々の目を背け

させる効果を持ちうることは幾重にも注意されてよいことである。家族におけ
る愛情という言葉は，横のパートナー間のそれと，縦の親子間のそれとが渾然
となって使用されていることがしばしばであろう。

　この点を捉えてマーサ・ファインマンは，合衆国において家族が「性的家族」
をモデルとして考えられてきたことを指摘している［ファインマン 2003］。「性的
家族」とは，男女の婚姻による結びつきにそのカップルによる子の養育が結び
ついたいわゆる核家族のことであるが，ファインマンは，これを「性的」な家
族と命名することで，家族に対する社会的，法的なイメージが「執拗に男女の
性的な結びつきを中心に成り立っていること」を強調しようとする。この家族
観はさまざまな親密な結びつきを逸脱形態としてスティグマ化するが，なかで
もその最大の標的がシングルマザーである。この点は日本の社会保障をめぐる
状況においても同じである。しかし，シングルマザー家族を「欠損した」形と
して捉えるこの家族観は果たして妥当なのか。

　このような核家族の形態をもっと多くの人に（例えば同性カップルにも）認め
るという形で拡大していくことは，「ただ社会の基本的な秩序や親密性の性格
に対する，セクシュアリティの中心性を追認するだけに終るであろう」とファ
インマンは危惧する。

　この性的家族は，自然な家族として通用することにより，必然的依存（典型
的には未成熟の子や要介護の高齢者）に対するケアの提供が家族内でなされるこ
とを自明視することにもなった（依存の私事化）。この前提の下では，家族内で
のケア負担の不平等（担い手のジェンダー不均衡）は問題とすることが可能な一
方で，ケアは家族によってのみ提供されるべきなのか，それとも何らかの形で
社会化されるべきなのか，という論点は陰に隠れがちであった。

　これに対してファインマンは家族法をまったく違った形で構想しようとする。
その提案は二点にわたるが，第一点は，法的カテゴリーとしての婚姻の廃止で
あり，第二点は，「母子」対に体現されるケアの養育家族単位への保護である。
第一点について，カップルの関係性は，契約法をはじめとする他の社会関係と
同じ規則によって規制されればよいとされる。逸脱とされる諸形態を婚姻に包
含するよりは，性的関係について逸脱と正統を区別する役割そのものを国家か
ら奪おうとするのである。その際，契約法が交渉関係における力の差に配慮し

たものとなることは必要であるにせよ，それは性的関係に独自の規制ではなく，契約法一般の議論としてなされるべきであるとされる。

第二点は，保護を必要とする依存的存在への配慮に関わる。必然的依存に対するケアを私的家族の内部に封じ込めないためには，公的な機関を通じて国家が直接責任を負うという道があるが，ファインマンは母子対に体現される養育単位を保護する道を推奨する。「私事化された依存を可視的なものとして示す」メタファーとして，ここでは「ケアの担い手」や「依存者」といったジェンダー中立的な表現ではなくあえて「母子」（さらに親業ではなく母親業）というジェンダー化された表現が挑発的に用いられている。夫・妻という対を基本構成要素とする「性的家族」における「親業の平等な負担」といった議論の仕方とは立脚点が根本的に違うことを示そうとしてのことである。

無論，男性も（母）親役割をやれるし，直接的なケアに携わる限りで子に近づく権利をえる。また，ここでの「子」とは，身体的なケアを必要とする必然的な依存のあらゆる形態（病人，高齢者，障碍者等々）を象徴した表現であることが注記されている。

このように性的家族ではなく養育単位を新たな家族とし，その家族には一定のプライヴァシーが保障されるべきことをファインマンは論ずる。この点，多くのフェミニズムの論者は，家族単位のプライヴァシー観こそ，DV 等の家族内での暴力や，夫婦間の強姦等の問題を隠蔽する効果を持ってきたとして批判し，プライヴァシーの単位は個人にこそ求められるべきとしてきた。ファインマンが，母子対を単位とした新たな家族モデルにプライヴァシーを認めるべきとした趣旨は，養育や再生産をコントロールしようとする，いわば家族単位ではなく国家単位での家父長制への抑制が必要であるということであった［ファインマン 2003：訳 205-206］。であるならば，養育単位へのプライヴァシーの保障は，具体的には再生産に関わる者の自己決定の保障を意味することになり，個人単位のプライヴァシー観とは対立するものではないと解することが可能だろう。

もっとも，養育単位における依存者側の声をどう扱うのかという問題は残っている。野崎綾子は，家族の契約化を主張しつつも，親子の養育関係においては別途信託原理による規律が求められ，国家による個別的な介入は許容されるとウィル・キムリッカを引きつつ論じる［野崎 2003：125］。実際に「子のた

め」としてなされる国家の介入がどの程度許容されるか。カップルの関係性と養育の関係性を分離したファインマンの構図からは，従来の異性愛単婚家庭により大きな自由度が許されるということにはならないだろう。介入の基準を示すことは容易ではないだろうが，一定の家族像から離れ，養育単位における養育者の自己決定と依存者の利益という構図からこの問題を考えてみる意義は少なくないと思われる。ケース11に立ち返るならば，そこでは認知の是非として，すなわち従来の家族像への依拠という形で問題が提起されているため，そのままでは家族とケアの提供のあり方という論点が見えにくいものとなっている。最高裁の「立法によって解決されるべき問題」という謙抑的判断は，そこでいわれている「立法」のための公論を，性的家族像に拘泥せずに社会的なケア提供のあり方（特にケア負担のジェンダー不均衡の問題）を考えていく方向へと接続することによってはじめて，十分な意味を持つことになるのではないだろうか。

　以上までの行論では，家事やケア労働の負担という論点を中心にして，家族に対する規律の問題を主に考察してきた。続いて次節では，家族にはいかなる価値がありうるのかをみていくことにしたい。

3　ホームの価値

(1)　家族からホームへ

　家庭が必ずしも安らぎや癒しの空間ではないということは，近年のDVの顕在化を待つまでもなく多くの人が感じていたことかもしれない。しかしながら，恐らく現実にはそうではないからこそ調和的空間としての家庭という理想は一層訴求力を持っているともいえる。全一性と確実性を備えたホームという空間が醸し出すノスタルジックな誘惑に対しては，多くのフェミニストが，ホームを維持する者の存在を忘却し，安全で快適なホームを維持するために代償を払っている者がいることを無視した願望思考だとして批判してきた。

　一方，そのような批判を受け入れつつなおホームの価値を探究しようとする論者もいる。ヤングによりつつその可能性を探ってみよう。議論は，家事の意味について，それからホーム自体の価値についてという二段階に分けることが

できる。

　まず家事についてである。それは，シモーヌ・ド・ボーヴォワールがシジフォスの苦行に例えたように，苦しく単調な繰り返しにすぎないのだろうか。多くの場合そうかもしれない。それを安易に称揚し，伝統的な女性的価値と結びつけるくらいならば，はっきりと dirty work として認定して，その公正な分担について論じたほうがよい。もっとも，その分担とはどの範囲での分担なのかが問題となる。家庭内での構成員間での分担なのか，それとも外部化まで視野にいれるのか。後者の場合，外部の者（例えば召使い，メイド）の労働によって維持されるホームという空間が経済的な特権性を帯びることは否定できない。先進国の共働き夫婦の家庭で家事が途上国からの移民メイドによって担われるのは珍しい風景ではない［Ehrenreich and Hochschild 2002, Parreñas 2015］。ファインマンも，「中流階級の女性の結婚における平等なパートナーシップの理想を支えるのに召集されるのは，あまりにしばしば，アフリカ系アメリカ人や，ヒスパニックの出自をもつ女性たちなのである」と指摘する［ファインマン 2003：訳 186］。

　そのことを十分承知したうえで，安易な称揚は避けつつもなお家事の価値を探るときには，housework に含まれる home-making の意義に注目する必要があるとヤングはいう。ヤングは「ホームとは，目に見え，空間的な意味でパーソナルなものである」［Young 1997:149］と述べている。各人のアイデンティティが物質的なものに化体されている場としてホームを捉えるのである。そのような場としてのホームを維持する行為は，一方で，匿名的で一般的な housework でもあるが，同時に，そこにある物を整理し秩序づけることによって，そこに住まう人のアイデンティティを確認するパーソナルな home-making にもなるという二重性を帯びる。物質的なものに接続されることによってアイデンティティは固定化される訳ではない。むしろ，物質的なホームという錨を得ることで変化し継続することが可能になるのである。

　ヤングはこのように物に特に焦点を当てて議論していくが，ホームにおける精神的・感情的なケアの価値もホームにとって重要な意義を持っている。理性／感情という対が男性／女性という対に重ね合わされることにより，伝統的なジェンダー観に従った考察に容易に絡めとられ易いのもこのケアというテーマ

であることには注意が必要だが，ホームにおける物質的な秩序付けの行為と精神的なケアとは密接に関係してもいるだろう。

　home-making によって織りなされるホームの積極的な価値として，最低限どのようなものがありうるのか。ヤングは次の四点を挙げている。(1)安全：最低限の身体的安全と安心が保障される空間であること，(2)個人性の保障（individuation）：個人の身体の延長としてのホームという空間による各人のアイデンティティの保護，(3)プライヴァシー：或る個人へのアクセス，またその人の生活空間（そこでその人なりに意味づけられた諸事物）やその人に関わる情報へのアクセスを本人がコントロールできるという意味での自律の保障（この意味でのプライヴァシーが覆う領域は，いわゆる「私的領域」とはずれてくる），(4)保持（preservation）：各人の自我が構築と再構築を経る場としてのホーム（特に，さまざまな物語を秘めた事物の保存やその物語を語り直す意味も持つさまざまな儀礼の存在が重要とされる）。

　それらの価値の希求が容易にノスタルジックな幻想へと転化しうることを認めたうえでなおヤングは，ホームの拒絶ではなく，ホームの万人への保障こそが進むべき道であるという。ホームは個々人のアイデンティティの保持に欠かせない場となりうる一方で，「女性」の負担によって担われる「懐かしき故郷」ともなりうるという深い両義性を帯びている。このホームの積極的価値の側面を活かし，万人に保障していくためには何が必要なのか。

(2)　ホームへの権利

　ウォルドロンは，婚姻生活（そして広く共同生活一般）にとって，それを支えるものとしての法的な権利・義務の重要性を指摘している。法的権利が何らかの共同生活にとって構成要素を成すというのではない。むしろ，共同生活の他の構成要素が破綻してしまったときに各当事者が立ち帰ることのできる頼みの綱（fall back）として法的権利を理解しようというのである。例えば，婚姻においてはその絆を支えている愛情が危機に瀕したとき，その関係を処理するために必要とされるのが婚姻に関わる法的権利だということになる。同じことは福祉の受給権についてもいえる。自らの子や親族によって老後のケアを得ることは，多くの人にとってむずかしくなっているだけでなく，仮にそれが可能で

あったとしても，そのケア関係が身近な者どうしであるゆえの複雑な感情的負荷を帯びて抑圧的なものとなった時のために，ケアを得ることが権利として保障されていることが，身近な者によるケアからの離脱と他の形でケアを得るための保障を与えることになるからである。

　権利には，或る関係を背景において下支えする機能とともに，人々が新たな関係を開始しようとするときの基礎を提供する機能もあるとウォルドロンはいう。特に現存するしがらみや伝統的な共同体から疎外されたところで新しい関係性を築こうと模索する際には，この機能は強く要請されるだろう。社会的真空に存在する訳ではない諸個人にとって現存の共同生活から離れて新たな関係性を築くためには，単なる国家的な不介入としての消極的自由だけではなく，既存の共同体的しがらみから諸個人を切り離してくれる何らかの社会構造が必要と考えるとき，非人称的な権利義務の枠組みこそがそれを果たしうるとウォルドロンはいう［Waldron 1993：377］。このような権利を個人に保障しようとするウォルドロンは，個人の人格にとって共同体が有する重要性を知らないと批判するマイケル・サンデルらの共同体論者に対し，いざという時に頼みの綱となる権利が控えていてこそ，深い愛着を他者との間に築くことができるのだと反論する。そして権利の重視は，いかなる絆や愛着も時に破綻しうることを見据える点で現実主義的である一方，いかなる場合でもまた新たな絆や愛着を築くことが可能であることを保障しようとする点で楽天的でもある立場なのだという。

⑶　新たな親密性へ

　家族や親密な関係性には実にさまざまなニーズが発生しうる。それに対する援助を国家がなそうとするときに，非人称的な権利という媒介を経ることは一見迂遠なものにも思われる。しかし，例えばさまざまに細分化されてゆくニーズに対し単に個別的な援助を与えていくことは，ひょっとしたら非常に抑圧的な管理システムのなかに親密圏や諸個人が組み込まれていくことを意味するかもしれない。ドゥルシラ・コーネルも「…普遍的な関心から退却する時，法は正義をめぐって闘争することを止め，次第に狭まっていく個人をめぐる諸カテゴリーにとっての道理性を定義することを意図する爆発的に増殖していく規範

のマトリクスについて論議し，それを構築し施行することを使命とする一つの管理的制度となっていく」［コーネル 2006：訳 21］と述べ，法の役割は普遍性という地点から発想するところにこそあることを強調している。

　ロビン・ウェストは合衆国における婚姻が，家父長制的な形態から徐々に当事者の選択によって形成される契約的なものに変化してきたことを確認する。この変化は従来の婚姻において従属的な身分ともいうべき役割に押し込まれてきた女性にとっては，婚姻することを拒否したり，婚姻してもそれを離脱したりという選択肢を与える点で高く評価できるものだった。ウェストはこの「身分から契約へ」ともいえる婚姻のあり方をめぐる動きはいまや政治的な選択すなわち民主的立法の対象となったことを強調する。それは，場合によっては過去に行われてきた婚姻の契約化（個人の意思の尊重）という方向とは逆行して，伝統的な家族形態を守ろうとする立法が成立する可能性があるということでもある。確かに昨今の合衆国の政治状況においては，同性間に婚姻またはそれに準じる法的保障を認めるかという論点が保守的婚姻観の復活を目指す動きをも刺激した（例えば，Defense of Marriage Act, 1996〔婚姻防衛法〕）。そうだとしてもウェストは，婚姻が民主的立法の対象となったことを評価する。たとえ保守的婚姻観の復活を目指す運動だとしても，それが自然へと基礎づけられることはもはや不可能となったことを意味するからである。婚姻の未来にどのような立法的対応がなされるにせよ，それは討議の結果の意識的選択であり，その意味で必然ではなく偶然の相の下に見られることになるからである［West 2007：198］。

　その後，合衆国最高裁は 2015 年 6 月 26 日に同性婚の禁止は合衆国憲法に違反するとの判断を下した（Obergefell v. Hodges, 135 S.Ct. 2584 (2015)）。同判決は「婚姻以上に深遠な結合体（profound union）はない」との表現にみられるように婚姻という制度の重要性，それが特権的存在であることをあらためて強調してもいる。このことは同性婚を法制化することが多様な家族の法的保障へと単純につながっている訳ではないことを示唆している［参照，大林 2015］。

　では，ウェスト自身は具体的に婚姻の未来をどのように考えているのか。婚姻には，ファインマンが指摘したように，本来公的に責任を負うべきケア負担の問題を私事化してしまう作用があったことをウェストも認める。では，ファ

インマンがいうように婚姻を廃止すべきなのか。ウェストはそのような立場には立たない。契約化の完徹ではない道を選ぼうとするのである。勿論，ファインマンも婚姻の契約化に伴って契約法自体の改革（契約当事者の交渉力の差への対応）が必要となることを論じていた。ウェストはそれを婚姻に関わる家族法の改革という手段によってなそうというのである。それは，先述の民主的立法の意義を重視したことと平仄を合わせての立論である。私人間の権利義務関係を可視化しそれについて正義にかなっているかを問うために法という手段を重視すべきであるというのである。いわく「民事上の婚姻は，私的で親密な交わりを規律するルールを，法及び民主的プロセスによって評価し再評価するために各州が用いるレンズなのである」[West 2007 : 203]。ウェストの議論は，ファインマンの改革構想と具体的な内容においてはひょっとしたらそれほど径庭のない帰結をもたらすかもしれないが，当事者どうしの選択を支える制度（とその改革）の問題をより明示的に指摘しているとはいえるであろう。ファインマン流の婚姻廃止論（そのコロラリーとしての婚姻の契約化論）をとる場合も，パートナー間の契約を取り巻く環境について強行法規としてどのような規定が必要となるのかを論ずる必要があるということになる。

　ウェストの具体的主張は，同性婚の認容等を通じた婚姻の拡大ではなく，婚姻と共に civil union という制度を併存させることによって長期的にそちらへと人々を誘導することにある [ibid. 205-211]。その civil union は，性別や性的指向を問わず任意の二人の成人の間で締結することができ（ちなみに，理論的には二人に限る必然性はないことが注記されている [ibid. : 264 n. 5]），国家はそれに認証を与える。その関係性に対する国家の介入は，依存的存在へのケア供与に関わる事項に厳密に限定され，それ以外の事項では広く当事者の自己決定が認められるという。そのような制度を準備することによって婚姻という歴史的にも制度的にも多大な負荷を負っている概念から離れて，共同生活（とそこに含まれるケア負担の問題）に対する保障を考えていこうとするのである。そこでは，civil union が従来の婚姻とは違いそこに参加しない人々に対して排除的・懲罰的意味を持たないことも重視される。ウェストのこの提案は家族の契約化の議論と比べたときには，civil union に対する国家介入の形を民主的立法の議論において統一的に議論しようとする点において，家族に関する最低限の「公序」

の存在を明確化しようとする志向を持つものといえるだろう。

　既存の或る制度から排除されているときに，「私もあなたと同じだ。だから私もそこに入る権利がある」という論法は，強力ではあるが，当該制度そのものの正当性に対する批判的思考の可能性を奪ってしまうことにもなりかねない［West 2007：212］（邦語文献で同性婚を素材にこの点を論じたものとして［綾部 2007］が参考になる）。しかし，既存のものの拡大という意味での普遍性を求めるためではなく，より正義にかなった新たな普遍の形を追求するために普遍性という概念を用いることも可能なはずである。バトラーの「それ［池田註：普遍のこと］を語りうるのは誰か，またそれはいかに語らなければならないか。こういった問いの答えがわからないということは，普遍の問題がいまだに解決してはいないということである。……普遍がいまだに分節化されていないと主張することは，この『いまだに』ということが普遍そのものの理解には適切であると主張することである」［バトラー他 2002：訳 60］という言葉をここで想起することができるだろう。そして，普遍的に保護されるべき新たな親密圏のあり方を考えることは，各人が新たな形で日々生きているさまざまな親密圏での具体的生活のなかから普遍的な問題を感じ取り，それを公的議論の俎上にあげていく動きとも連動しうるだろう。

　近年，日本社会でも一部の自治体において同性パートナーに対して公的証明書を発行する制度が登場している［大島 2017］。いまや同性婚を法制化する国も少なくないなかで，異性婚のみを特権視し続けることは正しいのかが問われている［異性愛にとどまらず性的関係を法的地位の基準とすること自体への鋭い問題提起として参照，齊藤 2017］。そして，この議論は生殖補助技術を利用できるのは誰かという問いとも連動する。

　ライフスタイルの多様化により多様な新たな「家族」の形態が発生し，そこからケース 11 のようなさまざまな問題が発生しているいま，その多様化に対し法的保護を拡大すべき，ということはたやすい。しかし，その際に保護の「拡大」という語彙ではなく，あくまで何が，なぜ普遍的に保障されるべき親密な形なのかという問いに立ち返ってみる必要があるのではないだろうか。

結　語

　ジェンダーと結びついた形で「自然化」されている性別役割分業という構造を内在させた「近代家族」にとらわれず，人間が抱える必然的な依存を公正に分担する社会であるためには，従来の家族観（性的家族）に囚われない考察が必要である。そのさいファインマン的なケア提供単位としての家族・親密圏の再構成は代替する立脚点として有望であると思われる。内閉しがちなホームという場のもつ価値，容易に束縛に転じる価値を，いかにして普遍的な保障と結びつけていくことができるのかが，これからの家族や親密な関係性にとっての基本的な問題構制となると考えられるからである。そしてそこからさらに考察を深化させ，「様々な法的保障や給付を一括して付与（bundling）される単位」という発想自体も問い直されてよいだろう。人々は生活に必要な様々な機能に応じて異なった人々と関係を取り結ぶかもしれない。法は「婚姻関係にある」といった一定の法的な地位にあるかどうかによって様々な保障を一括給付するかどうかを決めるのではなく，財産，子の監護，外国人パートナーの法的地位等々の課題ごとに適切なデフォルトとして権利義務を設定すればよいのかもしれない（その中には当事者が意思によって opt-out できるものがあってよいだろう）[Chambers 2013]。

　ジェンダーという道具立ては，社会性と自然性が渾然となった事象を注意深く考察するために案出されたものであった。その道具立てによっては，ケース11 に対し直截に明快な答えを与えることはできない。しかし事例の考察を立体的なものにし，一つの紛争を広い社会的環境のなかで見ることを可能とする。それは，ケース11 のような切実な訴えをもった当事者と対するときにこそ欠いてはならない観点だろう。本章を踏まえるならば，そこにさらに普遍的なホームの保障という観点を介在させることが法の役割である。声なき声（ケース11 の場合，死んだ夫や生まれたばかりの子だけではなく妻の語られていない思いさえそこに含めることができるかもしれない）に耳を傾けるということは，そこでは比喩ではなく現実の課題となるのである。

発展的学習のための読書案内

野崎綾子『正義・家族・法の構造変換——リベラル・フェミニズムの再定位』勁草書房，2003年：家族と正義の問題を考える際の出発点となる基本文献。

マーサ・ファインマン（上野千鶴子監訳）『家族，積みすぎた方舟——ポスト平等主義のフェミニズム法理論』学陽書房，2003年：「家族」の原理的な再考の試み。監訳者による解説も非常に有益。同著者による邦語文献としては，この他に『ケアの絆——自律神話を越えて』（速水葉子・穐田信子訳，岩波書店，2009年）がある。

落合恵美子『21世紀家族へ』（第3版）有斐閣，2004年：現在の日本の家族をめぐる状況を確認するために。

竹村和子『愛について　アイデンティティと欲望の政治学』岩波書店，2002年：セクシュアリティや親密性についての刺激的論考。ここで論じられている問題は法学にとっても無縁ではない。

萩原久美子『迷走する両立支援　いま，子どもをもって働くということ』太郎次郎社エディタス，2006年：家族をとりまく「労働」という条件から考えるケア提供のあり方。

谷口洋幸他編『セクシュアリティと法——身体・社会・言説との交錯』法律文化社，2017年：性の多様なあり方を真剣に考慮に入れて法を再考するための試み。

森下裕美『大阪ハムレット』双葉社，第1巻〜第5巻，2006-2017年：新たな親密性を考えていくためのヒントに満ちている。

引用文献

綾部六郎 2007：「親密圏のノルム化——批判的社会理論は人々の親密な関係のあり方と法との関係について何が言えるのか？」仲正昌樹編『批判的社会理論の現在』御茶の水書房，277-301頁.

ブルンナー，オットー 1974：『ヨーロッパ——その歴史と精神』（石井紫郎他訳［原著の抄訳］）岩波書店. （Brunner, Otto 1968, *Neue Wege der Verfassungs- und Sozialgeschichte*, 2. Aufl., Vandenhoeck.）

バトラー，ジュディス 1999：『ジェンダー・トラブル——フェミニズムとアイデンティティの攪乱』（竹村和子訳）青土社. （Butler, Judith 1990, *Gender Trouble : Feminism and the Subversion of Identity*, Routledge.）

バトラー＝ラクラウ＝ジジェク 2002：『偶発性・ヘゲモニー・普遍性　新しい対抗政治への対話』（竹村和子他訳）青土社. （Butler＝Laclau＝Žižek 2000, *Contingency, Hegemony, Universality : Contemporary Dialogues on the Left*, Verso.）

Chambers, Clare 2013: The Marriage-Free State, *Proceedings of the Aristotelian Society*, Vol. CXIII, Part2, pp. 123-143.

コーネル，ドゥルシラ 2006：『イマジナリーな領域　中絶，ポルノグラフィ，セクシュア
　　ル・ハラスメント』（仲正昌樹監訳）御茶の水書房．（Cornell, Drucilla 1995, *Imaginary
　　Domain : Abortion, Pornography and Sexual Harassment*, Routledge.）

Ehrenreich and Hochschild（eds.）2002: *Global Woman: Nannies, Maids, and Sex Workers in
　　the New Economy*, A Metropolitan/Owl Book.

ファインマン，マーサ 2003：『家族，積みすぎた方舟』（上野千鶴子監訳）学陽書房．（Fineman,
　　Martha Albertson 1995, *The Neutered Mother, the Sexual Family and Other Twentieth
　　Century Tragedies*, Routledge.）

Grant, Ruth 2003: "John Locke on Women and the Family" in Ian Shapiro（ed.），John
　　Locke : *Two Treatises of Government and A Letter Concerning Toleration*, Yale U. P.,pp.
　　286-308.

ホネット，アクセル 2005：『正義の他者——実践哲学論集』（庄司信他訳）法政大学出
　　版局．（Honneth, Axel 2000, *Das Andere der Gerechtigkeit : Aufsätze zur praktischen
　　Philosophie*, Suhrkamp）

池田弘乃 2006：「〈性〉の公共性——法による社会改革の位置づけ」井上達夫編『公共性の法
　　哲学』ナカニシヤ出版，255-275 頁．

石井美智子・佐藤やよひ・柘植あづみ・吉村泰典・高橋朋子 2007：「《座談会》　生殖補助医
　　療の規制と親子関係法——とくに代理懐胎について」法律時報 79 巻 11 号，4-24 頁．

加藤秀一 2017：『はじめてのジェンダー論』有斐閣．

川島武宜 1983：『川島武宜著作集　第 10 巻』岩波書店．

木村くに子 2005：「死亡した夫の凍結精子を用いて妊娠・出産した事例——もうひとつの見
　　かた」戸籍時報 583 号，13-20 頁．

宮澤賢治 1974：『校本　宮澤賢治全集 第 11 巻』筑摩書房．

村上淳一 1985：『ドイツ市民法史』東京大学出版会．

中川善之助 1952：『日本の家族制度』培風館．

中山道子 1999：「公私二元論崩壊の射程と日本の近代憲法学」井上達夫他編『法の臨界 I
　　法的思考の再定位』東京大学出版会，121-140 頁．

西希代子 2015：「凍結精子による懐胎」法律時報 87 巻 11 号，32-39 頁．

野崎綾子 2003：『正義・家族・法の構造変換——リベラル・フェミニズムの再定位』勁草書房．

Okin, Susan Moller 1979: *Women in Western Political Thought*, Princeton U. P.（スーザン・モ
　　ラー・オーキン，田林葉他訳『政治思想のなかの女——その西洋的伝統』晃洋書房,2010 年）

Okin, Susan Moller 1989: *Justice, Gender, and the Family*, Basic Books.（スーザン・M・オー
　　キン，山根純佳他訳『正義・ジェンダー・家族』岩波書店，2013 年）

Okin, Susan Moller 1997: "Sexual Orientation and Gender : Dichotomizing Differences" in
　　Estlund and Nussbaum（eds.），*Sex, Preference and Family : Essays on Law and Nature*,
　　Oxford U. P.

大林啓吾 2015：「同性婚問題にピリオド？　——アメリカの同性婚禁止違憲判決をよむ」法
　　学教室 423 号 38-43 頁．

大村敦志 2010：『家族法』（第 3 版）有斐閣．

大島梨沙 2017：「『パートナーシップ証書発行』から考える共同生活と法」法学セミナー 62

巻 10 号，46-50 頁.

Parreñas, Rhacel Salazar 2015: *Servants of globalization: Migration and domestic work*（2nd. Ed.）, Stanford U. P..

齊藤笑美子　2017：「婚姻――カップルの特別扱いに合理性はあるか？」谷口洋幸他編『セクシュアリティと法――身体・社会・言説との交錯』法律文化社，67 – 78 頁.

齋藤純一 2003：「親密圏と安全性の政治」齋藤純一編『親密圏のポリティクス』ナカニシヤ出版，211-236 頁.

高橋さきの 1990：「フェミニズムと科学技術――生物学的言説の解体に向けて」江原由美子編『フェミニズム論争――70 年代から 90 年代へ』勁草書房，147-175 頁.

辻村みよ子 1997：『女性と人権――歴史と理論から学ぶ』日本評論社.

上野千鶴子 2002：「『リプロダクティブ・ライツ／ヘルス』と日本のフェミニズム」上野千鶴子『差異の政治学』岩波書店，180-207 頁.

我妻栄編 1956：『戦後における民法改正の経過』日本評論社.

Waldron, Jeremy 1993: *Liberal Rights*：*Collected Papers*, 1981-1991, Cambridge U. P.

West, Robin 2007: *Marriage, Sexuality, and Gender*, Boulder, London, Paradigm Publishers.

Young, Iris Marion 1997: *Intersecting Voices*：*Dilemmas of Gender, Political Philosophy, and Policy*, Princeton U. P.

弓削尚子 2004：『啓蒙の世紀と文明観』山川出版社.

テーマ12

教育をめぐる自由と平等

――日本戦後教育史からの問い

那 須 耕 介

は じ め に
――旭川学テ訴訟と教育バウチャー検討委員会

> **ケース 12-A**
> 1961（昭和 36）年 10 月 26 日，Ａら労組役員 4 名は，この日予定されていた全国統一学力テストの実施を阻む目的で，数十名の説得隊と共に北海道旭川市の市立永山中学校に赴き，校長らの制止や退去要求にもかかわらず学内に侵入して実力阻止を企てた。その結果Ａら 4 名は，建造物侵入，公務執行妨害，共同暴行の疑いで逮捕，起訴された。裁判では主に公務執行妨害罪の成否が争われ，学力テスト自体の手続的・実質的適法性が問われた（最大判昭 51・5・21 刑集 30・5・615）。
>
> **ケース 12-B**
> 2005（平成 17）年 10 月，文部科学省は，「規制改革・民間開放推進 3 か年計画」「経済財政運営と構造改革に関する基本方針 2005」の答申をうけ，有識者を含む「教育バウチャー検討委員会」を組織した。この委員会では，教育バウチャー制度の定義，趣旨・目的および形態や諸外国の導入事例が紹介され，その長・短所とともに，我が国への導入可能性やそのための課題が検討された［文部科学省 2007］。

(1)　ケース 12-A：旭川学テ訴訟とその後

　この訴訟の第一審と控訴審では，学力テストの実施が単なる行政調査ではなく教育活動の一環であり，教育基本法 10 条（当時）の定める「教育への不当な支配」にあたることが認められ，公務執行妨害については無罪が言い渡された。だが最高裁はこれを覆し，学力テスト実施の適法性を認め，公務執行妨害についても有罪とした。その要点は以下のとおりである。

- 本件学力テストは各自治体が自主的に実施した行政調査であって教育活動ではないため，手続上の違法性はない。
- 教育権能の帰属に関する二見解，国家教育権論と国民教育権論（後述）はいずれも極論であり，憲法26条から教育内容・方法の決定権能の帰属を一義的に定めることはできない。また，普通教育に関する教師の教育活動の自由・国家介入の禁止を憲法23条から導くことにも相当の限界がある。
- 家庭教育や学校選択に関しては親の教育の自由が認められるが，必要かつ相当と認められる範囲で国も教育内容の決定権限を持つ（ただし党派的な影響を避け，極力抑制されねばならない）。憲法26条，13条の規定上，自由かつ独立の人格として子どもが成長することを妨げる介入は許されない。
- 教基法10条の「不当な支配」とは教育が国民の信託に応え本来の目的に即して行われることへの妨害を指し，法令に基づく行政機関の行為にも適用されうる。ただし本件学力テストは，許容される目的のために必要かつ合理的な範囲内での介入であり，これには該当しない。

　戦後日本の教育法学は，憲法26条と旧教基法10条の解釈を焦点に，教育活動の正統な主導権――とりわけ教育内容の決定権――を，政府機関を基軸に理解する国家教育権論への全面的な批判，親と教師を核とする国民をこの権利の主体とする国民教育権論を展開してきた。上記判決は，この二者択一的図式を失効させるとともに，複数の教育法学上の重要争点に司法判断を示したという点で，一つの画期をなす判決である。その後の教育法学は，校内暴力，いじめ，不登校や体罰，校則，学級崩壊といった学校内部の問題に関心が集まるなか，政府，教師，親など複数の教育主体間での権限配分・制約とその内容の分別，根拠づけへと焦点を移していく［土屋2006］。他方，本件のきっかけとなった全国統一学力テストは，学校間競争が過熱するなか種々の不正が頻発し，また教師や親の反対運動が激化するなか，66年に打ち切られた。

　だがそれから約40年後の2007年，文部科学省は全国の小学6年生と中学3年生全員を対象に学力テストを再開した。今回も40年前同様，公式には調査目的であることが強調されたが，学校間・児童生徒間の競争を促して教育の改善をはかり，学力低下に歯止めをかけたいとする意図の存在が当初から指摘されてきた。にもかかわらず今回のテストはおおむね平穏に実施され，保護

者側にはこれを歓迎する向きさえみられる（政府調査では回答者の多数が結果の公表を求めている［内閣府 2006：32-34]）。おそらくこの背景には，学区制の解体，学校選択の拡大を前提に，それが学校間競争を促すことを期待しつつ，自分の子どもにはなるべく上位の学校に通わせたいとする"選択ベースの親心"がある。80 年代以降の規制緩和・民営化の流れのなか，公教育の領域でも「選択と競争」（そして「多様化」）は制度構想上避けて通れない論点になりつつある。次にみる教育バウチャー制度導入をめぐる論争は，日本の公教育論の焦点が大きく移りつつあることを示す一例だといえるだろう。

(2) ケース 12-B：教育バウチャー検討委員会における議論

教育バウチャーとは，公的な教育予算を，使途を教育に限ったバウチャー（金券）として児童生徒・保護者に給付する制度のことである。児童生徒数に応じて学校に予算を配分することで同様の効果をねらう場合も多い。委員会の討議記録によると，その主な目的には，①教育機会の格差の解消・緩和（学費支援），②教育における消費者主権の保障（学校選択の自由の保障と拡大），③学校運営の改善・多様化の促進（学校間競争の刺激）などが掲げられてきた。各家庭への直接給付か児童生徒数に応じた学校への予算配分か，また全児童生徒への均等給付か貧困層やマイノリティの家庭への集中的・傾斜的給付かなど，目的の違いに応じて形態も多様である。

この制度はこれまで英国，オランダ，スウェーデン，ニュージーランド，チリ，合州国の一部地域で採用されてきたものの，形態や目的が多様なため，一概には正負の効果を見極めにくい。競争による教育内容・成果の改善効果についても両説ある。全児童生徒への一律給付は高所得・高成績者層の上位学校への集中を招き，学校間格差，教育格差を拡大するとの懸念も根強い。また，義務教育における教育内容の多様化促進は教育の機会平等原則に抵触するという批判や，宗教教育を行う私立学校への給付が憲法 20 条や 89 条に抵触するとの指摘もある。

現在の日本社会におけるこの制度の導入論議は推進論と慎重論とに大きく二分されており，先行きはかなり不透明である。論争は概して，この制度を一連の規制緩和の流れのなかに位置づけ，学校教育の市場化，公教育への競争原理

の導入の是非を問うてきた。そこでは，制度導入は子どもと保護者の学校選択の幅を拡充し，かつ教育の質を向上させるとする擁護論［内閣府政策統括官 2001，福井 2007］と，学校間・児童生徒間の競争と序列化，教育格差を拡大させる忌むべき「教育の商品化」につながるとする批判［日本教職員組合 2007］とがするどく対立しているのである。

(3) 本章の視点

　学校教育，とりわけ公教育は，今日の社会に暮らす人々にとって最大の関心事の一つである。学校を舞台にした事件・紛争の報道から教育制度・政策に関する懸念や要求，その一般的な意義や弊害を問うものまで，教育をめぐる言説がその耳目に触れない日はない。そこにうかがえるのは，教育に対する一貫した期待の高さだろう。いじめや学級崩壊はもとより，日常のモラル低下や少年犯罪，格差社会化や景気の低迷に至るまで，新たな問題がもちあがるたびにその解決の鍵が学校教育に求められる。教育には多種多様な社会問題を解決に導く絶大な力があるはずだというつよい思い込みが共有されているからこそ，くりかえし教育の不全とその改善策に注意が向けられる。教育への期待と失望とは互いに補強しあいながら，今日の教育談義の背景をかたちづくっているのである。

　ただその過程では，しばしばこの教育万能観自体への疑いが抜け落ちてしまっているのではないだろうか［広田 2005］。そこで本章は，国民教育権論争と教育バウチャー制度導入論争とを通して今日の公教育制度・政策構想の理論的課題を浮き彫りにすると同時に，その本質的な限界を問いなおすための糸口をさぐってみたい。戦後日本の教育制度・政策をめぐる議論は，種々の平等論上の難問や自由論上の難問に直面してきた。ケース 12-A は，第一次大戦直後の日本社会では「教育者の国家権力からの自由」に関心が集中するいっぽうで学習者自身の「教育を受ける権利」の考察がおろそかになったことを示し，ケース 12-B は，近年の教育論議が学習者の教育選択権が強調されるなかで「教育における平等」があらたな論争の焦点となっていること，しかし他方では教育過程への権力的介入に対する感度が弱まりつつあることを示唆しているのである。こうした経験は，教育による／における何らかの自由・平等の追求が，か

ならず別の自由や平等の損失を伴うことを示唆しているのではないだろうか。おそらく公教育の本質的限界は，多方面からこれに託された多様な価値や利害関心が，両立不可能な形でせめぎあっているところから生じているのである。

1　ふたつの論争が残したもの

(1)　国民教育権論の達成・限界・遺産

　国民教育権論とは，公教育を主導する権能・権限が，究極的には個々の国民に，具体的には親や子どもの信託をうけた専門家としての教師集団に属すると主張し，政府諸機関の教育内容への干渉・介入を違憲・違法とみなす立場である。冷戦期における日本の教育法学の主な関心は，公教育による国民の思想統制を理論的・実践的に防ぐことにあった。国民教育権論は，国民の信託を受けた立法府とその執行機関に公教育の設計・運営の権限を広く認める国家教育権論への対抗的議論として展開されてきたのである。

　いきおいそこでの教育権の概念は，教育への政府介入の抑制を求める，教師の教育の自由としての側面を際立たせることになった。ここではその主唱者のひとり，兼子仁の主張を概観してみよう［兼子 1971，同 1978］。

(1)　教育は元来，各個人・家庭に委ねられるべき固有の領域として公権力の干渉を拒んできたが（教育の私事性），今日では国民生活の経済的・文化的基盤を等しく保障するため，公教育制度として制度化・組織化されている（「私事の組織化」としての公教育）。

(2)　「教育の自由」の概念には「教育を受ける権利」と「教育を与える権限・権能」の二とおりの含意がある。前者は教育の機会均等を核とする社会権的生存権としての側面，後者は親や教師が公権力から干渉されずに教育を行う自由権としての側面である。後者は次のとおり前者の実現手段には収まらない内容を持ち，その担い手に応じて独自の根拠を持つ。

　　a．国民は，国家の干渉を排して地域・民族・人類の文化の伝承・創造に携わる文化的自由を持つ。その核に位置するのが教育権である（国民の文化的自由）。

b．親は，子どもの養育責務を第一義的・包括的に負い，学校の選択，学校教育内容の選択等，教育に関する諸決定への権利を持つ。ただし高度に専門的な判断については，権限を教師に委ねる。

c．教師の教育権は，（i）どんな教育実践も外的干渉を排して自主的に行われるべしとする条理，（ii）子どもの発達に関する教育的真理の専門的探究者としての自律性，（iii）子どもや親の教育要求に直接応答する責任，（iv）憲法23条に基づく教師の教授の自由，（v）学習権を保障するための不可欠の手段，（vi）教育権の独立を定めた旧教基法10条，等の複合的な基礎を持つ。

(3) 憲法26条は，教育を受ける権利を生存に必須の発達・成長への権利（文化的生存権）と捉え，政府が公教育を通じてすべての子どもに対しその機会・条件を等しく保障すべきことを求めている。

(4) 政府の役割は，予算措置や施設整備等の外的・経済的環境整備に限定される。政府の諸機関（特に行政府）は，教育内容の決定に干渉してはならない（内外区分論）。

(5) 公教育は教育を受ける権利保障のための非権力的な活動であり，教師と児童生徒・親との関係は対等な契約関係である（在学契約説）。学校は自立した部分社会を形成しており，そこでの事件・紛争も司法的解決にはなじまず，極力その自律的・自治的解決にゆだねるべきである（学校自治論）。

このような立論が，旧文部省の公式見解への対抗理論として一定の実践的意義をもったことは疑えない。また，それがつねに戦前・戦中の教育体制への反省，戦後教育改革の継続の意志の下にあったことも見逃せないだろう。今日の文脈からは奇異にみえる「教師 - 児童生徒間の非権力的関係」という見方も，戦前・戦中の軍国主義的な教育統制を権力的教育の典型とみなしつつ，戦後の教育体制をまるごとその反対物として構築しなおそうとする姿勢の産物であり，その視点からすれば決して不自然なものではなかったのである。

しかしながら国民教育権論も，教育機構の一元的なあり方自体に疑いを向けなかった点では国家教育権論と同じわくのなかにあった。それが求めていたのは，あくまでも公的機関としての学校組織を教師が自治的に運営することだっ

たのである。国家教育権論にとっても国民教育権論にとっても，教育権論の焦点はあくまでも一元的に統合された教育権限・権能の所在だったといえるだろう。両者の論争はつまるところ公教育の主導権争いにほかならず，教育を受ける者の権利はつねに二次的・従属的な位置におかれてきたのである［樋口1994：133-134，西原1996：137］。

　旭川学テ訴訟最高裁判決は，こうした主張を受けて国民教育権論の射程に一定の制約を加えるものだった。それ以降，国民教育権論は「教育を与える権利」の偏重，「教育を受ける権利」への関心の弱さを多方面から批判されてきた［奥平1981，今橋1983，土屋2006：206-211］。それによると，教師の教育権は親からの直接・間接の信託，国民一般の抽象的信託に基づく法律上の権限にほかならず，これを憲法上固有の権利（対国家的な人権）として理解することはできない（そもそも憲法26条から直接「教育を与える権利」を導くことはできず，23条が保障するのもごく限定的な権利である）。むしろ従来教師の教育権の名の下に主張されてきた諸自由は，市民的自由一般の問題として論じられるべきだ。国民教育権論は，政府から学校現場までを含む教育諸機関内部の権力関係だけに注目し，教育（行政）機関総体とその外に位置する親・子ども，地域住民等との間の権力関係を軽視してきた。そこでは，親の権利と教師の権利とが予定調和的に捉えられた上，前者の後者への委任が暗黙裡に自明視されてしまっている。だが80年代以降，校則や体罰，管理教育など，教師による児童生徒の人権侵害が疑われる事例が増えるなか，国民教育権論の有効性に対する疑念が徐々に深まってきたのである。

　以上のような徹底的な批判の下，すでに歴史的役割を終えたとまでいわれる国民教育権論だが，それが触発してきた批判をもあわせて概観するならば，ここには当時の文脈を越えていまなお検討に値する論点をいくつか指摘できる。

　① 「教育条理」とは何か

　兼子教育法学の重要な特徴の一つは，「教育条理＝教育の本性」論を法解釈の指針としてつよく前面に押し出している点である。だがこれは諸刃の剣だといわざるを得ない。教育条理を万能の鍵として多用することは，教育法学の法律学的性格を弱めるだけでなく，法解釈に恣意性・政治的党派性を混入させてしまい，教育の世界における法の支配を脅かしてしまいかねない。実際，兼子

の国民教育権論は教師と児童生徒との関係を公法的関係にも私法的関係にも属さない非法的な関係と捉えたため，学校内の人権侵害に対する司法的救済への道を狭めてしまっている［村山 1993］。また，内外区分論は「内的事項」への国の介入権限を包括的に否定したため，かえって現存する教育統制活動（学習指導要領の策定や教科書検定など）に対する法的制御の手段を手放すことになったのではないか［戸波 2001：116，同 2006：54-58，藤田 2005：71-72］。教育条理論には，「教育本来の姿」という美名の下に現実の教育活動を聖域化し，政治や経済といった他領域からの介入・批判からかばってきた疑いがあるのである。

だが他方で，教育にかかわる制度や政策の構想・運用に際し，条理論的知見を一切排除することは，可能でも望ましいことでもないだろう。他領域の研究成果をすすんで摂取し，教育活動固有の性質や課題への洞察を培ってきたたことは，戦後教育法学の重要な達成というべきである。こうした（争われるべき概念としての）教育条理の探究が，教育制度・政策をめぐる議論に示唆を与える可能性を否定すべきではない。ただしそれは，それらが極端な理想主義に陥ることを抑え，実現可能性のある制度・政策構想のための背景的な制約に関する知見として役立てられるべき事柄なのではないだろうか。

② 教育権概念の複合性をどう捉えるか

最終的には「教師の教育の自由」の下に一元的・調和的に統合されるきらいがあったものの，国民教育権論は，教育権の担い手・名宛人とその権利・権限内容がきわめて多様かつ複合的であることの認識を促してきた。ある意味ではその批判者たちも，この洞察を前提にして種々の教育権・教育権限相互の葛藤を論じてきたのである。今日の教育の世界は教師や親，子どもたちのみならず，地域住民や社会，国家政府の政治的・経済的関心が多角的に交錯する「力の場」でもある。教育法・教育政策のあり方を再考するに際しては，この認識を安直な予定調和的構図に回収してしまうことなく，そのダイナミズムをも視野に納めていく必要があるのではないだろうか。

③ 「教育への不当な支配」とは何か

この問いは教育基本法の改正（2006 年）後も，その真性さを失っていない。国民教育権論が第一の関心事としてきた公権力の役割の画定とその濫用の抑制，またその背景にあった「文化の再生産は国家の権力的介入を受けるべきでない」

テーマ12　教育をめぐる自由と平等　　305

という自由主義的洞察を，安易に手放すべきではないだろう。だが同時に，教育活動への不当な干渉はもっぱら政府からのみ生じる，という想定は根拠が薄弱である。旭川学テ訴訟判決による「子どもが自由かつ独立の人格として成長することを妨げる介入」の禁止は，第一義的には対国家的な要請だが，それ以外の抑圧者を排除したわけではない。本来，人権としての教育の自由の概念は，多様な教育権力の管轄を画定してその公平な遂行を要求し，同時にその濫用を戒める役割を担うべきものだろう。「教育への不当な支配」の基準設定は，学習者の本質的な脆弱さと諸力の交錯の場としての教育像とを念頭において進められる必要がある。

(2)　教育バウチャー制度論争の争点と盲点

　公教育への教育バウチャー制度導入をめぐる近年の議論は，学校教育の市場化，公教育への競争原理の導入の是非を焦点に展開されてきた。推進派はこれが「教育改善努力の刺激，劣悪な教育の淘汰→学力低下・不登校等々の諸問題の解決」という流れを生むことを期待し，慎重派は「人気校 - 不人気校間の教育水準・教育環境の格差拡大と固定化→教育機会の不均等化→社会的格差の拡大と固定化」という道筋を辿ることを危惧してきたのである。もともと小・中学校での教育の無償化が徹底され，高い就学率を保ってきた日本では，教育機会格差の是正策としてこの制度が理解されることはまれで，もっぱらバウチャーの給付による「学校選択の拡大→学校間での児童生徒の獲得競争の刺激」という側面ばかりが強調されてきた。

　多くの論者が指摘するとおり，この制度は世界的にみても実施例に乏しく，その効果について一般的な結論を出せるほどの蓄積がない。そこでさしあたりは，もっぱら今日の論争の争点と背景にある理論的課題の指摘にとりくむことにしよう。教育バウチャー制度，学校選択制度の分析と評価については，法学よりも教育社会学，教育行政学に多くの蓄積があり，最近では経済学からも注目すべき分析が提出されている［小塩2003，八代1999，藤田2005，黒崎2006，赤林2007］。

　本来バウチャーの給付が際立った格差是正効果を発揮するのは，子どもの就学費用をまかなえないほどの絶対的な貧困が遍在する社会である。この制度の

最初期の提唱者としてしばしば言及されるトマス・ペインやJ. S. ミルの念頭にあったのも，未就学児童数の削減，絶対的貧困の解消だった。だが今日の日本のようにすでに義務教育制度が導入され，無償で普通教育が提供されている社会では，この種のバウチャー制の導入に大きなメリットが認められる可能性は低いだろう。むしろ今日の日本社会にとって意味を持つのは，学校選択制と組み合わされ，学校間の競争を刺激・促進するように——私学の授業料を引き下げるか無料化して公立・私立間の競争を公正化するために——編成されたバウチャー制度である［小塩 2003:199］。その意味で，従来の議論が教育への「選択と競争」導入の是非に集中してきたことは的はずれではない。ここでのほんとうの争点は学校選択制の是非であり，バウチャー制度に期待されているのはその有効性を保障し，制御する副次的・補助的役割なのである。

　では公教育制度に「選択と競争」をとり入れることの意義と弊害はどこに見出されてきたのだろうか。一貫して選択制・バウチャー制導入に反対を表明してきた教育社会学者の藤田英典は，その弊害を次のように指摘してきた［藤田 1997, 1998, 2005, 2007］。

(1)　共通基礎教育を担う小中学校にとって「教育の多様化」の余地は乏しい。また保護者の多くは，各学校の特色ある教育方針よりも進学実績に注目して学校を選ぶだろう。これが一元的序列化を招く。その進行とともに，裕福で教育熱心な家庭ほど子どもを上位校に送り込もうとするだろう。その結果，この序列は固定化され，社会的差別や排除の原因となっていく。

(2)　裕福でも教育熱心でもない保護者や子どもにとって，学校選択制は，選択を強いられるだけでなく結果への責任まで負わされる点で，大きな負担である。

(3)　学校選択制は，各学校の教育内容や環境を，所与の"完成品"とみなす風潮を醸成する。その際，それらが本来，教師・保護者・児童生徒らの協働の生みだす"過程"であることが忘失される。

(4)　選択制の導入＝学区制の廃止は，学校と地域との紐帯を切断し，学校・児童生徒・保護者と地域・近隣社会との交流や協働の可能性を著しく狭めてしまう。

こうした批判に最もするどい反論を試みてきたのが，教育行政学者の黒崎勲である。日本の教育行政の画一主義的支配を批判し，平等・公正の理念を手放すことなく教育の多様化・個性化を実現するための理論的可能性・制度的諸条件を探究するなかで，彼は，学校選択制の導入が即座に市場原理主義の全面化を意味するわけではなく，むしろ今日の教育実践の閉塞と硬直を打開しうることを論じてきた（ただし現在のバウチャー擁護論の論調にはきわめて批判的である）。以下はその要点である［黒崎 1995, 2006］。

(1) 今日まで日本の公教育を支配してきた機会平等の理念は，公教育における多様化の試みをすべて選別と差別の元凶とみなして退け，保護者や子どもの要求に応える教育改革を妨げてきた。

(2) これまでの公教育政策は，集権的・計画主義的思想の下，一方的に経済政策に従属させられてきた。これを克服するためには教育の選別機能を全否定する画一主義的平等主義に固執することなく，社会的分業の要請と学習者の多様な発達の必要との両方を満たす，組織編成・教育内容の両面で多元的な制度を構築する必要がある。学校選択制の導入は，そのための必須の触媒である。

(3) 選択制を公教育の解体縮小や教育の営利事業化と同一視してはならない。擁護すべきは保護者の意向・選択・評価を一方的に教育に反映させることを求める市場化・民営化論者の主張ではなく，教師の専門性と親の選択の自由とが互いに牽制しあいながら実験的で自律的な学校運営を導く「規制された市場」としての選択制導入論である。

(4) この観点から学校選択制を適切に設計すれば，学校間の一元的な競争と序列化ではなく，多様化・個性化が促されるはずである。

ここでは藤田・黒崎いずれの立場がより説得的であるかの評価は措く。むしろ以下ではこの論争を手がかりに，学校選択制度論争が惹起する規範上の論点を二つ指摘しておくだけにとどめたい。

① 教育における「機会の平等」とは何か

学校選択制，教育バウチャー制は，一方では教育機会の格差拡大につながるとして批判され，他方では機会平等の実現手段として擁護されている。だがそもそも，公教育の提供に際して尊重されるべき「機会の平等」とは何なのか。まず問われる必要があるのはこの問いだろう。

いうまでもなくバウチャー論争の中心的争点には教育における平等がある。また，機会の平等は一貫して教育制度・政策の中核的な価値とみなされてきた。しかし「自由」概念同様「平等」概念もまた，その解釈は一様ではない。どんな公教育制度・政策を論じる際にも，それがいかなる平等をめざし，どんな不平等・格差を回避・許容しようとしているのか，慎重な見極めが必要だろう。

②　教育における「選択の自由」への制約は，なぜ，どこまで認められるか

学区制を公教育制度の自然な前提として長く受け入れてきた日本社会では，学校選択制の導入はあたかも子どもや親の自由の新たな拡大のようにみえるかもしれない。だが別の角度からみれば，むしろ従来の学区制こそが学校選択の自由に重大な制約を加えてきたのであって，学校選択制はこれを本来の状態に戻す手段だともいえるだろう。そもそもこの制度の反対者は，何がこの制約を正当化すると考えているのだろうか［田原 2007］。前節では国民教育権論が学習者の権利，特にその自由権的側面を軽視する傾向にあったことを指摘したが，学校選択制・バウチャー制の導入論議は，この置き去りにされてきた権利回復の試みとみることもできるはずである。

2　公教育をめぐるいくつかの難問

(1)　「教育」とはどういう活動なのか

ここに紹介した二事例にみられる論争・対立は，決して戦後の日本だけに特異な出来事ではない。むしろその基層には，公教育制度一般に共通の困難が伏在しているとみるべきだろう。この困難の源泉を多面的に捉えることが，筆者の考える「教育条理」論への第一歩である。以下，近年の教育経済学の見方に依りながら，その課題を取り出してみたい［赤林 2001，小塩 2003，八代 2003］。

①　教育の多面性：私的財と公共財，投資と消費

教育が教育／学習の当事者を越えた巨大な受益者の広がりをもつこと，また

目的的価値と手段的価値との両側面を持つことを理解するのはむずかしくない。知識や能力・技術の修得や知的好奇心の満足，想像力の拡大は学習者本人にとっての価値を持つが，他方で教育は子どもや親だけでなく，直接の当事者にとどまらない不特定多数の人々に間接的な利益をもたらしている。経済学は後者を外部効果と呼び，教育が単なる私的財ではなく，公共財としての性格をも兼備していると考える（「望んだ職業や地位に就くための技術や知識を身につける」は前者の，「教育の普及が社会全体の経済成長を後押しする」は後者の側面）。経済学は，教育が一定の外部効果を持つ点を捉えて，その一部を義務化・無償化すべき根拠としているのである。

　他方，教育を手段の側面からみるということは，これを「投資」すなわち将来何らかの便益が期待できる人的資本の蓄積過程として理解することであり，また教育それ自体を目的としてみるときには，この過程は「消費」すなわち当人の知的好奇心の満足や親の顕示欲の満足など，それ自体何らかの快楽の源だということになる。

図1：教育に託される諸価値のマトリクス

	私的価値（私的財）		公共的価値（公共財）	
	当人にとっての価値	親・家族にとっての価値	社会にとっての価値	国家にとっての価値
手段	社会的地位の獲得，経済的安定・向上	老後の安心，「イエ」の安寧と発展	質の高い労働力と経済成長	政治参加と愛国心，正統性の調達
目的	知的好奇心の満足，競争心の発露	子どもへの愛情表現，熱意・能力の誇示	文化・知識・技能の継承	人権としての学習権の保障

　こうしてみると，教育は投資＝手段であると同時に消費＝目的でもあり，また（当人／親にとっての）私的財であると同時に公共財でもある。この多面性が，教育の世界を多種多様な利害関心が交錯する力の場とみる先述の直観の経済学的な表現だといえるだろう。教育をもっぱら「子どものため」の活動とみることも，逆に「公益」のための活動に限定することも，その一面しか捉えていない。教育制度や政策は，これらのうちのどの側面に力点をおくかによって，趣を変えるはずである。

　②　教育的価値の多様性と葛藤

　教育は私的な投資や消費だけには還元できない。社会は教育に対し，つねに

多種多様な要請を突きつけている。そのとき教育にはどんな成果が期待されているのだろうか。学力？　市民的公共心？　経済成長？　格差の緩和？　「生きる力」？　個性の開花？　教育への公共的投資が期待する"収益"は一つではない。

　一般に，教育の社会的機能は学習者の社会化と選別とにある，といわれる。自立した社会人として経済・政治生活を営むための知識や能力を個々人に与えること（社会化）と，修得された知識・技能や学歴等に応じて学習者を社会内の分業システム内の役割・地位へと振り分けること（選別）とは，共に軽んじることのできない，最も基本的な教育の役割だといえるだろう。これまで後者の選別機能には，エリート主義や社会的格差の元凶だとする批判が加えられてきた。だが社会が一定の分業から成り立ち，それに応じた権限と責任，所得の配分がなされるかぎり，また，身分制にも情実主義にも，くじ引きにもよらずにこれを行うのであれば，何らかの公正な選抜のしくみを設けねばならない。そのためにこれまで活用されてきたのが，学校（と試験の）諸制度だったのである。

　とはいえ学校教育は，公教育として行われるかぎり，平等からの要請を拒めない。教育過程の出口における差異化の要請は，これとどのようにして調和させられるのだろうか。画一的な共通教育と，選択の幅を組み込んだ多様な教育課程とはどう折り合いをつけるべきなのか。そのとき，能力別クラスのクラス分けや「飛び級」を認める教育，学力の底上げを優先する教育は，それぞれどう評価されるのだろうか。

　③　時間と無知，かけがえのなさ

　先述の藤田英典の指摘によると，どんな教育も，提供前に内容や価値を確定させた完成品ではなく，教師 - 学習者間のやりとりを通じてたえず形成途上にある集合財である。したがってその内容や効果は過程の完了後にしかわからず，それゆえ市場的な選択には適さない［藤田 1998：281, 2005：160］。確かに，私的な投資とみるにせよ消費とみるにせよ，複数の選択肢から一つを合理的に選択できるほど，子どもや親が教育"成果"への正確な見通しを持っているとは考えにくい。その意味でこの指摘は，確かに学び手の選択の真正さを疑わせるに足る，ある痛点を突いている。

　経済学は，この事態を情報の非対称性の問題として捉える。教育の提供者が

被提供者よりも圧倒的に多くの情報を持つため，後者の選好が満たされないまま交換が行われているというのである。したがって市場の機能を十全に引き出すには，第三者的な評価機関や情報公開制度の整備などを通じ，選択者の合理性を保障して公正な交換の条件を整える必要がある，と主張されるのである［八代 2003：230-232］。

　だが実は，藤田の懸念はこれよりも少し深い。ここにあるのは教師が児童生徒やその親よりも多くの／良質な情報を持っているという非対称性の問題だけでなく，教育内容やその効果について，教師自身を含め誰一人確かなことがわかっていないという不確実性の問題でもあるからである（冒頭に述べた教育そのものの限界は，ここから生じる）。特に初等教育の場合には，教育内容やその価値を当人が事前にすべて知ることができたなら，当の教育を受ける必要自体が霧散してしまうはずだ。情報の非対称性を事前の情報公開によって克服できる範囲には，重大な限界があるというべきだろう。

　さらに，教育はしばしば市場交換には不向きな「構成的な通約不可能性」を帯びた財（人格構成的な財）としての性格を帯びることがある。それによると，教育は，たとえ最初は金銭的な対価を支払って購入したものであっても，その享受・消費の過程で代替・交換不可能なもの，他との比較評価を拒むものへと意味を変容させる場合がある。このとき，個々人の教育／学習の経験を「商品」として扱うことは，それがはらむある種の"かけがえのなさ"を損なってしまうだろう，というのである［Raz 1986：345-354］。確かに，教育を受けることのなかには（反面教師的な経験も含めて），自分がそれ以前の自分ではなくなってしまうような経験が含まれうる。それはしばしば，受けた教育が当人の考え方や身ぶりの一部となって原状への復帰や他人への譲渡が不可能となる経験であり，あるいは教育を受ける前と後とでは価値観（効用関数）が変容し，後から「別の教育を受けた場合」を仮定して比較すること自体が無意味になってしまうという事態なのである。

　こうした学習の経験特有の性格を考えあわせると，学校選択擁護論の背景的前提の一つ，教育を受ける側の選択の自由の拡大＝消費者主権性の尊重という発想は，盤石とはいえないのではないか。教育を受けるという経験にはかならず，見通しのなさ（情報の非対称性・不確定性），かけがえのなさ（代替不可能性，

比較不可能性・通約不可能性），取り返しのつかなさ（不可逆性・反復不可能性），といった特徴が伴う。確かに初等教育から中等・高等教育へと進むにつれ，これらの特徴は薄まるだろう。だがおそらく，初等・中等教育にまで「選択の自由」がもちこまれることへの違和感の根は，ここにある。このような条件下で消費者／投資者の「選択の自由」の尊重や拡大を求める際には，通常の市場的交換を擁護する場合とは異なる理由づけが求められるのである。

(2) 教育における（機会の）平等とは何か

　戦後教育法学のなかで長く閑却されてきた教育の選別機能に注目することは，教育の過程における分配（教育への機会の平等）の問題だけでなく，教育過程が社会過程全体に対して行う資源配分（教育による機会の平等）の問題にも光をあてることを意味する。事実，教育制度・政策をめぐる議論のなかで，教育における平等とは何か，という問いは，一貫して最も核心的な問いでありつづけてきた。通常，教育における結果の平等の徹底は現実味に乏しいこともあり，視野をはじめから機会の平等に絞って検討されるが，問題はそう単純ではない。教育における機会の平等概念はしばしばきわめて多義的であり，種々のすれ違いを生むばかりか，教育への機会の平等と教育による機会の平等とがうまく腑分けできない場合には，棚上げにしておいたはずの結果の平等概念がいつのまにか呼び戻され，さらに議論を錯綜させてしまいかねない。以下，教育における（機会の）平等概念の解釈について，単純なものから順にみてみよう。

　教育における平等は，しばしば形式性・画一性と等置される。学校選択制度への反対根拠として「公教育の平等性」の原則が挙げられることがあるが，ここで想定されているのは最も簡素な平等解釈——全国どこでも同一学年・同一内容の教育が提供されることで満たされる平等——である。このとき，個々の学習者間の差異は捨象されている。これはある意味で，教育による機会の平等（教育成果・結果の平等）を顧慮しない，純粋に形式的な教育への機会の平等なのである。

　だがもちろん，これだけで教育における平等要求が充足されたと考える人はまれだろう。たいていの場合，さらに実質的な基準の満足が求められ，ここに見解の分岐と葛藤が始まるのである。

その際しばしば参照されるのは，憲法 26 条 1 項の「能力に応じて」という文言，あるいは旭川学テ訴訟最高裁判決文中の「自由かつ独立の人格として成長すること」という表現である。ただし，「すべての子どもが自由かつ独立の人格として成長するための教育を，その能力に応じて受ける権利をもつ」という原則は，そこから先，ニュアンスの異なる二とおりの解釈を生む。平たくいうなら，一つは，「できる子どもにはより多く／早く教育機会を提供し，できない子どもには少しの量をゆっくり与える」式の解釈であり，もう一つはその逆，「（できる子どもには少々待たせても，）できない子どもの達成のために優先的に多くの教育資源を投入する」式の解釈である。

前者の解釈と後者の解釈とは，明らかに対立関係にある。後者の解釈をとる者は，最低限の教育達成の保障——シビル・ミニマムとしての公教育，教育上のセーフティ・ネット——の重要性を強調し，（しばしば結果の平等の主張と結びついて）能力別のクラス分けや学校選択制度の格差助長的側面には批判的な立場をとる。他方前者は，後者の解釈は達成されるべき学習の「質」を顧慮せず，各人の多様な教育ニーズを不当に見過ごし，教育成果の画一性を無理強いしている，と主張する（この場合，機会の平等は結果の平等と峻別され，むしろ結果の不平等を一定範囲で正当化するものとされる）。

他方，教育における機会の平等概念の解釈は，はじめから教育による機会の平等化を志向することもある。公教育には元来，身分や門地などの出自，人種や性別といった本人の責任とはいえない諸条件が子どもの人生選択への障害とならないよう，その影響を遮断し，社会的諸階層を攪拌する機能が期待されてきた。子どもが成人して経済的・政治的・文化的生活に本格的に参入する時点ですでに著しい不均衡（能力その他の資産の格差）があることは，そうした過程への参加意欲や結果の受容可能性のみならず，その正統性を根本から損なってしまいかねないからである。また多くの社会で，公教育制度は実際に身分制や血縁・地縁的束縛からの個人の解放を後押ししてきた。こうした観点からは，提供される教育の内容だけでなく，その成果・達成の等しさもまた，追求すべき価値のなかに含められてきたのである。

例えば，どんな子どもにも多様な生き方への見通しが等しく保障されるべきであり，そのためには等しい教育上の達成が保障されるべきだ，とする考えは

その代表である。これはロールズの唱えた「機会の公正な平等 fair equality of opportunity」の原則——「同様の才能とやる気をもっている人には，社会のどの部分に属そうと，その育成とその結果についてはほぼ同一の見込みが与えられるべきだ」［ロールズ 2004 : 77］という原則——の応用である。ここでロールズは，公職や社会的地位につくチャンスがあらゆる社会成員に公平に開かれているべきだという「リベラルな平等」の原則を定式化しつつ，「生まれつきの能力と本人の意欲が異なる場合には，各人に開かれる人生の見通しに差異・不平等が生じてもかまわない」ことを示唆している（だからこそこれは機会平等の原則なのである）。ただし彼が想定しているのはあくまでも政治社会を構成する成人（「自由で平等な人格としての市民」）［同 : 31-41］である。ここで仮に，未成年者への教育の役割は，そうした生得の能力格差を正し，その意欲を等しく鼓舞することだ，という考え方が採用されたらどうだろうか。「自然的能力と意欲」に関する留保を解除して教育的達成の平等をめざすとき，もはや教育の結果の平等との区別は困難である。これは実際のところ，各々の教育過程の終点で全員の同一水準の達成を求めているのだろうか。そのための教育制度・政策とは，どのような形をとることになるのだろうか。

　ここにあるのは，平等の追求を“平準化”と等置するときに人がしばしば陥る袋小路である。社会的不平等の問題に対しては，あらゆる格差の包括的な解消ではなく，最も弊害の大きなものから順に除去を企てる平等へのネガティヴ・アプローチをとるほうが賢明だろう。経済的・政治的・文化的な生存条件が満たされない絶対的悪条件下にある者への有効な補助，そして許容不可能な相対的格差の緩和につとめること——避けがたく生じてくる不平等が生存への直接急迫の脅威，深刻な屈辱の経験を招き，深刻な暴力・社会的分断と結びつかないように制御しながらも，一定の範囲ではこれとうまく共存していくための条件を整えていくこと——に力を傾注するべきなのではないだろうか。

⑶　教育を受ける者の自由と選択，そして「不当な介入」

　すでに⑴で検討したとおり，教育における学習者の選択の自由は，奇妙な逆説のなかにある。教育という財の提供には，情報の非対称性や不確定性，代替不可能性，不可逆性／反復不可能性，比較不可能性といった性格がつきまとい，

テーマ 12　教育をめぐる自由と平等　　315

これが学習者を脆弱な位置に立たせている。これをみるかぎり，学校選択制や
バウチャー制が学習者の選択の自由を保障・拡大する，という主張を，そのま
ま鵜呑みにするわけにはいかないだろう。初等教育や中等教育は不服だからと
いって別途やりなおせるものではないし，またその内容や価値を当人が理解し
た上で選ぶことができない以上，選択がその安定した選好を反映しているとは
考えられない——むしろそれは，選択以前には存在しないか，教育の過程で大
きく変容する可能性があるのである。したがって，ある地域での入学志願者数
が"人気校"から"不人気校"に至るまでの序列を示したとしても，それを（親
であれ，子どもであれ）選択者たちの価値判断を真正に反映したものとみなす
ことには，相当な留保をおかざるを得ないのではないだろうか。

　ならば学校選択制は，百害あって一利なしの——選択者には過大な負担を押
しつけて後悔の種をまき，根拠薄弱な風聞にもとづく序列化によって後続の選
択者を惑わせるだけの——制度なのだろうか。学校の教育内容に関する評価情
報を敏感かつ正確に伝達し，教育改善を促す競争的刺激だけをこの制度に期待
するならば，そうかもしれない。多くの推進論者の思惑に反し，自由市場の競
争圧を利用して教育を改善しようという目論見は，おそらく，根本的な見当違
いを犯しているのである。

　だが筆者は，これとは異なった観点から，学校選択制（と適切に制御された
バウチャー制）を擁護する可能性をさぐっておきたい。その鍵になるのは，手
段ではなく，それ自体が目的でありうるような選択の自由，という観念である。

　かつてアイザィア・バーリンは，自由という言葉は単に束縛のない状態（消
極的自由）をさすことがあり，それは行為を通じて何らかの目的を実現する
自由（積極的自由）とは独立に確かめることができる，と主張した［バーリン
1971：64-68］。まったくの無為にある場合にも人は束縛の有無を判別できるし，
束縛のない状態に価値があるのは，それによって何かを"自由に"なすことが
できる場合だけではないのである。この観点にたてば，学校選択の自由の保障
は，その目的——望ましい社会状態（教育の改善や学力の向上）の実現——の成
否とは切り離して評価できるだろう。選択の余地があることは，選択によって
実現される価値とは独立の価値を持つ場合があるのである。

　こうした消極的自由の観点からする学校選択制擁護論は，社会的有益さにで

はなく，学習者にとっての道徳的意義に訴えることになるだろう。選択すると
いう行為には，それなしには人が自分をひとりの責任ある人間として感じられ
ないような——まさに“人格構成的な”——契機が含まれている。一般に，生
活のさまざまな場面で両立不可能な複数の選択肢を意識し，いずれかを選んで
他を断念するという経験，周囲からそれを自分の選択として尊重されるという
経験を持たなかった人が，自分を責任ある自由な道徳的主体とみなすことがで
きるだろうか。人は生まれついての「責任主体」ではないし，ある日突然成人
としての責任を果たせるようになるわけではない。それは，断念と過ちという
身銭をきりながら大小さまざまな選択を重ねるなかで，事後的・遡及的に仮構
されていく自己像なのである。

　このような見方にたてば，学校選択制の擁護論は，（選択者としての主体性を
すでに確立した）消費者主権としての選択の自由よりも，（そうした主体性の形
成途上にある）学習者主権としてのそれに依拠するのがふさわしい。これから
何かを学ぼうとしている人は，それが何であるかを知らないままに，それを選
ぶ権利がある。学校選択は，見通しの定まらない，交換もやり直しもきかない，
しかも当人にとっては重大な決断である。だからこそ，その選択を外から制約
することには，相当な慎重さが求められるのではないだろうか。もちろん個々
の選択は無知に根ざした不合理な判断かもしれないし，その集積は看過しえな
い種々の社会的損害を招くかもしれない。だが社会制度の設計，政策の構想に
携わる者の役割は，そうした害悪が生じないように選択の余地自体を封じてし
まうことではなく，その選択環境を適切な仕方で整備・制御していくことにあ
るのである。

　また他方，学習者の選択の自由をこのように理解するとき，国民教育権論が
一貫して問いつづけてきた「教育への不当な介入」概念についても新たな視野
が開かれるように思える。学校選択の自由が学習者本人にとってどの程度の意
義をもつかは措くとしても，学習者本人の道徳的人格構成の重要な契機となる
教育選択への干渉は，まさに「子どもが自由かつ独立の人格として成長するこ
とを妨げる介入」にほかならない。「不当な介入」の同定にあたっては，自由
権としての子どもの学習権の実質的内容を問いなおすところから検討を深める
余地がありそうである。

テーマ12　教育をめぐる自由と平等　　　317

　さらにここからは，既存の公教育制度からの自由についても，新たな視野が
開かれるだろう。黒崎勲の論考に他の学校選択制推進論者とは異なる独特の説
得力があるのは，それがバラ色の教育実践を約束するのではなく，既存の学校
像にとらわれない現場主導の実験的教育の余地を確保しようとする企てだった
からではないだろうか。それは，教育そのものの限界と教育政策の限界とを自
覚しつつ，そのなかに政府の計画と統制の及ばない一定の余白を設けておこう
という提案なのである。

　子どもの学習権を教育権論の中心におく，という態度は，教育制度・教育政
策のなかに設計を免れたいくらかの余白を残す必要性を認め，これを確保して
おく努力を要請する。教育の可能性と限界は，意図的な実践の過程としての「教
育」が，無意識的な慣行の過程としての「社会化」によってどの程度支えられ
るかに応じて定まってくる。教室の外に異なる見解が多く存在すればするほど，
また教科書の記述に留保をおく大人が現れるたびに，学校教育の権威は揺らぐ
ことになるだろう。学校教育こそが全体主義の元凶だと信じる人は，（社会化
の全過程に対する学校の権威を買い被ることで）みずからそうした状況の創造に
加担してしまいかねない。むしろ，家庭や地域，マスコミといった多元的・多
層的な日常のやりとりのなかの「社会化」の過程が学校教育に追随しないこと
のほうが，比較にならないほど大事なはずである。余白の承認とは，この非教
育的な社会化の力を認めること，すくなくともこれを侮らないことの上に築か
れる方針なのである。

結　語

　本章が二つの事例の検討を通じて確かめたのは，戦後の教育法学が「教育者
の国家からの自由」を軸に展開されることで「学習者の権利」という盲点を抱
えてきたこと，しかし今日の「学習者の選択の自由」の要求はおそらくその的
を射そこねるだろう，ということだった。「〈配分をめぐる政治〉の不在と〈統
制をめぐる政治〉の突出」［広田2004：13-16］によって要約される戦後50年間
の教育学・教育法学の偏りは，近年，その反動としての「私事化」の動きによっ
て補正されようとしている。だが，これもどうやら新たな偏向と歪みを招くも

のであることは争えず，今後どこに望ましい均衡が見出されるのか，その見通しはまだほとんど得られていない。

　より一般的な水準からこの困難に光を当てるために本章が注目したのは，「教育における機会の平等」と「人格構成的な過程への自由」という二つの問題圏である。旭川学テ訴訟の意義は，単に一元的な教育機構の主導権を一点に確定することの無意味さを指摘しただけにとどまらない。教育バウチャー制度論争が示唆するとおり，それは，公教育に関する制度と政策のなかで自由と平等とをどう再解釈し，どのように実現していくべきか，というきわめて根本的かつ困難な問いを，避けがたい仕方で差し出しているのである。

発展的学習のための読書案内

兼子仁『国民の教育権』岩波新書，1971 年：国民教育権論の入門書として最適。その主張の骨子だけでなく，この立場が形成されてきた社会的文脈を概観できる。ここでそのモチーフをつかんでから『教育法〔新版〕』へ進むのがよいだろう。

戸波江二・西原博史編著『子ども中心の教育法理論に向けて』エイデル研究所，2006 年：戦後日本の教育法学の達成を批判的に検討すると同時に，今後の課題をひろく展望する論文集。特に，国民教育権論論争の枠組みから解放された教育法学が直面している教育の政治的・道徳的中立性の要請と市民教育・憲法教育の要請との葛藤を多面的に描く。

藤田英典『義務教育を問いなおす』ちくま新書，2005 年：不必要に「危機」を煽る今日の教育言説を慎重に検討した上で，今日の「教育の私事化」傾向が社会的格差の再生産・強化・拡大につながることに警鐘を鳴らす。初等・中等教育における共通教育の意義を再考するためには最適の入門書だろう。

黒崎勲『教育の政治経済学』（増補版）同時代社，2006 年：日本の学校選択制論争が賛否両派とも素朴な市場観に依拠していることを批判し，保護者の希求と教師の専門性とが「抑制と均衡」の緊張関係を保ちつつ多様な教育の実験を促す「制御された競争」の原理にもとづく教育政策を提案する。

コンドルセ他　（阪上孝編訳）『フランス革命期の公教育論』岩波文庫，2002 年：教育が単なる私事にとどまらない公の事業だという信念は，啓蒙主義の産物であり，フランス革命はこれを国家規模で実行に移した最初の企てだった。コンドルセの提案は，革命期から反動期を越えて生き延びた近代の公教育思想のエッセンスを示している。

引用文献

赤林英夫 2001：「『教育改革』に経済学は有効か?」エコノミックス 6.

赤林英夫 2007：「的外れな日本の教育バウチャー論争」中央公論 2007 年 2 月号.

バーリン，アイザィア 1971：『自由論』（小川晃一ほか訳）みすず書房.

福井秀夫編 2007：『教育バウチャー　学校はどう選ばれるか』明治図書.

藤田英典 1997：『教育改革——共生時代の学校づくり』岩波新書.

藤田英典 1998：「学校選択か学校づくりか——学校再生の可能性」（佐伯胖・佐藤学・浜田寿美男・黒崎勲編『岩波講座　現代の教育第 9 巻　教育の政治経済学』岩波書店）.

藤田英典 2005：『義務教育を問いなおす』ちくま新書.

藤田英典 2007：「学校選択制——格差社会か共生社会か」（藤田英典編『誰のための『教育再生』か』）岩波新書）.

藤田英典編 2007：『誰のための『教育再生』か』岩波新書.

樋口陽一 1994：『近代国民国家の憲法構造』東京大学出版会.

広田照幸 2004：『教育　思考のフロンティア』岩波書店.

広田照幸 2005：『教育不信と教育依存の時代』紀伊國屋書店.

今橋盛勝 1983：『教育法と法社会学』三省堂.

兼子仁 1971：『国民の教育権』岩波新書.

兼子仁 1978：『教育法　法律学全集 16-1』（新版）有斐閣.

黒崎勲 1995：『現代日本の教育と能力主義　共通教育から新しい多様化へ』岩波書店.

黒崎勲 2006：『教育の政治経済学』（増補版）同時代社.

文部科学省 2007：「教育バウチャーに関する研究会」

（http：//www.mext.go.jp/b_menu/shingi/chousa/shougai/010/index.htm：2017 年 10 月現在）.

村山史代 1993：「兼子教育法学における法秩序構造——公法・私法・特殊法」森田尚人・藤田英典・黒崎勲・片桐芳雄・佐藤学編『教育学年報 2　学校＝規範と文化』世織書房.

内閣府 2006：「学校制度に関する保護者アンケート」

（http：//www8.cao.go.jp/kisei_kaikaku/old/publication/2006/1127/item061127_03.pdf：2017 年 10 月現在）。

内閣府政策統括官（経済財政 - 景気判断・政策分析担当）2001：「政策効果分析レポート No.8　バウチャーについて——その概念と諸外国の経験」（http：//www5.cao.go.jp/keizai3/2001/0706seisakukoka8.pdf：2017 年 10 月現在）.

日本教育法学会編 2001：『講座　現代教育法 1　教育法学の展開と 21 世紀の展望』三省堂.

日本教職員組合 2007：『21 世紀の "地域づくり・学校づくり"　政策制度要求と提言』

（http：//www.jtu-net.or.jp/action/policy jtu/policy07-08.html：2017 年 10 月現在）.

西原博史 1996：「〈社会権〉の保障と個人の自律——〈社会権〉理論の 50 年における〈抽象的権利説〉的思考の功罪」早稲田社会科学研究 53 号，109-165 頁.

奥平康弘 1981：「教育を受ける権利」（芦部信喜編『憲法 III　人権 (2)』有斐閣，第 2 章.）

小塩隆士 2003：『教育を経済学で考える』日本評論社.

ロールズ，ジョン 2004：『公正としての正義・再説』（田中成明・亀本洋・平井亮輔訳）岩波書店.（Rawls, John（Erin Kelly ed.）, *Justice as Fairness：A Restatement*, Harvard U. P., 2001.）

Raz, Joseph 1986：*The Morality of Freedom*, Clarendon Press.

田原宏人 2007：「子育ての自由の平等と福利追求の自由の不平等」（田原・大田編『教育のために　理論的応答』世織書房）.

田原宏人・大田直子編 2007：『教育のために　理論的応答』世織書房.

戸波江二 2001：「国民教育権論の展開」（日本教育法学会編『講座　現代教育法 1　教育法学の展開と 21 世紀の展望』三省堂，第 6 章）.

戸波江二 2006：「教育法の基礎概念の批判的検討」（戸波江二・西原博史編著『子ども中心の教育法理論に向けて』エイデル研究所，第一章）.

戸波江二・西原博史編著 2006：『子ども中心の教育法理論に向けて』エイデル研究所.

土屋清 2006：「憲法学における『教育権論』のパラダイム」（戸波江二・西原博史編著『子ども中心の教育法理論に向けて』エイデル研究所，第九章）.

八代尚宏編 1999：『市場重視の教育改革』日本経済新聞社.

八代尚宏 2003：『規制改革　「法と経済学」からの提言』有斐閣.

テーマ 13

犯罪と刑罰

――受刑者の処遇と犯罪被害者の権利

関　良徳

は じ め に

ケース13-A

　名古屋刑務所では，2001（平成13）年から2002（平成14）年にかけて革手錠や高水圧の消防ホースを用いた刑務官の暴行を受けて，複数の受刑者が死亡・負傷していたという事実が明らかとなった。名古屋地検は，この暴行に関与した刑務官を特別公務員暴行陵虐致傷および同致死罪で起訴した。その一方で法務省は，この事件が一部の刑務官の個人的資質の問題に止まるものではなく，刑務所制度や行刑システム全体にかかわる問題であるとの認識から，2003（平成15）年4月に「行刑改革会議」を発足させるに至った。同会議はその年の12月に提言を出し，これを受けて行刑改革推進会議が監獄法改正に着手した。その結果，2006（平成18）年には受刑者を対象とする「刑事施設及び受刑者の処遇等に関する法律」が施行され，翌年には，受刑者以外の被収容者も含めた「刑事収容施設及び被収容者等の処遇に関する法律」（以下，刑事収容施設法）が施行されるに至り，監獄法の全面改正が実現された。これにより行刑運営の透明性確保，受刑者等の権利義務および刑務官の権限の明確化，処遇の充実，生活水準の保障，外部交通の保障・拡充，不服申立制度の整備等が図られることとなっている。

ケース13-B

　2000（平成12）年に正式発足した「全国犯罪被害者の会（あすの会）」を中心とする犯罪被害者の権利確立のための運動は，その積極的な活動を通じて，2005（平成17）年に施行された「犯罪被害者等基本法」とその施策推進のための「犯罪被害者等基本計画」に結実した。その後，この基本計画の実施に必要な法整備についての検討が法制審議会の刑事法部会によって行われ，2007（平成19）年2月に答申が出されると，同年6月には答申にもとづき「犯罪被害者等の権利利益

の保護を図るための刑事訴訟法等の一部を改正する法律」(以下,刑訴法等改正法)が成立した。この改正では,犯罪被害者が刑事裁判に直接参加し,証人尋問,被告人質問,意見陳述等を行うことが可能となった。また,刑事手続の成果を損害賠償請求に利用する制度（損害賠償命令制度),被害者に関する情報の保護,公判記録の閲覧・謄写の範囲拡大なども定められた。これにより,犯罪被害者等基本法で規定された犯罪被害者等の権利が具体的に実現されることとなった。

わが国の刑事司法は二つの大きな変革の流れのなかにある。その一つは受刑者の処遇にかかわるものであり,もう一つは犯罪被害者の権利にかかわるものである。前者の直接的な契機は,ケース 13-A で示した「名古屋刑務所事件」(この事件の詳細については『法学セミナー』2003 年 7 月号所収の各論文を参照）であり,後者の契機はケース 13-B で示した「全国犯罪被害者の会」を中心とする犯罪被害者団体の積極的な活動である（この活動については『ジュリスト』2007 年 7 月号所収の座談会等を参照)。これら二つのケースに見られるとおり,それぞれの提言や答申に促されるようにして次々と新法の制定や法改正が行われ,刑事司法はこれまでにない変化を遂げようとしている。しかし,こうした変革によって刑事司法に何がもたらされるのであろうか。そして刑事司法は今後どのような方向に歩を進めることになるのであろうか。本章は法哲学というフィルターを通してこれらの問いに接近し,思考のための手掛りを探る試みである。

1 問題の所在

(1) 受刑者の処遇

行刑改革会議が提言を出すに至った背景は,名古屋刑務所事件の発生とそれをきっかけに巻き起こった刑務所制度への批判であった。しかし,こうした批判は突如として湧き起ったものではなく,わが国の刑務所制度や行刑システムが受刑者に対する重大な人権侵害を内包しているとの指摘は,国内外の複数の団体（統一獄中者組合,監獄人権センター,アムネスティ・インターナショナルなど）によって繰り返し行われ,国際人権規約人権委員会の最終報告（1998 年）でも日本政府への勧告として示されていた。行刑改革会議が受刑者・刑務官へのアンケート調査や海外刑務所の視察等を重ねて提言を策定した背景には,これら

テーマ 13　犯罪と刑罰

の指摘や勧告が一定の影響を及ぼしていたと考えられる。

　この提言にもとづく監獄法の改正には二つの特徴を見出すことができる。その一つは，行刑運営の透明性確保を目的とする「刑事施設視察委員会」の設置，受刑者等の権利義務および刑務官の権限の明確化，不服申立制度の整備等に見られるとおり，刑務所における権力濫用の防止，すなわち受刑者の人権保障である。そして，もう一つの特徴は，処遇の充実，生活水準の保障，外部交通の保障・拡充といった，受刑者の処遇と生活環境の改善である。これら二つの特徴は当然ながら一般論としては望ましい改革の方向性を示すものであり，首尾よく実行されれば，わが国における行刑の新段階として高く評価されることになるであろう。しかし他方で，行刑権力の「権力」としての性質に着目すれば，刑事収容施設法に示された理念と施策については，いくつかの問題提起がなされなければならない。

　刑法 12 条 2 項が「懲役は，刑事施設に拘置して所定の作業を行わせる」と定めているように，行刑権力の主たる目的は自由の制限や苦役の強制にあるとされてきた。しかし実際には，周知のとおり，行刑権力は受刑者に矯正を促すための教育や訓練（場合によっては治療）という側面を拡大させ続けている。これは，言い換えれば，受刑者の消極的自由を制限するという刑罰本来の目的が後背に退き，受刑者の内面や身体の改善を図ることでその自立や自己決定の能力を高めるという，積極的自由の拡大が行刑の目的として比重を増しつつあることを示している。それゆえ，行刑権力は強制や制限というネガティヴな作用のみならず，教育，訓練，治療といったポジティヴな作用を生み出す権力として再定位されなければならない。そしてそのうえで，改正法による処遇や生活環境の改善は受刑者に何をもたらすのか，行刑権力の濫用を防止するための制度や施策は実効性を有するのか，といった問いが新たに提起されることになる。

(2)　犯罪被害者の権利

　2007（平成 19）年 6 月に成立した刑訴法等改正法は，犯罪被害者等基本法と同基本計画で示された理念や考え方を実行に移すべく，法制審議会（刑事法部会）の答申にもとづいて制定されたものである。そして，この一連の過程にお

いて最も積極的な役割を果たしたのが「全国犯罪被害者の会」であった。この会は，実際に犯罪被害に遭遇し，わが国の犯罪被害者が置かれた悲惨な状況を直接経験した当事者たちを中心に組織されたものであり，署名等を通じて世論に訴え，また世論の支持を受けながら，法の制定や改正を求めて積極的なロビー活動を展開している［東 2006，岡村 2007 など］。この会の主張が世論の支持を広く集めた背景には，被疑者・被告人の人権が手厚く保障される一方で，犯罪被害者等の権利・利益が刑事司法手続において蔑ろにされてきたという問題提起に多くの人々が素朴な共感を抱いたためであろう。もちろん，世論の支持を得た背景としてマスコミの影響力を無視することはできないが，他方で，全国犯罪被害者の会がヨーロッパ調査等を経て理論的にも制度論的にも犯罪被害者の権利について説得力のある議論を積み上げてきたことが人々の評価を集めていることは明らかである。

　刑訴法等の改正による犯罪被害者の権利利益の保護については，とりわけ刑事裁判への被害者参加制度が注目を集めている。その理由は，この制度が犯罪被害者の保護や便益の拡大という従来の枠組みを超えて，被害者等の主体的な訴訟参加を導く新たな段階を準備したためである。しかし，新たに設けられた制度は，例えばドイツの被害者参加制度などとは異なり，犯罪被害者を訴訟当事者として認めたものではない。全国犯罪被害者の会は当初，被害者等を第三の当事者とする三当事者対立構造を構想していたが，日弁連を中心とする実務家などからの批判を受けて，これまでの二当事者対立構造を維持することとした。これにより，被害者等の法廷での尋問や意見陳述は検察官の判断の下で行われることとなったのである。しかし，このような被害者等の参加のあり方については，検察官の判断を経由することで犯罪被害者の主張や意見が裁判に直接反映されず，これらの人々に認められた権利が大きく制限されてしまう可能性も指摘されている。

　こうした指摘がなされる背景には，被害者言説の代弁不可能性という回避しえない問題が横たわっている。すなわち，犯罪被害者とその遺族には，実際に犯罪被害に遭遇した者にしか語りえない心情や主張が存在し，自らの言葉で語り尽くした言説によってしかその想いを裁判官や被告人に伝えることはできない，という意識がある。そして，いまだ犯罪被害に遭遇していない私たちがこ

の問題を真摯に受け止めようとするならば，犯罪被害者とその遺族を代弁不可能な「他者」と位置づけ直したうえで，この「他者」の言説を法廷においていかに扱うべきか，という問いを刑事司法における新たな正義の問題として提起しなければならない。

2　規律訓練・監視・不服申立

受刑者処遇をめぐる行刑改革会議の提言および関連する改正法の問題について，ここでは行刑権力の性質とその意味を確認したうえで，行刑の透明性確保を理念とする刑務所視察制度の問題点を指摘し，不服申立制度の充実を柱とする議論を展開する。

(1)　規律訓練権力としての行刑権力

残虐な刑罰の廃止を唱えた18世紀の思想家チェザーレ・ベッカリーアは，その著書『犯罪と刑罰』において，刑罰の起源と刑罰権の基礎を社会契約説から説き起こしている。すなわち，諸個人がその自由を確保するために各人の自由の一部を主権者に委任したとする社会契約説では，そこで保護されるべき個人の自由が侵害されるのを防ぐために，必要な限度で刑罰が定められることになる。それゆえ，犯罪者に科されるべき刑罰は人々に侵害行為を思い止まらせるだけの不快や苦しみの観念を想起させるものであれば十分であり，それ以上に厳しい刑罰を科すことは不正となる。こうした議論から，ベッカリーアは死刑を含む残虐な刑罰を廃止し，終身隷役刑をこそ導入すべきと主張した。なぜなら，終身隷役刑の受刑者は国民の前でいつまでも繰り返し「見せしめ」の役をつとめることになるからである。つまり，ベッカリーアにあっては，刑務所は見せしめによって不快や苦しみの観念を人々に植え付ける場と考えられていたのである。

しかしながらミシェル・フーコーによれば，18世紀後半の刑務所は，ベッカリーアが主張するような不快や苦しみや見せしめによる犯罪抑止のための場ではなかった。確かに，受刑者は閉じ込められ労働を強制されることで自由を奪われてはいたが，それ以上に受刑者を攻囲していたのは「規律訓練

（discipline）」という権力形式を通じた身体と行動への管理であった［Foucault 1975］。つまり，この時代には犯罪者に対していかに不快で苦しみに満ちた刑罰を見せしめとして科すかということよりも，受刑者の生活を厳格な規律と監視の下に置き，労働を通じた訓練や教育によって犯罪者を正常な個人へと規格化すること（normalisation）こそが刑務所の主たる役割となっていたのである。

　これ以降，刑罰はその性質を根本的に変化させることになる。自由刑の典型である懲役は拘禁と労働の強制による消極的自由の制限として位置づけられるべきものであったが，その処遇には受刑者の積極的自由の拡大につながる要素が含まれることになる。すなわち，受刑者が出所後に自活することを目的とする労働訓練や，再犯防止を目的に自己決定能力を高めるための教育が処遇プログラムのなかで大きな比重を占めるようになるのである。さらに刑罰は，国民への見せしめとしての機能を弱め，受刑者は刑務官による監視の対象として新たな位置づけを付与される。ジェレミー・ベンサムが考案した「パノプティコン（一望監視装置）」に象徴されるように，受刑者へと注がれる視線は刑務所の外側からではなく，内側からのものとなり，受刑者は少数の監視者によって常時監視されるべき対象となるのである。こうした状況において，受刑者は刑務官の眼を無意識のうちに内面化し，結果として，受刑者自身が自らを監視することとなる。このような刑罰と行刑権力の特徴は，19世紀後半にフランツ・フォン・リストによって体系化された新派刑法学，とりわけ特別予防や教育刑の理論と重なり合うものである。そして，その主な特徴は今日の刑務所にも当てはまるものであろう。わが国の刑務所で行われている居室内での姿勢・動作の制限や刑務作業での厳格な監視などは，明らかに受刑者の身体と行動を管理し，監視を通じて規律を内面化するためのものである。また，職業訓練や生活指導が自立と自己決定の能力を高めるための福祉的処遇として比重を増しつつあることも疑いない。

　それでは，行刑権力が新たな権力形式を通じて今日のような姿へと変貌したことを，私たちはどのように評価すべきなのであろうか。残虐な刑罰が廃止され（わが国では死刑がいまだに存置されているが），懲役が福祉的処遇によって覆われることで，受刑者の身体が直接感じる不快や苦しみは確実に低減したといえるだろう。しかしその一方で，受刑者へと向かう権力作用は不可視かつ無意

識の次元を潜行することとなり、行刑権力の管理統制がきわめて困難となっていることも事実である。法に違反した者への刑罰としてではなく、処遇の過程で示される「規格＝ノルム（norme）」を逸脱した者への処罰として暴力が行使されているという実態、しかもそれが「見せしめ」ではなく、刑務所の深奥において誰の眼にも触れることなく受刑者の身体と行動に対してミクロなレベルで作用しているという実態は、そうした事実を如実に示している。それは例えば、行刑改革会議が2003（平成15）年に実施した「行刑の実情に関する調査（受刑者アンケート）」に寄せられた回答（「指示に従わなかったことで、耳を引っ張られた。」「態度が悪いとして、頭を平手で殴られた。」等）を見ても明らかであろう。刑務所の日常をミクロな権力が覆い尽くすことで、受刑者による抵抗の可能性も排除され、行刑権力による支配が隙間なく敷き詰められてゆくのである［関 2001：27-30］。そして当然ながら、名古屋刑務所でのあの陰惨な事件もまた、こうした支配の延長線上において生じた問題として論じられなければならないはずである。

(2) 監視の不可能性

受刑者への暴力や人権侵害をいかに抑止すべきか、という課題に対して、行刑改革会議は行刑運営の透明性確保という観点から刑事施設視察委員会の創設を提言した。この提言では、イギリスやドイツの例に倣い、わが国でも行刑施設の運営全般について協議し意見を述べるための委員会を、各行刑施設ごとに地域の市民および専門家（主に医師や弁護士）から組織することが求められている。刑事収容施設法では、刑事施設視察委員会に対する刑事施設の長からの情報提供が定められ（9条1項）、さらに必要に応じて、施設の視察や被収容者との面接が認められている（9条2項）。ただし、提言では、この視察委員会の職務は施設運営全般の向上に寄与することを目的とするものであって、個別事案の救済を目的とするものではない、との指摘がなされており、情報提供や視察・面接もその目的の範囲内でのみ行われると考えるべきであろう。

刑事施設視察委員会の設置は、これまでの行刑密行主義を改善し、行刑の透明性を確保する手段としては高く評価されるべきものであり、この委員会の活動に対する専門研究者の期待もかなり高い［菊田・海渡 2007：321-322］。とりわ

け，情報提供と視察・面接を通じて委員会が施設の長に意見を述べるという新たな制度は，瀧川裕英の表現を借りて言い換えれば，行刑施設の運営状況を透明化し，委員会に情報を公開し，行刑業務管理者に説明責任を負わせることで，行刑権力を統御しようとするものである［瀧川 2007：116-117 を参照］。それゆえ，この制度は権力コントロールのための新たなシステムであって，委員会はこのシステムを通じて刑事施設を「監視」することになる。つまり，この委員会は「受刑者を監視している刑事施設への監視を行う」という意味で，いわば「パノプティコンのパノプティコン，つまりメタ・パノプティコン」［瀧川 2007：117］としての位置を与えられることになるのである。

　しかし，ここで論じた二つの「監視」，すなわち受刑者に対する刑務官の監視と行刑施設に対する視察委員会の監視とは同じ水準で論じうるものなのであろうか。前者についてはすでに述べたとおり，規律訓練権力が行き渡った刑務所のなかで受刑者の身体と行動に対する直接的な監視を通じた管理が行われている。これに対し，後者の「監視」は刑務官の言動を実際に監視するのではなく，刑務所側から提供された情報にもとづいて，その運営状況を審査し，判断するものでしかない。したがって，刑事施設視察委員会による監視はそれ自体として規律訓練権力に対抗しうるものではなく，行刑権力を十分に統御しうるものとも考えられない。

　さらに，行刑権力の諸特徴に着目すれば，視察委員会による監視を通じた権力統御にはいくつかの困難が指摘されることになる。すなわち，行刑権力は受刑者の不快や苦しみの程度を低減させる一方で，身体と行動に対する徹底した監視と管理を行い，これを通じて規律や規格を意識に内面化させる。しかも，これら一連のプロセスは福祉的観点からなされる処遇として位置づけられており，規律や規格の逸脱に対する処罰としての懲罰も刑務官の裁量事項として恣意的に科されているのである［菊田・海渡 2007：49-50, 107］。それゆえ，刑務官による暴力や人権侵害の事実があったとしても，それらが日常のミクロなレベルで行われたものである場合や，不可視な閉鎖空間で生じたものである場合には，視察委員会の監視対象にさえならない可能性が高い。また，受刑者自身が規律や規格を内面化してしまっているために，暴力や侵害行為が表面化せず，視察委員会の監視網にかからないということも考えられる。この点，沢登

文治によれば，名古屋刑務所には「意見提案箱」が所内に何十も設置され，何百通もの「意見提案書」が投函されており，視察委員会の検討に付されている［沢登 2015：77］。しかし，視察委員会の監視対象となったとしても，暴力や侵害行為が刑務所内の秩序維持に不可欠な行動制約やパターナリスティックな福祉的処遇という外観をまとうことで，問題自体が過小評価される危険性も指摘されなければならない。

　以上のような問題点を考慮すれば，刑事施設視察委員会という新たな制度は画期的ではあるが，それのみにおいて行刑の透明化と受刑者の人権保障とを実現しうるものとは考え難い。たとえ視察委員会が可能な努力を最大限尽くしたとしても，この制度自体が行刑権力の「監視」不可能な次元に必ずしも対応できていないのである。それゆえ，受刑者への暴力や人権侵害をいかに抑止すべきか，という課題に対しては，この視察委員会制度に加えて，別の制度を検討する必要がある。

(3)　不服申立制度の充実，あるいは，受刑者の声を聴くということ

　行刑改革会議はその提言のなかで，刑事施設視察委員会制度の創設に加えて，不服申立制度の整備に言及している。確かに，行刑権力の監視不可能な次元を可視化できるのは被害を受けた受刑者のみであり，刑務官による暴力や人権侵害の事実は受刑者からの訴えによって初めて明らかにされる。このことを考えれば，行刑の透明化という課題に対して不服申立制度が果たす役割の重要性は明らかであろう。被害を受けた受刑者からの発信・発言（すなわち不服申立て）を読み解き，刑務所の「外部」へとつなげることができれば，行刑権力に対する監視と統御の可能性が広がることになる。

　刑事収容施設法では，審査の申請，事実の申告，苦情の申出という三つの不服申立制度が定められている。審査の申請とは，刑事施設の長による一定の措置に不服がある場合に，矯正管区の長に対して行うものであり，この申請を受けて，矯正管区の長は職権で必要な調査を行い，裁決しなければならない（157・160・161 条）。事実の申告とは，刑務官による暴行や違法・不当な戒具の使用等があった場合に，その事実を矯正管区の長に対して申告するものであり，矯正管区の長はこの事実の有無について確認し，結果を申告者に通知しなければ

ならない（163・164条）。そして，暴行等の事実が確認された場合には，再発防止のための措置を取らなければならない（164条）。苦情の申出とは，受刑者が受けた処遇の一切について，法務大臣，監査官，刑事施設の長に対して苦情を申出ることであり，申出を受けた者はこれを誠実に処理し，その結果を申出者に通知しなければならない（166・167・168条）。なお，これらの不服申立てについては申請等の内容を刑務官に対して秘密にするための措置が取られなければならず（169条），また申請等を行ったことを理由として，受刑者に対して不利益な取扱いをしてはならない（170条）との規定がある。

　監獄法下における不服申立ての手段が情願と所長面接のみであったことを考えれば，この新たな不服申立制度に一定の前進を認めることもできる。しかし行刑の透明性を確保し，行刑権力をコントロールしようとするならば，この不服申立制度には明らかな欠陥が存在している。それは，不服申立てに関する裁決等がすべて法務省内部の機関によって担当されているために，受刑者の声が一切外部へとつながらないという構造上の欠陥である。勿論，こうした批判に対しては，独立性を有する人権救済機関が設置されるまでの暫定的な措置として，法務大臣の私的諮問機関である「刑事施設の被収容者の不服審査に関する調査検討会」を設け，不服申立てについて調査検討を行ったうえで，大臣への提言を行っているとの反論が可能であろう。しかしこの調査検討会は，日弁連が2007年に提出した改善要望書のなかでも指摘されているとおり，法務省からの独立性が十分に担保されておらず，また受刑者や刑務官へのインタビューおよび関連文書への直接のアクセスが実質的に不可能であることから，不服申立について適切な調査検討が行われているとは考え難い。したがって，不服申立制度を実効化するには，刑務所を所管している法務省から完全に独立した外部機関を設置したうえで，この機関に強力な調査権限を与え，またそれを支える高いレベルの調査体制を整える必要がある。

　しかし，こうした外部機関が，被害を受けた受刑者からの発信・発言に耳を傾け，その声を読み解き，刑務所への調査を通じて処遇改善を進めることは可能であろうか。そしてこれにより，規律訓練権力としての行刑権力を統御することは果たして可能なのであろうか。これらの要請を実現させるためには，まず外部機関が不服申立の受理，調査，そして改善命令（さらには改善状況の確

認）に至る一連のプロセス全体について責任を負うことが求められる（ただし，「調査」および「改善状況の確認」については，各刑務所の視察委員会の権限を拡大したうえで，外部機関と視察委員会とが連携を図ることも考えられよう）。なぜなら，米国の刑務所改革を実現へと導いた制度改革訴訟がそうであったように，規律訓練権力によるミクロな暴力に対抗するには，担当機関が受刑者からの発信・発言を無媒介に受け取ったうえで，それらを調査や改善命令に直接結び付けることが重要だからである［関 2001：200-201］。そのうえで外部機関は，徹底した守秘制度の下で受刑者が萎縮することなく不服申立てを行うことのできる環境を制度的に整える必要がある。なぜなら，不服申立てを行うこと自体を懲罰対象としてきた従来の規律運用が，不利益取扱いを禁止する規定（170条）の追加のみによって改善されるとは考え難く，受刑者自身もこうした規律運用を内面化してしまっていると考えられるからである。さらに，福祉的処遇という名目で行われる暴力や人権侵害がたとえ受刑者の積極的自由を拡大させるポジティヴな作用を有するものであったとしても，それが受刑者にとって耐え難いものであれば，躊躇することなく不服申立てを行うべきであり，改善対象とされるべきであるということを，受刑者だけでなく，外部機関にも周知徹底する必要がある。

　これらの条件をもとに独立性の高い外部機関を設置し，不服申立制度の拡充と被害調査の実質化とを図ることで，少なくとも，規律訓練権力としての行刑権力を監視し，統御するための手段が準備されることになる（アメリカ，カナダ，フランス等には，こうした独立性の高い外部機関が設置されている［沢登 2015：117-118］）。勿論，こうした制度を基盤として整えたうえで，刑務官の増員や施設整備（過剰収容の解消）等による実質的な改革が行われなければ問題の解決には至らない。そのためにも，まずは，行刑改革会議の提言を越えて受刑者の声に積極的に耳を傾け，刑務所に蔓延する暴力を封じ込めることから始めなければならない。

3　他者・参加・正義

　犯罪被害者の保護と権利をめぐる法制審議会の答申および刑訴法等改正法の

問題について，ここでは犯罪被害者とその遺族を代弁不可能な「他者」と位置づけたうえで，刑事司法の場に犯罪被害者が参加することの意味を問い直す。さらに，そうした人々の言説によってもたらされるであろう正義の新たな展開について構想する。

(1) 犯罪被害者という「他者」

全国犯罪被害者の会で代表幹事を務める岡村勲弁護士（自らも妻を殺害された犯罪被害者遺族である）は次のように語っている。

> やっぱり，人間というのはですね，その立場にならないと分からないものだな，ということを痛切に感じています。私たち弁護士は，加害者の代理人として，被害者と補償交渉をすることもあったわけですよ。また，被害者の代理人として加害者に賠償請求することもあったんです。被害者は絶えず隣にいたんです。にもかかわらず，自分が被害者になるまで，被害者の中に入っていなかったんですね。もう，これは非常なショックでした。38年間も弁護士をやりながら，被害者のことがさっぱり分からない。それでいったん中に入りますと，本当に地獄のような声が聞こえてくるんです。すさまじい声が聞こえてくる［東2006：55-56］。

犯罪被害者となってしまった者のみに聞こえてくる「地獄のような声」「すさまじい声」とは何か。その一つは加害者によってもたらされた肉体的・精神的被害そのものへの苦悶の声であろう。そしてもう一つは，被害者に対してきわめて不条理なかたちでしか準備されていない制度への不満の声であると考えられる。前者についていえば，それは恐怖心，喪失感，怒りなどの言葉で表現される諸々の感情として捉えられるのに対し，後者は，理不尽な社会制度に対する異議申立て，すなわち不正義の訴えとして理解されるべきものである。被害を受けたことのつらさは言うに及ばず，何の落度もないのに高額な治療費を自ら負担しなければならない被害者や，法廷で被告人や弁護人による執拗な攻撃にさらされた被害者から「地獄のようなすさまじい声」が聞こえてくるということは想像に難くない。

しかし，被害者ではない者がこうした「声」を想像しえたとしても，それは

岡村弁護士が述べているように，被害者のなかに入って被害者を理解したことにはならない。この意味で，犯罪被害者は私たちにとっての「他者」であるということができるだろう。なぜなら，被害を受けていない者は決して被害者を理解することができず，また比喩的な意味においてさえ被害者の立場に立つことはできないからである。アイリス・マリオン・ヤングは「他者」について論ずる際に，非対称性（asymmetry）や反転不可能性（irreversibility）という概念を用いるが［Young 1997 : 41-53］，犯罪被害者という存在はまさに，これまで受けてきた苦しみと現在直面している苦境のいずれにおいても，被害を受けていない者とは非対称的な位置関係にあり，こうした人々が被害者の心理や立場を仮想する（「もし自分が被害者であったら……」「被害者の気持ちを考えれば……」というように自他の立場を反転させる）ことは不可能であると考えられる。そしてこのことは，当然ながら，被害者以外の者がその犯罪被害者の訴えや主張を代弁しえないということをも含意している。

　しかしその一方で，犯罪被害者という存在を「他者」という概念で一括りにすることの危険性にも言及する必要があるだろう。実際，犯罪被害者組織としては，全国犯罪被害者の会以外にも「被害者と司法を考える会」などの組織があり，犯罪被害者をめぐる制度や政策についてそれぞれが異なる主張を行っている。また，個々の被害者に目を向ければ，その主張は千差万別であり，犯罪被害者という「他者」はその内部において複数性や多様性を孕んでいる（例えば，［原田 2004］と［藤井 2007］に見られる相違，さらに，［坂上 1999］および［坂上 2004］を参照）。それゆえ，犯罪被害者の保護や権利について考える場合には，被害者を代弁不可能な「他者」として捉える一方で，その存在の複数性や多様性についても考慮をめぐらせる必要がある。

(2)　被害者参加制度の問題

　犯罪被害者が刑事裁判の法廷に立ち，他の誰によっても代弁しえない事実や心情を語るということの意味はどこにあるのであろうか。犯罪被害者やその遺族が検察側証人として証言台に立つ姿はこれまでにも多く見られた。また2000（平成12）年に成立した「刑訴法及び検察審査会法の一部を改正する法律」では，被害に関する心情などについての意見陳述権（刑訴法292条の2）が犯

罪被害者等に認められている。しかし証人として証言する場合には，あくまで検察官や弁護士の尋問に答えるのみであり，刑訴法上の証拠としての役割を負わされているに過ぎない。また，新たに定められた意見陳述権では，犯罪被害者等が被害に関する心情を中心に意見を述べることが可能となったが，犯罪事実や法律の適用について積極的に意見を述べることはできず，自らが被害を受けた事件の真実究明について被害者自身が主体的に関与することは許されていない［岡村 2007：85-86］。

2007（平成 19）年に設けられた被害者参加制度は，こうした批判を受けて準備されたものである。この制度では犯罪被害者の主体的な訴訟参加が認められ，それまで傍聴席にしか座ることのできなかった被害者等に対して，要望があれば「被害者参加人」として法廷内に座ることが認められた。また，心情等の意見陳述のみならず，証人尋問や被告人質問，事実または法律の適用についての意見陳述も行うことが可能となり，被害者が真実究明の一端に加わることとなった。ただし注意すべきは，これらの権利の行使が検察官への申出を前提としている点である。これは，犯罪被害者が被害者参加人として訴訟に参加する権利を得る一方で，いまだ刑事訴訟の当事者としての地位を得るには至っていないということを示唆している。つまり，これまでどおり，被告人（弁護人）と検察官のみが訴訟の当事者であり，犯罪被害者はその外部に留め置かれたままなのである。

勿論，犯罪被害者は民事訴訟の当事者として被告人と争う機会が与えられており，あえて刑事訴訟への積極的な参加を認める必要はない，との考え方もありうる。しかし，とりわけ，殺人や傷害等の生命・身体にかかわる犯罪によって回復不可能な被害を受けた者にとっては，損害賠償を目的とする民事訴訟は本意でない場合も多い。こうした被害者は被告人が無資力であることを承知のうえで民事訴訟を提起し，犯罪事実の解明と被告人への責任追及とを試みているのである。このような実態，さらには，損害賠償命令制度の導入による民事訴訟と刑事訴訟の接近とを考慮すれば，被害者が刑事訴訟における真実の解明や被告人への責任追及の場面でこれまで以上に主体的かつ積極的な役割を果たしうる機会を保障すべきであろう。

ここに至って私たちは，犯罪被害者に刑事訴訟の当事者としての地位を認め

テーマ13　犯罪と刑罰　　　335

るべきか，という問題に突き当たることになる。確かに，国家による刑罰権の独占を前提として組み立てられたわが国の法制度では，国家を代理する検察官以外の者が訴追権限を持つことはない（国家訴追主義）。しかし，国家のみが刑罰権や訴追権限を行使しうるとする議論の前提は理論的にそれほど自明なものとはいえない。例えば，ジョン・ロックが『市民政府論』で展開した社会契約説（すなわち，各人が自然権として有していた処罰権を，社会契約を通じて政府に委任したとする論法）に国家刑罰権の正当化根拠を求めるとしても，国家が不当に犯罪者の処罰や訴追を怠る場合には，犯罪被害者等の個人が自ら刑罰権や訴追権限を行使できるとする議論も十分成立しうる［森村2001：99-100］。それゆえ，当該事件に最も利害や関心を有するはずの犯罪被害者等に対しては，訴訟当事者としての地位を認めることも理論上は可能であろう。勿論，ここで犯罪被害者に検察官と同様の役割を期待することはできず，刑罰の応報化を防ぐためにも国家訴追主義を維持する必要があることはたしかである。しかし，被害者等が訴訟当事者として裁判に参加することで，検察官による訴追権限の行使や訴訟追行過程を監視し，場合によっては，その権限行使を補完したり，独自の証拠調べ請求をするなどの役割を果たすことには重要な意味があると考えられる。

　すでに述べたとおり，全国犯罪被害者の会が作成した訴訟参加制度案要綱では，犯罪被害者を第三の当事者として位置づける三当事者対立構造が提案されていた。この提案については，日弁連等からの批判を受けて，結果的には従来どおりの二当事者対立構造が維持されることとなったが，その議論の過程で示された理由（60年間続いてきた刑事訴訟構造を維持すべきである，当事者主義に反する，被告人の防禦対象が複雑化する，証人の負担が増加する，迅速な裁判の要請に反する，など）のなかに，三当事者対立構造を積極的に退けるほどの強力な理由を見出すことはできない［岡村2007：183-222］。これに対し，被害者を代弁不可能な他者と捉える立場からは，従来の二当事者対立構造に犯罪被害者を「被害者参加人」として参加させようとする新たな制度に対して根本的な疑問が投げ掛けられる。その疑問とは，犯罪被害者と検察官との関係にかかわるものである。

　新設された被害者参加制度では，犯罪被害者に認められたすべての権利につ

いて事前に検察官に申出を行わなければならない。そして証人尋問や被告人質問については，被害者から提示された尋問内容や質問内容を検察官が検討し，検察官が自ら尋問等を行うべきと判断した場合には検察官自身が行い，被害者が行うべきと判断した場合には被害者に尋問等をさせることになる。また，検察官は被害者からの申出について意見を付して裁判所に通知し，裁判所の許可を受けることとなっている。これら一連の手続は二当事者対立構造の帰結であり，犯罪被害者は検察官と一体となって訴訟に参加することが求められているのである。しかしながら被害者としての心情は勿論，当該事件についての事実認識や主張内容について，検察官と犯罪被害者とが完全に一致することは稀である［日本弁護士連合会 2004：39-43］。それゆえ「被害者と検察官の間の協力関係，コミュニケーションの徹底が不可欠」［岡村 2007：67］であるといわれるが，他方で，犯罪被害者によって語られる代弁不可能な言葉やその多様性・複数性が検察官の介入によって損なわれ，検察官の訴訟追行方針に沿ったステレオタイプに押し込められてしまう危険性についても考えなければならない。

　犯罪被害者が代弁不可能な他者であるという前提に立ち，その存在の重みを司法が引き受けようとするのであれば，やはり法廷は犯罪被害者が自らの言葉で語るための場として整備されなければならない。裁判官や被告人に自らの主張や心情を届けるだけではなく，検察官の権限行使を監視し補完するという積極的な意味を犯罪被害者の訴訟参加に求めることで，犯罪被害者という「他者」の正義もまた追求されなければならないはずである。

⑶　他者の正義，あるいは，犯罪被害者が語るということ

　犯罪被害者という他者にとって追求されるべき正義とはいかなるものなのであろうか。法は，犯罪被害に遭遇してしまった者を包囲する「地獄のようなすさまじい声」に応えて，その肉体的・精神的苦痛を直接癒すことはできない。しかし，犯罪被害者が置かれた苦境を緩和し，その不正義の訴えに応えることはできる。これまでの不条理な制度の改正を唱えた法制審議会の答申とそれにもとづく刑訴法等改正法は，犯罪被害者からの訴えに対する応答の端緒として位置づけることが可能であろう。そして，治療費無料化を含む被害補償制度の充実，捜査記録の閲覧，公的な被害者弁護人制度の創設等が次なる課題として

すでに提起されている。これらの訴えをさらなる法改正や立法へとつなぐこともまた，犯罪被害者にとって追求されるべき正義であるということができるであろう。

　それでは，犯罪被害者にとって法廷で追求されるべき正義とはいかなるものなのであろうか。犯罪被害者やその遺族として実際に声を挙げている人々の訴えにはさまざまな相違点が見出されるが，被害者の事実認識や主張，心情などを適切に訴訟過程や判決に反映させたいとの想いは広く共有されている。勿論，そのなかには，被告人に厳罰を科したいという訴えもあれば，修復的司法（restorative justice）の観点から被告人の更生に協力したいという意見もあり，一概に論ずることはできないが，いずれの立場も，犯罪被害者を刑事司法の内側に位置づけることを求めているという点では一致している。しかし，最高裁は「犯罪の捜査及び検察官による公訴権の行使は，国家及び社会の秩序維持という公益を図るために行われるものであって，犯罪の被害者の被侵害利益ないし損害の回復を目的とするものではなく，……被害者または告訴人が捜査または公訴提起によって受ける利益は，公益上の見地に立って行われる捜査または公訴の提起によって反射的にもたらされる事実上の利益にすぎず，法律上保護された利益ではない」（最三小判平 2・2・20 判時 1380・94，95）と述べ，犯罪被害者が刑事司法の外側に位置することを確認している。

　しかしながら，刑事司法が「国家及び社会の秩序維持という公益」の観念のみにもとづくものでないことは明らかであろう。そもそも「公益」という抽象的かつ観念的な論拠から具体的な判決を導き出すことは不可能であり，また，この論拠のみにもとづいて検察官や裁判官がその権限を行使することは危険ですらある。そして実際には，多くの事件で，客観的な証拠やいわゆる量刑相場を踏まえながらも，裁判官が犯罪被害者の主張や心情等について考慮し，「自分が当該事件の被害者であったとしても，なお受け容れうる判決であろうか」と裁判官自身が自問している様子が判決文からうかがえる。このことは，被害者にもたらされる利益が「事実上の利益」であったとしても，それが「反射的な利益」に止まるものではないということを示している。つまり，明らかに，刑事司法は公益のみならず，犯罪被害者を名宛人とする利益にも与しているのであり，その意味で「刑事司法は犯罪被害者等のためにもある」（犯罪被害者等

基本計画，10頁）のである。

このように考えるならば，刑事司法における正義の追求にとって犯罪被害者は欠くことのできない存在となるはずである。そして，犯罪被害者を刑事司法の内側に位置づけ，その事実認識や主張，心情等を法廷で直接訴えることが重要な意味を持つことになると考えられる。なぜなら前述のように，自らが犯罪被害者であったとしても受容可能な判決を，自他の仮想的反転を通じて導き出そうとするのであれば，裁判官は検察官を介してではなく，被害者自身の声に直接耳を傾けるべきと考えられるからである。これは勿論，ヤングによって指摘された他者の反転不可能性とそこから導かれる代弁不可能性の帰結でもある。正義に適った判断を行うには，それが普遍化可能な公共的理由にもとづくものでなければならず，「自他の立場が現状と反転したとしてもなお首尾一貫して受容しうる規範的判断のみが正義の判断としての身分をもつ」［井上 2003：23］とされるが，例えば，犯罪被害者のように自他の立場の仮想的反転が不可能なほどにその位置関係が非対称的である場合には，他者の声を導きの糸としながら自らの想像力を働かせ，他者の立つ地点への接近を繰り返す以外に正義へと近づく途はないように思われる。それゆえ，裁判官が下す判決が，犯罪被害者によっても受容されうる正義の判断へと近づくためには，犯罪被害者が訴訟当事者として他の誰に服することもなく，自ら語ることができなければならないのである。

それでは，こうして語られた事実，主張，心情は刑事司法にいかなる影響を及ぼすのであろうか。訴訟当事者としての独立した地位を得ることで，犯罪被害者には証拠調べ請求権や意見陳述権などが認められる（さらに，独自の訴因設定権や上訴権が認められる可能性もある）。この場合には，それぞれについて被害者側が主張や立証を行うこととなり，ときには検察官の主張と対立することも考えられる。しかし例えば，証人の証言や被告人の供述のなかで被害者しか知り得ない事実が争点となった場合には，被害者自身による適切な反論を通じて，従来ならば看過されていたであろう真実が明らかにされることもあり得る。また被害者にとっては，被告人に対して自らの言葉で直接問い質すという体験がその後の精神的な救いになる場合もある。そして何より，被害者が法廷で自ら語る主張や心情に耳を傾け，裁判官や被告人が被害者の立場への接近を繰り

テーマ13　犯罪と刑罰

返すことで，裁判官による正義に適った判決と，被告人による深い反省とが導かれることになるであろう。

　しかしその一方で，犯罪被害者が自らの身を法廷にさらすことで受ける二次被害の危険にも注意しなければならない。とりわけ，被告人の陳述や弁護人からの反論では，被害者側の落度が殊更に強調されることなどが問題とされる［森際2005：174］。他方で，犯罪被害者が訴訟への参加を拒否した場合にも，被害感情が薄いなどの理由で社会的非難を受ける可能性が指摘されている。これらの問題に対しては，公的な被害者弁護人制度を創設することで，犯罪被害者の保護と負担軽減とを図る必要がある。さらにまた，犯罪被害者に対する倫理感覚を涵養するための法曹倫理教育や社会啓発活動などが求められることとなろう。そして，これら被害者保護制度の充実が，犯罪被害者等の訴訟参加を促すための前提条件であることは改めていうまでもない。

結　語　刑事司法の未来
──市民参加の果てに

　これまで刑事司法の世界では，被疑者・被告人の人権について多くの議論が積み重ねられてきた。憲法で厚く保障され，刑事訴訟法の詳細な規定で守られた被疑者・被告人の人権は，いわば刑事司法の表舞台であり，違法な取調べによる自白の強要とそれに起因する冤罪とがいまだ跡を断たないわが国では，被疑者・被告人の人権こそが刑事司法にとっての最重要課題であり続けてきた。しかし，刑事司法にはその舞台裏の闇のなかで虐げられてきた人々がいることも忘れてはならない。それは受刑者と犯罪被害者である。行刑改革会議の提言と法制審議会の答申によってもたらされた二つの変革はこれら虐げられてきた人々をその闇から救い出す試みであり，その意味で，刑事司法に新たな段階を画するものとして位置づけられるであろう。

　本章では，受刑者による不服申立と犯罪被害者の訴訟参加を中心に論じたが，これら二つのテーマからは一つの共通する議論の枠組みが示されることとなった。すなわち，それは「語る／聴く」という枠組みである。受刑者が人権侵害について不服申立てを行い，被害者とその遺族が訴訟当事者として法廷で自らの主張を展開するという「語る」次元。そして，不服審査機関や刑事施設視察

340　　　　　　　　　　第Ⅲ部　人権論の新地平

委員会が受刑者の声を聴き，裁判官と裁判員，さらには被告人が被害者の主張に耳を傾けるという「聴く」次元。これら対となる二つの次元の組み合わせが，刑事司法に新たな正義の可能性を切り拓くであろう。「語る」という次元は虐げられてきた人々に，そして「聴く」という次元は法曹等を含む市民に対して向けられたものであり，前者は社会的弱者の人権保障に，後者は市民による権力の監視に，それぞれ結び付けて捉えることができる。そしてこの二つの次元を組み合せることで，刑事司法という強力な権力システムに対する包囲網が準備されることになるのである。

　しかし，虐げられてきた人々が語り，市民がその声を聴くという，この二つの次元に支えられた人権救済の回路は，私たちに人権保障のユートピアを約束するのであろうか。恐らく問題はそれほど簡単ではない。現在のわが国において，受刑者や犯罪被害者は自らの惨状を市民に語るだけの力を持ち合わせているだろうか。そして，法曹や一般の市民にはその声を聴き取るだけの力が備わっているだろうか。語る側と聴く側とが一体となってその力を高め合わなければ，刑事司法に対する市民参加を通じた権力統制というユートピアは，一瞬にしてディストピアへと傾くであろう。

　それでは，この市民参加の果てに私たちが見るべきものとは何か。その一つは，語る側と聴く側とをつなぐ法曹の公共的役割への期待である。法曹がどこまで虐げられた人々を支え，市民による権力監視に参与できるかに，刑事司法の未来はかかっているのである。

発展的学習のための読書案内

チェザーレ・ベッカリーア（風早八十二・五十嵐二葉 訳）『犯罪と刑罰』岩波文庫，1959 年：近代刑法学の始祖による最重要古典。啓蒙主義の影響下で罪刑法定主義や死刑・拷問の廃止を説く。

ミシェル・フーコー（田村俶訳）『監獄の誕生──監視と処罰』新潮社，1977 年：20世紀を代表する哲学者が，監獄における監視と処罰を規律訓練権力という独自の概念で解き明かす。読者は，近代法が前提とする法的主体の観念を批判的に再検討するよう促されるであろう。

海渡雄一編『監獄と人権──制度化された隔離と暴力──その改革をめざして』『監獄と人権 2──現代の拷問・名古屋刑務所事件はなぜ起きたか』明石書店，1995

年・2004年：わが国の刑務所で続発する暴力と人権侵害の実態に監獄人権センターが迫る。諸外国の刑務所や刑事司法制度について幅広く紹介するとともに，名古屋刑務所事件についての詳細な分析から，今後のわが国における刑務所改革の方向性を示す。

沢登文治『刑務所改革——社会的コストの視点から』集英社新書，2015年：刑務所視察委員としての経験を踏まえ，「収容から更生へ」の転換を図ることで新たな刑務所改革を提唱する。

岡村勲監修『犯罪被害者のための新しい刑事司法——被害者参加制度と損害賠償命令制度』明石書店，2007年：被害者参加制度と損害賠償命令制度を中心に，その成立経過，歴史的背景，諸外国の制度について詳述する。被害者自身の観点から理論的に組み立てられた本書の議論は説得力を有する。

井上達夫『他者への自由——公共性の哲学としてのリベラリズム』創文社，1999年：正義を基底とするリベラリズムが自由と他者の問題に挑む。最終章で展開されるニーチェ，コノリー，レヴィナスとの論争で，自由，他者，正義が根源的に問い直される。

引用文献

Foucault, Michel 1975 : *Surveiller et Punir* : *Naissance de la prison*, Gallimard.（田村俶訳『監獄の誕生——監視と処罰』新潮社, 1977年.）

藤井誠二 2007 :『殺された側の論理——犯罪被害者遺族が望む「罰」と「権利」』講談社.

原田正治 2004 :「弟を殺した加害者と僕」『現代思想』32巻3号, 青土社, 64-71頁.

東大作 2006 :『犯罪被害者の声が聞こえますか』講談社.

井上達夫 2003 :『法という企て』東京大学出版会.

菊田幸一・海渡雄一編 2007 :『刑務所改革——刑務所システム再構築への指針』日本評論社.

森際康友編 2005 :『法曹の倫理』名古屋大学出版会.

森村進 2001 :『自由はどこまで可能か——リバタリアニズム入門』講談社現代新書.

日本弁護士連合会（犯罪被害者支援委員会）編 2004 :『犯罪被害者の権利の確立と総合的支援を求めて』明石書店.

岡村勲監修 2007 :『犯罪被害者のための新しい刑事司法——被害者参加制度と損害賠償命令制度』明石書店.

坂上香 1999 :『癒しと和解への旅——犯罪被害者と死刑囚の家族たち』岩波書店.

坂上香 2004 :「『被害者』の声を聴くということ——死刑に関する『語り』をめぐって」『現代思想』32巻3号, 青土社, 72-83頁.

沢登文治 2015 :『刑務所改革——社会的コストの視点から』集英社新書.

関良徳 2001 :『フーコーの権力論と自由論——その政治哲学的構成』勁草書房.

瀧川裕英 2007 :「権力分立原理は国家権力を実効的に統御しうるのか」長谷部恭男・他編（井上達夫責任編集）『岩波講座憲法1　立憲主義の哲学的問題地平』岩波書店, 89-124頁.

Young, Iris Marion 1997 : *Intersecting Voices* : *Dilemmas of Gender, Political Philosophy, and Policy*, Princeton U.P.

法学セミナー 48 巻 7 号, 2003 年.

ジュリスト 1338 号, 2007 年.

テーマ **14**

生命倫理と法
──臓器売買問題を中心として

奥田純一郎

は じ め に

ケース14-A

実業家Aは，腎機能不全に苦しみ，現在人工透析を週に3回受けている。

その負担に耐えかねたAは，健康な腎臓の移植を切望していた。Aは，仕事上の取引相手Bに，二つある腎臓のうち一つの提供を依頼した。

最大の取引先でありその取引の中止はBの事業の倒産に直結するAの依頼であることに鑑み，Bは承諾した。その際Bは，Aに対する1000万円の債務を帳消しにすることを条件として持ち出し，Aも承諾した。

BはAの主治医Cのもとに赴き，Aの親族（義理の弟）であると偽って腎臓提供を申し出た。Cはこれを書類等で確認せず軽信し，Bから腎臓の一つを摘出し，これをAに移植した。

後日Aは，Bの債務を約束通り帳消しにした。

ケース14-B

実業家Dは，腎機能不全に苦しみ，現在人工透析を週に3回受けている。

その負担に耐えかねたDは，健康な腎臓の移植を切望していた。しかし身近に該当者がいなかったため，ブローカーEに依頼し，提供者を募った。

Eは1000万円の債務に苦しむFを探し当て，その債務をDが弁済することを対価に，二つある腎臓のうち一つの提供を依頼した。

Fは承諾し，Dの主治医Gのもとに赴き，Dの親族（義理の弟）であると偽って腎臓提供を申し出た。Gはこれを書類等で確認せず軽信し，Fから腎臓の一つを摘出し，これをDに移植した。

後日Dは，Fの債務を弁済し，Eに仲介の報酬として100万円を支払った。

344 第Ⅲ部 人権論の新地平

　上記事例はいずれも，いわゆる臓器売買をめぐるものである。読者諸君は，
この事例におけるＡからＧまでの登場人物の行為につき，どのように考えるだ
ろうか？　全員が法的な非難に値する，もしくは値しないと考えるだろうか？
それとも一部の者は非難に値するが他の者は値しないと考えるか？　いずれに
せよ，その理由は？

　本章では，まず現行法の立場とその背景にある「常識的」な生命倫理学の考
えから導かれる結論と，これを批判するリバタリアン的身体自己所有権論を
紹介しつつ，この常識的な考えの背景にある前提自体の欺瞞性を指摘する（1
何が問題か？）。続いて，その欺瞞が臓器売買のみならず生体臓器移植，ひいて
は移植医療一般に関する「常識」に由来しており，それは移植のもたらす輝か
しい側面に幻惑されて見落とした，ドナーという存在に対する無理解（特にド
ナーを「死体」とすることで，問題を解決せずに解消しようとする誘惑）に由来す
ることを述べる（2　移植「医療」の性格）。このことが突きつける「移植は「医
療」といえるのか，そもそも医療と法はどのような関係に立つべきなのか，法
の果たすべき役割は何か？」という問いに答えるべく，患者・ドナー・医師の
存在論的地位を踏まえた医師患者関係と法の関係を描き，そこから「生体移植
のみが許容される」「しかし原則として臓器売買は許容されない（但し例外あり）」
という結論を導き（3　そもそも，「医療」と「法」の関係は？），最後に本章の考
察の意味と射程について若干のまとめを行って締めくくりとする（結語）。

1　何が問題か？

　この二つの事例は，現金の授受こそないものの，臓器の対価としてドナーが
財産上の利益を得る，典型的な臓器売買のケースである。こうした行為は現行
の「臓器の移植に関する法律」(1997年成立，2009年改正。以下，臓器移植法と略す)
11条各項において明確に禁止されている。すなわちケース 14-A において，Ａ
の行為は臓器移植法11条2項（レシピエントによる，ドナーへの臓器提供の対価
供与（及びその申込）禁止）に該当し，Ｂは同法11条1項（ドナーによる，レシ
ピエントからの臓器提供の対価受取（及びその申込）禁止）に該当する。またＣ
の行為は同法11条5項（臓器売買，即ち有償による臓器提供であることを知った

テーマ 14　生命倫理と法　　　345

上での臓器摘出または臓器移植の実行）に当たる可能性がある。またケース 14-B
は，ケース 14-A と同様の情況であるが，ブローカー E が介在している点のみ
が異なる。これもまた，同法 11 条 4 項（臓器の受領の，有償でのあっせん）に
該当する。これらの行為は，同法 20 条 1 項により，5 年以下の懲役もしくは
500 万円以下の罰金，またはその併科に処される［厚生省保健医療局臓器移植法研
究会 1999：71-73］。

　また日本移植学会も臓器移植に関する倫理指針を公表しており，生体か
らの臓器移植は原則として近親者をドナーとするものに限ること，臓器売
買を絶対的に禁止すべきことを明言している（http://www.asas.or.jp/jst/pdf/
kaisei20071122.pdf）。殊にケース 14-B のようなブローカーが介在してドナーを
募る行為は，移植の商業化を促進するのみならず，先進国の裕福な患者のため
に発展途上国の貧困に苦しむ人々に臓器を売るよう仕向けているとして，ケー
ス 14-A に比べてさらに悪質性が高いとされている。このことは 2008 年の国
際移植学会で全会一致によって採択された「臓器取引と移植ツーリズムに関す
るイスタンブール宣言」でも強調されている（以下，イスタンブール宣言と略す。
上記日本移植学会ホームページにも，宣言の原文と邦訳がある。http://www.asas.
or.jp/jst/pdf/istanblu_summit200806.pdf）。

　ケース 14-A は，2006 年に明るみになった宇和島徳州会病院事件を参照に，
細部を簡略化したものである。実際の事件でも，A に相当する人物は懲役 1 年
執行猶予 3 年の有罪判決（松山地宇和島支判平 18・12・26 判例集未登載），B に
相当する人物は，略式起訴により罰金 100 万円と共に報酬とされる利得（現金
30 万円と乗用車）の追徴・没収を科される有罪判決を受けた（ともに確定）。C
に相当する医師は，A と B の間に実際には親族関係がないことを知らず，故意
を欠くとして訴追されなかった。またケース 14-B に相当する事件も 2011 年
に発覚した。今回はレシピエント D とドナー F の間に偽装養子縁組もなされ，
事情を知らない医師 G は不起訴になったものの，D，F，ブローカー E ら 9 名
が起訴された。全員が臓器移植法及び刑法（電磁的公正証書不実記録・同行使罪）
につき有罪判決が下され，特に D は懲役 3 年（東京高判平 25・5・31，医事法判
例百選［第 2 版］96 事件），E は懲役 2 年 6 月及び報酬 180 万円の追徴（東京地
判平 25・1・9），F は懲役 1 年 6 月及び報酬 34 万円の追徴（東京地判平 23・11・2）

の実刑判決となった。このように事件そのものは，事実関係に合わせて法令を単純に適用して処理できる，「争いが少ない事件」であった。

　むしろ問題は，これほど単純な事件が現実に起きてしまったことである。特にケース 14-A については事件の反響として，C のみならず A，B を擁護する世論が少なくなかったことも注目に値する。それらは「なぜ臓器売買は違法とされるのか？」という，きわめてシンプルな問いにつき，「常識的な」生命倫理学が説得力ある回答を与えていないこと，またこの分野につき法の果たすべき役割が，一義的に定まっておらず論争的であることを，示している（なお，ケース 14-B については E が暴力団員であったこともあり，被告人らは上記ケース 14-A に相当する事件のようには世論の支持を得てはいない）。

　臓器売買をほぼ包括的に禁じている臓器移植法 11 条の趣旨は，「臓器を経済取引の対象とすることは，人々の感情に著しく反し，移植機会の公平性を損ない，さらに善意・任意の臓器提供という臓器移植の基本的な考え方にも支障を来す」からである，とされる。これは生命倫理において半ば常識として定着している「臓器売買禁止の理由」であり，現に宇和島徳州会病院事件につき裁判所は判決文の中でそのように述べている。前述の，ケース 14-B がケース 14-A より悪質性が強いとされる理由も，この「常識的見解」を敷衍し「善意・任意の臓器提供」を損なう蓋然性がより高いから，とされる。上記イスタンブール宣言も，この趣旨に沿ったものといえる。

　しかし本当に，この「常識的見解」の結論は異論の余地のないものであろうか？　まずケース 14-B は本当にケース 14-A よりも悪質性が高いと言えるだろうか？　「善意・任意の臓器提供」がケース 14-B ではケース 14-A より害されているだろうか？　確かに商業的性格はケース 14-B のほうが強い。しかしケース 14-A は移植を望む人が見知った人であり，現実のしがらみ（血縁や継続的取引関係，義理や恩など）から生じる無言の圧力に屈した結果の臓器提供であることは十分考えられる。他方ケース 14-B では見も知らぬ相手であり，こうした圧力は希薄である。とすれば提供意思の任意性に関する限り，ケース 14-B がケース 14-A より悪質とはいえず，むしろ逆ではないかとの素朴な疑問さえ生じる（なお本章では触れていない「移植機会の公平性」に関する「常識的見解」の欺瞞性については，上記宇和島徳洲会病院事件とほぼ同時期に問題になった病腎

移植をテーマに別稿［奥田 2017］で論じたので，そちらを参照のこと）。

さらにケース 14-A，ケース 14-B を併せた臓器売買の一律的禁止に対しては，臓器移植を待ち望む人々からは猛烈な反発がある。それは「なぜ臓器売買は違法とされるのか？」という問いを投げかける，文字どおり「命がけ」の主張である。この問いを洗練された形で持ち出し，生命倫理における「常識的」な臓器売買禁止論に根源的な疑問を投げかけている例として，森村進の立論［森村 2004］を検討してみよう。

森村は通常説明される臓器売買禁止の根拠を挙げ，それらがいずれも禁止の十分な理由とはなりえないこと，有償での提供（売買）と無償での提供（贈与）を区別する一般的な理由は存在しないことを説明する。まず森村は臓器売買禁止の理由を①有償での提供者（売り手）が非難に値する，②個人の意思ではなく社会的な強制分配に服さしめるべきである，の二つに分けて考察する。

まず①に対して森村は，その前提自体が疑問である，とする。そもそも臓器提供は需要に対し圧倒的に不足しており，不提供・有償提供・無償提供という三つの選択肢があるなら，無償提供に限定するより有償であっても提供がなされるほうがレシピエント候補者たる患者には有難いはずであり，対価を求めることが何故非難に値するのか，と反問する。また禁止論からは，移植臓器を切望する患者の弱みにつけ込んで利益を得ることは，いわば「搾取」である，という議論がある。これに対しては，経済的取引は一般的にお互いの切望・弱みを前提とし，その上で合意し成立する以上，臓器に関してだけこの批判がなされるのはおかしい，と森村は反論する。さらに臓器を金銭によって入手することは，ドナーの臓器を交換可能な財とみなし，臓器に密接に結びついたドナーの人格を自らの健康の回復のための，単なる手段としてのみ用いることであって「人格の尊厳」を損なう，という禁止論からの批判もある。これに対し森村は，「単なる手段としてのみ用いる」とは互いに相手を尊重されるべき自由と利益を持った存在であると認めない仕方で取り扱うことであり，脅迫や詐欺によるものでない限り本人の同意の下でなされた臓器売買がこれに当らないのは他の契約の場合と同様であるとする。そして臓器売買が臓器に値段をつけることであり，人体の商品化をもたらし社会に悪影響を与える，という批判に対しても，臓器を売りたくない人にとっては商品化しないし，売ることを強制され

てもいない以上は的外れであり，そもそも商品化することがその対象を尊重しなくなる訳ではないことを土地所有権の場合を引き合いに出して論じる。

　そして②につき「売買は許されないが社会的分配は許容される」という無償化の究極の例として森村はジョン・ハリスのサバイバル・ロッタリーとG．A．コーエンの眼球くじを取り上げる。いずれもくじによる無作為抽出で選ばれた健康人から臓器を強制的に摘出し，それを切望する患者に移植するという着想だが，これらに対し一般人が感じる嫌悪感を前提に，森村は臓器提供における有償性の拒否という「常識」に疑問を呈し「分配と売買と贈与はどこが違うのか？」と問題を提起する。そこで森村は提供の分類として強制／随意という軸と，有償／無償という軸があることを指摘する。そして意味のある分類は前者であり，強制的提供（分配）は禁止されるべき合理的理由があるとし，その根拠を身体への自己所有権に求める。これに対し随意的提供においては，有償（売買）と無償（贈与）を区別する理由はなく，ただ有償による提供を認めることが提供の目的を損なう場合は功利的な理由により禁止しうる場合がある，とする（例えば売血を認めることは，供給量を増やせる利点がある半面，健康状態の良くない職業的供血者による瑕疵ある血液を混入させ，輸血者の健康を損なう危険が増大する）。臓器の場合は供給量等を考えると，血液の場合よりも有償による提供を認める必要性は高くなる，として禁止する功利的な理由はない，とされる。以上のようにして森村は，常識的見解に反して臓器売買を許容する。

　この森村の見解は，一見もっともに思える。それどころか，常識的見解が前提にしているはずの「医療における患者の自己決定権の尊重」という原理を徹底すれば，森村の主張を覆すことは困難である。ドナーとレシピエントが自由に同意をしたのであれば，その同意に経済的利益が介在したとしても，そのことを理由に「公序良俗違反」として合意の実現を阻むのはモラリスティックな価値観の強制であり，それは法の任務ではない。臓器売買をある種の人身売買や奴隷契約として構成して禁止することも，継続的な自由意志の抑圧を伴うわけではない以上，無理がある。

　森村は言及していないが，提供の任意性を担保する「匿名性の要請」に関しても，より洗練された売買容認論がありうる。すなわち，公的な臓器バンクを創設し，提供の見返りにドナーに金銭的インセンティブを与え，レシピエ

ントと直接関与しない形をとりつつ，提供を増やそうとする試みである。これはアメリカ・ペンシルベニア州で実行されている方式である［参照，今井　2004，Hinkley 2005，Taylor 2005 等］。

提供臓器の不足という現状を打破し移植を切望する声に後押しされ，売買を許容すべしとのこうした見解は力を増している。臓器移植の普及を訴えると同時に提供を「道徳的に崇高」なものとする常識的見解は，モラリスティックで奇妙にさえ見える。その結果移植学会の指針等による，売買を含む提供の拡大の試みへの禁止・制約は，患者の臓器提供を受ける権利の侵害とさえ認識され，学会の代表者がレシピエント候補者か賠償請求訴訟を提起される事態に至っている。臓器売買をめぐる論争は，ある種の袋小路に陥っている（なお，本章とは別方向で森村の見解を検討する論考として，参照［鈴木　2010]）。

ではどう考えるべきか？　問題の中核は，臓器売買に賛成する論者も反対する常識的見解も共有する「臓器移植は，よき結果をもたらす医療である」という前提の意味である。レシピエントの健康に劇的な改善をもたらすという光の部分を自明視した上で，両者は争っている。この前提を問い直すこと，言い換えれば「正当性を問われているのは臓器売買『だけ』なのか」と問うことが必要なのではないか？　このことは移植医療全体を見直すこと，またさらに法が医療に対して有する認識とその効果（特にその社会的特権性（プレステージ）の承認）を再検討し，そこに臓器移植および臓器売買を位置づける，という過程を経る必要がある。そのため次節では，まず移植医療の性質を検討する。

2　移植「医療」の性格

まず始めに，売買に限らず移植一般に関する問題としての臓器不足について検討する。移植による希望を目の当たりにしながら，それを阻む現実の深いギャップに，患者が苛立ちを募らせるのは当然であろう。しかし，人が人生を送るために必要とされる資源は無尽蔵ではなく，すべての人の欲求を満たすには至らないことは珍しくない。資源は天から与えられる「マナ」ではない以上，現存するものの中で遣り繰り・分配せざるを得ない。正義とはそのためのルールである。このことは臓器も例外ではない。だとすれば何故に臓器だけが例外

的に、「不足すること自体が不正」であるとされ、不足の解消に向けた、なりふり構わぬルール変更が当然のように要求されるのか？

このことを端的に示す、患者の声を検討しよう。それは臓器提供の拡大を目指す試みへの反対・少なくとも倫理的な懸念の表明に対し、反射的に上がる「私たちに死ねと言うのか」との声である（この声は移植医によって代弁されることもある）。この声の切実さには同情を禁じ得ないが、その含意は慎重に吟味されるべきである。この声は、自身に適合する臓器ドナーが現れ、その臓器を獲得して健康を回復した「私たち」を前提にしている。だからこそ、それを妨げる言説を「死ねと言う」すなわち不正であると難詰する。この論法は結論先取りであり、ドナーの臓器を無条件に我が物と考えていることを暗示している。また「法は人を幸福にするためのものなのに、なぜ患者が幸せになることを法が妨害するのか」という声もある。この声は前半部分にも「勝手な思い込み」との疑義が呈されうるが、仮にこれを肯定してもなお疑問がある。つまり法が保障すべき「幸福」とはどのようなものなのかは自明ではない。この二つの声が示すのは端的に、その主張者が倫理的な出発点（ステータス・クオー）がどこにあるかを（意図的か無意識にかはさておき）操作している、ということである。それは「一般的に」移植が可能になった、ということから「具体的な」自分自身が移植をすでに受けた状態をステータス・クオーとして議論をしてしまう、という誤謬である。この誤謬を生じさせる原因はどこにあるのか？　患者の切実さだけで説明できるだろうか？　そもそも移植「医療」とはどのような性質を有するものであろうか？

通常の医療は、インフォームド・コンセントの法理の上に成り立つとされる。すなわち医師が患者に情報を提供し患者が同意をして初めて治療行為は適法となり、さもなくば患者の自己決定権・身体的不可侵性を侵害する違法行為とされる。この理解によれば、医療は医師と患者の閉じた二者関係である。しかし臓器移植はドナーという、この二者以外の第三者を巻き込まざるを得ない。しかもドナーは臓器を摘出される（以後の健康も損なわれる）という不利益のみを課され、移植によって何ら客観的な利益を得ない存在者である。にもかかわらず、ドナーはこの二者関係にとっては外在的な与件として扱われている。

ドナーと医師との関係を、並行するもう一つの医師患者関係であると理解し

テーマ14　生命倫理と法　　　　351

ても，通常の医療で考えられる患者の利益が存在せず，ドナーの同意にしか正当化根拠を求めることができない。だからこそ最低限，ドナーに関しては「臓器を得るためにドナーが殺されてはならない」という保護が与えられ，このことを要求する倫理的・法的規則（デッド・ドナー・ルール，以下DDRと略す）が存在する。もしDDRを徹底するならば，ドナーの生死に関わる臓器（端的には心臓）を摘出することは許されない。また提供される臓器の数も増加しない。

　しかしDDRを維持しつつ，この隘路を抜け出す方法がある。死の定義の変更である。脳死を人の死とすることにより，臓器としての心臓が機能している状態で摘出してもDDRに違反せず，患者たるレシピエントに移植することが可能になった。また肝臓などの移植の成功率も提供数も増加させることが可能になった。この隘路からの脱出は，臓器不足を嘆く声の圧力の前に，さらなる拡大を期待されている。例えば鉄鋼業に代わって移植医療を町おこし産業に用いようとするアメリカ・ピッツバーグ市にあるピッツバーグ大学のプロトコルでは，死の定義を脳死から再び心臓死に切り替え，心肺停止状態になったら蘇生措置を行わず2分間放置して死亡と判定したのちドナーとする。心肺停止時の迅速な応急手当着手の重要性が認識される中，それに逆行するこうした施策は驚くべきものである。日本でも2009年の臓器移植法改正により，オプトイン（脳死判定・提供意思明示）方式からオプトアウト（拒否表示なければ脳死判定・提供意思ありとみなす）方式への変更が実現した（このことにより，同意能力のない小児ドナーからの臓器提供が可能になった）。さらにアメリカではDDR自体の廃棄・変更・例外許容といった議論がなされている［諸論考の中立的なサーベイとして，児玉　2007］。これらの提供臓器の増加を目指すなりふり構わぬ主張には「医療とは何か？」との反問を禁じえない。

　こうした効用への期待と倫理的躊躇（ドナーに対して感じる，負い目や後ろめたさ）の板ばさみの産物として，移植に関して「死体からの移植（死体移植）が原則で生体からの移植（生体移植）は例外」「提供は無償によるものに限り，有償による提供は禁止」という二つの倫理的命題が「常識的見解」として定着したように思われる。前者はDDRへの配慮であり，後者は客観的には利益を受けないドナーを崇高なものとすることによって，共にレシピエントと移植医のドナーに対する後ろめたさ・負い目を糊塗する機能を果たしている。前記イ

スタンブール宣言も同様な視点から，死体移植が原則でありその普及を各国で図ること，生体移植は例外的であり止むを得ずこれに頼る場合はレシピエントと同様に生体ドナーの事後的ケアに留意すること，移植ツーリズムを禁圧し国内ドナーでの臓器提供を促進することを義務づけている。

この「常識的見解」の延長線上に，先ほどの患者の声は理解できる。すなわちドナーは死体であることが原則であるから，臓器は無主物・単なる「モノ」と考えられる。従ってその臓器をドナーのものと考えるが故の罪悪感に苛まれずにすむ。そのことが「臓器不足＝不正」とする意識につながり，その解消のための（売買を含む）多様な方法を無批判に肯定することになる。しかしここでは視点を変え，問題の捉え方自体を再構成しよう。事の性質上，我々はレシピエントへの効用に注目しがちだが，移植に不可欠な登場人物としてのドナーこそ，考察の中心に据えるべきである。「移植によって助かる人がいる」という結論先取り論法は棚上げして考えてみよう。

まず，第一の命題，「死体移植が原則で生体移植は例外」という主張は正しいだろうか？　死体移植は死体の扱い方として正当なものといえるだろうか？　前記 DDR の趣旨は，移植にはドナーという存在者が必要であること，そのせめてもの保護のために「本人の同意があっても，ドナーとなることによって死んではならない」ということであった。これが「すでに死体となった人体からであれば，移植に供しても問題ない」と反対解釈され，レシピエント側の都合によって死の基準を動かそうとしている。いわば「すでに死体」であるのではなく，移植のために死体にされる，極言すれば死体が「作られる」のである。それが脳死・心臓死を問わないことは，ピッツバーグ大学の例から見て取れる。このような方法は，DDR の文言を形式的には遵守しているように見える。しかし実際には，用いられている言葉の定義を動かすことにより，その内容を潜脱・空文化するものである。ではピッツバーグ大学のような DDR の「濫用」を禁ずれば足りるか？　問題はそう単純ではない。「濫用」は基準の適用において生じるのみならず，基準そのものの定立においても生じる。まさに「脳死」なるものを導入した際に，基準の定立という形で DDR を潜脱し，死体が「作られる」ことを可能にしたことが，その好例である。だとすれば，DDR の本来の趣旨に帰り，この命題は逆でなくてはならない。すなわち「生体移植

こそが原則であり，死体移植は許されない」と解すべきである。DDR の趣旨が「誰かのために他の者が犠牲となりその存在を否定されることがあってはならない」ということだとすれば，これは基本的人権の根幹に属する主張である。ならば DDR は，表層的な文面ではなく趣旨こそを厳格に守るべきものである。その趣旨の潜脱を図りつつ，表面的な意思表示を口実に「人権の尊重」を謳い，その意味を考慮しないのは，欺瞞というほかない。

　第二の命題，「無償での提供に限り，有償での提供は禁止すべき」については，上記森村の批判が的を射ている。無償提供が有償よりも優れて倫理的な行為である，として称賛することはありうる。しかしそのことが有償提供を禁止する理由にはならない。売血のように有償によることが質に影響し，その目的を損なう場合を除き禁止すべき理由は無い。では森村のいうように，臓器売買を解禁すべきであろうか？　確かに第一の命題に関する本章の立場からすれば，有償とはいえ生体移植である以上は死体移植よりはマシである，とまではいえよう。しかし森村の前提する自己所有権論，とりわけ「身体の自己所有」という観念に遡って考えるとき，必ずしも森村と同じ結論には至らない。

　森村は，自己の身体は自己の所有物であり，意に反する他者からの介入を排除して自己の思い通りに使用・処分できる，とする。この自己所有権論の強みは，意に反する身体への他者からの干渉・強制を排除しうるという我々の直感の説明に遺憾なく発揮された。しかし「自分の身体だから自分の好き勝手にしていい」という，自己所有権論のもう一つの含意には，我々の一般的直感に関する森村の説明は逆方向に働く。自己の身体の自由な使用であるはずの自損行為や売買春行為に対し，我々は直感的に嫌悪感を抱くことが一般的であろう。それは身体に関する我々の直感が，森村が主張するような他の所有物，通常財に対する「所有」とは異なるものと認識しているからである。すなわち身体は，単に所有の客体ではなく，自己が存在していることの場を与えるものとしての意味を有している。いわば存在と所有の結節点であり，通常財と同一視できない特殊な財である。だとすれば身体の一部である（しかも多くの場合再生不可能で，事後の当人の健康に大きな影響を及ぼす）臓器を，通常財と同様に随意譲渡ができるものとして捉えることは有償無償を問わず疑問である。

　したがって次の問いは「臓器を随意譲渡する自由があるか，あるとすれば，

第Ⅲ部　人権論の新地平

それは身体の特殊性としての，所有と存在の結節点という性格から，どのように説明されるのか？」である。すなわち意思に特化した「支配下にある所有物の随意な処分権」としての自由としてではなく，自由の基盤としての自己の存在のあり方を射程に入れた正当化が必要になる。この自己の存在のあり方は同時に，第一の命題の検討で示された医療，すなわち医師患者関係において，患者もしくはドナーと，医師がどのような関係に立つかを示す図式をも提示する。つまり通常の医療の枠組みで捉えきれず，そのために不可欠な登場人物であるにも拘らず等閑視されてきたドナーという存在者を正当に位置づける可能性と，そもそも医療に対する法の捉え方（言い換えれば，移植は法が認める「医療」に含まれるか）を検討する上で，この問いは避けて通れない。

3　そもそも，「医療」と「法」の関係は？
——移植をめぐる登場人物からの考察

　前節で述べたように，第一・第二の命題ともドナーという存在者を医師患者関係から排除・不可視化し，外在化していることは問題である。そもそも医師患者関係の本質とは何か，ひいては医療とはどのような営みであるのか？　この問いに対して直接に答えることは，医学の専門家ではない筆者の能力を超える。しかし医療をどのような営みとして法が捉え，かつどのような効果を与えているかを考察すること，言い換えれば法の側から医療を見る視角について論ずることは必要不可欠である。

　従来，医師は患者の利益である生命・健康について患者本人よりも良く知り，良く判断しうるとの前提から，医師の裁量権を広汎に認めるパターナリズムが容認されてきた。したがって医療行為として行われる限り，たとえ患者の意に反するものであっても違法とはされなかった。しかし人々の価値観が多様化し，生命・健康についての理解が一様ではなくなった現代において，この前提は自明ではなくなった。そこで提唱されたのが上記のインフォームド・コンセントの法理である。すなわち医療行為といえどもそれ自体は患者の身体への侵襲であって，患者の同意があって初めて適法な行為とされるのであり，同意を得るために医師は患者に十分な説明をして理解を得なくてはならない，とこの法理は定める。この法理は患者個人の自己決定権を重視したものと評価でき，それ

まで医療の客体に過ぎなかった患者に主体的地位を与えることに成功した。しかしその反面，医師の専門性に基づく判断が蔑にされがちになる一方，訴訟を恐れて決断を患者に丸投げする医師が現れるなどの弊害も指摘されている。

そこで今日，インフォームド・コンセントに対する新しい解釈がなされ，医師患者関係のモデルの再検討が提唱されている。ここでは清水哲郎と樋口範雄の見解を例に挙げてみよう［それぞれ清水 2005，樋口 2007］。清水はインフォームド・コンセントを医師と患者の，相互の説得の過程を通じた両者の合意に至る過程と捉える。つまり決定は患者の専権ではなく，医師と患者が対等な決定権限で関与する共同決定である，とする医師患者関係モデルを提案する。他方樋口は，従来のインフォームド・コンセントが対等な当事者どうしの契約を念頭に置いたモデルに立脚することを批判し，これに代えて信認関係モデルに立つべきことを主張する。信認関係とは，信託に典型的にみられるように，対等でない当事者間で優位にある一方が他方の利益を図る関係である。この関係を維持すべく，優位にある者は自らの専門性に基づき広範な裁量を行使しうる反面，相手を害さないようさまざまな義務（信認義務）を負う。

いずれの見解も，医師の主体的立場や専門性を生かそうとする意図に基づいている。それは上記弊害の教訓を汲んだ提案として，一理ある。しかし両者とも長所と同時に難点を抱えている。まず清水については，医師と患者を対立する当事者としてではなく共同決定のパートナーと捉えたことは評価できる。しかし「対等」性を強調して，同意に至らない場合は現状維持とし，何もしないで交渉を継続すると清水はいうが，これは明らかに失当である。医療において問題になる「病める身体」は患者の存在そのものであり，医師のそれではない。医師にとって当該患者は one of them であるが，患者自身にとって患者は the only one であり，その関心の寄せ方は対等ではない。殊に死が差し迫っている重篤な事態では，清水のモデルは時間に余裕がある医師の側に圧倒的な優位をもたらし，患者の権利はないも同然になりかねない。ステータス・クオーが不明なままでの「対等な交渉」は，裸の力関係の優位に後付け承認を与えるだけの理屈になりかねない。これに対し樋口は医師と患者の間の，知識や力関係の不均衡を直視している点で評価できる。しかし信認義務の内容に疑問が残る。典型例としての信託による財産運用であれば，財産価値の維持・増大とい

う目的が自明である。従って何が相手方当事者（受益者）の利益の侵害であるかが明確であり，信認義務の内容も客観的に同定しやすい。しかし医療においては，まさに何が患者の利益であるかが一概に決定し難いことからインフォームド・コンセントの法理が生まれたのである。だとすれば信認関係は，優位な当事者としての医師への心がけとしての意味は格別，医師患者関係のベースたるモデルにするには不十分である。信認関係の基準となるべき価値が不明確なままでこのモデルを採用してしまうと，医師の専断を防止することがむずかしい。

　さらに前節までの検討を踏まえるならば，清水も樋口も医療を，閉じた二当事者関係としての医師患者関係と捉えている点で，従来の見解の問題点を克服できていない。殊にドナーをいかに位置づけるか，という問題に答えを見いだせていない。当事者間の意思のレベルに考察がとどまっており，患者やドナーの存在の在り様や，これとかかわる形で医療と法の関係・役割について述べられていない，という点で共通の難点を抱えている。

　筆者はかつて別稿で，安楽死と自己決定権という問題について論じた［奥田2003および奥田2006］。その際，個人の内心の意思を絶対化し人生のすべてをこれによって支配する「強い個人」の在り方を批判し，他者や社会によって支えられている「弱い個人」の存在論を前提にすべきであるとした。これは自己決定権の前提となり同時にその射程と限界を画するものとして機能する。ここで提唱した私＝自己としての人間存在の枠組みは，適宜修正することで死の問題を超えて一般的に利用できると思われるので，以下に説明する。

　筆者はヴラジミール・ジャンケレヴィッチの死の考察，すなわち概念的には一つの死が人称の視角によってまったく異なる様相を呈することからヒントを得た［ジャンケレヴィッチ1978］。私以外の誰にも代替不可能であり語りえない絶対的恐怖としての「私」の死（一人称の死），「人は必ず死ぬ」という客観的事実・統計学的な必然としての「彼（抽象的な，誰か）」の死（三人称の死），この二つの対極的な死のイメージの断絶をつなぐものとしての，私にとってかけがえのない存在である身近な他者としての「あなた」の死（二人称の死）という，互いに還元できない三つの死が併存している。これは「私」（一人称の生）「あなた」（二人称の生）「彼（誰か）」（三人称の生）という相互に独立の三つの層からなる

生を生きてきたことを，それが失われるという形で示している。自己はその存在構造の中に自我（私の意思・一人称）のみならず他者（二人称）や社会（三人称）を内在させている。いわばすでに完成された「自己」としての人間存在が他者や社会と出会うのではなく，三つの人称的視角（存在の三つの層）全体をつなぐ規制理念，三つの層を貫いて存在する扇の要として自己は存在している。

　人間存在をこのように理解する際のキーワードは「固有名詞性」である。自己は三人称的な考慮に基づく「平等な資格」を有する存在の上に成り立つ。その限りでは固有性はなく他の存在と対称的な「かけがえのある」存在である。しかし同時に自己は，固有領域としての「自分」を形成することにより，固有名詞でしか語れない，他とは非対称的・代替不可能な「かけがえのない」ものとなる。自分とは，一人称的な自我と二人称的な他者から構成される（三人称的視角からは不可知・不可侵の）領域である。自我と他者は，相互に語り合い関わり合い，共に生きることにより，自己の人格を「その人らしさ」を備えたものに形成して行く。こうした関わり合いを通じて，自我は全体としての自己を解釈し，自己像を再帰的に構成する。その際他者は，その存在が自己の一部と感じられる，きわめて親密で，その固有名詞性が重要な意味を持つ存在となる。しかしこうして，あたかも「自身のことの様に」思われる他者も人格の個別性・非対称性の故に隔てられ，一人称と二人称の間には厳然たる壁がある。自身の生において他者を必要としつつも，他者とは一体にはなり得ず，他者の身代わりにもなれない。

　このような存在構造を反映し，当為・道徳的世界は，生の世界に対応した三つの層を持ち，各層はそれぞれに固有の性質と，それ故に他の層から課される制約条件を持つ。三人称の層は普遍性・平等に基づいて判断するが，その上に「かけがえのなさ」を担う固有領域としての自分があることに配慮しなくてはならない。また二人称の層は，一人称に対する個別的な（即ち固有名詞性が重要な意味を持ち，当該一人称に対してのみ感ずる）共感・一体性に基づいて判断するが，その相手（一人称的自我）の存在との非対称性と三人称的普遍性の前に立ち止まる「存在への畏敬」が要請される。そして一人称の層は，二人称の層からも厳然たる壁によって隔てられた，主意主義的・独我論的な意思が支配する。

　では「弱い個人」を前提にして考えられる自己決定権とは如何なるものであ

ろうか？　この問いは医療におけるインフォームド・コンセントが自己決定権
に由来すると考えられる以上，避けて通れない。従来の「強い個人」はこの独
我論的意思が，そのままの形で実現されることを「自己決定権（の尊重）」と
称してきたが，こうした従来の理解は，多層性を否定し人間存在を一人称に還
元することを含意する。これを単純に徹底することの不都合性が近時指摘され
ている（上記清水・樋口の見解もその一例である）のも，存在の多層性を否定す
るが故の問題が生じているからである。とすれば，多層性に配慮する解決策が
求められる。それぞれの層の命じる規範は相互に緊張関係にあり，自己はその
衝突の解決を求められている。その解決には存在の構造を反映した考慮が必
要である。すなわち存在の全体を考慮しつつ，衝突の原因たる問題がどこの層
に由来しどのように波及するのかを見定め（いわば存在の多層性に対応する道徳
の地図を作り，問題の本籍地を同定する），道徳的世界の優先順位をつけていく，
という手順を踏むことが多層性への配慮として必要である。いずれの層が優越
的地位に立つかは，その問題の属する本籍地によって定まる。

　自己決定が一人称的な主体的意思が前提であること，起源としての「個人の
静謐」に鑑みれば，その本籍地は一人称である。また人格の個別性・非対称性
が二人称に，共有される価値の不在という多元社会の現実が三人称に，それぞ
れ歯止めを掛けている。しかしそれは「単なる自己決定」に過ぎず，自己決定権，
すなわち「権利としての自己決定」として，他者や社会に一定の作為（他手の
利用）を求めるには不十分である。したがって一人称の視点からは独立に二人
称・三人称の層においても，許容される必要がある。その許容条件は自己・自
分・自我という，存在の構造を反映しなくてはならない。即ち二人称・三人称
の層には，自己としての人間の存在構造に他の層があることに由来する，制約
条件があることを考慮しなくてはならない。

　権利・制度の問題は，それが普遍的・抽象的な資格に立脚することから，ま
ず三人称の層においてである。そこでは，制約条件として考慮すべきは「かけ
がえのなさ」への配慮である。すなわち三人称において人は普遍的視点から平
等な存在として扱われるが，その資格の上に，固有領域としての自分＝「かけ
がえのなさ」の根拠があることを忘れてはならない。この自分と三人称的資格
の全体を通して自己は「かけがえのないもの」となる。存在の資格は普遍的・

交換可能なものとして捉えられるとしても，存在そのものは交換不可能な固有名詞付きのものである。したがって存在自体を破壊する要請は三人称の層においても拒絶される。

　次に二人称の層では「存在への畏敬」を考慮すべきである。定義上二人称とは，「私」を自らの一部をなすとの共感を持ちつつも，人格の個別性の故に斥けられる他者の視点である（「ケアの倫理」がこの二人称の性格を最も良く表現しているかもしれない）。如何に親愛の念を持とうとも，「私」と「あなた」の間には非対称性あるいは越え難い存在論的差異・人格の個別性がある。「私」の存在に対し畏敬の念を持たずに人格の個別性を踏み越えるならば，それはすでに二人称ではなく，「私」を所有し支配下に置いている。また三人称の視点からも，二人称からの固有名詞性の過度の強調に対し，人間存在の普遍性から歯止めをかける必要がある。こうした一人称・三人称の両方の層から二人称にかける制約の総体が「存在への畏敬」である。この畏敬の念を踏まえた上で，一人称と三人称の両方の層に働きかけるのが二人称の役割である。

　このように考える時，二人称・三人称の層における他手利用の許容条件は，「自己破壊的」であってはならないこと，である。それも，自己の存在そのものを破壊するのみならず，そのことが自己決定権の論理的基盤をも破壊する，という二重の意味で，である。すなわち，存在としての「自己」の全体を尊重する方向でのみ，他手の利用を可とすべきであるが，それは自己決定権の論理を支える前提自体を維持するためにも必要である。なぜなら，インフォームド・コンセントの法理を必要とした，社会における価値観の多元性の事実に基づく自己決定権の尊重には「各人がかけがえのないものとして存在すること」が前提であり，そのかけがえのなさは単なる個人の意思ではなく存在全体によって担われるものであるから，である。

　以上のような自己決定権の理解に基づくと，医療は如何に理解されるであろうか？　上述の人称的多層性を踏まえた自己像およびその制約条件の由来を以下に図で示す。

第Ⅲ部 人権論の新地平

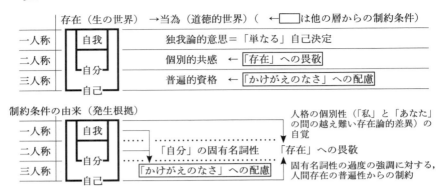

こうした自己の存在図式に、医療における登場人物を位置づけよう。まずは臓器移植ではない、一般的な医療の場合を考えてみる。患者個人の意思は一人称に属する。これに対し、医師は専門的知識を持って診療に臨むのであり、対象としての患者の「病める身体」を抽象的・普遍的な視覚から見ることを職分とする。したがって三人称である。そして特に緊急事態や病状によって、患者に意思決定能力がない場合、患者本人の個人的事情を知る者（例えば、近親者）が患者の意向を推測して医師に伝えることがあるが、これは二人称としての役割である。また患者・医師・近親者の間で意見が対立したり混乱したりする場合、倫理委員会が助言者として活動することがある。すなわち、自らは当事者たちから一定の距離を置き、同種事例を踏まえて普遍的・抽象的視点から、当事者たちの抱える問題を整理し判断の手助けになろうとする。これは三人称としての役割である。以上の登場人物を、自己の三層構造に照らして図に示すと、以下のようになる。

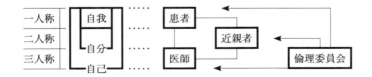

医療とは、患者の身体を舞台にしつつ、多様な登場人物がそれぞれの役割を果たす営みである、といえる。しかも各登場人物は、それぞれ「患者の生命・

身体・健康の回復・維持・増進」という共通の目的を志向している。こう考えると，従来のように売買もしくはサービス提供契約を念頭に置いた，対立する二当事者モデルで医療を捉えることは（患者の権利運動が消費者運動から学んだという経緯に鑑みれば，無理からぬことではあったにせよ）必ずしも適切ではない。むしろ資質や能力や情報において多様な当事者が，共通の目的を志向して結合し，各自の果たすべき役割を担う（そしてそれに反する場合の制裁を規定する），という点では，会社法（特に，株主総会，取締役，監査役を設置する株式会社法）の理論枠組みが参考になる。

　患者はその身体，即ち自らの存在の場を舞台として提供する，いわば株主（あるいはその総体としての株主総会）に匹敵し，判断の最終的な権限を有する。また医師は患者の信認を受け，その専門的知識により実際的な治療を行うのであり，取締役に匹敵する。一方近親者は，患者との親密な関係に基づき患者の個性に沿ったケアと助言を供与すると同時に医師の専断をチェックするのであり，監査役に匹敵する。倫理委員会は経営から一歩離れ外から助言を行う公認会計士に匹敵する。こうした各登場人物はそれぞれの職分を，自らがその位置にいる根拠，すなわち患者の存在構造を踏まえ，「患者がその人自身の存在を全うする」ために生命・身体・健康を守ることを目的としている。こう考えて初めて，医療が患者の存在を捉えることが可能になる。そして清水の指摘する医師と患者の目的の共有も，樋口が指摘する信認関係も，目指すべき目的＝価値を得ることにより適切に位置づけることができる。すなわち医療とは，固有名詞つきの患者の存在を全うすることを志向するものであり，法はその限りで医師に権限を与えている。すなわち医師は自らの患者のために専心することを要請され，同時にそれが昂じて他の者を害さないように医師を規律する。これが医療において法が果たすべき役割である。それは会社の取締役が，自社の利益を図るあまり他者の正当な権利を害さないよう，法が規律するのと同型である。

　ではそもそも，臓器移植は医療といえるだろうか？　いえるとして臓器移植における患者とドナーの関係はどうか？　死体移植については，すでに述べたように，他人を「死体」とすることによって自らの「交換部品（spare parts）」とするものであり，三人称の層が考慮すべき「かけがえのなさ」を端的に否定することを前提としている。「それによって救われるかけがえのない生命があ

る，生命の尊重になる」という主張がある（先ほど棚上げした，「結論先取り論法」もこの中に含まれる）が，これは誤謬である。そもそも三人称の層が尊重すべき生命とは「固有名詞つきの生命」である。ドナーとレシピエントのそれぞれの個別性を，固有名詞のつかない「生命（一般）」のレベルで捨象することは，正にかけがえのなさを否定している。とすれば，（脳死・心臓死を問わず）死体からの移植のための臓器摘出は不当である。少なくとも法が保護を与えるべきものとはいえない。これに対し生体移植についてはどうだろうか。危険性はあるとはいえ，ドナーの死を前提にしない点では，「かけがえのなさ」の否定にはなっていないので，三人称の層からは死体移植のようには明白に不当とはいえない。ではドナーとはどのような存在者であるか。生体移植で一般的なのは，ドナー候補が患者の近親者という場合である。この場合をまず標準として考えよう。ドナー候補は患者と密接な関係にあるが故に，患者の存在を自らの生の一部としており，その死を「自身の身を切るように辛い」こととして認識する。すなわち二人称的他者としての存在である。その故に，自らの臓器を提供してでも患者を救おうとするのは，二人称の道徳にも適っている。この場合，臓器摘出は身体的健康には有害でも，精神面を考慮すればドナー候補の「治療」にもなるといえる。したがってこのような場合の生体移植は，ドナー候補本人の真摯な同意に基づく限りは適法とすべきであろう。

　勿論，近親者はその近さのゆえに，意に反して同意することを迫られる危険性もある。逆に内縁関係や友人を含め，生物学的関係や法律上の身分からは近親者ではないが，真摯にドナー候補となろうとする者もいよう。家族性疾患のように，近親者であるが故にドナーになれない場合がある（この場合に，交換移植やドミノ移植が検討される）。ここでは「二人称」が抽象的な資格を問題にする三人称ではないことを思い出し，倫理委員会での実質的な審査によって可否を事例ごとに検討する，という工夫が必要である。したがってドナーとなりうるのは，上記の近親者の事例に匹敵するような患者にとっての二人称的存在であることが条件となる（なお，2009 年の改正で盛り込まれた，生前意思による親族優先提供（臓器移植法 6 条の 2）の問題がある。これは本章で述べた二人称性を重視している制度のように見える。しかし死を前提とする事は，そもそも「共に生きる」事を前提とすべき「存在への畏敬」を欠いており，二人称の層の制約条件か

らは許容できない。また死体移植として「かけがえのなさ」の否定に立脚している点でも三人称の層の制約条件からも許容できない。したがって不当な制度と評価せざるを得ない）。

　では臓器売買はどのように理解されるであろうか。以上の考察からすれば「提供への同意の対価として経済的利益を介在させることが，提供を正当化する二人称的関係から説明できるか」という点が問題になる。結論からいえば，原則として許容できないが利益供与があったという一事を以て「臓器売買だから妥当でない」とはいえない（即ち，許容される臓器売買も例外的に存在する），となる。

　冒頭のケース 14-A，ケース 14-B を素材に考えよう。まずケース 14-A であるが，ドナー B は患者 A と継続的な交流があり，二人称的関係を築いている可能性もある。しかし取引の継続を慮り条件として債務の帳消しを自ら持ち出すところで，A の生存や健康そのものよりも自己の経済的利得が主目的になっていることが示されている。これでは B には A に対する「存在への畏敬」はないものとみなしうる。したがってこのケースは許容されないし，A と B の関係につき精査せず軽信した医師 C も責任を問われうる。またケース 14-B は，移植の必要がなければ患者 D と関わることもなかった F がドナーとなっており，両者の間には二人称的関係がそもそもない。交換・ドミノ移植の場合のように同じ病を抱えた家族どうしの連帯という二人称的関係をこれから構築する可能性がある場合はともかくこのケースではそれもなく，一時的な経済取引として提供に同意している。したがって F は D に対するドナーとしては不適格であり許容できない。またこうした患者の依頼によりドナーを探し求める（あるいはドナー候補の求めで買い手たる患者を探す）ことを業とし対価を得る E は違法な臓器売買のあっせん者として非難されるべきである。軽信した医師 G はケース 14-A における C と同様である。

結　語

　本章では，臓器移植一般で前提とされてきた「死体移植が原則で，生体移植は例外としてのみ許容される」「臓器提供は無償でなくてはならず，有償での提供（臓器売買）は絶対的に禁止される」という命題を否定し，代わりに「生

体移植のみが許容され，死体移植は絶対的に（すなわち，例外なく）禁止される」「有償での提供は原則として禁止される（しかし例外的に許容される場合もあり得る）」という二つの命題を定立した。その力点は，移植はドナーがいなければ成り立たないにもかかわらず，ドナーに対する倫理的配慮を省略しようとする誘惑（「死体」とするか「道徳的に崇高」とするか，正反対に見えるが，この点では同一である）の欺瞞性を指摘し，ドナーの存在を直視しその基本的人権を擁護しようとすることにある。ただ「ドナーの人権の擁護」というと，ドナーの真摯な同意に基づけば有償での提供も肯定される，と思われがちであるが，本章では医療と法の本質的な結びつきとしての「患者の存在の固有名詞性・かけがえのなさの保護」という側面から，これを制限している。それは移植医療が患者・ドナーの存在全体に関わる問題であるが故に，単なる意思主義では足りず，存在論的視点，またそれを踏まえた医療の性格からも正当化されなくてはならないからである。その答えとして本章は，移植が医療の名に値する前提としてDDRの趣旨を厳格に守りドナーを「死体」としてはならないこと，またドナーにとって患者が二人称的存在でありその存在がドナーの人生の一部であるが故に，臓器を提供してでも患者を治療することがドナーにとっても「治療」となりうるような関係（死によって患者を失うことを自身の「身を切られる」ように辛く思うが故に，自身の身体的不利益を進んで引き受けてでも患者の生命を守りたいと思う関係）であることを求めた。

　臓器売買を論ずるはずの本章が，結論に至るまでに長い迂路を辿ったと感じる読者もいよう。しかしこれは必要な道筋であった。常識的見解は臓器移植の患者にとっての効用にのみ着目し，その負の側面を直視せず糊塗するよう，弥縫策を積み重ねて来た。しかしそれも限界に来ていることは，昨今の移植をめぐるさまざまなニュースから明らかであろう（ケース14-Aのモデルとした宇和島徳州会病院事件の当事者による手記［山下　2008］が公刊されたが，それは著者本人の意図とは逆に臓器売買に限定されない移植自体が抱える，直視すべき闇を暴きだしている）。したがって本章では未熟ながら，「移植」の持つ意味，それが「医療」とされることへの懐疑から，人間存在の在り方と医療，法の関係にまで遡って，そこから戻ってくるという道筋を通らざるを得なかった。それは現代の医療をめぐる問題が，臓器移植に集約的に表れていることの反映でもある。

テーマ14 生命倫理と法

筆者は法哲学の授業において，よく以下のようにいう。「法学は大人の学問といわれる。未知の課題に，既存の法という道具で挑み，具体的妥当な解決を図ろうとするから。その意味では既存の法を疑って思考しうる法哲学は，法学の中で一番子どもっぽい。しかし子どもにしかできないこともある。それは『王様は裸だ！』と言えることだ」。医療をめぐる法，なかんずく臓器移植についても「裸だ！」と指摘すべき時が来ているのではないか？

発展的学習のための読書案内

ここでは本章のテーマである生体臓器移植・臓器売買に限らず，それを含むより広い視野からの参考文献を紹介する。

手嶋豊『医事法入門』（第4版）有斐閣，2008年：日本における医療・生命倫理に関する法体系の現状を概観し，本章で触れた「常識的見解」を含め，議論の出発点を理解するのに最適。学習が進みより詳しい知識や新たな提案を求める読者は，米村滋人『医事法講義』日本評論社，2015年も参照されたい。

小松美彦『脳死・臓器移植の本当の話』PHP新書，2004年：死体臓器移植に限らず，移植医療の科学的前提に遡った批判を展開する。移植反対派は勿論，移植推進派も本書の問いかけへの回答を避けて通れない，という意味で必読の書。

粟屋剛『人体部品ビジネス──「臓器」商品化時代の現実』講談社選書メチエ，1999年：臓器売買を始めとする「人体のモノ（商品）化」を不可避な事態ととらえ，社会調査による実態を報告する。「常識的」見解が陥っている固定観念から抜け出すために必読。さらに最新の状況を伝えるものとして，城山英巳『中国臓器市場』新潮社，2008年。

ビーチャム／チルドレス（立木教夫／足立智孝監訳）『生命医学倫理』麗澤大学出版会，2009年：自律・無危害・善行・社会的正義の4原則の提唱など，生命倫理の「常識的」見解の代表ともいえる教科書。邦訳は原著（Tom L. Beauchamp /J. Childress, *The Principle of Biomedical Ethics*）第5版を底本としているが，原著は2012年に第7版が出ている。

城下裕二（編）『生体移植と法』，日本評論社，2009年：本章でも取り上げた宇和島徳州会病院事件，および関連して明らかになった病腎移植事件をきっかけに組まれた論文集。法哲学，刑法，憲法，医事法，外国法からの論考を集める。

乃木坂太郎（永井明原案）『医龍 -Team Medical Dragon-』，小学館ビッグコミックス，2002～2011年（第1～25集）：特に第16～17集収録の輸血用血液のエピソードが象徴的であるが，全編を通じて「医療とは何か，医師であることとはどういうことか」を問いかける。ただしある種ピカレスク・ロマン的な性格が妨げ

となって，主題を見えにくくしている点には注意を要する。

引用文献

樋口範雄 2007：『医療と法を考える——救急車と正義』有斐閣，9-26 頁.

Hinkley Ⅱ, Charles C. 2005: *Moral Conflicts of Organ Retrieval-A Case for Constructive Pluralism-*（Rodopi）.

今井竜也 2004：「臓器提供インセンティブの法と倫理——選択肢としての有償提供」法哲学年報 2003，185-192 頁.

ジャンケレヴィッチ，ヴラジミール 1978：仲沢紀雄訳『死』みすず書房（Jankélévitch, Vladimir, *La Mort*, Flammarion, 1966.）

厚生省保健医療局臓器移植法研究会監修 1999：『逐条解説　臓器移植法』中央法規.

児玉聡 2007：「デッド・ドナー・ルールの倫理学的検討」日本生命倫理学会編『生命倫理』vol.17 no.1.

森村進 2004：「臓器はいかに分配されるべきか——社会正義・公序良俗・取引の自由の交錯」長谷川晃・角田猛之編『ブリッジブック法哲学』信山社，172-187 頁.

奥田純一郎 2003：「二つの弱さと自己決定権——死の問題から考える射程と限界」法哲学年報 2002，158-192 頁.

奥田純一郎 2006：「死の公共性と自己決定権の限界」井上達夫編『公共性の法哲学』ナカニシヤ出版，330-348 頁.

奥田純一郎 2017：「病腎移植の法的・倫理的問題：ドナーの「拡大」か「再定義」か」上智法学論集　第 60 巻第 3・4 号，123-135 頁.

清水哲郎 2005：「合意を目指すコミュニケーション」清水哲郎・伊坂青司『生命と人生の倫理』放送大学教育振興会，162-176 頁.

鈴木慎太郎 2010：「臓器をめぐる所有と交換の法理」法哲学年報 2009，184-191 頁.

Taylor, James Stacy 2005: *Stakes and Kidneys-Why Markets in Human Body Parts are Morally Imperative-*（Ashgate）.

山下鈴夫 2008：『激白　臓器売買事件の深層』元就出版社.

判 例 索 引

（年月日順）

最大判昭 28・12・23 民集 7・13・1523　　172

東京地判昭 38・4・5 判時 330・29〔八幡製鉄政治献金事件〕　29

東京高判昭 41・1・31 判時 433・9〔八幡製鉄政治献金事件〕　29

最大判昭 42・5・24 民集 21・5・1043〔朝日訴訟〕　94

最大判昭 45・6・24 民集 24・6・625〔八幡製鉄政治献金事件〕　30

京都地決昭 48・9・19 判時 720・81　204

最二小判昭 50・10・24 民集 29・9・1379　174

最大判昭 51・5・21 刑集 30・5・615　297

横浜地横須賀支判昭 54・2・26 判時 917・23　204

東京地判昭 57・11・15 訟月 29・6・1161　219

岐阜地判昭 57・12・10 判時 1063・30〔安八訴訟〕　8

最一小判昭 59・1・26 民集 38・2・53〔大東水害訴訟〕　9

東京地判昭 59・5・18 判時 1118・28　171

岐阜地判昭 59・5・29 判時 1117・13〔墨俣訴訟〕　8

最大判昭 60・3・27 民集 39・2・247〔大島訴訟〕　221

最三小判平元・2・7 判タ 698・128〔総評サラリーマン税金訴訟〕　221

最三小判平 2・2・20 判時 1380・94　337

大阪地判平 2・10・25 税資 181・103　220

ベルリン地裁 1992 年 1 月 20 日判決（JZ(Juristenzeitung), 1992, 691）　56

連邦通常裁判所 1992 年 11 月 3 日判決（連邦最高裁判所刑事判例集 39 巻 1 頁以下（NJW1993 年 141 頁以下）Urteil v. 3. 11. 1992-5 StR 370/92, BGHSt 39,1. NJW(Neue Juristische Wochenschrift) 1993, 141)　56

東京高判平 4・12・18 高民 45・3・212　171

連邦通常裁判所 1993 年 3 月 25 日（連邦最高裁判所刑事判例集 39 巻 168 頁以下（NJW1993 年 1932 頁以下）Urteil v. 25. 3. 1993-5 StR 418/92, BGHSt 39, 168. NJW(Neue Juristische Wochenschrift) 1993, 1932)　56

福岡高判平 5・8・10 判時 1471・31　171

大阪高判平 6・3・16 判時 1500・15　171

東京地判平 14・2・14 判時 1808・35　213

東京地判平 14・12・18 判時 1829・36　205

松山地判平 15・11・12 判時 1840・85　272

高松高判平 16・7・16 判時 1868・69　272

東京高判平 16・10・27 判時 1877・40　208, 209, 210, 213

最一小判平 18・3・30 民集 60・3・948　208

最一小判平 18・6・12 判時 1941・94　145

最二小判平 18・9・14 民集 60・7・2563　　272
松山地宇和島支判平 18・12・26 判例集未登載　　345

人 名 索 引

（アルファベット順）

A

相本宏　53
Anderson, Michael R.　89, 108
安藤馨　26
Aristoteles　18, 21, 27, 115, 116, 176, 192
Austin, John　63, 82
粟屋剛　365

B

Barnett, E. Randy　158, 167
Beauchamp, Tom L.　365
Beccaria, Cesare Bonesana　5, 27, 325, 340
Beitz, Charles R.　137
Bentham, Jeremy　326
Berlin, Isaiah　315, 319
Birnie, Patricia W.　107
Boyle, Alan E.　107
Buchanan, Allen　91, 108
Butler, Judith　279, 292, 294

C

Calabresi, Guido　203, 217
Carens, Joseph　258, 269
Childress, James F.　365
Cohen, Gerald Allan　348
Condorcet, Marie Jean Antonie Nicolas de Caritat　318
Cornell, Drucilla　289, 295

D

Dworkin, Ronald　20, 27, 73-77, 81, 82, 93, 108, 233-238, 241, 242

E

Engisch, Karl　11, 28
Epstein, Richard A.　215, 217

F

Fineman, Martha Albertson　284-287, 290, 291, 293, 294, 295
Foucault, Michel　325, 340, 341
Frank, Jerome　7, 8, 10, 11, 13-15, 19, 24, 27
Friedman, David　165, 167
藤田英典　306, 310, 311, 318, 319
福原明夫　156, 167
Fuller, Lon L.　64, 81, 82

G

Gierke, Otto von　35, 36, 53
Goodin, Robert E.　261, 269

H

萩原久美子　294
Harris, John　348
Hart, Herbert Lionel Adolphus　12, 13, 20, 27, 206, 217
長谷川貴陽史　201, 202, 211, 216, 217
橋本努　167
Hayek, Friedrich A.　148, 152, 167
樋口範雄　355, 358, 366
Hinkley Ⅱ，Charles C.　349, 366
広中俊雄　192
Hobbes, Thomas　32, 37-42, 51, 53, 256
Holmes, Oliver Wendell　10, 28
Honneth, Axel　282, 295
星野英一　48, 49, 53

Hurd, Heidi M.　66-71, 82

I

五十嵐清　191
今井竜也　349, 366
井上達夫　26, 27, 81, 115, 119, 122-125,
　132, 136-138, 150, 168, 256, 269, 341
石村耕治　241
石山文彦　267, 269
泉德治　16

J

Jacobs, Jane　150, 168
Jankélévitch, Vladmir　356, 366

K

海渡雄一　340
金子宏　220, 222, 224-226, 228, 231, 239,
　241, 242
兼子仁　301, 303, 318, 319
Kant, Immanuel　105, 108
Kantorowicz, Ernst Hartwig　53
片山直也　192
加藤尚武　90, 107, 108
加藤雅信　172, 181, 188, 191, 192
桂木隆夫　151, 168
河上正二　50, 53
川島武宜　34-36, 51, 54, 277, 278, 295
Kelsen, Hans　20, 27, 33, 42-45, 51, 53,
　54
児玉聡　351, 366
小松美彦　365
Kramer, Matthew H.　62-66, 82
黒崎勲　307, 317-319
Kymlicka, Will　252, 269

L

Leopold, Aldo　93, 109
Liszt, Franz von　326
Locke, John　32, 33, 45-48, 52, 54, 282,

335
Lomasky, Loren　266, 269

M

増井良啓　222-224, 242
Melamed, A. Douglas　203, 217
Mill, John Stuart　306
Miller, David　131, 135, 138, 266, 268,
　269
Montesquieu, Charles-Louis de Secondat
　5, 28
森村進　154, 167, 168, 217, 268, 347-349,
　353, 366
森信茂樹　229, 242
森下裕美　294
Murphy, Liam　231-233, 237, 241, 242

N

永島賢也　26
Naess, Arne　93, 109
Nagel, Thomas　231-233, 237, 241, 242
中川善之助　276, 277, 295
中山竜一　268
西原博史　318
野矢茂樹　163, 168
野崎綾子　294
Nozick, Robert　154, 157, 168, 210, 218

O

小畑郁　260, 269
落合恵美子　294
岡村勲　341
Okin, Susan Moller　280, 281, 295
尾近裕幸　167
大沼保昭　87, 107, 109, 136
大屋雄裕　26, 27, 163, 168

P

Paine, Thomas　306
Perry, Stephen R.　261, 266, 269

人名索引 v

Pettit, Philip 131, 138
Plato 81
Pogge, Thomas 110, 111, 127, 131, 132, 134, 135, 137, 138
Posner, Eric A. 217

R

Radbruch, Gustav 17, 28, 58-60, 81, 82
Rand, Ayn 167
Rawls, John 115, 123-133, 136, 139, 189, 190-192, 268, 314, 319
Raz, Joseph 62, 67-69, 82, 311, 320
Reichenbach, Hans 11, 13, 28
Rothbard, Murray Newton 154, 168

S

Savigny, Friedrich Carl von 33, 36, 54
沢登文治 341
嶋津格 167
清水哲郎 355, 358, 366
潮見佳男 191
城下裕二 365
Shrader-Frechette, K. S. 97, 107, 109
Singer, Peter 93, 109, 134, 137, 139
Sokrates 71-73
Soper, Philip 77, 78, 83
Steiner, Hillel 131, 139, 256, 269
Stiglitz, Joseph 134, 139

T

田島正樹 163, 168
高橋文彦 26
竹村和子 294
瀧川裕英 262, 269

田中耕太郎 113, 114, 139
棚瀬孝雄 188, 192
谷口洋幸 294
谷本光男 98, 107, 109
Taylor, Charles 47, 54
Taylor, James Stacy 349, 366
手嶋豊 365
戸波江二 318
Toulmin, Stephen E. 22, 28
露木靖郎 16, 27

U

上柳克郎 49, 54
浦山聖子 268

W

我妻榮 31, 54
Waldron, Jeremy 288, 289, 296
Walzer, Michael 255, 259, 268, 270
Wasserstrom, Richard A. 11, 28
West, Robin 290, 291, 296

Y

山田八千子 167
山片幡桃 150, 168
山下鈴夫 364
横濱竜也 81
吉田克己 192
Young, Iris Marion 275, 286-288, 296, 333, 338, 342

Z

Zucman, Gabriel 241

事 項 索 引

（五十音順）

〔あ 行〕

IMF 134
愛 情 283
アイデンティティ 287
悪法に対する責任 →「責任」を見よ
足による投票 215
あっせん 345
アニミズム 33, 43, 44, 47
「あれか，これか」の関係 90
安八訴訟 3, 7, 8, 15
アンビション 234-238
暗黙の合意 205
家制度 274, 275, 277
医師患者関係 350
意識高揚運動 consciousness raising 281
イスタンブール宣言 →「臓器取引と移植
　ツーリズムに関するイスタンブール宣
　言」を見よ
異性愛 279
一人称の死 356
一人称の生 356
違法段階説 187
イラク＝クェート戦争 119
イラク侵攻 116, 117, 119
イラン＝イラク戦争 119
医療事故 180
インフォームド・コンセントの法理 350
宇和島徳州会病院事件 345
ADR（Alternative Dispute Resolution）
　164
援 助 249, 266
エンドウメント 234, 236, 238
欧米中心主義 136
男らしさ 277, 280

オプトアウト方式 351
オプトイン方式 351
重荷を負う社会 125-127
恩 97
女らしさ 273, 280

〔か 行〕

解釈の余地 92
会社法 361
外的視点 12, 13
概念法学 5
外部効果 309
外部性 196, 200
核家族 →「家族」を見よ
格 差 299, 300, 305, 308, 310, 313, 314
格差原理 124-126, 130, 133, 137
かけがえのなさ 357
　——への配慮 358
過去の克服 56
家 事 287
過失責任（主義） →「責任」を見よ
仮想的保険市場 235, 238
仮想的なオークション 235
家 族 273, 274
　——法 291
　核—— 284
　近代—— 275, 281, 293
　性的—— 275, 284-286, 293
価値中立的 95
家長個人主義 282
家 庭 286
株主総会 361
眼球くじ 348
環 境 86
　——権 88

事項索引　vii

――と開発に関するリオ宣言　89
――難民　84
――保護　90
――問題　85, 86, 91
監査役　361
完全情報　152
簡素原則　224
機会の平等　→「平等」を見よ
機会費用　197, 211
機会平等原則　→「平等」を見よ
規　格　327, 328
　――化　326
企業家精神　152
気候変動に関する政府間小委員会　102
擬人化　31, 33, 49, 52
規　制　197, 199, 202, 214
　――緩和　299
基本善　189
義務以上の務め　117, 127
規約主義　48, 49, 51
　――的な法人概念　49
　――的法人論　48, 52
　根元的――　49, 163
行刑改革会議　321, 322, 325, 327, 329, 331, 339
強行規定　156
匡正的正義　→「正義」を見よ
競　争　298, 299, 305, 306, 315
共通理由の体制　131
共同決定　355
共同所有　→「共有」を見よ
共同体　147
　――的正義　→「正義」を見よ
　――の倫理　150
　原理の――　73-75
共　有　207
居住（・）移転の自由　→「自由」を見よ
居住の自由　→「自由」を見よ
規律訓練　325
　――権力　325, 328, 330, 331

近親者　360
金銭的インセンティブ　348
近代家族　→「家族」を見よ
金融所得　220, 221, 227, 240
　――者　222
　――分離課税　237
勤労（性）所得　226, 230, 231, 237
勤労性所得重課・資産性所得軽課　227-229, 231
グローバル化　114, 144, 155
グローバル金融経済　228
グローバルな価値　113
グローバルな正義　→「正義」を見よ
ケ　ア　280, 287, 289
計画主義　307
景　観　195-200
　――権　204, 209
　――利益　205, 209, 211
経済学　195, 197, 214
形式的真実主義　14
刑事施設視察委員会　323, 327, 328, 329, 339
刑　法（旧東独の）　59, 60, 75, 78
　――213条（旧東独の）　55-57, 60, 65
契　約　50-52, 200
　――自由の原理　→「自由」を見よ
　――の自由　→「自由」を見よ
　――の集合体　51
　――の連鎖　50, 51
　――法　284
結　社　255, 258
　――の自由　→「自由」を見よ
権　威　67, 69
現実主義　86
原初状態　97, 128
現代正義論　→「正義」を見よ
建築協定　201
権能付与規範　156
憲法14条1項　220, 221
憲法（旧東独の）30条　58

権　利　87
　　——としての自己決定　358　→「自
　　己決定権」も見よ
　　——能力　31-33
　　——能力なき社団　48
　　性と生殖に関わる健康／——　273
　　文化的——　93
原　理　163
　　——の共同体　→「共同体」を見よ
合意主義　103
交換移植　362
交換部品 spare parts　361
公共財　68, 197-200, 213, 309
公共性　165
　　市場の——　150
公共的利益　92
公共の福祉　171, 173, 176
交　渉　200
　　——力格差　145
公　正　75, 104, 146
　　——原理　205, 210
　　——な競争　150, 155, 160
　　——な取引　146, 153, 164
幸福追求権　171, 173, 184
公平（原則）　73, 222
公平・中立・簡素（租税三原則）　222,
　　233
公　法　177
公　有　203, 213, 216
功利主義　95
合理的信頼　151
効率（性）　224, 227, 229, 231, 236, 241
声なき声　281, 293
コースの定理　203
国　益　253, 254, 256, 259, 263, 265, 267
国際資源特権　134
国際借款特権　134
国　籍　247, 259, 262
国内問題　106
国民教育権論　298, 301-304, 316

国民的責任　135
国連食糧農業機構（FAO）　111, 117
個人主義　177, 184, 188, 253
コスモポリタン　136
戸　籍　278
国　家　37, 40-42, 44, 51, 84
　　——の欺瞞　121
　　——の正統性　106
　　最小——　154
　　主権——　103
　　主権——体制　85
　　無法——　127
国境法（旧東独の）　58, 59, 78
　　——27 条（旧東独の）　55-57, 60, 65,
　　75
固有名詞性　357
固有領域としての「自分」　357
根元的規約主義　→「規約主義」を見よ

〔さ 行〕

財産権　172-175, 183-185, 189-191, 195,
　　202, 214, 215
財産私有型民主制　190
最小国家　→「国家」を見よ
最先端技術　101
最適課税論　227, 228, 230
裁判所　162
再分配　223, 229
差　止　187
サバイバル・ロッタリー　348
三人称の死　356
三人称の生　356
恣意的（な取扱い，差別，介入）　223,
　　230, 237, 239
ジェンダー　273, 278
自　我　357
事業者　159
市区町村　→「地方自治体」を見よ
慈恵的絶対主義体制　127
資源の初期分配　129

事 項 索 引　　　　　ix

資源の平等　→「平等」を見よ
自　己　357
自己決定
　　――権　　184, 358　→「権利」も見よ
　　単なる――　　358
自己所有
　　――権論　　353
　　身体の――　　353
　　能力――論　　130
死後懐胎　271, 272
　　――子　272
事故社会　179, 180
死後認知請求　271
自作農創設特別措置法　172
資産性所得　226, 228, 230, 237-239
事実認定　14, 16
支出型所得概念　225, 229
支出税論　229, 231
市　場　50, 227, 228, 232, 235, 299, 307,
　　310, 311
　　――アナーキズム　154
　　――経済　147, 153, 236
　　――秩序　147
　　――の公共性　→「公共性」を見よ
　　――の倫理　150
自生的秩序　148
自然権論　262
自然状態　256
自然人　30-32, 44
自然的資源　129
自然法　114
持続可能な発展に関するヨハネスブルク宣
　　言　89
死体移植　351
実質的平等　→「平等」を見よ
実体的真実主義　14
実定法　42
私的自治　177
使途決定権　200, 202, 214
死の定義の変更　351

自発的交換　157
civil union　291
自　分　357
司　法　161
私　法　177
資本逃避　114
市民的政治的権利　88
　　――に関する国際規約　57, 94
市民的不服従　61, 66, 71, 73
社会規範　154, 201, 206, 211, 212
社会契約　97
　　――説　37, 325, 335
社会権規約　94
社会の安定性　267
社会的弱者　149, 153
弱者保護　177
私　有　195
自　由　234, 237
　　――競争　177
　　――権規約　→「市民的・政治的権利に
　　関する国際規約」を見よ
　　――主義　177, 184, 186, 190, 223　→
　　「リベラリズム」も見よ
　　――心証主義　17
　　――論　154
　　居住（・）移転の――　252, 253
　　契約――の原理　149
　　契約の――　184
　　結社の――　189
　　消極的――　315, 323, 326
　　職業選択の――　252, 253
　　積極的――　315, 323, 326, 331
集合行為　198
重合的合意　124, 132
集合的主体　130
集合問題　104
囚人のディレンマ状況　105
集団虐殺　116
集団的権利　91, 99
修復的司法　337

収用 214

主権国家 →「国家」を見よ

――体制 →「国家」を見よ

主権者 37, 40, 41, 42

種差別 95

酒税法 66

手段的価値 93

主張・立証責任 →「証明責任」を見よ

取得型所得概念 225

出発点の平等 →「平等」を見よ

受忍限度 184, 187

純一性 integrity 73, 74

消極的自由 →「自由」を見よ

消極的正戦論 120

少数者 106

情緒的な絆 160

消費者 152, 159

――損害 179, 180

訟務検事 8

条理 303, 304, 308

説明義務 144, 148, 153

証明責任の分配 18, 19

将来世代 97

条約 88

初期資源分配 131

職業選択の自由 →「自由」を見よ

諸人民の法 123, 125, 126, 128, 132, 136

所得税 220, 225

処分権主義 20

所有権 232 →「自己所有権論」は「自己所有」を見よ

――ルール 203

自律 100, 288

――性 158

人格 30-33, 37-39, 41-48, 51, 52, 95

――権 175, 183-190, 204

――的権利 175, 190

シングルマザー 284

人権 87, 106, 136

――保障 88, 90

――問題 85, 86, 91

心臓死 352

身体の自己所有 →「自己所有」を見よ

信託原理 285

人道的介入 116

信認関係 355

進歩史観 100

親密圏 intimate sphere 275, 282, 289, 293

人民 128

――自決権 99

垂直的公平 222, 223, 225, 227, 229, 231

水平的公平（原則） 222-225, 227, 230, 231, 237

墨俣訴訟 3, 7, 8, 15

正義 18, 121, 234, 237, 241, 248, 250, 274, 283

――感覚 283

――構想 122, 233, 234

――の欠損 112

――の情況 115

――のテスト 122

――への企て 114

――命題 222

――論 113

共同体的―― 188

匡正的―― 18, 19, 115, 134, 176-178, 180, 182, 185, 190

グローバルな―― 249, 250, 268

現代――論 250, 268

世界匡正―― 115-117, 119, 133

世界―― 111-114, 121, 123, 133, 136

世界分配―― 112, 115, 118, 123, 133

分配的―― 18, 19, 115, 131, 148, 158, 176-178, 180-182, 190, 266, 268

政策選択の幅 100

政治的リベラリズム →「リベラリズム」を見よ

製造物責任 →「責任」を見よ

生存権 171, 172, 177, 186

事 項 索 引　　　　xi

生存のための最小限　125
生体移植　352
性的家族　→「家族」を見よ
性的指向　279, 291
正当化の文脈　11, 13
正統性　87
正当な補償　172, 173, 214
制度改革訴訟　331
西独　→ドイツ連邦共和国
性と生殖に関わる健康／権利　→「権利」
　を見よ
制度的加害責任論　137
制度的加害賠償責任　→「責任」を見よ
政府開発援助（ODA）　110
生物学的な性差（セックス）　278
性別役割分業　280
セーフティ・ネット　313
世界匡正正義　→「正義」を見よ
世界経済危機　111
世界人権宣言　258
世界正義 global justice　→「正義」を見よ
世界政府　105, 261
世界の無法化　114
世界分配正義　→「正義」を見よ
世界法　113, 114
『世界法の理論』　113
責　任　313, 316
　悪法に対する――　73, 76, 77
　過失――（主義）　178, 179
　製造物――　179
　制度的加害賠償――　135
　割当――国家論　251, 260-262, 264,
　265, 267
世代間倫理　97
積極的支援義務　133, 135, 136
積極的自由　→「自由」を見よ
積極的正戦論　120
切断点　125, 128
節度ある階層社会　124, 127, 132
説明義務　144, 153

説明的ナショナリズム　→「ナショナリズ
　ム」を見よ
全国犯罪被害者の会（あすの会）　321,
　322, 324, 332, 333, 335
全称命題　21
羨望テスト　234
臓器取引と移植ツーリズムに関するイスタ
　ンブール宣言　345, 346
臓器の移植に関する法律（臓器移植法）
　344
総合的な事故補償制度　→「総合的社会保障
　法制度」を見よ
総合的社会保障法制度　179, 181-183,
　186, 188, 190
総合的保障制度　→「総合的社会保障法制
　度」を見よ
総合（累進）課税　220, 222, 227, 240
相互主義　103
相互性　97
相続税　238, 240
遡及法禁止　56
訴訟物　20
それによって失われるもの　→「トレード
　オフ」を見よ
損害賠償責任ルール　203, 208
損害賠償命令制度　322, 334
尊厳充足最小限原理　125, 126
存在の多層性　358
存在への畏敬　357
存在論　356

〔た　行〕

大東水害訴訟　9
第二波フェミニズム　278
代　理　32
　――権　37, 40-42
　――人　37-41
対話性　21
対話的な非単調論理　23
他　者　325, 332, 333, 336

他 手　359
多数国間条約　104
ただ乗り（free-ride）の禁止　104
WTO　134
男女共同参画社会基本法　281
担税力　223, 225, 227
単なる自己決定　→「自己決定」を見よ
地域的ルール　→「社会規範」を見よ
地球温暖化（問題）　84, 118
地球的統治　103
地区計画　202
知 識　152
地方自治体　213, 215
嫡出性 legitimacy　281
中央集権　161
註釈学派　5
中立原則　224, 226, 227, 230, 231, 237
中立性　237
調整問題　68-70
通約不可能性　311
強い個人　356
DDR　→デッド・ドナー・ルール
デッド・ドナー・ルール　351
デフォルト・ルール　156
デフォルト論理　22
点的自我　47, 48
ドイツ民主共和国　55-57
ドイツ連邦共和国基本法　57
統 治　85, 86
　──の倫理　150
東 独　→ドイツ民主共和国
道徳的葛藤　69-71
動 物　95
ドナー　344
ドミノ移植　362
取締役　361
取引的不法行為　183
取引費用　196, 200, 201, 203, 209, 214
トレードオフ　209

〔な 行〕

内在的価値　93
内的視点　12, 13, 62
名古屋刑務所事件　322
ナショナリズム　135, 250, 253, 255, 256,
　258, 259, 263, 266, 267
　説明的──　135
　リベラル・──　268
難 民　265
ニーズ　289
二元的所得税　227, 229, 239, 240
二重基準　115, 116, 118, 119
二人称の死　356
二人称の生　356
任意規定　→「デフォルト・ルール」を見よ
人間環境宣言　88
人間中心主義　93
認識者　95
人称的多層性　359
脳 死　351
能力資源　235, 236, 238
能力自己所有論　→「自己所有」を見よ

〔は 行〕

売 血　348
配分の不公正　90
パターナリズム　354
発見の文脈　11, 13
パノプティコン（一望監視装置）　326,
　328
半陰陽者　281
犯罪被害者の権利　321, 322, 324
犯罪被害者の保護と権利　331, 333
反転可能性　122
被害者参加制度　324, 333-335
被害者弁護人制度　336, 339
非再生可能資源　101
非西洋社会　87
非単調性　21

事 項 索 引　　　xiii

非単調論理　22
必然的依存　284, 285
非同一性問題　99
批判法学　6, 19
飛躍推論　129, 135
平 等（原 則）　102, 220, 221, 223, 229, 234, 237
　機会の——　308, 312, 318
　機会——原則　299
　資源の——　234-236, 240
　実質的——　177
　出発点の——　131
貧困死　110, 117, 118
貧困線　110
不運 brute luck　235
不可譲ルール　203
福祉国家型資本主義　190
負担分配の偏り　97
不当な重荷　118, 133, 135
不服申立制度　321, 323, 325, 329, 330
普 遍　87
　——化可能性　122
　——主義　260, 261, 267
　——主義的正義理念　123
　——性　290, 292
　——論争　37
プライヴァシー　184, 285, 288
フリーライダー　198, 205, 210
フリーライド　→「フリーライダー」を見よ
文 化　250, 253, 255-257, 259, 263, 265-268
　——的権利　→「権利」を見よ
　——の変容　266
分配的正義　→「正義」を見よ
文 脈　92
分離課税　220, 222, 241
ベルリンの壁　55
弁論主義　14, 17, 20
法解釈　20
法概念論　113

包括的所得概念　225, 227, 229
法実証主義　63, 66, 71
法 人　31-37, 44, 48-51
　——擬制説　32, 33, 36
　——実在説　31, 35-37
　——否認説　34-37, 49, 51
法 曹　157
　——倫理　339
法的権利　288
法的三段論法　4, 6, 7, 162
　——における小前提　14
　——における大前提　19
法的思考　3, 4, 6, 21, 23, 162
法と道徳の分離　186
法の支配　3, 4, 17, 23, 166, 303
法の不確定性　163
法の論理　3, 4, 23
ホーム　286, 287, 288
　——への権利　288
保 険　177, 179, 181

〔ま 行〕

民事局見解　9, 10
民主主義的政治過程　91
民主的政治過程　→民主的手続
民主的手続　213
民主的立法　290
民族浄化　258
無過失責任（主義）　177, 179, 180, 187
無差別戦争観　120
無政府資本主義　154
無法国家　→「国家」を見よ
メイド　287
蒙昧な自己犠牲　98
目的手段関係　89

〔や 行〕

養育単位　285
要件事実論　23
抑 圧　265

事項索引

よく秩序だった社会　127, 132
予測可能性　212
予防原則　92
予防接種（禍）　171-173, 178
弱い個人　356

〔ら 行〕

ラートブルフ公式　58-60
リアリズム　115, 254
　──法学　6, 7, 11
リスク選好　235, 236
立憲的精髄　124, 125
リバタリアニズム　130-134, 154, 157,
　166
リベラリズム　154　→「自由主義」も
　見よ

政治的──　123-125, 132
リベラル・ナショナリズム　→「ナショナ
　リズム」を見よ
良心的拒否　61, 62
領　土　251, 256-259, 261, 267
倫理委員会　360
累進課税　231, 236, 237
累進（税）率　220, 223, 225, 227, 229
ルール　162
レシピエント　344
労働災害　180
労働事故　178

〔わ 行〕

割当責任国家論　→「責任」を見よ

〈編者紹介〉

井上達夫（いのうえ・たつお）

1954年生まれ
1977年　東京大学法学部卒業
現　在　東京大学大学院法学政治学研究科教授

主要著作
『共生の作法――会話としての正義』（創文社，1986年）
『他者への自由――公共性の哲学としてのリベラリズム』（創文社，1999年）
『現代の貧困』（岩波書店，2001年，岩波現代文庫版，2011年）
『体制改革としての司法改革――日本型意思決定システムの構造転換と司法の役割』（共編著，信山社，2001年）
『普遍の再生』（岩波書店，2003年，岩波人文書セレクション版，2014年）
『法という企て』（東京大学出版会，2003年）
『世界正義論』（筑摩書房，2012年）
『リベラルのことは嫌いでも，リベラリズムは嫌いにならないでください
　　――井上達夫の法哲学入門』（毎日新聞出版，2015年）
『憲法の涙』（毎日新聞出版，2016年）
『自由の秩序――リベラリズムの法哲学講義』（岩波書店，2017年）

現代法哲学講義〔第2版〕

2009年（平成21年）4月6日　初版第1刷発行
2018年（平成30年）4月25日　第2版第1刷発行

編　者	井　上　達　夫	
発行者	今　井　　　貴	
	今　井　　　守	
発行所	信山社出版株式会社	

〔〒113-0003〕東京都文京区本郷6-2-9-102
電　話　03（3818）1019
FAX　03（3818）0344

Printed in Japan

©井上達夫，2018．　　　印刷・製本／暁印刷・渋谷文泉閣

ISBN978-4-7972-2569-3 C3332

井上達夫責任編集

法と哲学　創刊第 1 号　　　　　　2,800 円

法と哲学　第 2 号　　　　　　　　3,200 円

法と哲学　第 3 号　　　　　　　　3,200 円

（本体価格）

—————— 信 山 社 ——————